O PENSAMENTO
TOYOTA

H663p	Hino, Satoshi.
	    O pensamento Toyota : princípios de gestão para um crescimento duradouro / Satoshi Hino ; tradução Patrícia Lessa Flores da Cunha (coordenação), Elizamari Rodrigues Becker, Gabriela Perizzolo. – Porto Alegre : Bookman, 2009.
	    344p. ; il. ; 23 cm.
	
	    ISBN 978-85-7780-529-7
	
	    1. Administração – Produção – Sistema Toyota. I. Título.
	
	                                                                CDU 658.15

Catalogação na publicação: Renata de Souza Borges CRB-10/1922

SATOSHI HINO

O PENSAMENTO
TOYOTA

princípios de gestão
para um crescimento duradouro

Tradução:
Patrícia Lessa Flores da Cunha (Coordenação)
Elizamari Rodrigues Becker
Gabriela Perizzolo

Revisão Técnica:
Marcus Vinicius Vivone
Diretor de Desenvolvimento Automotivo da Interaction Plexus

2009

Obra originalmente publicada sob o título
Inside the Mind of Toyota: Management Principles for Enduring Growth, 1st Edition

Copyright © 2006 by Productivity Press, a division of The Kraus Organization Limited.

ISBN 978-1-56327-300-1

Tradução publicada conforme acordo com Productivity Press.

Edição original japonesa publicada por Diamond, Inc.: *Toyota Keiei Shisutemu no kenkyu*, Tokyo, Japan Copyright © 2002 Satoshi Hino.

Capa: *Paola Manica*

Leitura final: *Sandro Andretta*

Supervisão editorial: *Elisa Viali e Júlia Angst Coelho*

Editoração eletrônica: *Techbooks*

Reservados todos os direitos de publicação, em língua portuguesa, à
ARTMED® EDITORA S.A. (BOOKMAN® Companhia Editora é uma divisão da ARTMED® EDITORA S.A.)
Av. Jerônimo de Ornelas, 670 – Santana
90040-340 – Porto Alegre - RS
Fone (51) 3027-7000 – Fax (51) 3027-7070

É proibida a duplicação ou reprodução deste volume, no todo ou em parte, sob quaisquer formas ou por quaisquer meios (eletrônico, mecânico, gravação, fotocópia, distribuição na Web e outros), sem permissão expressa da Editora.

SÃO PAULO
Av. Angélica, 1091 – Higienópolis
01227-100 – São Paulo – SP
Fone (11) 3665-1100 – Fax (11) 3667-1333

SAC 0800 703-3444

IMPRESSO NO BRASIL
PRINTED IN BRAZIL
Impresso sob demanda na Meta Brasil a pedido de Grupo A Educação.

O AUTOR

Nascido em 1945, Satoshi Hino obteve o diploma em Engenharia pela Universidade de Tohoku e ingressou em uma grande empresa automotiva japonesa em 1968. Trabalhou com pesquisa e desenvolvimento de motores até 1987. Em 1988, transferiu-se para a equipe administrativa do Departamento de P&D a fim de coordenar atividades sobre melhorias de desenvolvimento de produto e de sistemas de gestão.

Em 2001, Hino fundou o Integrated Management Intelligence Institute/IMAGINE (Instituto de Inteligência de Gestão Integrada). É autor da monografia *Modular Design Approach for Wide Variation Products and Narrow Variation Parts* (Abordagem Modular de *Design* para Produtos de Ampla Variação e Variação Restrita de Componentes), que recebeu o Excellent Paper Award, patrocinado pela All Japan Management Efficiency Federation, em 2001.

Em 2004, Hino tornou-se professor do Departamento de Estudos de Gestão, na Escola de Graduação em Ciências Sociais da Universidade de Hiroshima. O autor dedicou mais de 20 anos a pesquisas sobre o tema deste livro.

APRESENTAÇÃO

Quando escrevi *O Modelo Toyota*, o propósito era claro: diferenciar-me dos muitos livros que tratam de elementos específicos do Sistema Toyota de Produção (STP) e enfatizam apenas suas "ferramentas enxutas". A Toyota possui uma abordagem de gestão bem mais ampla que faz com que o STP funcione. Sem isso, o sistema é um esboço sem vida de uma casa.

O Modelo Toyota buscou corrigir esse mal-entendido por intermédio de um conjunto de princípios gerenciais, de histórias que retratavam esses princípios e de uma leitura fácil que tornava a questão clara. É óbvio que o objetivo de Satoshi Hino é diferenciado e complementar. Hino elabora uma narrativa sobre seus anos de experiência como engenheiro de uma companhia automotiva japonesa e apresenta um quadro bastante detalhado e rico de informações a respeito do sistema de gestão da Toyota. Ele não trabalhou apenas para a Toyota, mas era, há muito, um admirador da empresa e acompanhava atentamente o seu desenvolvimento. Infelizmente, para os que, como nós, não leem em japonês, existe uma rica produção de artigos, livros e documentos sobre a Toyota nessa língua que não se encontram traduzidos ou são de difícil acesso. Felizmente, a Productivity Press decidiu traduzir para o inglês o livro de Hino. Digo "felizmente" porque esse livro é um achado. É repleto de dados documentados e apresenta um registro aprofundado de muitos aspectos do sistema de gestão da Toyota.

Se considerarmos que *O Modelo Toyota* tem 90% de texto e 10% de dados e diagramas, diria que o trabalho de Hino contém 60% de dados e diagramas. Mesmo sem ler o livro, qualquer interessado no sistema de gestão da Toyota poderia obter muita informação simplesmente observando suas figuras. Pessoalmente, nunca tinha visto muitas delas, apesar de meus vinte anos de visitas e de estudos sobre a Toyota. De certo modo, elas ajudaram a preencher algumas lacunas do meu conhecimento.

Esta obra poderia correr o risco de ser demasiado detalhada, circunstancial, com foco no sistema formal da estrutura Toyota em detrimento do enfoque na sua filosofia. Esse não é o caso do livro de Hino. O autor está ciente da importância da filosofia Toyota e registra o DNA da gestão da empresa, tanto em termos biográficos, quando examina a história dos líderes da companhia, quanto em termos filosóficos, quando considera a evolução do pensamento gerencial.

Tenho recebido muitas solicitações que indagam como a Toyota excede em qualidade. A questão é, geralmente, colocada em termos do sistema de controle de qualidade da empresa. Minha resposta-padrão consiste em dizer que a qualidade faz parte de qualquer função, e qualquer um pode ser o inspetor que controla o trabalho que lhe é passado, aperfeiçoando continuamente os processos. Hino vai além. Apresenta e disseca o Controle de Qualidade Total enquanto parte do sistema de gestão funcional da Toyota, um sistema não muito bem-entendido, mas que é central para o seu sucesso. Como em grande parte do livro, o Capítulo 3 fornece um registro detalhado e objetivo desse simples e poderoso sistema de gerenciamento. Aprendemos como o planejamento, a gestão de qualidade, a gestão de custos, as finanças e a contabilidade, a gestão de trabalho e os demais aspectos da Toyota são organizados e administrados.

O Capítulo 6 apresenta uma visão da Toyota no século XXI. De novo, é mais um relato objetivo do que uma premonição de bola de cristal sobre os destinos da Toyota. E, novamente, temos uma perspectiva interna do que está fora do alcance da maioria das pessoas que não lê em japonês. Por exemplo, temos um *insight* de como Okuda revolucionou a gestão da empresa, levando-a para o século XXI, algumas vezes em conflito direto com membros da família Toyota – algo muito raro em dirigentes anteriores. Obtemos alguns detalhes das atividades internas que estão conduzindo a Toyota a se desenvolver de uma empresa familiar a uma companhia globalizada, mas que ainda retêm o DNA da Toyota – sem o que ela seria apenas outra empresa automotiva. Também temos *insights* sobre a paixão com que a Toyota realiza sua autoestruturação. Eiji Toyota denunciava, repetidamente, a pior ameaça à companhia – a complacência. Ele insistia no fato de que a empresa deveria refletir de modo contínuo e profundo e reestruturar-se visceralmente para adequar-se às mudanças ambientais. Com certeza, Okuda e Cho manteriam essa mensagem nos dias atuais.

Este é um livro que leio e releio muitas vezes, utilizando-o como referência para fatos específicos e análise aprofundada. É um grande companheiro para *O Modelo Toyota*. As mensagens constantes em ambos os livros são as mesmas: para entender o sucesso da Toyota, é preciso investigar, com profundidade, os princípios culturais e gerenciais subjacentes. Se você deseja fatos, figuras, quadros e gráficos que lhe deem uma análise acurada e um relato fidedigno, esta leitura é obrigatória.

Jeffrey K. Liker, Ph.D.
Professor em Engenharia Industrial e de Operações
Universidade de Michigan

APRESENTAÇÃO DO TRADUTOR DA EDIÇÃO JAPONESA

Quase vinte anos atrás, o Sistema Toyota de Produção era desconhecido para o mundo ocidental. Com algumas exceções – como o trabalho de Yasuhiro Monden –, os poucos livros disponíveis sobre o assunto eram precários e quase nenhum em inglês. Na América do Norte e na Europa, foram poucos os visionários que se debruçaram e estudaram as primeiras traduções feitas por mim e outros sobre personalidades de destaque como Shigeo Shingo e Taiichi Ohno. À medida que as ideias da Toyota se espalharam, as ações subsequentes desses "seguidores iniciais" se tornaram um testamento dos esforços e recursos de apoio que devotaram para absorver as lições da Toyota e aplicá-las às suas próprias organizações.

Muito mudou desde o início da década de 1980, embora nem sempre de modo previsível. Aquela primeira onda de traduções para o inglês e o sucesso notável dos primeiros seguidores e de ex-consultores da Toyota, estranhamente, não pareceram incrementar a demanda por informações vindas diretamente do Japão. Pelo contrário, essas e outras influências apressaram o surgimento de uma primeira geração de analistas, intérpretes, promotores e estudiosos norte-americanos do pensamento e das práticas da Toyota. O Sistema Toyota de Produção (agora denominado, às vezes, de "produção enxuta") se tornou popular nos Estados Unidos, sendo reinterpretado como uma coleção de ferramentas e técnicas e formatado em uma linguagem simples e palatável.

A vantagem de tudo isso é que a Toyota é, hoje, infinitamente mais acessível do que um quarto de século atrás. A desvantagem é que o fluxo de informação proveniente do Japão ainda é lento e dificultado pela linguagem, pela cultura e, talvez, pela nossa própria impaciência. Aprendemos muito sobre a Toyota nos últimos anos, porém, o ritmo de informação em inglês e em outras línguas ocidentais ainda nos esconde o gás e o dinamismo das realizações da empresa. E, ao mesmo tempo, a lacuna amplamente detectada entre conhecimento e resultados brutos – tanto no Japão quanto no resto do mundo – parece ter aumentado.

Então, o que devemos fazer? Como podemos melhor absorver e aproveitar o que a Toyota tem para nos ensinar? Com certeza, a familiaridade com palavras, ferramentas e técnicas não é suficiente. Nem é o bastante para desenvolver equipamentos ou "aumentar a conscientização". Essas coisas são necessárias, mas estão longe de ser suficientes, e Satoshi Hino nos diz por quê: o sucesso do Sistema Toyota de Produção não pode ser separado nem da dolorosa ação exigida para construí-lo e sustentá-lo, nem das estruturas e práticas gerenciais das quais é parte. A inferência de Hino é evidente: construa uma forte infraestrutura de gestão, aprenda incessantemente e pratique, pratique, pratique.

Apresentação do Tradutor da Edição Japonesa

Observador antigo e meticuloso da empresa, Hino nos recorda que a Toyota representa o triunfo da humildade sobre o excesso, do trabalho árduo e da disciplina sobre fórmulas rígidas e soluções "fáceis". É a corporificação de um modo de pensar o mundo. E também é um objetivo em movimento. Mesmo à medida que assume novos desafios para o novo milênio – diálogo ecológico, eficiências de desenvolvimentos energéticos e sistemas de integração, por exemplo –, a Toyota se distingue por sua cosmovisão diferenciada e por sua recusa em ser complacente.

O livro de Hino, originalmente publicado no Japão, em 2002, buscou encorajar o renascimento da indústria japonesa, ao chamar a atenção de empresários locais para as origens das conquistas da Toyota. Foi um chamamento à ação, apoiado por evidência consistente e considerável convicção.

Nosso propósito é similar. Ao publicar esta edição em língua inglesa, a Productivity Press, o tradutor e o autor esperam levar essa mensagem para além do universo da manufatura japonesa, tornando-a acessível para administradores de empresas de todo o globo. Globalização e crescente competitividade tornam o livro oportuno. O assunto de Hino é específico, mas suas implicações são gerais: teoria e princípios são importantes. Documentação é crucial. O sucesso de uma organização está intimamente ligado ao modo como seus líderes consideram o trabalho, as pessoas e a sociedade.

Essas lições são poderosas, e Hino as tem muito claras em seu pensamento, enquanto nos guia pelo amplo Sistema Gerencial que é o ponto crítico da proeminente ascensão da Toyota. Hino afirma que a chave para a força da Toyota é o que jaz sob a superfície de uma observação casual: disciplina, gestão de informação, princípios inabaláveis e visão coerente. E ele nos dá os detalhes.

Diferentemente da maioria dos analistas da Toyota, Hino faz com que assentemos nossa perspectiva não na replicação do êxito da Toyota, mas em sua superação. Esse ponto é determinante, porque desloca nossa atenção da mera imitação do que é visível na superfície e nos desafia a penetrar em mecanismos de excelência mais profundos e poderosos.

Este não é um livro de receitas, nem uma versão simplificada da Toyota. Merece análise, aplicação e experimentação sérias. Aprenda como a Toyota pensa, é o que Hino nos diz – aprenda as virtudes da Toyota, torne-as suas e, então, as supere.

Andrew Dillon

PREFÁCIO À EDIÇÃO EM INGLÊS

O Sistema Toyota de Produção (STP) é considerado o sucessor revolucionário do taylorismo e do Sistema Ford e tem sido matéria de excelentes publicações. Poucas empresas, no entanto, parecem tê-lo adotado com sucesso. A avaliação por *benchmarking* do processo de negócios exige que a empresa desenvolva as melhores práticas que superem as de seus concorrentes. Mesmo se uma companhia se tornar mais lucrativa ao introduzir o Sistema Toyota de Produção, não podemos pressupor que o tenha feito com êxito. Para tanto, a empresa precisa ultrapassar a Toyota e desenvolver seu sistema de produção exclusivo. Até que o faça, está apenas seguindo os passos da Toyota e será incapaz de superar o mestre.

Por que as companhias são incapazes de adotar o Sistema Toyota de Produção com eficácia? É difícil introduzir o Sistema Toyota de Produção com êxito sem que seja adotado o mais amplo Sistema de Gerenciamento da Toyota, do qual o STP é apenas uma parte, um sistema de gerenciamento que engloba itens como cultura corporativa, estratégias de gestão e métodos empresariais.

Trabalhei para uma empresa automotiva japonesa até 1999. Cerca de 25 anos atrás, interessei-me pelo Sistema Toyota de Produção e comecei a estudá-lo a fim de ultrapassar a Toyota Motor Corporation, líder da indústria automotiva japonesa. Podia entender a eficiência de técnicas como os sistemas *kanban* ou *andon*, mas não podia compreender o pensamento do pessoal da Toyota que concebera seus métodos particulares. O seu pensamento – a estrutura de suas mentes – parecia essencialmente distinto do de pessoas comuns como nós. A não ser que pudéssemos nos apropriar dessa forma de pensamento, e mesmo que pudéssemos imitar o Sistema Toyota de Produção, não seríamos capazes de desenvolver métodos para excedê-lo e nunca triunfaríamos. Concluí, então, que tinha de descobrir como surgira o modo de pensar da Toyota.

Nesse ponto, comecei a coletar toda a sorte de informações sobre a Toyota, e não apenas sobre o Sistema Toyota de Produção, mas, infelizmente, não encontrei nenhuma obra que analisasse e explicasse o STP de forma sistemática. Esse foi o começo de minha pesquisa sobre o Sistema Toyota de Gerenciamento. Estudei a Toyota durante os 20 anos seguintes, e este livro é uma compilação desses estudos.

A General Motors Corporation e a Ford Motor Company, as empresas fabricantes de carros norte-americanas que já detiveram o controle da indústria automotiva mundial, hoje atravessam uma fase de declínio gerencial extremo. Seus destinos atuais mostram que os sistemas de gestão do século XX, perfeitos para a noção de desperdício, ou *muda*, da produção em massa, não são mais adequados para o século XXI. Uma companhia de *muda* pode ser lucrativa em uma época em que a demanda excede o fornecimento, mas não estamos mais nessa época. Além disso, o desperdício na indústria – por exemplo, o desperdício do excesso de produção ou de ter pessoas que trabalham sem adição de valor – acabam por exaurir o planeta. A estimativa pessimista de que a Terra pode se tornar inabitável até o final do século XXI não é, necessariamente, irreal. A indústria, que, mais do qualquer outra coisa, exaure o planeta, precisa dar total atenção ao estabelecimento de sistemas gerenciais que eliminem todo o desperdício. Um exemplo concreto disso é o Sistema Toyota de Gestão, um sistema fundamental que possibilitará a manutenção de lucros bem como o cuidado com o planeta no século XXI. Espero que todas as empresas cresçam e se desenvolvam ao longo do século XXI. Aprendam, neste livro, o Sistema Toyota de Gestão e o utilizem como base para desenvolver suas melhores práticas comerciais.

Esta edição em língua inglesa surge três anos e meio após a publicação do livro no Japão, em junho de 2002. Algumas circunstâncias mudaram, e atualizamos alguns dados ultrapassados. Como princípio básico, entretanto, a edição da tradução em inglês não foi atualizada. Este não é o tipo de livro que precisa ser reescrito constantemente, já que seu objetivo é olhar para o futuro a partir de uma perspectiva de análise histórica. Pelo menos, penso que os últimos três anos mostraram que os "princípios de crescimento duradouro" descritos neste livro estão corretos.

Durante os últimos três anos, ocorreram quatro principais desenvolvimentos na Toyota: a conclusão do CCCXXI (Construção de Concorrência de Custos para o século XXI/*Construction of Cost Competition for the XXIst Century*); a renovação do sistema de informação de produto da empresa; a fundação do Instituto Toyota; e o estabelecimento da Visão Global 2010 da empresa.

Como mencionarei no Capítulo 6, o CCCXXI consiste em atividades para desenraizar custos, a partir do estágio de planejamento, em todos os departamentos e em todos os processos, incluindo os de fornecedores. O CCCXXI iniciou em julho de 2000 e atingiu seu objetivo original de 1 trilhão de ienes em redução de custos totais em três anos. Uma vez que partes aperfeiçoadas são introduzidas durante mudanças de modelos, ainda mais, um efeito maciço de redução de custos automaticamente atingiu as mudanças de modelo para as unidades estratégicas e globais do Vitz, do Corolla e do Camry. É axiomático dizer que, na Toyota, o *kaizen* nunca pára. Assim, desde o início do CCCXXI, a Toyota está levando adiante atividades IV (Inovação de Valor) que fundamentalmente repensam os métodos de se projetar, incluindo a adequação dos materiais.

A renovação do sistema de informação de produto da Toyota envolve a integração que mencionarei no Capítulo 6. Em janeiro de 2002, a Toyota unificou a gestão de toda a informação de projetos, ao participar do SIT (Sistema de Informação Total para desenvolvimento de veículos), apresentado na Figura 3.13 (p. 190), e reestruturá-lo como E-BOM (*Bills of Material for Engineering*) para aspectos de desenvolvimento de projetos que lidam com informação da função do produto. A empresa também tomou parte em seu SGE (Sistema de Gestão de Especificação), reestruturou-o como M-BOM (*Bills of Material for Manufacturing*), compatível com o recém-construído E-BOM, e começou a usar M-BOM para modelos novos. A utilização de E-BOM, estendida para todos os modelos ao final de 2003, desenvolve-se como um sistema de "Listas Globais de Peças Integradas" que é uniforme em todo o mundo. Isso torna possível aplicar a "gestão do conhecimento" ao *design*, algo que há muito era uma preocupação. Também possibilita a padronização de M-BOM que se diferenciavam um pouco em cada fábrica, dessa forma aperfeiçoando produtos, baixando custos e encurtando prazos de desenvolvimento. Também assegura uma base para uma expansão global que avança rapidamente. Afirma-se que o investimento total nessa iniciativa é de 200 bilhões de ienes, que não será logo realizado mesmo que a iniciativa tenha êxito. Se fracassar, não há como evitar o abalo nos princípios de gestão. A Toyota é, provavelmente, a única empresa do mundo a levar adiante esse audacioso projeto de reestruturação. No momento, a Toyota busca aperfeiçoar sua competitividade, tornando-se o primeiro fabricante de carros a desenvolver um sistema GEP (Gestão do Estilo de Vida do Produto).

O Instituto Toyota foi fundado em janeiro de 2001 com o propósito de transmitir o Modelo Toyota (folhetos com resumos sobre a filosofia de gestão da Toyota) para grupos interessados em todo o mundo. (O Modelo Toyota é apresentado no Capítulo 6.) A cada ano, alguns milhares de alunos de todas as partes do mundo chegam ao Instituto Toyota para estudar a essência do estilo Toyota. Iniciando com a entrada da companhia no mercado chinês em 1995, seguida de sua forte expansão na França e na Europa Oriental, a Toyota entrou de cabeça na expansão global e manifestou grande preocupação com o fato de que uma ampla extensão de sua logística interna pudesse iniciar o processo de bancarrota da empresa. Por isso, julgou-se necessário que todos os empregados da Toyota, de diferentes culturas e costumes, compartilhassem e aderissem aos valores da empresa, exercitando o estilo disciplinado da gestão Toyota em seus países de origem. O resultado disso foi o Instituto Toyota. A Toyota ainda hoje é estendida ao limite, ainda se equilibra no arame. O Instituto Toyota foi lançado no último instante e seus efeitos se tornarão evidentes gradativamente. A "Visão Global 2010", da Toyota, anunciada em abril de 2002, desenvolveu-se a partir da "Visão 2005", também apresentada no Capítulo 6. Ancorada na pretensão da crescente ênfase na reciclagem, na propagação de estradas avançadas e sistemas de tráfego e motorização numa escala global, a "Visão Global 2010" exige reformas internas de engenharia e de desenvolvimento de produto, sistemas de gestão e estruturas de lucro. A Toyota estabeleceu para si mesma o objetivo de atingir uma fatia global total de 15% até 2010. À época em que a "Visão Global 2010" foi lançada, a GM mantinha uma fatia de 15%, e a da Toyota era em torno de 11%. Para a Toyota atingir o patamar de 15%, seria preciso desbancar a GM de sua posição de maior empresa automotiva do mundo, algo em que ninguém acreditava com facilidade. Entretanto, a Toyota ultrapassou a Ford em 2003 e se posicionou à frente da GM em 2006, quatro anos antes do que fora planejado. Ao final do século XX, a GM e a Ford faziam um sucesso no mercado de caminhonetes utilitárias em que as companhias japonesas nem haviam entrado. Talvez isso tenha levado os fabricantes norte-americanos a cometerem o erro estratégico de perder a noção de perigo com relação aos japoneses, pois a Toyota está se aproximando bem mais rápido do que o previsto. A acirrada perseguição da Toyota, no encalço de seus rivais, pode ser extrapolada da estratégia de negócios da empresa para o século XXI (apresentada no Capítulo 6), incluindo a completude da iniciativa CCCXXI, a renovação de seu sistema de gestão de informação de produto e a fundação do Instituto Toyota. Esses avanços confirmam a previsão de que a Toyota certamente irá crescer ao longo do século XXI.

Traduções deste livro foram publicadas em 2003, na Coreia e na China. Na Coreia, Jaeyong Lee, diretor-administrativo da Samsung Electronics, filho e provável herdeiro do presidente da Empresa Kunhee Lee, ofereceu cópias do livro a mais de cem executivos do grupo com a seguinte nota: "Este é o livro mais impressionante que li recentemente. Gostaria que você o lesse". SS Kim, vice-presidente e diretor-executivo da LG Electronics, registrou este livro como sendo o número um da seção "Biblioteca do Executivo" de sua página pessoal na Internet. A Samsung e a LG estão se tornando, rapidamente, fabricantes globais em ascensão de produtos elétricos e eletrônicos, e a leitura interessada deste livro pode ajudá-las a crescer ainda mais. Espero que os leitores de língua inglesa também se valham deste texto e aprendam os princípios de um crescimento econômico duradouro, para que suas companhias possam, ao longo do século XXI, tanto alcançar maior lucratividade quanto atenuar o impacto de suas ações sobre o meio ambiente do planeta.

Satoshi Hino

SUMÁRIO

Introdução 16

Capítulo 1: Os Genes e o DNA da Toyota 27
    Os Homens que Desenvolveram os Genes da Toyota 27
    DNA: Como se Transmitem os Genes da Toyota 51
    A Atitude Gerencial que Cria Crescimento Duradouro 67

Capítulo 2: O Paradigma da Toyota 74
    Valores 75
    Padrões de Pensamento 96
    Hábitos de Pensamento 103
    Formas de Comportamento 107

Capítulo 3: O Sistema Toyota das Funções de Gestão 118
    O Controle de Qualidade Total (CQT) da Toyota 118
    O Sistema de Planejamento de Negócio Grupo de
    Tomada de Decisões 131
    O Sistema de Controle de Qualidade 145
    O Sistema de Gestão dos Custos 154
    Sistema Financeiro e Contábil 167
    Gestão de Trabalho 170
    O Sistema de Gestão do Trabalho Administrativo 178
    Gestão por Sistemas de Computação 188

Capítulo 4: O Sistema Toyota das Funções de Produção 197
   O Sistema de *Marketing* 197
   Sistemas de Desenvolvimento de Produto Individual 205
   O Sistema de Gestão de Projeto 214
   Tecnologias de Produção 244
   Políticas de Compras 261
   Fabricação (O Sistema Toyota de Produção) 262
   Vendas 265

Capítulo 5: Poder do Produto e Poder da Marca 269
   Poder do Produto 269
   O Poder da Marca Toyota 286

Capítulo 6: A Gestão da Toyota no Século XXI 288
   O Sistema Okuda/Cho 288
   A Transformação em uma Companhia Líder do Século XXI 291
   Inovação no Desenvolvimento de Produto 304
   Padrões de Gestão da Toyota 320

Índice 331

INTRODUÇÃO

Por que estudar a Toyota?

A economia japonesa avançou rapidamente em direção ao século XXI, levada pelos trilhos de uma "década desorientada" – e ainda não se vislumbra uma saída para isso. A reorganização de empresas teve seu curso revertido e, a cada ano que passa, o número de empresas japonesas diminui. As dispensas temporárias de trabalhadores causadas pela reestruturação de empresas tornaram-se comuns, e o desemprego continua a aumentar em índices nunca antes registrados. Com o progresso da China como a maior "fábrica mundial", a posição do Japão no mundo dos negócios está ameaçada.

O presidente da Microsoft, Bill Gates, em seu discurso de posse na COMDEX, em Las Vegas, em 12 de novembro de 2000, incluiu a seguinte observação:

> Mantenho sempre à mão uma cópia de My Years with General Motors (Minha Experiência com a General Motors), de Alfred Sloan, o grande líder que fez da GM a maior fabricante de veículos do mundo. O que importa, nesse caso, é como fazer com que as empresas se mantenham depois que os empreendedores geniais que as construíram se afastam. No Japão, há duas empresas que se prestam como bons exemplos disso: a Toyota e a Sony. Não me surpreendo quando uma empresa cresce, rapidamente, no espaço de cinco anos, mas fico extremamente interessado naquelas que, consistentemente, geram resultados vultosos num período de vinte ou trinta anos. Será que elas possuem algum tipo de mecanismo intrínseco de permanência? Se assim é, o afastamento de uma geração de empreendedores não apagará seu talento e vitalidade.

O antigo diretor presidente da GE, Jack Welch, em uma entrevista concedida em 6 de novembro de 2001 para o *Nikkei Sangyo Shimbun*, abordou a questão de empresas japonesas oscilarem entre o baixo desempenho e a busca por modelos de gestão ocidentais. Welch comentou: "Primeiramente, é preciso aprender os termos de sucesso a partir de técnicas de gestão empregadas por empresas como a Toyota. O Japão possui empresas de alto padrão, como a Toyota e a Sony. Empresas como a Ricoh e a Canon também superaram a Xerox, nos Estados Unidos. O Japão tem condições de encontrar uma forma de romper com essa economia preguiçosa [estudando os métodos inovadores de suas próprias equipes bem-sucedidas]".

Conforme observaram Bill Gates e Jack Welch, empresas estruturadas com vistas a crescimento duradouro podem ser encontradas bem perto de nós. Ao estudar seus exemplos domésticos, o Japão do século XXI poderia, mais uma vez, tornar-se um modelo de prosperidade para o mundo.

Em 1º de janeiro de 2002, o *Nikkei Sangyo Shimbun* publicou uma lista de classificação de empresas, de acordo com sua capacidade de sobrevivência. O "potencial de sobrevivência", nesse caso, tomou a forma de um índice, indicando se os lucros de uma empresa eram suficientes para protegê-la contra o risco de flutuações de receita depois que impostos e outras obrigações houvessem sido quitados. A fórmula utilizada para esse propósito foi a seguinte:

- Potencial de sobrevivência = lucros comerciais reais antes do pagamento de juros – lucros de sobrevivência.
- Lucros de sobrevivência = dividendos + comissões + taxas administrativas + taxas de juros e descontos + taxas de risco.
- Taxas de risco = desvio-padrão de lucros comerciais dos últimos dez anos antes de pagamento de juros sobre o capital total x capital total (média entre capital inicial e capital final).

As empresas mais bem-posicionadas em termos de potencial de sobrevivência foram:

Posição	Empresa	Potencial de sobrevivência (em ienes)	Lucros de sobrevivência (em ienes)
1	Toyota Motor Corporation	¥378 bilhões	¥207 bilhões
2	Take Fuji	¥193,1 bilhões	¥27 bilhões
3	Takeda Pharmaceutical	¥183 bilhões	¥45 bilhões

A Toyota, que lidera em termos de potencial de sobrevivência e lucros de sobrevivência, também estava na liderança dez anos antes. Os resultados demonstram, justamente, o nível de durabilidade de negócios e as bases de lucro da Toyota.

A Figura 0.1 é um mapa de controle estratégico na indústria automotiva. Concebido pela McKinsey & Company, mostra tendências em posições financeiras de fabricantes de automóveis, no período de 1994 a 2000.

A medida de desempenho, no eixo vertical (a relação entre preço de mercado de ações da empresa e patrimônio líquido, ou PBR Price/Book Ratio) reflete o valor de ações da empresa no mercado de capitais. O valor atual total pode ser expresso pela curva definida pelo produto do PBR e o valor líquido, mostrado no eixo horizontal.

Como vemos na Figura, a Toyota é a empresa-líder do setor, largamente superando as demais. A Ford aumentou seu PBR e ficou próxima da liderança, em dado

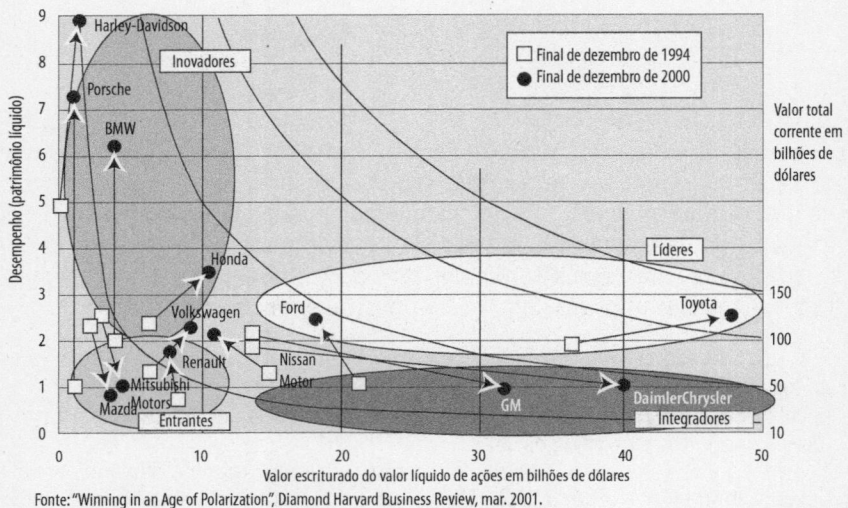

Figura 0.1 Mapa de controle estratégico no setor automotivo (1994-2000).

momento, mas sua posição é incerta desde o episódio Firestone, em 2001. Embora a General Motors e a DaimlerChrysler tenham crescido consideravelmente em escala, seus resultados e eficácia estratégica permanecem questionáveis. Como "integradores", são precariamente comparáveis à Toyota.

O segredo de crescimento da Toyota, que teima em persistir em cenários adversos, tem sido atribuído a "competências básicas" difíceis de imitar. Mas, na atual crise, em que o crescimento econômico da China ameaça afundar o Japão, reproduzir as competências básicas da Toyota para torná-las amplamente acessíveis a todas as demais empresas japonesas tornou-se uma necessidade crucial. A própria Toyota reconhece que não pode sobreviver isolada do resto dos fundadores japoneses. Portanto, através de iniciativas como as da Associação Central de Indústrias Japonesas[1] e da Organização Japonesa pela Inovação em Manufatura, Desenvolvimento Humano e Qualidade,[2] a Toyota está trabalhando para padronizar e difundir seu sistema de gestão (ver Capítulo 6).

É difícil, entretanto, para os próprios integrantes avaliarem, objetivamente, uma empresa. A Toyota não considera as empresas do "fundo do fundo". Sua avaliação inicia no "fundo do meio". Por essa razão, os métodos empregados pela Toyota são tão distanciados da realidade da maioria das empresas e, pelo menos no início, simplesmente, muito difíceis de acompanhar.

Neste livro, avaliaremos a Toyota sob uma perspectiva externa, ao considerar e explicar a essência de seu crescimento continuado em relação a outras empresas. O livro está estruturado com o objetivo de permitir que outras empresas tenham o mesmo desempenho da Toyota.

Não visamos a nenhum setor específico, tampouco a empresas de porte ou histórico específicos. Desde que possuam interesse em inovação de gestão, administradores de qualquer geração podem reconstruir os mecanismos de crescimento continuado dentro de suas próprias empresas. Os princípios discutidos neste trabalho podem ser aplicados a qualquer empresa de qualquer setor industrial. Observe que as funções gerenciais não variam de acordo com a escala; aqui, não importa se sua empresa é grande ou pequena.

Um panorama do crescimento da Toyota

Na tentativa de introduzir o sistema de Controle de Qualidade Total (CQT), uma certa empresa, denominada Empresa A, convidou uma reconhecida autoridade em CQT, denominada K, para assessorá-la. Cada vez que K a visitava, impiedosamente, apontava os problemas da empresa. Os membros do Departamento de CQT da empresa entendiam que as críticas de K representavam uma visão externa objetiva e sentiam-se obrigados a ouvi-la. Absorveram esses comentários fragmentários, classificaram-nos como os "comentários de K" e disseminaram-nos através da empresa. A Figura 0.2 mostra esses "comentários" na forma de um diagrama correlacionado.

O gerente responsável pelo CQT repreendeu sua equipe: "O que vocês estão pensando? Divulgar isso consumirá toda a energia da empresa!". Ironicamente, sua reação seguia os mesmos padrões dos comentários de K de que a empresa sofria de visão estreita!

As atividades de CQT da empresa tornaram-se formais. Anteriormente longas, foram reduzidas, em um ritmo arrastado, e acabaram sendo abandonadas. A empresa não conseguia se libertar do diagrama de problemas que K havia apontado. Sua capacidade de competir foi por água abaixo e, finalmente, teve de efetuar dispensas.

Suspeitamos de que, mesmo hoje, a empresa dessa história não compreende, realmente, o que a fez escorregar e cair. Ela não é capaz de entender que os comentários fragmentários e negativamente impostos de K a impossibilitaram de ver como resolver qualquer um de seus problemas.

Visando a uma perspectiva revisitada, tomemos as afirmações de K e procuremos invertê-las (ver Figura 0.3, p. 21).

Uma apreciação mais detida da Figura 0.3 revela algo quase idêntico ao esquema de crescimento da Toyota, o que mostra que K estava bem familiarizado com a situação dessa empresa; como consultor, deve ter, inconscientemente, aplicado a estrutura Toyota.

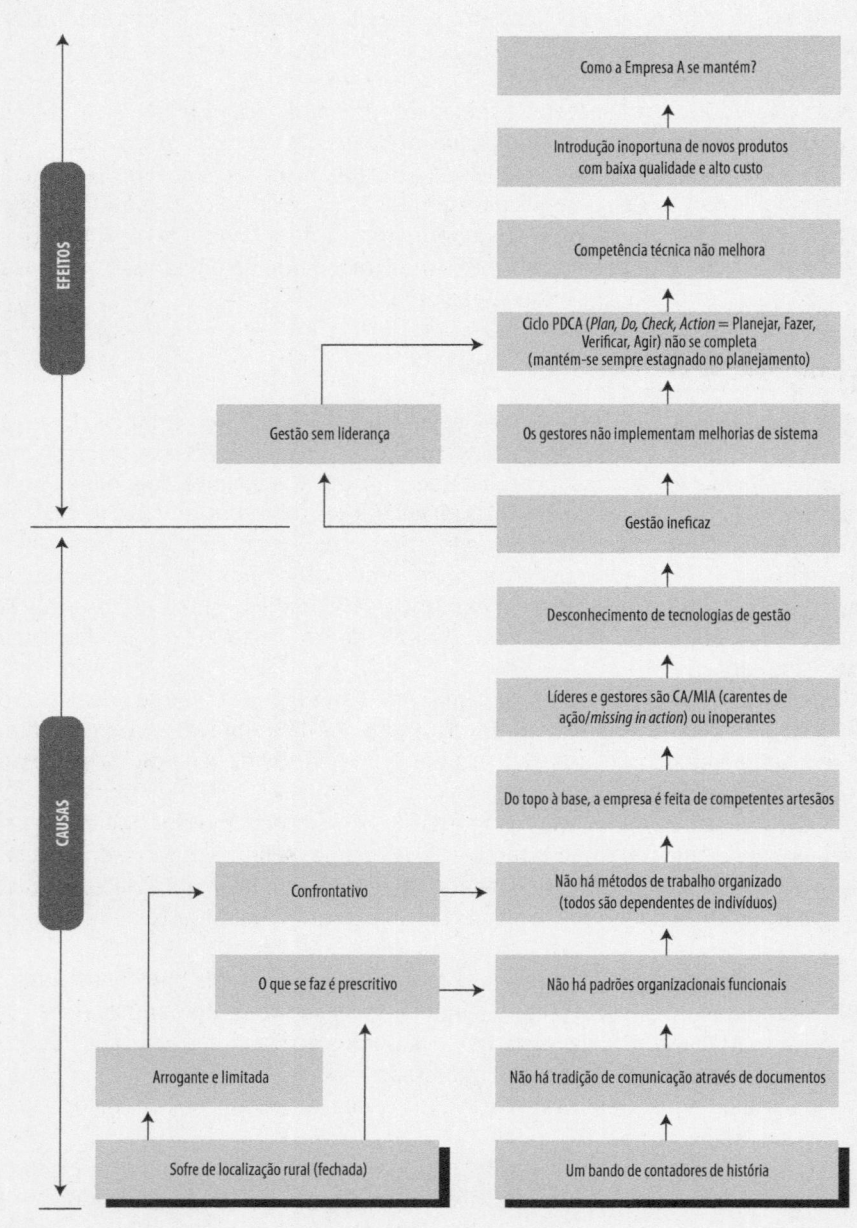

Figura 0.2 Problemas da Empresa A.

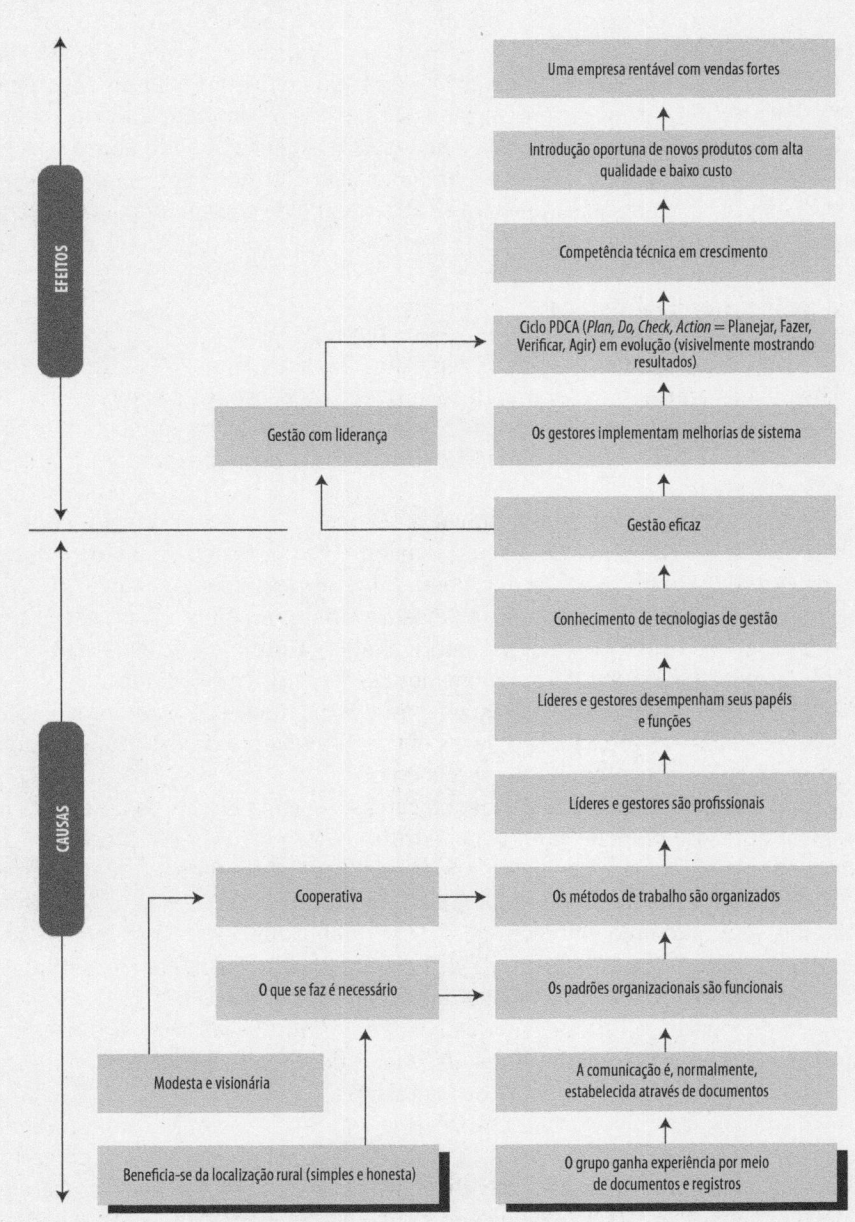

Figura 0.3 Modelo de crescimento empresarial.

O esquema, na Figura 0.3, mostra relacionamentos de causa e efeito e pode ser perfeitamente interpretado como um esboço do que precisa ser feito para se criar uma "empresa em que as vendas resultem em lucros". O que não está claro, en-tretanto, é como começar a criar "causas" na metade inferior do diagrama. Será pouco producente procurar causas em observações limitadas, como "benefícios em localizações rurais (simples e honestas)". Apenas quando uma empresa examina a situação gerencial da Toyota como uma estrutura universal é que as regras e os princípios necessários para alcançar o tipo de crescimento ilustrado na Figura 0.3 parecerão evidentes.

Uma perspectiva analítica sobre as empresas

Muitos livros e documentos já foram dedicados ao Sistema de Produção da Toyota, mas poucas empresas adotaram o sistema com sucesso. As partes só são significativas no contexto como um todo, e o transplante de apenas uma parte tende a resultar em funcionamento deficitário. As empresas precisam adotar o sistema em sua totalidade.

A gestão é comumente comparada a um *iceberg*. O que se pode ver sobre a água é comparável com a produção de uma empresa: o desempenho de vendas de seus produtos e o julgamento popular sobre a força de suas marcas. O que determina tudo isso, entretanto, é o que está embaixo da água: a infraestrutura. Um dos objetivos deste livro é desconstruir a infraestrutura ainda mais e analisar o sistema de gestão da Toyota como um modelo corporativo integrado.

Ao aplicarmos o modelo ilustrado na Figura 0.4 a toda e qualquer empresa, é possível visualizar as forças e fraquezas em cada elemento da estrutura. A força refere-se ao índice de potencial de crescimento.

A Figura 0.4 revela as densidades, ou forças, de cada elemento da estrutura de uma empresa. Empresas com superestruturas fortes e infraestruturas fracas podem ser vistas como aquelas de "cinco anos de crescimento", mencionadas por Bill Gates. Podem usufruir um período de boa sorte ou vender seus produtos, baseando-se no exemplo empreendedor de pequenos pioneiros, mas têm grande probabilidade de fracassar dentro de dez ou vinte anos. Empresas desse tipo já foram as preferidas do público, mas, atualmente, desmoronaram.

De modo inverso, empresas em que a superestrutura seja fraca e a infraestrutura seja forte (como a Toyota, em seus primórdios) tendem a gerar resultados continuamente superiores por vinte ou trinta anos.

A Empresa A, citada anteriormente, é uma empresa que cresceu com a venda de capacidade tecnológica. Concentrou todos os seus esforços em sua superestrutura e negligenciou a infraestrutura; consequentemente, ambas enfraqueceram. Empresas (como a Toyota atual) que são fortes na totalidade são, inabalavelmente, dominantes. Historicamente, a Toyota iniciou sua gestão alimentando sua infraestrutura e, dessa maneira, construiu uma empresa em que a força é ampliada de forma a alcançar a própria superestrutura.

Empresas com infraestruturas fracas não são mais consistentes do que frágeis bolinhas de isopor, que acabam sendo dispersas até pela mais suave das brisas. Já empresas com infraestruturas sólidas, por outro lado, são como *icebergs:* ventos fortes podem fustigá-las, mas elas não se moverão.

Resumos dos capítulos

No Capítulo 1, *Os Genes e o DNA da Toyota*, analisamos a Toyota com base em seus "genes" e "DNA", conforme é ilustrado no final do modelo de empresa, apresentado na Figura 0.4. DNA não é o mesmo que genes. Ele é, de fato, o transmissor de genes. Sem o DNA, mesmo os genes mais apurados seriam extintos depois de uma única geração. As leis da evolução biológica estipulam que genes recessivos são banidos. Se extrapolarmos e aplicarmos essa teoria a um modelo de empresa, apenas os genes desenvolvidos podem se acumular e desenvolver, desde que o DNA esteja presente. Examinaremos as origens da Toyota e o processo pelo qual o DNA que transmite aqueles genes foi criado. Ao mesmo tempo, ilustraremos os princípios para a criação de DNA que transmite genes e para a descoberta e o desenvolvimento de talento humano capaz de criar genes desenvolvidos.

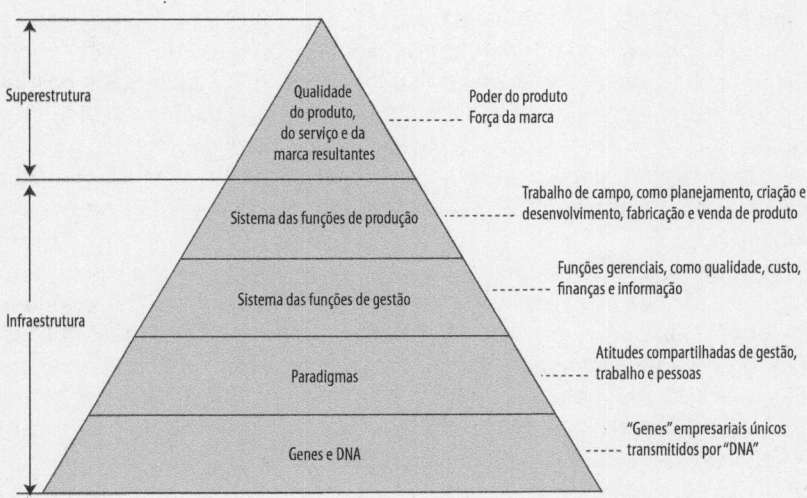

Figura 0.4 Modelo de empresa.

No Capítulo 2, *O Paradigma da Toyota*, analisamos a Toyota com foco em "paradigmas" situados na segunda camada, de baixo para cima, de nosso modelo de empresa. Os paradigmas empresariais são influenciados por genes herdados de gerações anteriores e, através de um percurso que vai desde um sistema das funções de gerenciamento até um sistema das funções de produção, determinam o poder da mais alta ordem de produtos e marcas da empresa. Sem paradigmas empresariais bem-definidos, as energias dos gestores e de todos os funcionários anulam-se, reciprocamente, no interior da empresa e não são direcionadas para fora desta. Cedo ou tarde, o sistema de gestão é destruído. Na presença de paradigmas, as energias de todos os funcionários são alinhadas, e o gerenciamento pode amadurecer em força, além de em capacidade própria. Exploraremos os princípios de formação de paradigmas e desvelaremos os mitos, a cultura e os pontos de vista sobre gestão, trabalho e pessoas da Toyota – que foram formados sob a influência de crescimento de genes da empresa.

No Capítulo 3, *O Sistema Toyota das Funções de Gestão*, analisamos a Toyota do ponto de vista de "sistemas funcionais de gestão", localizados no seio de nossa empresa-modelo. O que chamamos sistemas funcionais de gestão são sistemas que governam as funções de gestão básicas, compartilhadas pela organização empresarial, como qualidade, custo, tecnologia, padrões, pessoal, informação e negócios. Melhorias em qualidade, redução de custos, desenvolvimento em recursos humanos e o uso eficaz de informação tornam-se possíveis, através da criação de sistemas funcionais de gestão que transmitem intenções da gerência de alto nível, de forma rápida e precisa, a toda a empresa e que resultam em esforços para aperfeiçoamento do sistema, por parte da gestão intermediária, e esforços para melhoria da atividade-fim, por parte dos funcionários. Na Toyota, a gestão de alto nível exerce liderança baseada em paradigmas da empresa, a gestão intermediária desenvolve sistemas de acordo com os objetivos da gestão de alto nível e todos os empregados, sem alarde, dedicam-se à melhoria da atividade-fim (*kaizen*). Esse capítulo explica como a Toyota criou sistemas que funcionam dessa maneira e revela os princípios de criação de sistemas funcionais de gestão "que funcionam".

No Capítulo 4, *O Sistema Toyota das Funções de Produção*, analisamos a Toyota sob a perspectiva do "sistema funcional de produção" que exerce influência direta sobre o "poder do produto" e o "poder da marca", situados no topo do modelo. O que aqui chamamos de "sistema de produção" refere-se à cadeia de funções operacionais reais (desde o projeto do produto, passando pela produção até vendas) que ocorrem de acordo com objetivos estabelecidos pelo sistema funcional de gestão. Se o sistema funcional de produção são os fios que cruzam o tear no sentido longitudinal, então o sistema de gestão de funções são os fios que cruzam o tear no sentido transversal, formando a trama. Já surgiram muitos estudos fabulosos sobre o Sistema de Produção da Toyota e, como regra geral, não faremos incursões nesse território. Analisaremos, em vez disso, o sistema funcional de produção da Toyota com base em áreas de planejamento e criação de produtos e apresentaremos os princípios para a criação de sistemas funcionais de produção eficazes.

O Capítulo 5, *Poder do Produto e Poder da Marca*, conta a história de resultados de todas as atividades que foram discutidas anteriormente: qualidade do produto, nível do serviço e poder da marca da Toyota. Nesse capítulo, introduzimos inúmeras avaliações que especialistas fizeram sobre as muitas conquistas da Toyota nessas áreas e, mais uma vez, confirmamos a eficácia de uma estrutura corporativa que combina "genes" e "DNA" com um "sistema funcional de produção".

O capítulo final, *A Gestão da Toyota no Século XXI*, considera, de forma ampla, os tipos de estratégias que a Toyota está adotando ao empreender esforços para administrar, no século XXI. Na convicção de que a Toyota continuará a crescer no decorrer do novo século, mostramos evidências sobre a validade dos princípios de crescimento duradouro da Toyota.

---

1. Chubu Sangyo Renmei
2. Nihon Monozukuri Hitozukuri Shitsu Kakushin Kiko

OS GENES E O DNA DA TOYOTA — 1

OS HOMENS QUE DESENVOLVERAM OS GENES DA TOYOTA

Quem criou os genes da Toyota e que tipo de genes são esses? Para melhor responder a essa pergunta, precisamos examinar as palavras e as ações dos líderes da Toyota no passado. O Quadro 1.1 apresenta um panorama da liderança da empresa até os dias atuais.[1]

Quadro 1.1 Sucessão de líderes na Toyota

Década	1930	1940	1950	1960	1970	1980	1990	2000
Sakichi Toyoda	- -							
Risaburo Toyoda	- - -							
Kiichiro Toyoda	- - -							
Era da TMS — Shotaro Kamiya		- - -	───	───				
Seishi Kato				- - -	───			
Teizo Yamamoto					- - -	───		
Shoichiro Toyoda					- - -	───		
Era da TMC — Taizo Ishida	- -	- - -	- - -	───				
Taiichi Ohno			- - -	───	───			
Fukio Nakagawa				- - -	───			
Eiji Toyoda					───			
Masaya Hanai				- - -	───			
Shoichiro Toyoda					- - -	───		
Tatsuro Toyoda						- - -	───	
Hiroshi Okuda							───	
Fujio Cho					- - -			───

TMS: Toyota Motor Sales
TMC: Toyota Motor Corporation
Observação: Linhas descontínuas mostram períodos ativos, linhas contínuas mostram mandatos presidenciais

Sakichi Toyoda

Sakichi Toyoda nasceu em 1867, na cidade de Kosai, Distrito de Shizuoka. O legado espiritual de Nichiren[2] e os ensinamentos morais e econômicos de Sontoku Ninomiya[3] acham-se altamente arraigados naquela região, tendo ambos exercido grande influência sobre Sakichi à medida que crescia. Embora Sakichi tenha dedicado sua carreira à invenção de teares, suas crenças enquanto inventor (perseverança, contribuição à sociedade e ao país, trabalho árduo como meta humana) consistiram em uma evolução natural dos ensinamentos de Nichiren e de Ninomiya.

Nos últimos anos de sua vida, Sakichi passou a acreditar que os automóveis eram mais importantes e vitais à atividade humana do que jamais foram os teares, e ele confiou a incursão da família no setor automotivo ao seu filho mais velho, Kiichiro. Dessa forma, a fortuna juntada por Sakichi, por meio de suas invenções de teares, forneceu mais tarde a Kiichiro o capital para que a família Toyoda ingressasse no setor automotivo. Acredita-se que Sakichi tenha dito a Kiichiro: "Fabrique automóveis! Fabrique automóveis e sirva a seu país".

Sakichi Toyoda morreu em 1930, aos 63 anos de idade, mas os princípios por ele adotados foram transmitidos às gerações futuras. A seguir, um resumo das palavras e dos feitos de Sakichi na forma de "Prescrições de Toyoda".

1. Independentemente da sua posição, trabalhe em equipe para executar suas tarefas fielmente e contribua para o desenvolvimento e bem-estar de seu país.
2. Sempre esteja à frente de seu tempo por meio de pesquisa e criatividade.
3. Evite a frivolidade. Seja sincero e forte.
4. Seja gentil e generoso. Esforce-se para criar uma atmosfera agradável.
5. Seja respeitoso e conduza sua vida com gratidão e satisfação.

As Prescrições de Toyoda

As "Prescrições de Toyoda" foram organizadas cinco anos após sua morte por seu genro, Risaburo, e por seu filho mais velho, Kiichiro. As crenças de Sakichi combinavam as lições que havia aprendido em toda uma vida como inventor com os ensinamentos de Sontoku Ninomiya e com as doutrinas do budismo de Nichiren.

Como as políticas empresariais e os princípios administrativos, as "Prescrições de Toyoda" continuam a ser usadas – seja em sua forma original ou modificada de acordo com a época, com o contexto ou com peculiaridades de cada empresa – em onze empresas do Grupo Toyota, incluindo a Toyota Industries Corporation, a Denso e a Toyota Auto Body. A ênfase em algumas palavras é comum a todas essas empresas: "pesquisa e criatividade" e "cooperação e consistência". A filosofia de Sakichi tornou-se o espírito tradicional da Toyota e das empresas do Grupo Toyota. Ela permanece como a ideologia que mantém o Grupo Toyota.

Citações de Sakichi

Você não possui aliados a não ser você mesmo.

Sakichi precisou do dinheiro de outras pessoas quando tentou disponibilizar ao público consumidor sua primeira invenção. As palavras antes citadas resultaram de sua experiência na superação de desafios para alcançar seus objetivos. Kiichiro herdou o senso de independência e de autoconfiança de seu pai. Sob sua administração, a Toyota não se limitou apenas a importar tecnologia da Europa, dos Estados Unidos e de outros países com indústrias automotivas desenvolvidas. Na realidade, essa convicção tornou-se a motivação subjacente para o despertar da indústria automotiva japonesa com base em tecnologias japonesas.

Abra aquela janela e dê uma boa olhada. Há um vasto mundo lá fora.

Acredita-se que Sakichi tenha dito isso àqueles à sua volta que duvidaram quando a Toyoda Boshoku iniciou sua expansão na China. Reconhecia que, embora novos comportamentos sempre provoquem forte oposição, aqueles que se comportam de forma complacente serão deixados para trás e, por fim, derrotados. As palavras de Sakichi lembram-nos que o comprometimento com a novidade é a principal atividade dos gestores.

A principal meta da invenção é a aplicação prática integral.

Não falemos sobre valor real sem antes conduzirmos exaustivas pesquisas de mercado.

É preciso muito trabalho para finalizar uma invenção, mas a aplicação prática não exige menos esforço. O Japão é criticado pelo resto do mundo por apenas aplicar técnicas que foram originalmente inventadas em outros países. Mas uma invenção sem uma aplicação prática não passa de mero passatempo. A invenção torna-se inovação apenas quando a duplicação estável é atingida em escala significativa e a um custo realista. Sakichi foi um inovador que acreditava que a invenção somente cumpria de fato seu papel através da aplicação prática, e foi justamente na aplicação prática da inovação que a força do Japão excedeu a de todos os outros países.

Kiichiro Toyoda

Kiichiro Toyoda, filho mais velho de Sakichi, nasceu na cidade de Kosai, em 1894. Ingressou na empresa de seu pai, a Toyoda Spinning and Weaving, em 1920, após graduar-se na Universidade Imperial de Tóquio.

Em 1921, Kiichiro iniciou sua viagem pela indústria europeia e norte-americana, na companhia de sua irmã e de seu cunhado mais novo, Risaburo Toyoda. Foi nos Estados Unidos que ele percebeu que a era do automóvel havia chegado, o que fez surgir o sonho de Kiichiro de fabricar automóveis. Ele criou uma divisão automotiva dentro da Toyoda Spinning and Weaving, em 1933, e começou uma pesquisa intensiva sobre a fabricação de automóveis. O ano de 1935 testemunhou a criação da marca GI Truck, de Toyoda.

Relacionamos a seguir os conceitos básicos de Kiichiro em relação à fabricação automotiva, conforme formulação encontrada na publicação *Toyota Motor Sales — A History of the First 30 Years* (1967, *Toyota Motor Sales Company*).[4]

1. O segredo da fabricação/manufatura de automóveis reside nos veículos de passeio; mais especificamente, em automóveis a preços que estejam ao alcance do grande público.
2. A produção de carros de passeio a preços que estejam ao alcance do grande público deve estar baseada na produção de massa, apoiada em laboratórios de pesquisa substanciais e por todos os equipamentos necessários.
3. A venda de veículos de passeio a preços que estejam ao alcance do grande público é muito mais difícil do que a fabricação/manufatura dos mesmos.
4. Pesquisa e desenvolvimento são vitais. Deve-se sempre ser antecipatório, estando à frente de nosso próprio tempo.
5. A indústria automotiva é um setor integrado que depende significativamente de perícia de fabricação/manufatura básica.
6. Adote ativamente qualquer tecnologia ou conhecimento de países avançados que possam ser úteis para o estabelecimento da indústria automotiva japonesa. Todavia, essa recomendação não se limita à simples cópia. A genialidade deve modificar as técnicas e ideias importadas, adaptando-as às realidades japonesas.

Depois da Segunda Guerra Mundial, a economia japonesa entrou num período de extremo declínio. Até mesmo a Toyota enfrentou dificuldades para aumentar seu capital. Naquele período, Kiichiro insistia repetidamente que "os gestores têm por obrigação evitar as dispensas temporárias". Seu princípio moral norteador era "evitar as dispensas temporárias sempre que possível". Enviou memorandos a sindicatos, declarando claramente que não iria "aderir às dispensas temporárias".

Mas as coisas pioraram e, no final de 1949, quando a empresa estava às portas da falência, Kiichiro conseguiu, com grande dificuldade, um empréstimo de um consórcio de bancos. Os termos do empréstimo estipulavam que "as operações de venda deveriam se tornar independentes" e que "o excesso de mão de obra deveria ser cortado". Os sindicatos responderam com uma greve, e uma grande batalha teve início. Com o aumento dos problemas, Kiichiro concluiu que não poderia continuar com seu trabalho se a única forma de fazê-lo implicava na dispensa de funcionários. Em 1950, renunciou à presidência das empresas.

Kiichiro foi sucedido por Taizo Ishida, que restabeleceu o equilíbrio da empresa com o aumento de consumo iniciado pela Guerra da Coreia. Em 1952, com o capital da empresa aumentando, Ishida pediu a Kiichiro que retornasse como presidente. Mas, dois meses mais tarde, aos 57 anos de idade, Kiichiro sofreu um derrame cerebral que finalizou sua carreira.

Just-in-time

Estimava-se que a produtividade nos Estados Unidos, em 1935, era nove vezes maior do que no Japão. Para Kiichiro, ser capaz de competir de igual para igual com os fabricantes de automóveis dos países desenvolvidos do Ocidente significava ter de inventar métodos exclusivamente japoneses para aumentar a produtividade e diminuir custos. Um dos elementos de sua abordagem era o método conhecido como *just-in-time* (ou seja, fazer o que for preciso, quando for preciso e na quantidade necessária). O conceito de *just-in-time* foi concebido a partir da conscientização de que cada processo, na indústria automotiva, exigia capacidades de armazenamento expressivas e do desejo de Kiichiro de encontrar algo novo que lhe permitisse controlar empresas na Europa e nos Estados Unidos. O conceito de *just-in-time* remonta ao sistema de correias de transporte de Henry Ford. Mas como, na visão de Ford, o mercado era orientado pela produção – o que significava que todos comprariam automóveis pretos, desde que fossem baratos –, a ideia original do sistema de correias de transporte se perdeu. A filosofia de Ford foi transformada em uma filosofia em prol da produção de massa: independentemente do que fosse produzido, deveria ser produzido em grande quantidade.

O livro de Ford, *My Life and Work*, era o favorito de Kiichiro. Foi por meio do estudo do sistema de gestão e produção de Ford que Kiichiro descobriu a proposta original do sistema de correias de transporte e, no final, a ideia de *just-in-time*.

A expressão *just-in-time* já era empregada quando a construção da fábrica da Toyota teve início, em 1935. O pensamento *just-in-time* permeava os manuais de dez centímetros de espessura que o próprio Kiichiro compilou para cada processo e distribuiu para colaboradores estratégicos. Ele trouxe a ideia para os funcionários da Toyota por meio de palestras acaloradas sobre o assunto. Os espessos manuais de Kiichiro são o fundamento do sistema de produção da Toyota. Eles levam diretamente ao posterior estabelecimento, por Taiichi Ohno, do Sistema de Produção Toyota (com base no sistema *kanban*), como hoje o conhecemos.

Kiichiro nunca desafiou as nações desenvolvidas do Ocidente com qualquer pretensão de sucesso. Em vez disso, agiu imbuído de um desejo inabalável de "sempre estar à frente de seu tempo por meio de pesquisa e criatividade". Mais tarde, Eiji Toyoda escreveria admiravelmente sobre a coragem extraordinária que Kiichiro mostrou, ao fundar uma montadora de automóveis e ao estabelecer a planta de Koromo. Kiichiro, armado apenas com suas convicções, havia-se lançado no negócio automotivo mesmo quando os maiores conglomerados industriais tinham considerado tal investida muito arriscada. Sua resolução foi moldada pelo espírito pioneiro que havia herdado de seu pai, Sakichi, e pela base moral que recebera de sua madrasta Asa, que, certa vez, havia declarado que, se seu filho fosse obrigado a esmolar, ela se juntaria a ele de boa vontade.

Melhoria de qualidade

Mesmo 60 anos mais tarde, os funcionários da Toyota ainda recitam as palavras de Sakichi Toyoda e de Kiichiro Toyoda.

Sakichi Toyoda:

> *Esteja sempre à frente de seu tempo por meio de pesquisa e criatividade.*

> *Não falemos sobre valor real sem antes conduzirmos exaustivas pesquisas de mercado.*

Kiichiro Toyoda:

Avalie o que os consumidores querem e recrie essa vontade em seus produtos.

Melhore o produto auditando o sistema de produção, bem como o próprio produto.

As palavras simples e objetivas de Sakichi falam direto ao coração; verdadeiramente, compõem uma doutrina psicológica. O discurso de Kiichiro pode ter um apelo menos direto, mas é a expressão concreta de uma metodologia ponderada. É seguro dizer que a qualidade da Toyota moderna representa uma fusão da psicologia de Sakichi com a empregabilidade de Kiichiro.

Em novembro de 1935, durante a era dos teares automáticos da Toyoda Automatic Loom, Kiichiro anunciou a finalização – e a venda de várias unidades – do primeiro veículo fabricado pela empresa, a caminhonete GI Truck. Infelizmente, a GI apresentava falhas mecânicas, e os jornais se deleitaram: "Toyoda fracassa novamente", diziam as manchetes.[5] Shotaro Kamiya, que naquela época era responsável pelas vendas, insistia em que os veículos tinham de ser reparados de graça, não importando o quanto esse serviço custasse para a empresa. Essa política, gradativamente, reduziu as falhas, mas o episódio convenceu Kiichiro de que era extremamente difícil solucionar problemas apenas por meio de pesquisas de mercado conduzidas internamente pela empresa. Foi nessa ocasião que ele começou a enfatizar a necessidade de se "estudar o que os consumidores queriam e recriar essa necessidade em produtos". Os veículos eram entregues aos consumidores para avaliação, e os resultados eram coletados e analisados. As subsequentes melhorias nos veículos refletiam o que queriam os clientes. Em termos empresariais, a empresa criou Departamentos de Inspeção e Aperfeiçoamento e Comitês de Inspeção e Aperfeiçoamento exclusivos.

O conselho de Kiichiro de "melhorar o produto por meio de auditoria do sistema de produção, bem como do próprio produto" era uma ideia ainda progressista. A identificação de causas de problemas em estágios iniciais revelou uma série de fatores de contribuição. Esses fatores incluíam projetos e tecnologias de produção incipientes, desconhecimento sobre como um produto era utilizado e erros primários de projeto. A capacidade de inspecionar a produção para identificar tais problemas é extremamente limitada. Tais inspeções são simplesmente incapazes de prever ou identificar os tipos de problemas de qualidade que surgem durante a utilização do produto. Kiichiro concluiu que a qualidade de fabricação é determinada pelo trabalho conduzido através de uma gama de processos, incluindo criação, desenvolvimento, fabricação, inspeção, distribuição e serviços. Concluiu que a qualidade não seria melhorada sem a melhoria de trabalho em todos aqueles processos. As auditorias poderiam avaliar, objetivamente, os métodos de trabalho e sugerir formas de melhorá-los.

A visão de qualidade de Kiichiro era exatamente aquela codificada em 1987 pela International Standards Organization como as integrantes do Padrão de Qualidade da Série ISO 9000. A filosofia básica por detrás da ISO 9000 é de que todos os processos que geram produtos contêm inúmeros problemas de qualidade, e que a auditoria e o aperfeiçoamento desses processos são necessários para garantir a qualidade. Setenta anos depois da formulação de visão sobre a gestão de processo de Kiichiro, suas crenças tornaram-se normas internacionais na forma de padrões de certificação ISO.

Redução de custos

Kiichiro também tinha idéias bem-definidas sobre preços: "Quantos veículos o Japão precisa fabricar para que sua produção doméstica possa alcançar um nível de preço apropriado? Todos querem saber isso, mas ninguém pode responder a essa pergunta com certeza. O que realmente sabemos é que devemos ofertar veículos a preços que os consumidores possam pagar".

Naquela época, a visão predominante sobre um preço de venda apropriado era de que PREÇO = CUSTO + LUCRO (ou seja, de que se determinava o preço, ao adicionar o lucro necessário ao custo). Kiichiro, entretanto, acreditava que uma fórmula mais adequada – que, mais tarde, veio a permear a Toyota – seria a de que LUCRO = PREÇO – CUSTO. Em outras palavras, o lucro era determinado ao se subtrair o custo de um preço estabelecido pelo mercado. Esse conceito foi um dos que Kiichiro aprendera com Henry Ford, que postulava:

> *Pode parecer científico, numa ótica limitada, determinar o preço pela adição de custos; mas, de maneira mais ampla, esse método revela-se nada científico. Um preço determinado dessa maneira é completamente inútil se o produto não for vendido. O preço deveria ser fixado baixo, primeiramente, assim todos precisarão trabalhar de forma eficaz para que o negócio se torne viável. A fixação de preços baixos força todos a se esforçarem ao máximo em conter os custos para se ter lucro. Uma empresa descobre métodos de fabricação e vendas quando é forçada a mostrar resultados dentro de circunstâncias de limitações extremas.*

Kiichiro, que estudou os métodos de gestão e produção de Ford, é conhecido por ter aplicado a ideia fordiana com relação à fixação de preços, lucros e custos à sua própria filosofia empresarial.

A adoção de uma visão mais ampla

> *Quando a tecnologia está nas mãos de indivíduos, é possível fabricar peças melhores, mas não carros melhores.*

Considere o estranho balde de madeira mostrado na Figura 1.1. Suas tábuas são de diferentes comprimentos e, se pusermos água dentro dele, será a menor das tábuas – ou o buraco localizado ainda mais abaixo de sua altura – que determinará o nível da água. Um automóvel composto de dezenas de milhares de peças é construído através da execução de tarefas por milhares de pessoas. Se o nível técnico ou a perícia de apenas um desses indivíduos não estiver à altura, será a (in)capacidade dessa pessoa que, no final, determinará a qualidade e a eficácia do veículo.

Em vez de buscar indivíduos com perícia técnica extraordinária, Kiichiro enfatizou a criação de equipes cuja capacidade técnica média fosse alta. Sua ferramenta principal para atingir tal objetivo foi a formulação de operações padronizadas.

> Os automóveis não são fabricados apenas pelas montadoras de veículos. Fornecedores de primeiro nível, em particular, devem ser parceiros de pesquisa. Não apenas compramos coisas deles, mas os levamos a fabricar coisas para nós.

Kiichiro encarava o automóvel como um produto de grande envergadura e acreditava que a estabilização de sua qualidade somente poderia ser assegurada com a incursão em cada recanto ou buraco em que houvesse um fornecedor e estabilizando a qualidade diretamente lá. Como o volume de negócios da Toyota aumentara, Kiichiro rejeitou o aumento sem qualquer controle no número de fornecedores e a busca por fornecedores com preços mais baixos. Pelo contrário, enfatizou a necessidade de estabelecimento e manutenção de relacionamentos comerciais estáveis com fornecedores de primeiro nível e o patrocínio e o fomento em especialização de fábricas com quem mantivesse parceria. Essa política estabilizou os relacionamentos com os fornecedores, aprofundou os relacionamentos interpessoais e estabeleceu uma base para a prosperidade mútua com fabricantes parceiros. Como o estranho balde de madeira da Figura 1.1, essa política empresarial ilustra a sabedoria em adotar uma visão mais ampla.

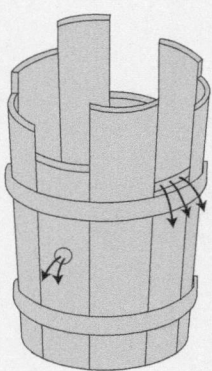

Figura 1.1 Um estranho barril.

O legado de inovações de gestão de Kiichiro

Depois de fundar a Toyota Motor Company, Kiichiro instituiu um número extraordinário de inovações de gestão.[6] De modo geral, podem-se considerar como legado de Kiichiro as estratégias fundamentais para superar importantes desafios de gestão de cada estágio de desenvolvimento da empresa. Em vez de contar com a tecnologia importada do Ocidente, ele teve a perspicácia de entender que a Toyota jamais seria capaz de competir com a Ford ou com a GM sem criar uma base de fabricação automotiva independente. O grande talento de Kiichiro consistia em sua extraordinária capacidade de enxergar a essência das coisas.

O registro documental de Kiichiro

Kiichiro não era um homem eloquente ou dotado de notável talento narrativo, mas deixou um considerável volume de escritos, permitindo-nos ter uma clara ideia sobre suas crenças. O Quadro 1.2 organiza seus principais escritos em ordem cronológica.

É impressionante considerar que quase todos esses documentos foram escritos pelo próprio Kiichiro, seja como fundador ou como diretor-presidente. Quase todos estão dispostos em forma de regras, memorandos ou manuais – procedimentos ou padrões de gestão de negócios. Isso é excepcional, já que a maioria dos executivos, seja no Ocidente ou no Oriente, somente lança mão da caneta quando tem algo a assinar. Eles conduzem seus negócios oralmente e expressam suas prioridades através da linguagem falada. Poucos diretores-presidentes registram seus preceitos de gestão por escrito! Como um gestor que escrevia suas próprias regras para os negócios, Kiichiro foi realmente extraordinário.

Shotaro Kamiya

Em 1935, a fim de fortalecer o departamento de vendas da Toyota, Kiichiro recrutou Shotaro Kamiya, que era o gerente assistente da GM japonesa na época. O próprio Kiichiro recrutou Kamiya, dizendo: "Podemos dar conta da fabricação, porque temos um bom grupo de técnicos, mas não temos ninguém que saiba o suficiente sobre vendas. Se você vier para a Toyota", acrescentou ele, "terá carta branca sobre as vendas".

Kiichiro esperava que Kamiya trouxesse à Toyota um conhecimento sobre estratégias de mercado, cobrindo sistemas de licenciamento, gerenciamento de estoque, vendas a prazo, propaganda e serviço. Queria que Kamiya fizesse o que acreditava ser o certo e que trouxesse as pessoas necessárias com ele.

Assim, Kamiya juntou-se à Toyota, trazendo consigo alguns de seus subordinados da GM japonesa. Conforme Kiichiro esperava, Kamiya começou a construir uma tradição de ênfase em vendas na Toyota.

Quadro 1.2 Kiichiro Toyoda – Uma história de sua documentação

Ano	Tipo de documento	Conteúdo
1937	Atribuições de cargo	Delineadas para a nova empresa fundada em 1937, com a finalidade de especificar e simplificar as linhas de autoridade no contexto de construção de uma organização. Esse documento atribuía e distribuía autoridade, de maneira que a tomada de decisão pudesse ser feita imediatamente, diante de situações ocorridas em frentes de trabalho.
1937	Orientações (procedimentos de trabalho) Regras de Trabalho (padrões de desempenho laboral)	Kiichiro compilou muitas Orientações e Regras de Trabalho de maneira que o trabalho em todos os departamentos fosse executado de maneira eficaz. As Orientações para os assistentes administrativos de compras indicavam "Quatorze Pontos para Lembrar Sobre Compras". Dentre eles, escreve: "Considere as fábricas subcontratadas da Toyota como divisões da própria Toyota e faça o que for necessário para não lhes impor mudanças sem que haja uma boa razão para isso. Faça o que for preciso para melhorar seu desempenho". Essas orientações estabeleceram políticas de compras que estão em vigor na Toyota até hoje.
1937	Manuais de Processos	Quando a fábrica de Koromo estava sendo construída, Kiichiro compilou pessoalmente esses manuais, com 10 cm de espessura, a fim de disseminar a idéia de abordagem *just-in-time* na Toyota. Ele se dedicou para garantir que a abordagem *just-in-time* penetrasse na organização, distribuindo manuais a pessoas apropriadas e reunindo os empregados em suas palestras entusiasmadas. Esses manuais são parte das raízes do Sistema de Produção da Toyota atual.
1937	Memorando sobre Corte de Custos	Esse memorando registra a visão de Kiichiro sobre redução de custos. Parte-se de um preço de venda preestabelecido e geram-se lucros, ao reduzir custos de produção. O Memorando é exibido no Museu da Toyota.
1938	Orientações de Inspeção	Estabelecem um sistema de inspeção organizado para prevenir dificuldades com inspeções de recebimento de peças terceirizadas.
1938	Orientações para Inspeção de Peças Terceirizadas	Essas Orientações claramente determinam que, a fim de reduzir os defeitos de fabricação em peças terceirizadas, "deve-se orientar os subcontratados e fazer o máximo possível para que reduzam o índice de defeitos a algo próximo de zero". Elas atribuem às inspeções a importante função de melhorar o fornecimento de materiais e processos. Tais orientações evoluíram dentro da Toyota para uma estratégia de gestão de fornecimento, que resultou no estabelecimento de estreitas parcerias com os fornecedores.
Junho 1939	A Organização da Empresa e a Observância de suas Regras	Kiichiro reorganizou muitas das Orientações e Regras de Trabalho que havia compilado por ocasião da fundação da Toyota. "Você pode executar qualquer trabalho, desde que o faça de acordo com regras", escreveu ele. Essa ideia de "padronização de trabalho" tornou-se a base para um resumo de apresentação da empresa e para algumas das 83 regras que compõem o documento "A Organização da Empresa e a Observância de suas Regras". Ele compilou esse documento, objetivando a gestão eficaz e a adequada circulação de informação, com presidente e vice-presidentes buscando políticas de gestão e outros executivos encarregados de suas áreas de atuação e responsabilidade. Para a organização da Toyota, esse tipo de reforma organizacional tornou mais claros os níveis de gestão, os departamentos e os relacionamentos entre autoridade e responsabilidades. Resultou em uma divisão de trabalho funcional.
Setembro 1939	Regras para Melhoria das Auditorias	Kiichiro acreditava que "a coisa mais vergonhosa que alguém pode fazer é enviar um automóvel defeituoso para a sociedade". Para evitar isso, estabeleceu uma Seção de Aperfeiçoamento das Auditorias diretamente sob sua responsabilidade e criou Regras para Melhoria das Auditorias. Trouxe Eiji Toyoda e outros para essa Seção, onde estudaram as informações sobre todos os defeitos apontados por pessoas encarregadas de serviços de manutenção em departamentos de vendas. Quando determinavam o que precisava de melhoria, transmitiam essa informação de volta ao pessoal de serviços, sob forma de notificação de retorno.
Novembro 1939	Orientações para Compras	Essas "Orientações para Compras" foram reescritas a partir de Orientações para os assistentes administrativos de compras. "Considere as plantas subcontratadas da Toyota como divisões da própria Toyota e faça o que for necessário para não lhes impor mudanças sem que haja uma boa razão para isso. Faça o que for preciso para melhorar seu desempenho." Essa tem sido uma política que permanece até os dias atuais.
1940	Orientações Internas para Controle de Peças Automotivas	O aumento de produção que acompanhou a eclosão da Segunda Guerra Mundial, na Europa, levou a uma mudança nas políticas para negociação de peças adquiridas via fornecimento, que respondiam por 70% dos custos. Além de se fazer distinção entre produtos nacionais e importados, esse documento define fontes internas e externas e especifica assuntos como frequência de inspeção (ou seja, quando podem ser omitidas) e métodos de inspeção.
Fevereiro 1941	Procedimentos Básicos para a Criação de um Departamento de Planejamento e de um Conselho Deliberativo	Kiichiro instituiu os Procedimentos Básicos para a Criação de um Departamento de Planejamento e de um Conselho Deliberativo, por ocasião de sua ascensão à presidência da Toyota. Esse documento aumentou a abrangência do Departamento de Planejamento, uma divisão de suma importância no fortalecimento geral de competência administrativa, e apresentou um detalhamento de sua organização, autoridade e gestão. O próprio Kiichiro foi seu diretor-presidente. Para auxiliá-lo, criou um Conselho Deliberativo composto por seis membros, e as duas entidades cobriam todos os aspectos relacionados ao planejamento de trabalho. Taizo Ishida, que na época era um diretor da Toyoda Automatic Loom, foi nomeado membro do Conselho.
Fevereiro 1943	Toyota Motor Corporation, Inc., Regulamentos da Empresa	À medida que a empresa crescia, Kiichiro e outros instituíram os Regulamentos da Empresa para a Toyota Motor Corporation, com o objetivo de aumentar a eficácia de gestão. Começaram, então, a organizar sistemas internos. Juntamente com regulamentos anteriores sobre a organização, o trabalho e outras questões, esse documento define tanto o sistema de Conselho Diretor como o *status* de executivos e empregados.

(continua...)

Quadro 1.2 Kiichiro Toyoda – Uma história de sua documentação (continuação)

Ano	Tipo de documento	Conteúdo
Outubro 1943	Regulamentos do Comitê de Melhoria das Auditorias	Ainda sob os rígidos regulamentos do período de guerra, Kiichiro reestabeleceu um Comitê de Melhoria das Auditorias, a fim de aumentar a qualidade e a produtividade. Ele próprio assumiu sua Direção e determinou Regulamentos do Comitê de Melhoria das Auditorias. O objetivo do comitê foi assim descrito: "O objetivo do presente comitê é investigar e melhorar aspectos dos automóveis da Toyota que o uso revele serem inconvenientes ou deficientes... investigaremos e melhoraremos áreas que devem ser aperfeiçoadas como resultado de uso pela sociedade atual". Com base em informações de fora da Toyota, esse comitê realizou exames detalhados e criteriosos, bem como pesquisa de mercado sobre problemas de qualidade, e funcionou como corpo supremo de jurados sobre questões técnicas. As práticas de gestão de Kiichiro tornaram-se fator primário dentre as prioridades da Toyota em relação ao poder do serviço e ao marketing da empresa.

Podemos identificar três elementos no pensamento de Kamiya que ainda sobrevivem na Toyota dos dias atuais: ênfase no cliente, perspectiva de longo prazo e uma orientação voltada para a informação.

Ênfase no cliente

O cliente vem em primeiro lugar; o comerciante, em segundo, e o fabricante, em terceiro.

Mesmo antes da Segunda Guerra Mundial, o representante de uma empresa cliente veio à divisão de vendas e pressionou Kamiya, que, naquela ocasião, era responsável pela divisão, sobre a posição da Toyota quanto à venda de veículos. Kamiya não hesitou: "A primeira pessoa em quem pensamos é no cliente. E a última é no fabricante".

Foi uma resposta desesperada e evasiva, mas, aparentemente, o cliente foi embora satisfeito. A substância dessa declaração mais tarde tornou-se o mote da Toyota: "O usuário vem em primeiro lugar; o comerciante, em segundo, e o fabricante, em terceiro". Essa perspectiva estava à frente de seu tempo, antecipando a regra moderna de *marketing* que prescreve: "Em primeiro lugar, *marketing* voltado ao cliente, depois voltado às vendas e, então, voltado à produção".

Visão de longo prazo

As vendas precisam de capital inicial tanto quanto a produção.

Desde o início da Divisão de Vendas da Toyota, nenhum problema mostrou-se tão perturbador quanto a questão de como explorar a demanda latente. Kamiya inaugurou muitos negócios a fim de viabilizá-la.

Em 1954, criou a Toyopet Maintenance Company. Investiu, então, em vários negócios de risco, que incluíam a compra da Japan Driving School, em Tachikawa, a fundação da concessionária de usados Toyota Used Car Sales e a abertura da autoescola Chubu Japan Driving School, conhecida como a maior escola da categoria na Ásia Oriental. Capital adicional foi destinado à Chiyoda Fire and Marine, à Japan Design Center, à Japan Research Center, à International Highways, à Nagoya Broadcasting, à Japan Industrial Film Center e à Chubu Japan School of Automotive Maintenance.

O raciocínio de Kamiya era de difícil compreensão para pessoas de fora da Toyota. Ele costumava ser duramente criticado pelo uso imprudente de capital em uma época em que os fundos para servirem como lastro para as vendas a prestações mensais eram escassos.

A resposta de Kamiya àqueles que o criticavam era que "as vendas precisam de capital inicial tanto quanto a produção".

"Os negócios da empresa", ele alegava, "se reduziriam pela metade se nos concentrássemos, exclusivamente, nas demandas latentes de hoje e de amanhã. Precisamos pensar cinco ou dez anos à frente e expandir a demanda latente nessa escala. Devemos fazê-lo, mesmo que seja à custa do lucro imediato". E, resoluto, avançava em seu intento.

Algum tempo depois, Kamiya observou: "Muitas pessoas me criticaram, mas hoje parecem compreender que meu julgamento estava correto".

Um barril de trutas só comporta um barril.

Em 1956, Kamiya reviu o esquema comercial de apenas uma concessionária por prefeitura e introduziu um sistema nacional de múltiplas concessionárias. Sua célebre resposta às objeções dos comerciantes foi: "Um barril de trutas só comporta um barril". Mas aumentar o número de concessionárias significaria duplicar a capacidade dos barris. O argumento de Kamiya era de que essa medida resultaria em redução significativa de gastos, o que acabaria por beneficiar até mesmo os negociantes existentes. Surpreendentemente, as concessionárias já estabelecidas foram conquistadas por esse argumento, e o conceito de Kamiya tornou-se realidade. Kamiya articulava seu comprometimento com uma visão mais ampla e com o equilíbrio, quando dizia que "mesmo que a produção tome a dianteira no fortalecimento do sistema, o negócio não alcançará equilíbrio se as vendas estiverem ocorrendo sem maiores intervenções. A verdadeira gestão começa quando você aumenta a produção e as vendas simultaneamente".

Orientação voltada para a informação

Quando Iwao Imazu deixou a Nagoya Bureau of Industry and Trade para se juntar à Toyota, Kamiya cumprimentou-o com um pedido: "Não temos um departamento na empresa para coletar e analisar informações como um todo. Gostaria que criasse um departamento que possa nos ajudar a melhor compreender todo o processo". Imazu respondeu estabelecendo três condições: que não poupassem despesas, que ele tivesse acesso a pessoal de alto nível e que fosse adotada a noção de trabalho enquanto diversão. Kamiya concordou e, em dezembro de 1956, uma Divisão de Informação foi inaugurada como a principal entidade estratégica dentro da Toyota Motor Sales. A sucessora da Divisão de Informação, a atual Divisão de Planejamento e Pesquisa, é, hoje, composta por cerca de 60 pessoas e combina especialistas em engenharia mecânica, matemática, análise estatística e outros campos do conhecimento necessários à condução de estudos e pesquisas multidisciplinares.

Conforme Imazu havia previsto, essa organização interna consome recursos extraordinários. Além da pesquisa semianual *Demand Trend Surveys*, uma série de pesquisas de amostragem é realizada. Cada ano, a Divisão executa mais de cinco ou seis pesquisas, a um custo de cerca de 60 milhões de ienes; ela demanda cerca de 6 bilhões a 7 bilhões de ienes, anualmente, uma soma que bem poucas empresas gastariam em pesquisas de mercado.

Kamiya era conhecido como o "deus do marketing", mas ele não ganhou essa reputação através de experiência ou deslumbramento. Ele a ganhou com seu foco obstinado em informação.

Taizo Ishida

Quando Taizo Ishida estava com 38 anos, Sakichi Toyoda convidou-o a integrar a Toyoda Automatic Loom, dizendo: "Você é um negociante. Então, ganhe algum dinheiro para mim!". Ishida, que possuía talento comercial natural, mais tarde tornou-se o presidente da empresa. Quando Kiichiro foi afastado da presidência, durante a crise sindical da década de 1950, Ishida, ainda diretor da Toyoda Automatic Loom, foi também nomeado presidente da Toyota. Ao aceitar a promoção, ele afirmou: "Caso eu venha a corresponder a cada uma das suas expectativas, gostaria de pedir, antecipadamente, sua aprovação para que Kiichiro Toyoda retorne à presidência".

No fundo, Ishida considerava-se um cuidador da Toyota. Havia sido treinado diretamente por Sakichi e, às vezes, chamava a si mesmo de uma "forma de expressão do espírito de Sakichi". Ishida expressava-se com mais do que a mera autoconfiança usual e era dotado de talento verbal rico em sabedoria e humor refinado. Na realidade, o registro que deixou de muitos de seus ditos permanece sendo o melhor indicativo dos genes que passou à Toyota.

Independência

Proteja seu castelo.

Sempre acumule recursos para empregar como quiser.

Autoconfiança tradicional é um forte elemento da cultura na Toyota.

A experiência angustiante de evoluir da invenção para a comercialização, sem recursos financeiros, levou Sakichi Toyoda a adotar a filosofia de que o sujeito não possui aliados senão ele mesmo. "Não confie nos outros", dizia, "mas siga em frente com seu próprio esforço."

Ishida foi grandemente influenciado pela determinação de Sakichi, e a dolorosa experiência em lidar com instituições financeiras durante a crise fiscal da Toyota, em 1949, apenas confirmou essa atitude. Ao encarar a falência com um balancete de final de ano deficitário em 200 milhões de ienes, Ishida teve de enfrentar a humilhante experiência de ir aos bancos e ter funcionários de baixo escalão a perguntar-lhe o que queria. Essa experiência quase o levou às lágrimas. Para ele, o primeiro princípio dos negócios era tomar precauções para evitar a caça ao dinheiro.

Parcimônia

Sou um sujeito econômico. Isso é o que me faz trabalhar tanto. Querer sempre mais dinheiro leva-me a trabalhar cada vez mais. E, mesmo quando estou ganhando dinheiro, pergunto-me que tipo de administrador eu seria se não ganhasse nenhum.

Eu não reconheço a utilidade dos acordos financeiros. E eu detesto, particularmente, a moda atual de atividades financeiras envolvendo empresas que existem apenas no papel. Acredito que o dono sempre deve estar por perto para cuidar do castelo. É bom ser solitário e é bom ser avarento.

Não inveje o dinheiro que está sendo usado.

O senso de economia/parcimônia de Ishida e seu espírito de independência compunham os dois lados de uma mesma moeda. Ele acreditava que precisava ter punhos de aço, porque a independência exigia algum tipo de garantia de capital para evitar que precisasse contar com outras pessoas. Em outras palavras, estava convencido de que a missão principal de todo gestor era tornar a empresa lucrativa. O estilo gerencial de Ishida foi herdado por aqueles que promoveram a independência financeira da Toyota, na década de 1980.

A primazia do equipamento

Invista o dinheiro que você ganha em equipamento. Você não alcançará a eficiência com pessoas. Faça-o com máquinas.

Investir os lucros em equipamento, e não em pessoas, é a forma de evitar as dispensas temporárias de empregados.

Supere os competidores na concorrência por equipamento.

A noção de Ishida de que o dinheiro possui valor quando está sendo usado alimentou sua visão do valor central do equipamento para a produção continuada. Ele direcionou sua atenção para o investimento em equipamento, em vez de em pessoal, porque estava determinado a nunca mais passar pela humilhação de ser forçado a dispensar dois mil trabalhadores, como fizera durante a maior crise laboral da empresa. Um exemplo da adesão de Ishida a esse ideal foi a fábrica de Motomachi. Construída em 1959, deu à Toyota uma liderança decisiva sobre a Nissan no início da era da motorização.

Melhore, melhore e melhore novamente

> *Nós herdamos a insistência em produtos e ideias melhores do velho Sakichi.*
>
> *Criatividade e humildade é o que queremos que todos busquem.*
>
> *Nosso objetivo maior é fabricar coisas melhores e mais baratas. A melhoria em qualidade e a redução em custos, provavelmente, sempre serão temas de vital importância para nós.*

Eiji Toyoda e Shoichi Saito trouxeram o sistema sugerido por Ford ao Japão como um *souvenir* de sua visita aos Estados Unidos, em 1951. Em um primeiro momento, eles o usaram como um sistema para estimular a criatividade e a humildade dos empregados, simplesmente traduzindo-o e substituindo pela palavra "Toyota" sempre que a palavra "Ford" aparecia. Mas, em seis meses, o sistema foi reescrito nos moldes da Toyota, e o resultado é o sistema que a empresa adota até os dias de hoje.

Um concurso dentre os empregados foi lançado para escolher um *slogan*. O vencedor, "produtos melhores e melhores tecnologias", foi mais tarde modificado para "produtos melhores e melhores ideias". Ishida pode ter usado esse mote apenas para promover a criatividade e a humildade, mas a obsessão da Toyota pela necessidade de melhoria, ou *kaizen*, passou a fazer parte da agenda de Ishida.

Espírito rural

> *Um espírito rural é a maior virtude da Toyota e aquela de que ela mais se orgulha.*
>
> *As forças de um agricultor residem em seu temperamento e hábitos, que o levam adiante, no fato de que não se assusta com o trabalho árduo nem se esquiva dele. Um agricultor estuda duas vezes mais do que qualquer outro trabalhador.*
>
> *Faça o que é certo e faça-o do jeito certo.*

O "espírito rural" de Ishida era sua própria interpretação da terceira Prescrição de Toyoda: "Seja sincero e forte". Se a localização da Toyota no coração do Distrito de Mikawa dava-lhe um complexo de inferioridade em relação ao centro, as palavras de Ishida transformaram esse sentimento de inferioridade em uma fonte de orgulho para a empresa.

A frase "sofre de localização rural", atribuída à Empresa A, na Figura 0.2 (p. 20), contrasta diretamente com "beneficia-se da localização rural", atribuída à Toyota, na Figura 0.3 (p. 21). Evidentemente, dependendo de como consideramos a situação, estar localizado no interior pode ser uma razão para orgulho ou vergonha, uma força ou uma fraqueza.

Nada pode ser mais simples do que dizer: "Faça o que é certo e faça-o do jeito certo". Entretanto, nada pode ser mais difícil de compreender ou de colocar em prática, especialmente porque a maioria das pessoas tem grande dificuldade em compreender o que a expressão "o que é certo" significa, em termos concretos.

"O que é certo" significa o que é bom para a empresa, e "faça-o do jeito certo" significa rejeitar esquemas engenhosos e, em vez disso, trabalhar de forma constante e lógica. Quando essa forma de raciocínio é comumente aceita na empresa, as visões conflitantes convergem em "o que é bom para a empresa", e as energias são multiplicadas pela aplicação infatigável, em vez de serem dissipadas por discórdias internas.

Na maioria das empresas, a noção de "o que é certo" normalmente é confundida com a ideia de "o que é conveniente para mim" ou "o que trará dinheiro fácil". Quando isso ocorre, disputas internas consomem energia, e políticas absurdas e ilógicas são formuladas. As dificuldades e os problemas da empresa são postergados ou de todo esquecidos, e a organização cresce exaurida. É preciso refletir, mais uma vez, sobre o significado das expressões "fazer o que é certo" e "fazê-lo da maneira certa".

Eiji Toyoda

Eiji Toyoda, o segundo filho de Heikichi, irmão mais novo de Sakichi, nasceu em 1913. Depois que Eiji graduou-se pelo Departamento de Engenharia da Universidade Imperial de Tóquio, em 1936, Kiichiro convidou-o a integrar o quadro da Toyoda Automatic Loom, em que Eiji foi incumbido da tarefa de trabalhar com o negócio automotivo da Toyota.

Diferentemente de Taizo Ishida, Ele era homem de poucas palavras. Reticente e avesso a entreter as massas, ele conduziu, todavia, o negócio sozinho, e foi quem construiu a Toyota que hoje conhecemos. Taizo Ishida, dotado de instintos comerciais de primeira linha, deu amparo gerencial às sugestões de Eiji. Em vez de citar as palavras de Eiji, analisaremos os genes que ele deixou, citando alguns exemplos de seu pensamento.

O sonho de Eiji

Eiji nunca esqueceu o que Kiichiro lhe dissera ao convidá-lo a fazer parte da divisão automotiva da Toyoda Automatic Loom: "Ninguém tem nada que opinar se podemos fabricar automóveis ou não. A verdade é que é tarde demais para voltar atrás. Se você for um verdadeiro engenheiro, então permita-nos sonhar".

Essas palavras foram o início do envolvimento de Eiji com os automóveis. Eiji não demonstrava seus sentimentos abertamente, mas estava imbuído daquela ideia romântica do que a engenharia poderia alcançar.

Visão através da essência

Shigemitu Miyake, ex-presidente do Tokai Bank, dizia sobre Eiji: "Ele possui uma genialidade impressionante que o capacita a discernir o que é inútil ou desperdício".

Acredita-se que a habilidade de Eiji para detectar desperdícios e para ver através da essência das coisas tenha sido desenvolvida depois que passou a integrar a Divisão Automotiva Toyoda, quando trabalhava no Centro de Auditoria e Melhoria da empresa, voltado à resolução de problemas de qualidade. A Toyota enfrentava tantos problemas de qualidade, naquela época, que parecia quase como se a empresa estivesse usando o mercado como campo de testes. Eiji lembrava-se bem daquele período:

> Quando íamos fabricar um carro que demonstrava possuir um defeito, perguntávamos por que a peça afetada estava mal e procurávamos identificar o processo que causara o problema. Meu papel consistia em melhorar o processo, já que descobrimos que, se ajustássemos o processo, não haveria mais defeitos. Basicamente, estávamos fazendo o que atualmente é chamado de Controle de Qualidade (CQ).
>
> Muitas empresas possuem departamentos de contabilidade e departamentos de assuntos gerais, mas tanto o nome quanto a função de nosso Departamento de Auditoria e Melhoria eram únicos. Ele é, ainda hoje, o que costumava ser no passado. Buscamos identificar problemas que precisam ser solucionados e empregamos conhecimento e perícia até que sejam resolvidos.

A continuidade desse tipo de trabalho, durante anos, resulta na habilidade de apenas olhar para um problema e já ser capaz de revelar sua origem e causas prováveis. O trabalho formou a base da crença de Eiji na importância crucial do fenômeno físico e da oficina de reparos – uma maneira de pensar que, através de Eiji, passou a permear a Toyota.

Conexão entre departamentos

A década de 1960, no Japão, foi a Era da Motorização, e a Toyota expandiu-se rapidamente durante esse período. À medida que a empresa crescia, as conexões entre os departamentos se deterioraram e os problemas de qualidade tornaram-se mais comuns. Eiji era o vice-presidente da Toyota Motor Corporation naquela época e tinha jurisdição sobre os departamentos de engenharia, de tecnologia de produção e de produção. Inúmeras vezes, a cada ano, o presidente reunia os gestores de altos níveis – de chefes de seção para cima – para reuniões, ocasiões em que Eiji, invariavelmente, apelava em favor da cooperação entre os departamentos. "Tenho três coisas a lhes pedir", dizia ele, e uma delas era sempre melhor cooperação interdepartamental. Isso ocorreu por um período de cerca de dez anos.

As ideias de Eiji sobre a conexão entre departamentos muito provavelmente originaram-se de sua habilidade de ver através da essência das coisas. Ele possuía a pertinácia de reconhecer que os problemas de qualidade dos produtos surgiam da insuficiência de cooperação entre os departamentos.

A cooperação interdepartamental constituiu-se em uma das razões para o subsequente desenvolvimento do Controle de Qualidade Total (CQT) da Toyota, que veio a se tornar um dos pilares do crescimento da empresa, originando práticas tão distintas quanto a Gestão de Políticas e a Gestão de Funções.

Filosofia de manufatura/fabricação

Em um discurso no Hall of Industry and Technology, em julho de 1994, Eiji citou três pontos para explicar sua filosofia sobre manufatura/fabricação[7] ou sobre a importância da fabricação:

> *A manufatura/fabricação é a fundação sobre a qual a civilização é criada.*
>
> *A manufatura/fabricação é a força motriz do progresso tecnológico.*
>
> *A manufatura/fabricação move o coração das pessoas e enriquece suas mentes da mesma forma que a arte o faz.*

Essas são palavras profundas, proferidas por um homem que passou mais da metade de um século esforçando-se para construir coisas.

A "leitura" do tempo

Eiji enfatizava bastante a importância da "leitura do tempo". Em novembro de 1989, revelou seu segredo para consegui-la em um discurso proferido na Universidade de Nanzan, que, naquela ocasião, conferia-lhe o título de mestre honorário:

> *A experiência ensinou-me duas coisas. A primeira é: não se oponha ao curso da Natureza. Em outras palavras, você precisa compreender as grandes correntes da história e estar determinado a segui-las. A segunda é: o futuro que você constrói será aquele que você quiser. É justo dizer que a história da Toyota é a prática constante desses dois princípios aparentemente contraditórios entre si. Penso que os julgamentos que fizemos foram consistentemente baseados nas noções de colocar o cliente em primeiro lugar e de contribuir para a sociedade.*
>
> *Pense seriamente e pense muito. Você dificilmente errará se assim o fizer. Nada é mais importante do que pensar por si mesmo e agir de acordo.*

A distinção de Eiji

O que tornou Eiji único foi a sua humildade e a sua diligência ilimitadas frente aos fatos e à verdade. O mais alto gestor é um espelho da empresa. Com um homem como Eiji na liderança, todos os empregados e demais gestores não tinham outra saída senão serem igualmente humildes e diligentes.

Taiichi Ohno

Taiichi Ohno passou a trabalhar na Toyoda Boshoku em 1932. Sakichi morrera dois anos antes, mas, para Ohno, a grande genialidade do inventor permanecia presente, e essa "presença" o ensinaria o que significava trabalhar em uma empresa de padrão internacional.

Ohno transferiu-se para a Toyota Motor em 1943 e se propôs a reformular sua divisão de fabricação. Depois da guerra, Kiichiro instruiu Ohno a "alcançar os Estados Unidos" em três anos. Como Ohno se empenhou na tarefa de revolucionar a produção, começou por moldar o conhecido Sistema Toyota de Produção, o que já foi, por alguns, denominado de "Sistema Ohno de Produção".

As próprias palavras de Ohno revelam seus pensamentos e permitem-nos pesquisar os genes que transmitiu ao Sistema Toyota de Produção e à própria Toyota.

Além do conhecimento comum

Liberte-se do raciocínio convencional. Pense em cada processo final como resultante de um processo inicial.

O pensamento convencional sempre foi de que os processos iniciais de fabricação enviam peças para os processos finais em um sistema de "remessa". Ohno inverteu essa ideia e concebeu um sistema de "retorno", em que cada processo volta ao anterior para nele buscar somente aquilo de que precisa. Assim ocorreu a gênese do sistema *kanban*.

Olhe para a linha de produção como se fosse uma folha branca de papel. Concentre-se no problema em questão e pergunte "Por quê"? cinco vezes.

Kiichiro Toyoda dissera, muitas vezes, a gestores inexperientes que ficassem a observar nas lojas. Sua expectativa era de que a observação direta na própria loja revelasse verdades essenciais sobre a fabricação. A sugestão de Ohno para "que fossem observar diretamente a produção" retoma a admoestação de Kiichiro. Entretanto, permanecer distraidamente na linha de produção de nada serve, e a insistência de Ohno sobre a necessidade de se perguntar "Por quê?" cinco vezes expressa, precisamente, o método de observação que tinha em mente. Essa técnica revelou as causas essenciais de problemas, ao forçar o observador a olhar para além do que estava visível.

O que importa sobre o equipamento não é o índice operacional. É o índice de operação potencial.

Os índices operacionais de equipamentos são usados como índices de produtividade de fabricação. Esses índices possuem valor como se fossem um indicador de produtividade resultante. Mas, no instante em que você emprega os índices operacionais como metas, gera, inevitavelmente, quantidades de produtos e componentes desnecessários e desperdiça materiais, energia elétrica e outros recursos. Ohno enfatizou que o equipamento tinha de estar disponível para operar quando necessário. Ele foi direto ao âmago da questão, ao criar a expressão "índice de operação potencial"[8] – um homônimo japonês para a palavra que significa "índice operacional".

Consciência sobre estoques

Tão logo os processos estejam estabilizados, reduza os estoques entre os diversos processos. Isso revelará novos problemas.

A finalidade da redução de estoques entre os processos é tornar problemas latentes visíveis.

Kiichiro estava interessado em mais do que apenas estoques entre os diversos processos. Dera orientações para que todos os estoques fossem reduzidos, porque os considerava desperdício de dinheiro. Ohno foi um passo adiante, declarando que a verdadeira finalidade da redução de estoque estava em revelar problemas latentes. Acreditava que, uma vez que os processos estivessem estabilizados, a redução de estoques entre os diversos processos era uma questão de repetição constante. É possível que Ohno estivesse consciente de que essa ideia não era universalmente popular; em certa ocasião, quase foi atingido por um martelo empunhado por um operário violento. Ohno desafiou o homem: "Se você ameaçar me bater, então bata". Daquele dia em diante, ele se recusou a usar capacete.

Ao mesmo tempo, Ohno estava consciente de que "não se consegue resolver nada sobrecarregando os operários. Sempre use equipamento para resolver problemas", dizia. "E não frustre as pessoas que estão basicamente se esforçando. Mesmo quando as coisas não ocorrem como deveriam, você precisa dar a elas uma razão para darem o melhor de si, simplesmente porque aprecia seus esforços. Você não reduz o estoque entre os diversos processos apenas para atormentar os operários. Seu único propósito deve ser o de revelar problemas latentes."

O elemento humano na automação

Superprodução é o pior de todos os desperdícios. Equipe todas as suas máquinas de alta-rotação com funções automáticas de desligamento.

A automação deve sempre incluir o elemento humano.

A ideia de Ohno de "automação com um elemento humano" era uma referência a mecanismos que evitassem que máquinas de alta rotação ou velocidade apresentassem defeitos, devido a um dispositivo que as parasse automaticamente quando ocorresse alguma falha de fabricação. Mais tarde, essa noção foi associada à ideia de um "cordão interruptor" para os operários, ao longo da linha de produção. Tais dispositivos evidenciam para todos quais são as etapas do processo que geram mais defeitos e, portanto, tornam possível a condução de investigações rápidas sobre as causas primárias e a implementação de ações preventivas.

Visitantes da Europa e dos Estados Unidos ficam, normalmente, atônitos diante desses cordões interruptores. Nas fábricas de seus países, somente um diretor de fábrica ou alto administrador tem autoridade para parar a linha de produção; qualquer operário que parasse a linha de produção seria demitido no ato. Mesmo no Japão, muitos gestores pensam que é mais vantajoso manter a linha em produção quando os defeitos ocorrem e reparar as peças com falhas mais tarde. Certamente, em curto prazo, parece bem menos problemático reparar apenas as peças. Mas isso dificulta a investigação das causas primárias dos problemas para evitar futuras ocorrências. E, como num círculo vicioso, problemas latentes novamente ocorrerão e causarão novos defeitos.

Extensão

> *A interferência de uma etapa do processo em outra não deve ser comparada a uma competição de natação com revezamento; deve ser comparada a uma corrida de revezamento.*

Na natação com revezamento, um nadador mergulha somente quando o outro toca a borda da piscina. Em uma corrida de revezamento, entretanto, uma zona de entrega de bastão é delimitada, dentro da qual um corredor passa o bastão para o companheiro de equipe quando se encontrarem correndo lado a lado. A analogia de Ohno sugere que a interferência do trabalho de uma etapa do processo na próxima deve ocorrer dentro de uma zona fixada de cooperação, exatamente como ocorre na corrida de revezamento. Os processos de produção serão sempre equilibrados de forma desigual, mas o produto final pode ser gerado sem problemas quando os processos podem absorver a variabilidade uns dos outros.

Essa ideia, contida na palavra "extensão", foi mais tarde difundida dentro da Toyota. A premissa nela subjacente é de que nenhuma tarefa é completamente finalizada na zona de trabalho de uma única pessoa. Uma zona delimitada de entrega do bastão deve ser estabelecida, e a responsabilidade de cada indivíduo inclui certificar-se de que o próximo processo tenha a tarefa firmemente nas mãos. Um exemplo típico disso pode ser visto no sistema de "engenheiro residente", em que um engenheiro de desenvolvimento e implementação assume a residência na divisão de fabricação, por um dado período de tempo, durante o lançamento de um novo produto.

Shoichiro Toyoda

O filho mais velho de Kiichiro Toyoda, Shoichiro, nasceu em 1925. Passou a trabalhar na Toyota Motor em 1952 e construiu o sistema de gestão da Toyota, juntamente com Eiji Toyoda. Na década de 1960, quando a introdução do CQT (Controle da Qualidade Total) e a campanha para o recebimento do Prêmio Deming se tornaram grandes oportunidades para o crescimento da Toyota, Shoichiro executou atividades de suma importância dentro de seu campo de atuação como gerente-geral assistente, auxiliando Eiji, que era gerente-geral de Promoção da Qualidade Total. Engenheiro e homem de temperamento comedido, Shoichiro permaneceu à sombra de Eiji durante o mandato deste como presidente da empresa. Embora pouco do que Shoichiro tenha dito seja classificado como citação sua, podemos ver os genes que criou e transmitiu ao estudarmos alguns episódios históricos que bem ilustram seu pensamento.

A fusão da Toyota Motor e da Toyota Motor Sales

Em 1981, Shoichiro Toyoda saiu de sua posição como vice-diretor presidente da Toyota Motor para a presidência da Toyota Motor Sales. Um ano mais tarde, a ambição do presidente da Toyota Motor, Eiji Toyoda, tornou-se realidade quando as duas organizações se fundiram para formar a Toyota Motor Corporation, com Shoichiro na presidência. Esse período viu uma considerável ampliação em atividades de CQT:

- 1981 Atividades de CQ em revendas autorizadas
- 1982 Seminários sobre CQ com a equipe executiva
- 1983 Inauguração da Divisão de Promoção de CQT
- 1983 Capacitação em CQT para todos os gestores
- 1983 Criação do Prêmio de Promoção de CQ para as concessionárias Toyota

Essas atividades sugerem que Shoichiro, o maior fomentador de CQT desde a época da velha estrutura da Toyota Motor, se utilizou do mesmo para fundir a empresa com a Toyota Motor Sales. Embora ambas as empresas, no momento pré-fusão, aparentassem compartilhar raízes comuns, diferenças culturais surgiram entre elas. Suas respectivas filosofias gerenciais combinavam-se como água e azeite – a drástica abordagem de Taizo Ishida de "torcer uma toalha seca", da Toyota Motor, contrastava grandemente com o enfoque de vendas de Shotaro Kamiya, que apregoava "primeiro o *cliente*, depois a concessionária, depois o fabricante".

Shoichiro liderou uma expressiva campanha para combinar as duas culturas na época da fusão e foi bem-sucedido, ao infundir, na antiga Toyota Motor Sales, as perspectivas e métodos de CQ. Além disso, a fusão teve o inesperado efeito de promover uma reforma organizacional dentro da Toyota Motor Corporation como um todo.

A reforma organizacional na Toyota Motor Corporation

Os gestores da velha Toyota Motor pareciam muito insatisfeitos com o pensamento prevalente na antiga Toyota Motor Sales.

Masaya Hanai, que era presidente-executivo da Toyota Motor Corporation à época da fusão (e, antes disso, vice-presidente executivo da Toyota Motor), rejeitou o "gerenciamento descuidado" (*sloppy management*) da Toyota Motor Sales. "Atualmente, eu os estou forçando a raciocinar muito", disse, "e a lidar com um terço da receita com que costumavam contar."

Ao mesmo tempo, gestores e empregados da antiga Toyota Motor foram fortemente influenciados pela cultura "livre e aberta" da Sales. Uma nova cultura começou a surgir na Toyota, na gênese da revolução organizacional que ocorreu na empresa, na segunda metade da década de 1980.

A gestão da antiga Toyota Motor enfatizava a "eficiência". O modo mais eficaz de expandir uma organização que enfatiza a eficiência é pela divisão de trabalho e estratificação; em outras palavras, pela adoção de burocracia. As burocracias, por outro lado, levam à rigidez e ao que chamamos de "mal maior das enfermidades corporativas".

Simplificando, a grande enfermidade de uma empresa é a perda de criatividade. Eficiência e criatividade existem em um relacionamento de reciprocidade, uma com a outra. A característica distintiva "livre e aberta" da Toyota Motor Sales penetrou na Toyota Motor apenas quando esta começou a apreciar o relacionamento recíproco entre eficiência e criatividade. Isso deu início a um debate dentro da empresa sobre se a Toyota precisaria mudar e se poderia sobreviver na era da criatividade.

O ano de 1984 viu a formação de um grupo para considerar mudanças organizacionais dentro da Toyota. Uma série de propostas de reforma institucional surgiu daquele grupo: "redução do sistema hierárquico de carreira", fusão dentro da organização, introdução de um sistema de avaliação de desempenhos e uma campanha em que todos os empregados fossem chamados por seus nomes e pelo sufixo de tratamento "-*san*", em vez de seus títulos formais.

Iwao Isomura, diretor executivo sênior, responsável pelos recursos humanos naquela época, comentou sobre as propostas de mudança:

O Presidente da Toyota, Shoichiro Toyoda, enfatizou os Três C: Criatividade, Combate e Coragem. Mas, em cada nível da organização, desde a chefia de divisões até os líderes de equipes, as novas ideias que surgem de baixo são sufocadas ou perdem seu vigor. Nossos jovens estão perdendo seu entusiasmo, porque, mesmo quando aceitam o desafio, descobrem que não podem mudar nada. Concluem que sua única opção é fazer o que lhes dizem. [Toyota's Great Experiment].[9]

A eficiência suprimiu a criatividade

Em reuniões de diretoria, Shoichiro reagiu, evocando "a grande enfermidade da Toyota" e conclamando todos a adotarem medidas vigorosas para superá-la. Em 1988, quase todas as recomendações do Grupo de Estudos de Reforma Organizacional foram adotadas, sem modificação.

A década de 1980 foi de grandes conquistas, com o Japão consolidado como o "Número Um" e com a venda dos veículos da Toyota disparando nas concessionárias, apesar das sanções econômicas. Mas, com a Toyota ainda prevendo a proximidade de uma crise, foi a visão clara e a iniciativa de Shoichiro Toyoda que permitiram que a empresa liderasse e assumisse o comando.

A grande transição para o século XXI

Em 1990, Shoichiro iniciou a mudança no foco da empresa, de responsabilidade para serviço. Sob sua direção, a tarefa de responsabilidade social foi abandonada, e a missão de contribuição à sociedade foi adotada.

Dois anos mais tarde, as Prescrições de Toyoda foram atualizadas, na forma de Princípios Básicos, e publicadas em conjunto com o *Plano de Ação da Toyota para o Meio Ambiente Global*, mais conhecido como *Escritura Global da Toyota*. A publicação desses dois documentos ocasionou considerável debate e críticas dentro da Toyota, com alguns alegando que a empresa estava se aventurando em mares nunca antes navegados, e outros afirmando que a Toyota havia cruzado uma linha que não tinha volta. Mesmo os empregados da Toyota entenderam a diferença de valores contidos nos novos *Princípios* em relação aos da cultura anterior da empresa.

A última realização de Shoichiro, enquanto presidente, foi lidar com a questão dos Centros de Desenvolvimento, a única da série de reformas organizacionais da segunda metade da década de 1980 que ainda não havia sido implementada. A chamada "fusão" de negócio tinha sido abertamente contestada desde que fora proposta, sendo ainda bastante debatida no início da década seguinte.

A premissa por trás dos Centros de Desenvolvimento era esta: à medida que a divisão de trabalho progride, a eficiência dos trabalhadores individuais aumenta. Entretanto, a eficiência geral cai com o aumento da necessidade de comunicação entre os trabalhadores. Mais do que isso, a criatividade é comprometida. A criatividade não ocorre na ausência de conhecimento contextualizado. A ideia que permeava o Sistema do Centro de Desenvolvimento da Toyota era conferir encargos a indivíduos, ao limitar a variação de responsabilidade por modelos de veículos nos departamentos técnicos – tais como de planejamento de produto e projeto – em que a criatividade era mais necessária. A exploração dessa ideia teve início em 1984, mas o sistema não foi implementado até 1992. A evolução da Toyota, desde as reformas estruturais do final da década de 1980 até o Sistema de Centros de

Desenvolvimento de 1992, constituiu um experimento pioneiro entre as grandes organizações mundiais. Atraiu a atenção de pesquisadores e tornou-se um paradigma revolucionário para todas as empresas que sofriam da "grande enfermidade empresarial".

No Capítulo 2, examinaremos com maior profundidade os *Princípios Básicos da Toyota* e seu Sistema Central de Desenvolvimento. Cada uma dessas decisões foi resultado da contribuição de Shoichiro à combinação genética da Toyota. A geração de Hiroshi Okuda herdou e aplicou os genes que Shoichiro criou. Gestores incansáveis os mantiveram em uso, mesmo durante a chamada "década perdida", nos anos 1990, e os transmitiram para o século XXI como parte do patrimônio administrativo em franco progresso da empresa (ver Capítulo 6).

Mesmo em seus últimos dias, Eiji Toyoda foi o campeão da "racionalização" ou da eficiência. Shoichiro Toyoda, que, a princípio, carregou a bandeira da eficiência com Eiji, tornou-se, ao final de sua vida, um homem cuja principal preocupação era coexistir com "pessoas, sociedade e meio ambiente".

De seu pai, Kiichiro, Shoichiro havia herdado um tesouro familiar, uma máxima escrita em caligrafia chinesa. Pendurada em sua sala, em um lugar onde todos pudessem vê-la, dizia: "Céu, Terra e Homem. Conhecimento, Benevolência e Coragem." A mensagem subjacente era uma reflexão da filosofia de Shoichiro: "esteja sempre atento aos movimentos celestes, à utilidade da terra e à harmonia entre os homens, e não se esqueça de empregar seu conhecimento e sabedoria para trazer benevolência à sociedade e para enfrentar os desafios com coragem." No final de sua vida, à medida que Shoichiro refletia sobre a carreira de seu pai, o seu próprio propósito de vida e o tempo que lhe restava, pode-se dizer que ele se tornara um cidadão do planeta Terra.

DNA: COMO SE TRANSMITEM OS GENES DA TOYOTA

Uma genealogia de transmissão genética

Até aqui, analisamos as gerações bem-sucedidas de líderes da Toyota e examinamos palavras e feitos que sobreviveram na cultura da empresa até os dias de hoje. Agora, vamos refletir sobre uma questão de suma importância: por que a Toyota é única em sua capacidade de transmitir e propagar, continuamente, o espírito, as palavras e as ações de seus líderes históricos?

Diferentemente da Matsushita, da Sony ou da Honda, a Toyota não limitou sua herança na genética fundadora. Em vez disso, seu legado é manifestado na forma de veneração a princípios.

Certamente, a família fundadora comunicava uma espécie de energia centrípeta à organização, através da herança de palavras e ações. No entanto, toda e qualquer empresa é fundada por alguém. Apenas o fato de possuir um fundador não serve para explicar a diferença da Toyota.

Sakichi e Kiichiro Toyoda foram bem diferentes da maioria dos fundadores de empresas. Todos esses compartilham certas características: uma energia extraordinária, um espírito pioneiro incomum e uma perseverança obstinada. Porém, nenhuma dessas características é capaz de explicar por que o espírito dos criadores da Toyota permanece, passando de geração a geração.

Evidentemente, Sakichi e Kiichiro Toyoda não foram os únicos a deixar palavras inspiradoras a seus sucessores. Kiichiro era um homem taciturno, sem qualquer talento para a oratória. Mas, ainda assim, seu espírito, visão e atitude ganharam fama até a atualidade.

Por outro lado, deve-se considerar o caso de Yoshisuke Aikawa, o gênio empreendedor que fundou a Nissan Motors. Não há dúvida de que Yoshisuke Aikawa atraiu muitas pessoas de talento para a Nissan devido à sua bem-definida missão de "estabelecer uma indústria automotiva japonesa de primeira linha". Mas tais pessoas de talento não herdaram o espírito, as palavras e as ações de Aikawa nem sobre isso construíram algo.

A organização Toyota desperta o que há de melhor até em pessoas comuns. E porque o faz, distingue as pessoas extraordinárias, mantendo-as afastadas da armadilha da "liderança carismática" a que estão propensas, levando-as, em vez disso, a agregar seu conhecimento àquele de seus predecessores e a passar os resultados para seus sucessores. Isso não pode ser explicado, simplesmente, com referência a indivíduos específicos. Existe algo mais, que vai além de fundadores, sucessores e empregados – e, que distingue a Toyota de outras empresas.

O Professor Takahiro Fujimoto, da Universidade de Tóquio, é muito conhecido como analista da indústria automotiva e pesquisador da Toyota Motor. Em seu livro *The Evolution of a Production System* (1997),[10] ele faz a seguinte observação sobre questões não resolvidas nos estudos sobre a Toyota:

> Um panorama mais claro ou uma análise mais profunda precisam surgir, a partir de padrões organizacionais internos, que estejam centrados em responder se a Toyota Motor, enquanto uma organização industrial, valeu-se de habilidades evolutivas especiais. O que torna a Toyota diferente, por exemplo, em termos de seus padrões de tomada de decisão, sua cultura organizacional, seus valores de gestão, seu sistema de procedimentos formais ou seu estilo empresarial? E quando e como ela se tornou dessa maneira?

Fujimoto prossegue, citando aqueles que podem ser alguns dos elementos distintivos a constituir a capacidade evolutiva da Toyota:

1. Um padrão de raciocínio que associa cada teste à capacidade competitiva;
2. A tenacidade para transformar ideias em realidade, apesar de revezes iniciais;
3. Um desejo obstinado de empregar quaisquer meios necessários para ganhar;
4. A manutenção eficaz de sistemas de regras formais;
5. Práticas de sucessão que garantem a continuidade política;

6. Mecanismos para enfatizar a continuidade do pensamento empresarial da Toyota entre seus funcionários.

Yoshinobu Sato, um pesquisador renomado por seus estudos históricos sobre a Toyota Motor Corporation, relaciona temas proeminentes da carreira de Kiichiro, em seu livro *Sources of Toyota Management* (1994):[11]

1. Uma filosofia de invenção, influenciada por seu pai, Sakichi;
2. A confiança de fabricar veículos de passeio populares, conquistada através de empreendedorismo e meticuloso planejamento;
3. Estratégias de vendas inovadoras, que enfatizam a importância dos usuários;
4. A criação de tecnologias de fabricação para produção em série;
5. Ideias inovadoras sobre como uma organização deveria ser e como geri-la;
6. A ênfase em pesquisa de base;
7. O compromisso com o desenvolvimento de veículos de passeio;
8. O desejo de aceitar o desafio de inovação técnica e comercialização diversificadas.

Juntos, Fujimoto e Sato resumem alguns dos elementos que distinguem a Toyota. Ao combiná-los com o "Modelo de Crescimento Empresarial", do consultor em CQT, K, representado na Figura 0.3 (p. 21), podemos agrupá-los de acordo com relacionamentos históricos de causa e efeito para formar uma "Genealogia de Transmissão Genética da Toyota", conforme representação exibida na Figura 1.2.

Como a figura mostra, Kiichiro foi influenciado pelos genes (conhecimento tácito) de seu pai. Combinando-os com suas próprias contribuições, ele desenvolveu genes mais apurados (conhecimento tácito), que registrou por escrito e codificou na forma de "procedimentos escritos" (conhecimento formal). Esses procedimentos, representando o conhecimento da organização, nortearam o pensamento e os valores de homens notáveis que geriram a Toyota nos anos que se seguiram, como Shotaro Kamiya, Taizo Ishida, Taiichi Ohno, Eiji Toyoda e Shoichiro Toyoda. Cada um desses líderes subsequentes agregou sua própria sabedoria e valores para produzir uma visão ainda mais apurada. Em outras palavras, cada um introduziu sua própria filosofia e valores, que passaram a interagir livremente e em múltiplas dimensões com os demais para produzir novo conhecimento. Dessa forma, o conhecimento organizacional evolui e aumenta através de um processo formal, em que o novo conhecimento é usado para revisar procedimentos documentados já existentes ou para estabelecer novos documentos. O conhecimento tácito de uma geração transforma-se em genes que são passados às gerações seguintes. A equação de documentos e DNA revela, portanto, que os "procedimentos escritos" são "genes em evolução".

Procedimentos documentados

O DNA é o ácido desoxirribonucleico, a estrutura dos genes. Fazendo uma analogia com os CDs de música, a música é o gene e o CD é o DNA. Para expressar esse

As tradições no coração da Toyota

- Um padrão de raciocínio que associa cada teste à capacidade competitiva
- Perseverança, mesmo diante de revezes iniciais
- O desejo obstinado de empregar quaisquer meios necessários para ganhar
- Estratégias de *marketing* que priorizam usuários
- Tecnologia de produção para produção em massa
- Ênfase em pesquisa de base
- Emprego de estratégias diversas de inovação técnica e comercialização

Funções da documentação

- Garantir a continuidade da política de gestão
- Uma forma de enfatizar a continuidade da filosofia da Toyota perante seus empregados
- Preservação de um sistema de regras formais

Genes de Shoichiro Toyoda

Genes de Eiji Toyoda

Genes de Taizo Ishida

Procedimentos documentados

Genes em evolução

Documentação = DNA

Genes de Taiichi Ohno

Genes de Shotaro Kamiya

Genes de Kiichiro Toyoda (conhecimento tácito)

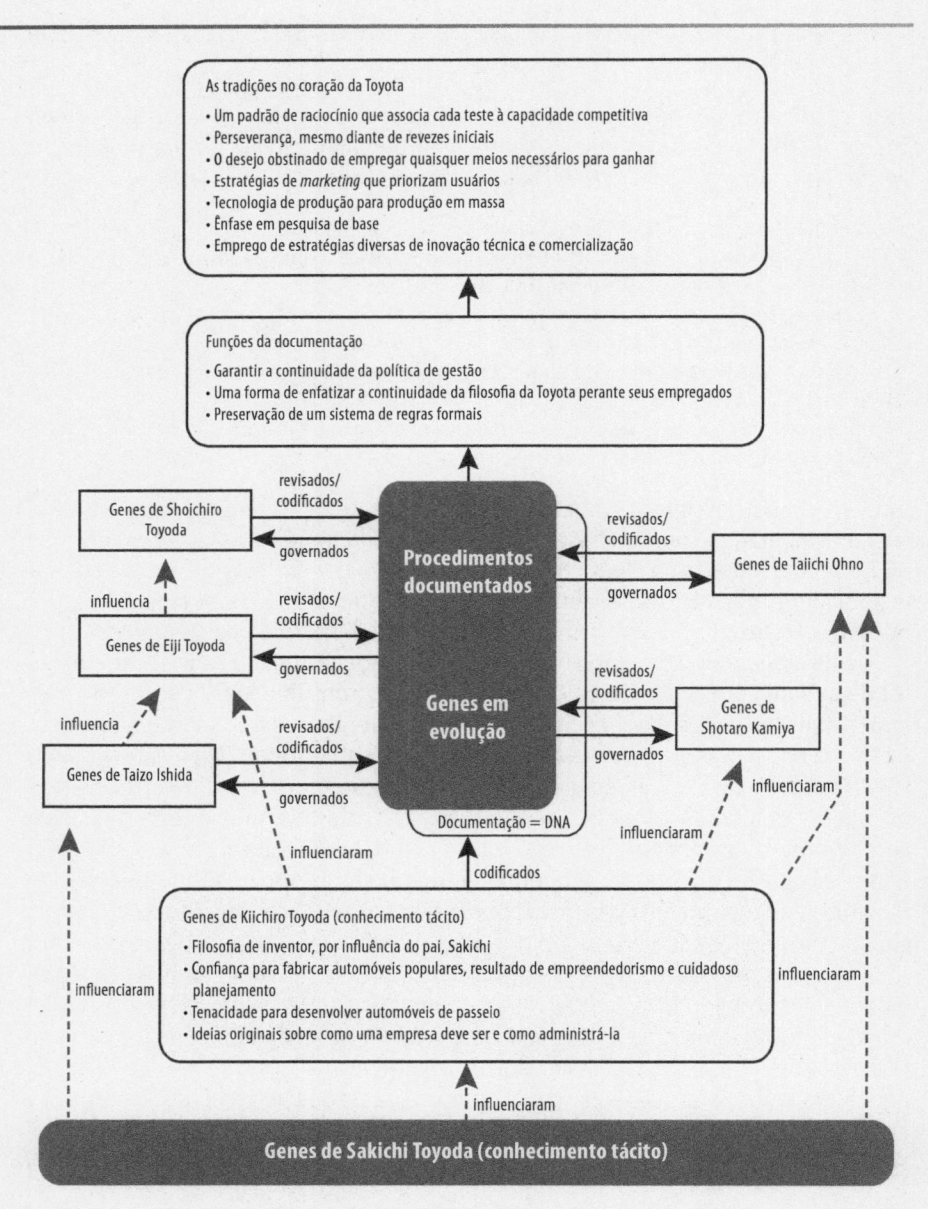

- Filosofia de inventor, por influência do pai, Sakichi
- Confiança para fabricar automóveis populares, resultado de empreendedorismo e cuidadoso planejamento
- Tenacidade para desenvolver automóveis de passeio
- Ideias originais sobre como uma empresa deve ser e como administrá-la

Genes de Sakichi Toyoda (conhecimento tácito)

Observação: "Influenciar" significa transmitir conhecimento tácito de uma pessoa para outra; "codificar" significa converter o conhecimento tácito em conhecimento formal (procedimentos documentados); "governar" significa regular a gestão ou as filosofias de trabalho através de procedimentos documentados.

Figura 1.2 Genealogia de transmissão genética da Toyota.

relacionamento em termos de procedimentos documentados de conhecimento organizacional de uma empresa, pode-se dizer que os procedimentos gravados/registrados são os genes e os documentos em si são o DNA. A existência de uma estrutura genética na forma de DNA é o que permite que os genes sejam transmitidos de uma geração à outra e que a evolução ocorra, em consequência de mudanças de cenário.

Sem os documentos (DNA), as palavras se perderiam em um jogo caótico de "telefone sem fio", em que a informação passada de uma pessoa para outra acabaria assumindo um significado completamente diferente, ao chegar no décimo interlocutor. Assim, a transmissão seria comprometida. Em uma cultura exclusivamente oral, nem mesmo os melhores gestores e as melhores pessoas do mundo podem construir uma organização de primeira linha.

As perspectivas gerenciais mudam com o passar do tempo, de forma que procedimentos documentados são necessários para fazer com que tais perspectivas não desapareçam de todo. Se os procedimentos não mais atendem às premências do tempo, precisam ser revisados. Esse processo de revisão é o que chamamos de "evolução", e é nesse sentido que os procedimentos documentados funcionam de forma semelhante a genes em evolução.

Um trecho do livro *Toyota: A History of the First 30 Years*, publicado em 1967, explica esse conceito com maior profundidade:

[Com a criação da Toyota em 1937], uma organização empresarial e limites funcionais foram claramente estabelecidos. À medida que várias funções começaram a operar de forma consistente, manuais de procedimentos escritos foram criados, bem como regras, definindo os padrões sobre como o trabalho deveria ser desempenhado. Esses livros de regras cobriam áreas como compras, pedidos e estoque, materiais, regulamentação para fornecimento a prazo e investimentos, coleções e vendas, bem como regras para pedidos de subcontratantes. Os livros de regras foram, gradativamente, codificados e, por ocasião da mudança organizacional de 1939, já somavam um conjunto de cerca de 83 Livros de Regras.

Observemos mais uma vez o Quadro 1.2 (p. 36) – Kiichiro Toyoda: uma história de sua documentação. Nele, vê-se que Kiichiro foi influenciado pelos valores de Sakichi e os aplicou conforme sua compreensão, de forma concreta, no setor automotivo. Esses valores adquiriram autoridade na forma de documentos, e tais documentos, então, tornaram-se meios para gerir a organização.

Uma cultura de documentação enraizou-se dentro da Toyota, porque as modalidades de trabalho foram detalhadas por escrito sob a liderança de Kiichiro. Depois da Segunda Guerra Mundial, em 1948, regras formais de registro foram estabelecidas por escrito, e a cultura de documentação da Toyota atingiu seu ponto máximo.

É possível que Kiichiro – que, diziam, expressava-se com dificuldade e era mau orador – precisasse de comunicação escrita para gerir sua empresa de maneira eficaz. Em qualquer evento, os documentos tornavam-se um meio de transmissão e propagação de genes da Toyota. Sem a documentação de Kiichiro, a Toyota teria perdido seus genes, e a empresa que hoje conhecemos, provavelmente, não teria existido.

Princípios de documentação da Toyota

A Tabela 1.1 é uma lista resumida de regras internas, conforme se acham expressas em vários materiais relacionados com a Toyota.

Os itens que aqui citamos (incluindo alguns já obsoletos) são apenas uma amostragem das regras da Toyota, que são muito mais complexas do que isso. Além disso, a tabela mostra apenas aquelas regras que estão acima de um certo nível de aplicabilidade. Se fôssemos incluir instruções de trabalho de baixa complexidade e assemelhados, estaríamos listando milhares ou centenas de milhares de regras. Ano após ano, as 83 regras que Kiichiro formulou, em 1939, são revisadas e retificadas à medida que são passadas adiante. Também são ampliadas e podem ser vistas como um sistema complexo de conhecimento existente dentro da Toyota.

Atualmente, diz-se que nenhum gestor na Toyota pode trabalhar sem ler um manual-padrão de 600 páginas. O gerenciamento de padrões ocupa um papel central no trabalho do gestor, e nem mesmo o presidente da empresa possui autoridade para alterar, por conta própria, os padrões estabelecidos.

Quando Eiji Toyoda era vice-presidente executivo da empresa, seus subordinados podiam assegurar sua relutante concordância, mostrando-lhe a documentação processual que validava as decisões que tomavam. "A documentação não faz sentido", teria dito ele. "Conserte isso da próxima vez." A maioria dos chefes, provavelmente, diria a seus subordinados para ignorar os padrões documentados e fazer o que lhes era pedido. Empresas assim, muito provavelmente, não possuem qualquer método de trabalho padronizado.

A cultura japonesa é tradicionalmente avessa à documentação. Diversas razões para explicar essa atitude já foram levantadas: impaciência com a leitura, relutância em fazer algo que possa restringir ações futuras, desejo de economizar papel e outras. Seja qual for o motivo, o resultado é um hábito inconsciente que se manifesta em consequente rejeição a documentos. Mas, com a Toyota é diferente. Toda a base de negócio da empresa existe na forma de documentos, e os documentos escritos são o ponto de partida, tanto para a reflexão quanto para a ação. No contexto da cultura japonesa, esse princípio de documentação marca uma diferença decisiva entre a Toyota e outras empresas (ver a seção sobre o Sistema de Gestão da Toyota, no Capítulo 3).

Mas somente documentação e padronização não configuram, automaticamente, uma empresa nem moldam sua cultura organizacional. A Mitsubishi Motors, por exemplo, adotou orientações éticas em resposta ao escândalo de 1997, em que veio à tona que a empresa havia pago um chantagista que ameaçara perturbar o encontro anual de acionistas. Essas orientações incluíam uma expressa proibição

Tabela 1.1 Regulamentos internos da Toyota

Nível 1	Nível 2	Nível 3	Nome	
1. Regulamentos Empresariais Básicos	1. Estatutos da Empresa 2. Outros		Regras para Quadro de Diretores Regras para Quadro de Executivos	☆ ★
2. Regulamentos sobre Atribuições			Regras para Empregados	☆
3. Regulamentos Organizacionais	1. Regulamentos sobre Gestão Organizacional		Regras de Gestão Organizacional	★
	2. Regulamentos sobre Alocação de Trabalho		Regras de Autoridade no Trabalho Regras sobre Divisão de Trabalho	★ ★
	3. Funções de Conselhos	1. Conselhos Gerais	Regras para Conselho de Planejamento Regras para Conselho de Novos Produtos Regras para Conselho de Pesquisa Regras para Conselho de Equipamento Regras para Conselho de Determinação de Fabricação Interna/Externa Regras para Conselho de Investimento Regras para Conselho de Fusão entre TMC/TMS	★ ★ ★ ★ ★ ☆ ★
		2. Comitês	Regras para Comitê de Segurança Regras para Comitê de Melhoria de Inspeção Regras para Execução de Ideias Inventivas Regras para Execução	☆ ☆ ☆ ☆
4. Regulamentos de Trabalho	1. Funções Comerciais	1. Planejamento	Regras para Gestão de Política Empresarial Regras para Estabelecimento de Planos de Longo Prazo Regras para Financiamento de Planta de Terceirização e Investimentos	★ ★ ☆
		2. Qualidade	Regras e Garantia de Qualidade Orientações para Auditorias da Qualidade ou Atividades de Garantia Regras para Gestão Inicial Regras para Problemas Registrados Orientações para Promoção de Contramedidas em Caso de *Recall* Regras para Serviços de Reparos dentro da Garantia de Fabricação	★ ★ ☆ ☆ ☆ ☆
		3. Custo	Regras para Gestão de Custos Regras para Implementação de Planejamento de Custos Regras para Gestão de Orçamento Departamental Prescrições de Melhoria de Custos Regras para Alocação de Gestão de Custos - tabela anexa Regulamentos para Controle de Despesas Indiretas	★ ★ ★ ★ ★ ☆
		4. Trabalho Burocrático	Regulamentos para Utilização de Documentos Prescrições para Circulação de Projetos para Aprovação Regras para Gestão de Formulários Regras Detalhadas para Gestão da Implementação de Formulários	☆ ☆ ☆ ☆
		5. Medição	Regras para Relatórios Técnicos Regras para Classificação de Relatórios Técnicos Regras para Compra e Estoque de Equipamentos de Medição Regras para Gestão da Precisão dos Equipamentos de Medição	★ ☆ ☆ ☆
	2. Funções de Produção	1. Pesquisa Prévia	Regras para Pesquisa de Produto Regras para Procedimentos Usados nos Laboratórios da Toyota Regras para Procedimentos Usados por Pesquisadores Externos Prescrições para Pesquisa de Experimentação	— — — —
		2. Projeto e Desenvolvimento	Regras para Desenvolvimento de Novos Produtos Prescrições para Pesquisa de Projeto Prescrições para Projetos Aprovados Trabalho com Prescrições para Projetos Aprovados Orientações para Condução de Demanda	★ ★ ☆ ★

(continua...)

Tabela 1.1 Regulamentos internos da Toyota   (continuação)

Nível 1	Nível 2	Nível 3	Nome	
			Regras para Acompanhamento da Publicação de Patentes	☆
		3. Preparação de Produção	Regras para Desenvolvimento de Engenharia de Produção	☆
			Orientações para Construção de Tabelas de Garantia da Qualidade	★
			Orientações para Construção de Planos de Processo	☆
			Orientações para Condução de Análise dos Modos de Falha e seus Efeitos	☆
		4. Compras	Orientações para Acompanhamento do Processo para Itens Comprados	☆
			Orientações para Construção de Métodos de Inspeção	☆
		5. Inspeção	Regras de Inspeção	☆
			Regras para Tratamento de Defeitos	☆
		6. Fabricação	Regras para Procedimentos Operacionais e Orientações de Compilação	☆
			Orientações para Construção de Procedimentos Operacionais	★
			Orientações para Construção de Instruções Operacionais	★
5. Regulamentos Preparatórios	1. Normas Técnicas (TES)	1. Projetos	Critérios para Projetos de Automóveis	—
		2. Experimentação		—
	2. Normas de Engenharia de Produção (TMS)			—
	3. Normas de Gestão da Qualidade (TQS)			—

Símbolos
★ Estabelecido antes da introdução do CQT em 1961
☆ Estabelecido depois da introdução do CQT em 1961
— Data de estabelecimento indefinida

Termos
Regulamento: um termo genérico para padrões de trabalho
Regra: um regulamento obrigatório envolvendo fundamentos de gestão
Prescrição: um regulamento obrigatório envolvendo fundamentos de gestão para um departamento específico ou para departamentos
Orientação: uma forma fixa de regulamento processual
Norma: um regulamento especificando um conceito técnico, coisa ou procedimento

Lembretes
O "Nível 1" é uma classificação da Toyota, mas os níveis 2 e 3 são do autor.
Pressupõe-se que os regulamentos para gestão de conselhos de função sejam prescritos dentro de regulamentos para funções administrativas individuais.

de *recalls* para produtos defeituosos e estipulava a criação de um departamento de fiscalização de ética. Mas, em âmbito organizacional, a racionalidade e a consciência, praticamente, deixaram de funcionar, e os escândalos se multiplicaram. A Snow Brand Milk Products, cujos produtos estragados foram o centro de uma eclosão de intoxicação alimentar em massa, no ano de 2000, estava comprometida com os procedimentos de segurança HACCP (*Hazard Analysis Critical Control Point*), um código de boa prática para controle alimentar, que havia sido implementado através de controle documentado. Mas o HACCP nunca se tornou central para seus gestores e operários, porque os próprios executivos de alto nível não o adotaram para construir uma organização em que a probidade fosse garantida ou verdadeiramente operacional.

DNA e capacidade empresarial

A Figura 1.3 mostra como a capacidade empresarial muda de uma geração de gestores a outra, em uma empresa com DNA corporativo documentado (Empresa X) e em uma empresa sem tal DNA (Empresa Y).

Quando uma empresa possui DNA sob a forma de documentos, a capacidade empresarial cultivada por cada geração de gestores é transmitida integralmente à geração seguinte. Pressupõe-se que, sem tal documentação, a capacidade empresarial de cada geração de gestores se esgote por volta da terceira geração em que o bastão é passado.

Suponhamos que gerações correspondentes, nas duas empresas X e Y, façam as mesmas contribuições para aumentar a capacidade empresarial. Nesse exemplo, as contribuições feitas pelo fundador e pela quarta geração de líderes são as mais significativas. Pode-se pensar nos gestores de quarta geração como "revitalizadores". Outras gerações são de gestores comuns.

Esse exemplo hipotético torna claro que, na Empresa X, cada geração se apoia nos ombros da geração que a precede, e que, por volta da quinta geração, os gestores alcançaram um alto nível de capacidade empresarial. Na Empresa Y, por outro lado, cada geração de gestores "fica retida" no mesmo patamar da geração anterior.

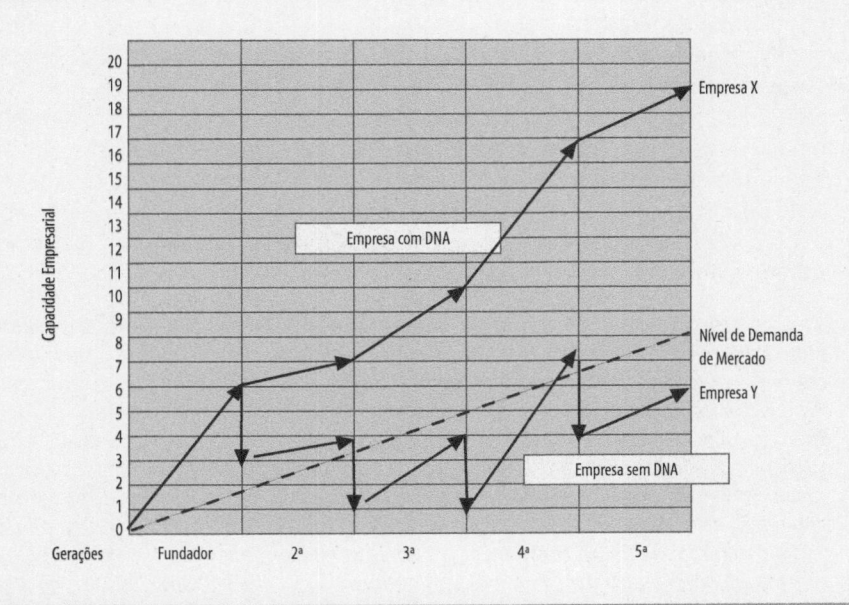

Figura 1.3 Simulação de capacidade empresarial com e sem DNA.

Depois de cinco gerações, a organização mal alcança um nível de capacidade que corresponde a um terço da Empresa Y. Se imaginarmos que o nível de demanda de mercado aumenta de acordo com a linha descontínua da figura, a Empresa Y entra, frequentemente, no vermelho na terceira geração e depois dela.

Todas as empresas tendem a ter fundadores e "revitalizadores" que aumentam, substancialmente, sua capacidade empresarial. No longo prazo, entretanto, elas também possuem muitos gestores que se enquadram na categoria "comum". O que é importante nisso é que a passagem de uma geração para a que a sucede não diminua a capacidade da empresa. Algum mecanismo deve ser utilizado para assegurar que as capacidades se acumulem constantemente, apesar da presença de gestores "comuns". Em outras palavras, mesmo que um gene defeituoso apareça, o fato de que a documentação cria um dispositivo visual significa que as gerações futuras o avaliarão e o eliminarão, seja descartando-o ou revisando-o. Nesse sentido, a estrutura genética, o DNA, é muito mais importante do que os próprios genes. Uma empresa com DNA na forma de documentos escritos é aquela que pode evoluir da maneira prescrita por Darwin.

A utilidade de procedimentos documentados

Procedimentos documentados significam "formas padronizadas de trabalho" ou o que é comumente conhecido como "padrões de trabalho". Um padrão é a expressão documentada do melhor método conhecido em um dado momento; ele corrobora aquele método até que outro melhor apareça. Uma empresa continua a aperfeiçoar seus métodos, como um todo, através de um processo formal de revisão, em que as melhorias de métodos passados são incorporadas em novos padrões. Os padrões são, portanto, uma forma de sabedoria humana desenvolvida com o objetivo de aperfeiçoar, continuamente, métodos de trabalho.

A seguinte citação de Shoichiro Toyoda descreve com eloquência o papel e o efeito da documentação. (Ela é extraída da Conferência de Abertura do 67º Simpósio de Controle de Qualidade, patrocinado pelo Sindicato Japonês de Cientistas e Engenheiros, em dezembro de 1998):

Uma "cultura inovadora" é a que encontramos em empresas que não hesitam em mudar a situação comercial presente, em organizações que buscam continuamente mudar e aceitam a mudança de status quo como algo positivo. O que auxilia tais organizações, em nível mais fundamental, é o negócio diário regular de melhoria contínua (kaizen). O kaizen exige, antes de tudo, que os padrões estejam estabelecidos para qualquer negócio que precise ser conduzido em rotinas de trabalho. E ele não implica apenas a busca por resultados. O primeiro passo, no kaizen, é padronizar processos que produzem resultados. Quando esse princípio é enfraquecido, os membros da equipe perdem o senso do lugar a que pertencem e dos papéis que desempenham. O ciclo de gestão é interrompido e a padronização torna-se inconcebível. Um formalismo vazio toma lugar, e ninguém faz mais nada, a menos que haja precedente.

Hitoshi Kume, professor da Universidade de Chuo, professor emérito da Universidade de Tóquio e agraciado com o Prêmio Deming, explica o que são padrões de trabalho neste excerto (extraído de uma conferência do 55º Simpósio de Controle de Qualidade, patrocinado pelo Sindicato Japonês de Cientistas e Engenheiros, em dezembro de 1992):

> Os padrões de trabalho atribuem clareza de objetivos à questão do que fazemos e onde fazemos. Eles iluminam os relacionamentos entre as tarefas individuais e o sistema como um todo e permitem-nos compreender melhor o objetivo de cada atividade, em um contexto mais amplo. São, simultaneamente, marcos de gestão, análises da situação do momento e pontos de partida para o kaizen. Enquanto os registros e as informações sobre resultados de, digamos, vendas e projeto estão geralmente disponíveis em forma de estatísticas ou gráficos, muitas empresas acabam por ter um sistema de gestão por resultados e um kaizen simulado, porque não há qualquer informação sobre os processos que produziram aqueles resultados. O papel da documentação vai além de simples especificação de regras ou mapeamento de situação presente. Documentos têm o poder de aclarar a situação da hora e devem ser usados como ponto de partida para melhorá-la.

A maioria dos padrões são documentos criados por membros de equipes, que buscam apenas garantir que os operários sigam procedimentos. Na Toyota, entretanto, os padrões são tanto "pontos de partida para *kaizen*" quanto "genes evolutivos".

Muitas pessoas tendem a enfatizar o aspecto negativo regulador e coercivo da padronização. Mas, para uma empresa, só faz sentido estipular que não se devem adotar métodos inferiores quando métodos padronizados mais adequados estão disponíveis. Entretanto, padrões são mais do que simples regras. Exatamente como a barra de marcação de salto em altura, os padrões marcam a altura máxima atingida pelos predecessores. Um padrão indica o objetivo que cada um precisa perseguir e, portanto, induz a enfrentar desafios e a ser criativo. Os seres humanos, simplesmente, não mostram criatividade ou desejo de encarar desafios se não conseguem vislumbrar um objetivo. É preciso manter em mente, com muita clareza, esse aspecto essencial da padronização.

A padronização aplica-se a quatro objetos: conceitos, protocolos, procedimentos e coisas. Mesmo quando não recebe atenção especial, a padronização de procedimentos e de coisas é obtida, sem muita dificuldade, na indústria manufatureira. Isso se dá porque a fabricação não pode ocorrer sem um mínimo de padronização. Conforme o Quadro 1.2 (p. 36) indica, Kiichiro Toyoda atribuía ênfase especial ao que conhecemos como "protocolos".

Protocolos, conforme são aqui empregados, significam compromissos com a execução do negócio conduzido pela empresa ou com várias funções laborais. Os protocolos típicos incluem atribuições que descrevem cargos ou funções e regulamentações que especificam a designação de tarefas laborais. Há também outros compromissos organizacionais, grandes e pequenos, e a eficácia da empresa é determinada pelo modo como aqueles compromissos são coordenados e codificados.

Uma forma em que encontramos tais protocolos é nas declarações pessoais a respeito do que a própria empresa faz. O que importa, nesse caso, é mostrar as interações entre protocolos que indicam o que alguém faz com base em relacionamentos, especificando quem (ou que organização) tem responsabilidade ou autoridade com respeito a quem (ou a que outra organização). Definir claramente protocolos de interações e inter-relações de responsabilidade e autoridade específica e esclarece tarefas e responsabilidades para o futuro. Tais declarações claras podem parecer severas, mas, se abrirmos espaço na empresa para sentimentos humanos, seremos incapazes de estabelecer protocolos ou nossos protocolos se tornarão coleções de declarações pessoais inúteis e vazias.

Os protocolos da Toyota são criados de acordo com o contexto do Esquema do Sistema de Gestão, mostrado na Figura 1.4.

Um fluxograma é usado para indicar interações simples, mas, em casos complexos, gráficos de ciclo Entrada-Processo-Saída (IPO/*input-process-output*), mostrando entradas ou insumos, processos e saídas ou resultados obtidos em cada departamento, são agregados ou mencionados no fluxograma.

Empregar apenas palavras para expressar tais inter-relações organizacionais e interfaces de trabalho significaria impor uma carga extraordinária sobre os leitores e levaria a processos inutilizáveis. O Esquema do Sistema de Gestão da Toyota torna tudo muito claro, em uma simples olhada, e possibilita processos práticos e aplicáveis.

Quando aplicada a conceitos, a padronização é, tipicamente, expressa em palavras ou em diagramas do tipo árvore. A padronização de conceitos constitui a base de aumento da eficácia empresarial. Mesmo que existam diferentes "dialetos dentro da Toyota", o vocabulário parece ser uniforme dentro da empresa. Além disso, há forte impressão de que as palavras são usadas com grande precisão. Um exemplo típico de diagrama-árvore utilizado na Toyota é o Quadro de Estrutura Funcional, introduzido no Capítulo 3. Uma vez que esses conceitos são avançados na Toyota, a comunicação é eficaz e a análise do trabalho e o *kaizen*, ou aperfeiçoamento, ocorrem facilmente.

Nesse ponto, é apropriado introduzirmos algumas observações feitas por K, o consultor em gestão de qualidade, que foi mencionado no prefácio deste trabalho:

- A tecnologia é um tipo de cultura e seus herdeiros não podem ser apenas contadores de histórias. É preciso que se tenham registros escritos;
- Embora seja a principal função do gestor identificar novas técnicas, uma empresa deve ser administrada com base no equilíbrio entre essa função e o trabalho de padronização das melhores experiências do passado;
- Documentos impressos são indispensáveis para o aumento de precisão em comunicações. A cultura humana aflorou a partir da palavra escrita. Da mesma forma, a cultura de uma empresa precisa ser formada por meio de documentos;

Os Genes e o DNA da Toyota 63

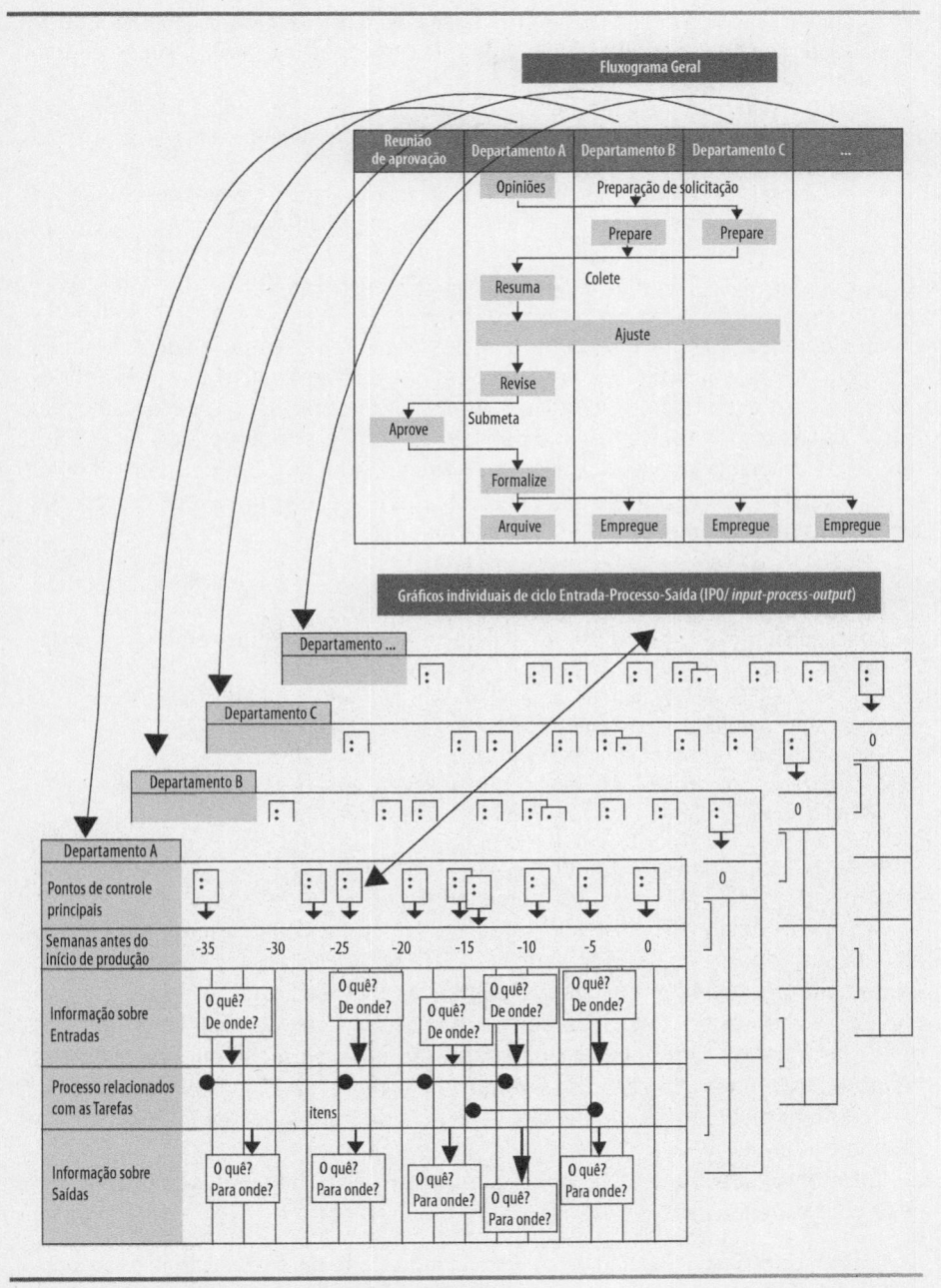

Fluxograma Geral

Reunião de aprovação	Departamento A	Departamento B	Departamento C	...
	Opiniões	Preparação de solicitação		
		Prepare	Prepare	
	Resuma	Colete		
		Ajuste		
	Revise			
Aprove	Submeta			
	Formalize			
	Arquive	Empregue	Empregue	Empregue

Gráficos individuais de ciclo Entrada-Processo-Saída (IPO/ input-process-output)

Departamento ...

Departamento C

Departamento B

Departamento A								
Pontos de controle principais								
Semanas antes do início de produção	-35	-30	-25	-20	-15	-10	-5	0
Informação sobre Entradas		O quê? De onde?		O quê? De onde?	O quê? De onde?	O quê? De onde?	O quê? De onde?	
Processo relacionados com as Tarefas				itens				
Informação sobre Saídas		O quê? Para onde?	O quê? Para onde?	O quê? Para onde?	O quê? Para onde?	O quê? Para onde?	O quê? Para onde?	

Figura 1.4 Esquema de Sistema de Gestão da Toyota.

- A comunicação ocorre quando a outra pessoa demonstra sinais de compreensão. O que a pessoa disse é secundário. A verdadeira comunicação é difícil. É por essa razão que padrões são necessários;
- Metade da energia de alguém pode completar 85% de uma tarefa; a outra metade é necessária para completar os 15% restantes. Os padrões determinam a eficácia dessa energia;
- Os automóveis que a Toyota fabrica não são substancialmente diferentes dos produzidos por outros fabricantes. O que difere é a eficácia da empresa Toyota.

Princípios burocráticos e efeitos negativos da burocracia

Como elementos essenciais das burocracias, a padronização e a documentação são, geralmente, consideradas reacionárias. Por essa razão, às vezes, é difícil explicar o poder evolutivo da Toyota em termos de padronização e documentação. Nesse contexto, é importante lembrar que, quando o sociólogo Max Weber defendeu a burocracia cem anos atrás, isso nada tinha de reacionário. Na realidade, era a metodologia mais eficaz para gerenciar empresas. Os princípios burocráticos descritos por Weber merecem ser aqui examinados:

- Padronização: O trabalho é desempenhado com base em regras universais e gerais.
- Especialização: O trabalho é dividido em especialidades por função.
- Profissionalização: O desempenho de trabalho exige treinamento e formação especializados.
- Despersonalização: As injustiças desaparecem, porque a conduta é baseada em regras com a regularidade de máquinas.
- Estratificação: As hierarquias de autoridade são claras.
- Formalização: As tarefas são, em princípio, desempenhadas com documentos como catalisadores.

Tais princípios burocráticos permitem que as empresas se beneficiem dos efeitos de precisão, estabilidade, confiabilidade, eficácia e uniformidade.

A palavra "despersonalização" parece negar a individualidade humana, mas, em seu sentido de "eliminar injustiças", ela não se contrapõe, absolutamente, à humanidade. "Despersonalização" significa, simplesmente, eliminar a injustiça de permitir que as pessoas consumam os recursos de uma empresa sem obedecer a regras. O termo pretende expressar uma situação em que todos os membros de uma organização se comportam ordeira e harmoniosamente, buscando atingir os objetivos da mesma. Talvez "conduta regular" seja uma expressão mais adequada.

Entretanto, uma burocracia descuidadamente conduzida é propensa a se render a efeitos negativos:

- Impotência treinada: Padrões de conduta apropriados a um contexto prévio são mantidos e repetidamente executados quando as circunstâncias mudam.

- Psicoses ocupacionais: A constante repetição da mesma tarefa leva ao desenvolvimento de preferências, percepções e ênfases particulares.
- Mudança de metas: A observância a regras torna-se um fim, em vez de ser um meio.

A palavra "burocratização" surgiu, justamente, porque esses efeitos negativos foram observados em empresas públicas e privadas. Com o passar do tempo, as burocracias passaram a ser vistas como possuidoras de atributos reacionários. Consequentemente, a palavra passou a ser sinônimo de "rigidez".

A criação de uma força-tarefa que corte, horizontalmente, uma organização pode complementar uma burocracia verticalmente alinhada enquanto método de supressão de efeitos negativos da burocracia, energizando a organização e sustentando a evolução. De fato, a adoção desse tipo de gestão por força-tarefa é um método que permitiu à Toyota evoluir, mesmo tendo como base uma fundação burocrática.

No Capítulo 3, veremos com maior profundidade como a Toyota, desde sua fundação, tem feito livre uso de um "sistema comitê", a fim de complementar sua estrutura vertical de gestão. Quando o CQT foi introduzido na empresa, na década de 1960, ele foi aglutinado a um sistema "de gestão por função" específico da Toyota, que atravessava toda a estrutura de gestão da empresa. Mesmo assim, a Toyota teve de nivelar e agrupar sua organização para superar os primeiros sinais da "maior das enfermidades corporativas" que surgiram na década de 1980. Em última análise, a Toyota usufruiu benefícios dos princípios burocráticos de Weber, porque soube gerenciar de forma proativa e impedir o avanço dos efeitos negativos da burocracia.

A burocracia permanece sendo o princípio fundamental de gestão empresarial até hoje. Uma grande empresa pode ser construída sobre uma base burocrática, desde que institua medidas eficazes para evitar as armadilhas das deficiências da burocracia. Pode-se argumentar que a Toyota não foi inteiramente eficaz em construir uma empresa que reconciliasse as vantagens e as tendências negativas das burocracias, mas a previsão e a busca por métodos que levassem a uma melhor prática provaram que se trata da empresa de organização burocrática mais sólida da história.

Uma burocracia aprendiz

Dentro de seu sistema burocrático, a Toyota emprega, de forma ativa, os princípios cruciais de documentação e padronização para transmitir os "genes" de gerações anteriores. Ao mesmo tempo, esses princípios permitem às gerações futuras acesso a controles e também a metas para serem superados, de forma que novos genes sejam adicionados ao ciclo de estudo e revisão de formas otimizadas de trabalho. Essa é a síntese de uma "empresa-aprendiz".

É preciso que examinemos as características de uma empresa-aprendiz. Tal empresa pode ser definida como aquela:

- Em que as pessoas estão incessantemente aumentando suas capacidades e são capazes de alcançar os resultados que buscam;
- Que estimula padrões de raciocínio inovadores e expansivos;
- Que se supera para atingir metas compartilhadas;
- Que, constantemente, estuda como as pessoas podem aprender em conjunto.

Dentro dessa estrutura, a Toyota é um exemplo excelente de empresa-aprendiz. Embora tenha sido apontada como um grupo com "obsessão pelo aperfeiçoamento", é mais coerente chamá-la de grupo com um "hábito de aprendizagem". A Toyota é uma empresa que se utiliza da burocracia para aprender. Em outras palavras, é uma "burocracia didática".

A líder do setor

Os desenvolvimentos que descrevemos colocaram a Toyota na posição de líder no setor automotivo (Veja Figura 0.1, p. 18). A Figura 1.5 resume o processo que elevou a Toyota a esse *status*.

A burocracia encontra-se solidamente arraigada à gestão organizacional da Toyota. Mais especificamente, foi a insistência de Kiichiro Toyoda nos princípios burocráticos básicos mais importantes, a documentação e a padronização, que

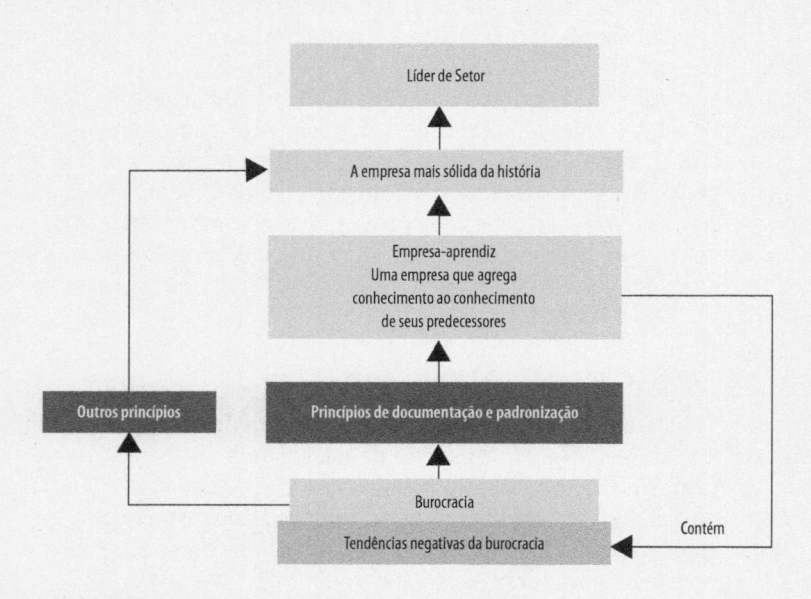

Figura 1.5 A transformação em líder do setor.

resultaram em uma "empresa-aprendiz", em que sucessivas gerações agregam conhecimento ao conhecimento de seus predecessores. O desenvolvimento de uma variedade de medidas para aumentar a eficácia da empresa contribuiu para que a mesma contivesse tendências burocráticas negativas e promovesse seus princípios positivos. O resultado é a organização com maior solidez da história, a empresa líder do setor, exibida na Figura 0.1 (p. 18).

Os princípios de documentação e padronização são constituintes do DNA da Toyota, a estrutura através da qual novo conhecimento é agregado ao conhecimento (ou genes) de gerações anteriores. É a presença desse DNA, utilizado com maior propriedade do que em qualquer outra empresa, que se tornou a chave do sucesso da Toyota.

Analisamos, com clareza, o sistema da Toyota que visa à transmissão de seus genes de crescimento. O que viabiliza, para uma empresa, a transmissão de seus genes já desenvolvidos é a criação, no seio da mesma, de uma estrutura de transmissão de DNA: uma "cultura de documentação".

A ATITUDE GERENCIAL QUE CRIA CRESCIMENTO DURADOURO

A criação de uma cultura de documentação (um sistema de crescimento duradouro que não dependa de indivíduos) é uma condição fundamental para manter o crescimento estável.

No entanto, foi um indivíduo, Kiichiro Toyoda, que criou essa cultura de documentação. De qualquer forma, Shotaro Kamiya ou Taizo Ishida não poderiam ter realizado essa tarefa. Sem Kiichiro, a Toyota jamais seria a empresa que hoje conhecemos.

Nesse momento crítico, é preciso identificar princípios universais para a seleção de gestores talhados para o crescimento duradouro. Que tipo de gestores, por exemplo, possui o temperamento que os torna aptos a criar condições de crescimento duradouro? Como encontrar tais gestores e como treiná-los?

Liderança de Nível 5

Os gestores com o potencial de criar condições de crescimento duradouro precisam mais do que carisma. Líderes carismáticos tendem a se enxergar como heróis e entendem que um líder precisa compensar o fato de que faltam às pessoas comuns capacitação, visão e competência para mudar. Não se pode esperar crescimento duradouro de líderes que possuem esse tipo de visão de seus funcionários, que são as pessoas que carregam a empresa.

Os líderes de quem se pode esperar crescimento duradouro parecem ser aqueles que, como Kiichiro Toyoda ou Jack Welch, são humildes e persistentes. Algumas características do caráter de Kiichiro estão relacionadas abaixo:

- Taciturno, em vez de eloquente;
- Uma abordagem monomaníaca arraigada em um forte senso de missão;
- Certa falta de sociabilidade;
- Profunda reflexão sobre a busca do indispensável;
- Ênfase em conhecimento e teoria, bem como em aplicabilidade realística;
- Visão ampla de longo alcance;
- Análise calculada e seguida de ação firme e destemida;
- Profunda compaixão pelos outros, através de seu trabalho.

Jack Welch possui mais ou menos as mesmas características de Kiichiro. Uma figura celebrada em manchetes da mídia, Welch é um líder carismático dotado de personalidade forte que dá a impressão de grande volubilidade.

Mas o verdadeiro Jack Welch é muito diferente. É um homem de poucas palavras e fala com uma gagueira discreta. É, de certa maneira, ingênuo e até tímido. Porque sua ideia em torno de massiva reestruturação e redução de pessoal esvaziou prédios, foi comparado a uma bomba de nêutrons. Poucos têm conhecimento do que ele sentiu quando o chamaram de "Jack Nêutron". Para Welch, as relações públicas constituíam um elemento indispensável de estratégia comercial; seu carisma nada mais era do que um papel intencionalmente criado.

Ao considerarmos várias teorias sobre liderança, os exemplos de Kiichiro e de Welch chamam nossa atenção para a "Liderança de Nível 5", um artigo escrito por Jim Collins (autor de *Built to Last: Successful Habits of Visionary Companies*) e publicado na edição de abril de 2001 do periódico *Diamond Harvard Business Review*.[12]

Dentre 1.435 empresas da *Fortune 500*, Collins selecionou um grupo de onze corporações que, subitamente, se transformaram em "grandes" empresas e mantiveram resultados extraordinários por 15 ou mais anos. Então, comparou-as com empresas que haviam atingido bons resultados, mas que não foram capazes de sustentá-los, e tentou descobrir as variáveis comuns que distinguiam os dois grupos. A Figura 1.6 mostra a divergência dessas empresas desde o ponto em que a transformação corporativa ocorreu.

O estudo de Collins divide a liderança em cinco tipos, mostrados como níveis hierárquicos na Figura 1.7, e descobre uma relação estatística de causa e efeito. Ele conclui que a revolução corporativa não pode ocorrer na ausência de líderes do "Tipo 5".

Os executivos das onze empresas descritas por Collins são, em todos os aspectos importantes, o mesmo tipo de pessoas. As características comuns a todos são:

- Parecem ser tímidos, modestos e até covardes.
- Evitam a publicidade.

Índice de investimento acumulado em ações *versus* média de mercado

[Gráfico mostrando a divergência entre "Grandes empresas", "Empresas para comparação", "Média de mercado" e "Índice para dois grupos de empresas criado a 1,0 ponto da reforma empresarial", com eixo x de -15 a +15 anos de reforma empresarial e eixo y de 0 a 7,00. "Ponto de reforma empresarial" indicado em 0.]

Fonte: "Level 5 Leadership", *Diamond Harvard Business Review*, April. 2001.

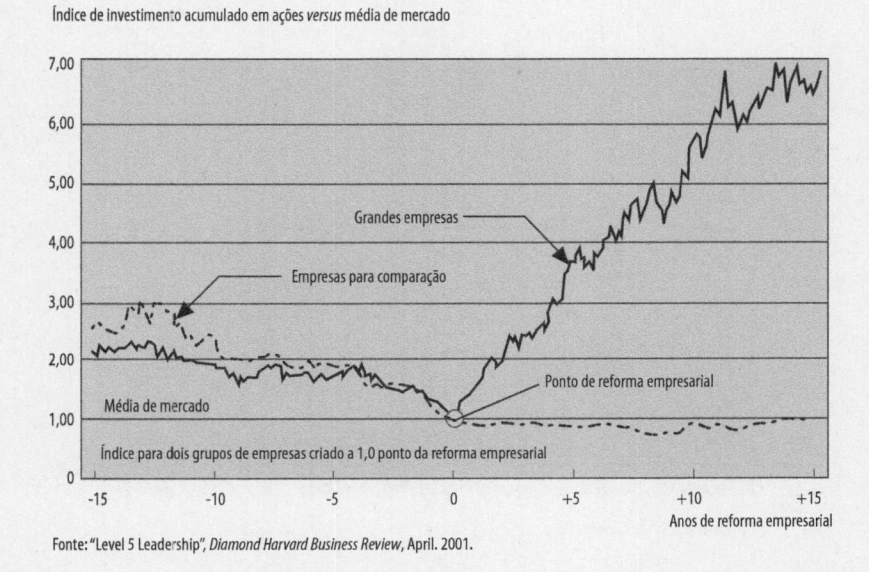

Figura 1.6 Divergência resultante de reforma empresarial.

- São totalmente despretensiosos, mas contam com um grande e devotado poder de decisão diante da realidade.
- Seu temperamento divide-se entre humildade e força de vontade, timidez e audácia.
- Não falam muito sobre si mesmos.
- Buscam aprimoramento.
- Têm tenacidade de ferro.
- Buscam, fora de si mesmos, fatores de bom desempenho e, se não os encontram, atribuem o sucesso "à sorte".
- São estoicos na tomada de decisões.

Quando Collins conduziu sua análise, deu instruções claras para que sua equipe de pesquisa evitasse enfatizar o papel de gestores de alto nível, a fim de evitar a armadilha de, simplesmente, atribuir o sucesso às conquistas ou à liderança dos líderes. Os fatos indicados por sua amostragem, entretanto, são inequívocos.

Os líderes de Nível 5 são, em suma, aqueles que possuem os seguintes elementos:

- Diante da realidade, são vigorosa e estoicamente decididos.
- Têm uma paixão por voarem alto em qualquer coisa que empreenderem.

Nível 5
Líder de Nível 5
Constrói e sustenta alto desempenho através de uma mistura paradoxal de humildade pessoal e de determinação profissional

Nível 4 — **Líder Eficaz**
Catalisa comprometimento com busca tenaz por visão clara e atraente, estimulando padrões de desempenho mais elevados

Nível 3 — **Gestor Competente**
Contribui com habilidades individuais para a conquista de objetivos comuns e trabalha de maneira eficaz com outros indivíduos em equipe

Nível 2 — **Membro Contribuinte de Equipe**
Contribui com habilidades individuais para a conquista de objetivos comuns e trabalha de maneira eficaz com outros indivíduos em equipe

Nível 1 — **Indivíduo Altamente Capaz**
Faz contribuições producentes por meio de talento, conhecimento, perícia e bons hábitos de trabalho

Fonte: "Level 5 Leadership", *Diamond Harvard Business Review*, Abril. 2001.

Figura 1.7 Hierarquia de liderança.

- Combinam, por um lado, uma modéstia que os leva a elogiar suas equipes e a não falarem de si e, por outro lado, uma determinação de aço.
- Colocam a empresa antes de si mesmos e esperam que as gerações futuras alcancem sucessos maiores.
- Assumem as responsabilidades e atribuem, para fora de si mesmos, as razões de sucesso (a colegas ou colaboradores, a fatores externos ou à boa sorte, por exemplo).

Collins também cita os seguintes fatores para explicar as características de comportamento dos líderes de Nível 5:

- As pessoas são mais importantes do que qualquer outra coisa. Elas são o ponto de partida para esses líderes. A estratégia vem depois.
- O Paradoxo de Stockdale – Esse paradoxo é assim denominado pelo General James Stockdale, que foi agraciado com a Medalha de Honra após sobreviver por sete anos a uma detenção brutal em uma prisão vietnamita. Stockdale adotou duas disciplinas contraditórias simultâneas: reconhecia que as realidades extraordinariamente aplacadoras que confrontava eram reais, mas se mantinha na absoluta convicção de que venceria no final.
- O volante impulsiona a ruptura – O processo que leva uma boa empresa ao sucesso não é alcançado da noite para o dia. Ele lembra a incansável tarefa de fazer um volante enorme girar.

- A Filosofia da Raposa – [Os líderes de Nível 5] pensam como uma raposa e adotam uma abordagem sistemática e coerente. Uma raposa faria perguntas simples: "Por que algumas empresas têm melhor desempenho do que outras no mundo?" "De que forma os modelos de negócios de tais empresas funcionam melhor?" "Que fatores mais estimulam as paixões de seus empregados?".
- Favorecimento de inovação tecnológica – [Os líderes de Nível 5] resistem à urgência de buscar tendências tecnológicas temporárias. São pioneiros em tecnologias cuidadosamente escolhidas.
- Cultura da disciplina – Observam-se três tipos coerentes de disciplina: empregados disciplinados, pensamento disciplinado e comportamento disciplinado.

As qualidades que distinguem os líderes de Nível 5 dos outros podem ser reconhecidas no caráter distinto de Kiichiro Toyoda. Acredita-se que Kiichiro tenha dito a seu filho Shoichiro: "[No negócio com automóveis,] tudo o que fiz foi acenar com o bastão. Foram as pessoas à minha volta que fizeram o restante. Mais tarde, elas provavelmente farão parecer que fiz tudo sozinho". Essa anedota ilustra seu temperamento de liderança de Nível 5.

Collins não afirma que a presença de um líder de Nível 5 é o único fator necessário para transformar uma empresa de boa a ótima. Alega apenas que essa é uma condição indispensável. Podemos relacionar os resultados da pesquisa de Collins ao argumento deste livro, conforme segue:

As exigências indispensáveis para transformar uma boa empresa em uma ótima empresa com uma base contínua são uma cultura de documentação e a promoção e o desenvolvimento de líderes de Nível 5.

Desenvolvimento de líderes de Nível 5

Um grupo de mulheres recém designadas como diretoras-executivas fez a seguinte pergunta a Collins:

> *Acreditamos no que você diz sobre Liderança de Nível 5, mas estamos confusas. O fato de termos egos fortes foi um dos motivos para conseguirmos nossos trabalhos. Será que podemos aprender a Liderança de Nível 5?*

A pesquisa de Collins não explicou por que os líderes de Nível 5 eram do jeito que eram, assim, ele admitiu que ainda não sabia a resposta para aquela pergunta. Entretanto, acreditava na hipótese de que havia dois tipos de pessoas no mundo: aquelas que não possuem dentro de si a semente de liderança de Nível 5 e aquelas que a possuem. Ele prosseguiu afirmando que:

> *As pessoas de primeira categoria são incapazes de se tornarem líderes de Nível 5, independentemente do tempo que a isso dedicarem. Para essas pessoas, o trabalho é uma questão de "Como posso me beneficiar pessoalmente disso?" e nada tem a ver com o que podem construir ou criar ou como podem contribuir. Uma visão cínica é que a força motriz para a supremacia ou para a ambição de liderança de Nível 4 coloca-se em*

oposição direta com a humildade necessária para ser um líder de Nível 5. Mais do que isso, há um mito entre os quadros de diretores de que, para que uma empresa se torne grande, é necessário que tenha um líder excessivamente egocêntrico. Em consequência disso, não se veem empresas dotadas com a persistência e a firmeza necessárias para transformá-las de boas a ótimas e, então, permanecerem ótimas.

Collins também argumentou que, mesmo dentre as pessoas que possuem a semente de liderança de Nível 5, tal semente nem sempre germina. Em sua opinião, ainda não surgiu uma metodologia capaz de fazê-la brotar.

Não há dúvidas de que não é fácil descobrir métodos eficazes para aumentar, substancialmente, a proporção de sementes que irão brotar. Mas um baixo índice de germinação não importa, porque estamos procurando por um número limitado de gestores de alto nível. O que é de fato importante para uma empresa é encontrar, continuamente, gestores que possuam a semente de liderança de Nível 5, para então criar programas que estimulem e alimentem suas potencialidades, de tal forma que seu desejo de contribuição germine e cresça. Essas tarefas não são nada fáceis. Uma observação mais cuidadosa revelará pessoas que carregam as sementes certas. Suas sementes germinarão rapidamente se combinadas com programas educacionais que vão ao encontro de seu senso de missão, baseado em destino comum.

O livro de Jim Collins, *Built to Last: Successful Habits of Visionary Companies*, foi traduzido para o japonês pouco antes que o manuscrito do presente volume fosse concluído. Um resumo dos argumentos do novo livro de Collins aparece sob o título *Reberu 5 Riidaashippu-ron,*[13] na edição japonesa do *Harvard Business Review*. Recomendamos uma breve apreciação do mesmo.

Notas

1. Com respeito a esse panorama, estamos fundamentados nas seguintes fontes: Yoshinobu Sato, *Toyota Keiei no Genryu* [*Fontes de Gestão da Toyota*] (1994), para material sobre (1) Sakichi Toyoda e (2) Kiichiro Toyoda; publicação de Fujio Wakamatsu e Tadaaki Sugiyama, *Toyota no Himitsu* [*O Segredo da Toyota*] (1977), para minha discussão sobre (3) Shotaro Kamiya; e publicação de Yoshinobu Sato, *Toyota Gurupu no Senryaku to Jissho Bunseki* [*Estratégia e Análise Substancial do Grupo Toyota*] (1988), para informação sobre (4) Taizo Ishida.

2. Nichiren Daishonin foi um monge budista do século XIII, no Japão. Foi o fundador da seita Lótus (Hokke), popularmente conhecida como Budismo Nichiren.

3. Sontoku Ninomiya foi um líder da agricultura do Japão do século XIX, geralmente considerado, até os dias de hoje, um símbolo de trabalho árduo e perseverança.

4. *Toyota Jidosha Hanbai Sanjûnenshi.*

5. Naquela época, a empresa era chamada de Toyoda.

6. Detalhes sobre isso podem ser encontrados na publicação de 1994, de Yoshinobu Sato, *Sources of Toyota Management* (*Toyota Keiei no Genryû*).

7. *Monozukuri no tetsugaku.*
8. *Kadoritsu.*
9. *Norioki Kobayashi.* 1990. *Toyota no Daijikken.*
10. *Seisan Shisutemu no Shinkaron* (Yuikaku Press, 1997). Esse título, publicado no Japão, desenvolve conteúdo semelhante à versão inglesa reeditada, *The Evolution of a Manufacturing System at Toyota* (Oxford University Press, 1999).
11. *Toyota Keiei no Genryû.*
12. *Daiyamondo Habado Bijinesu Rebyu.*
13. Liderança de Nível 5.

2 O PARADIGMA DA TOYOTA

A palavra "paradigma" é geralmente traduzida para a língua japonesa como *kihan*, significando padrão ou norma. Empregaremos aqui o termo de maneira mais ampla para englobar conceitos como cultura corporativa e valores organizacionais. O paradigma Toyota foi formado pelos genes que são carregados e transmitidos pelo DNA de documentação. Este capítulo tratará de eventos históricos apenas para verificar que tipo de paradigma é esse.

O desenvolvimento da raça humana é a história da contribuição de cada geração para o saber e o conhecimento de seus predecessores. O mesmo se aplica às empresas: o segredo para o crescimento duradouro reside em possuir um sistema robusto de acumulação de conhecimento de uma geração para a próxima. A Toyota consegue obtê-lo através do uso eficaz do que é, incontestavelmente, a maior das invenções humanas: a documentação. Do ponto de vista de um leigo, a enciclopédia de conhecimento da Toyota configura um paradigma único.

O Instituto de Gestão de Projetos (Design Management Institute), líder dentre as empresas japonesas de consultoria, trabalhou com a Toyota depois da Segunda Guerra Mundial. Um dos veteranos do Instituto lembra aquela época:

> Como assistente de Shigeo Shingo[1] em 1955, eu conduzia o treinamento para a introdução de EI (engenharia industrial) na Toyota. Esse foi o momento em que nós discutimos a introdução do sistema kanban.
>
> O termo "gestão de projeto/design" surgiu em torno de 1957, quando cerca de vinte empresas, incluindo a Toyota, a Fuji Heavy Industries, a Prince, a Mitsubishi e a NEC, engajaram-se em atividades organizadas pelo Instituto de Gestão de Projetos. A Toyota foi a mais ativa delas, e fez com que aprendêssemos mais do que ensinávamos.
>
> Ainda em 1957, a Toyota introduziu duas reformas que consistiam em um sistema shusa (ou organização matricial) e um Departamento de Gestão de Tecnologia (sistematização). Fiquei impressionado em saber que a Toyota havia criado um Departamento de Gestão de Tecnologia, ao mesmo tempo em que introduziu o sistema shusa (gestor de produto peso-pesado), porque sabia que simplesmente "fazer de conta" bastaria para distorcer os relacionamentos entre as pessoas.
>
> Eu fui chamado à Toyota em inúmeras ocasiões para realizar estudos de aperfeiçoamento de processo. Depois que a crise do petróleo eclodiu, a Toyota também me convidou para realizar um estudo sobre meios de transporte, em que havia muito a aprender com a eficácia da empresa.
>
> Em 1980, fui solicitado a ministrar um treinamento sobre gestão para os funcionários da Toyota que ocupavam posições um nível abaixo das gerências, trabalho que recusei, dizendo que não tinha mais nada a fazer na empresa. Mas acabei indo, porque alguns dos integrantes do Instituto de Gestão de Projetos daquela época me pediram que o fizesse. A Toyota, diziam eles, estava acima de sua compreensão. Utilizávamos amostragem de trabalho para realizar melhorias no trabalho burocrático que resultou em "Um Estudo sobre o Aumento de Produtividade de Executivos".

Como resultado dessas experiências, a gestão de projetos, a gestão de informações e a padronização de design *tornaram-se métodos cruciais para a melhoria da eficácia do departamento de* design. *A Toyota gasta cerca de cinco vezes o que outras empresas gastam com gestão de informação.*

Nessa narrativa, vislumbramos um padrão característico de comportamento da Toyota que impressionou até mesmo um profissional experiente de uma empresa de consultoria em gestão. O paradigma único da Toyota já estava bem-estabelecido.

VALORES

Filosofia de gestão

Sem dúvida, o determinante mais importante do paradigma da Toyota é a filosofia de gestão da empresa, incluindo suas doutrinas de gestão e políticas básicas. Na maioria das empresas, as doutrinas de gestão ou políticas básicas tomam a forma de frases vazias ou mera ornamentação e tendem a não penetrar no pensamento dos empregados. A Toyota, entretanto, certifica-se de que estejam registradas como documentos formais, que alcancem todos os empregados e que sua penetração em toda a empresa seja monitorada. Isso permite que a Toyota molde os valores, o pensamento e o comportamento de todos os empregados.

Os paradigmas mudam com o passar do tempo. A evolução das doutrinas de gestão e das políticas básicas da Toyota revela que partes do paradigma Toyota foram alteradas com o passar do tempo, dando-nos uma ideia do que mudou ou não na empresa.

Os "Preceitos Toyoda"

Os "Preceitos Toyoda" foram criados por Kiichiro Toyoda e Risaburo Toyoda, em 1935, como um resumo dos ensinamentos de Sakichi Toyoda. Mesmo depois da Segunda Guerra Mundial, os "Preceitos Toyoda" permaneceram, por muito tempo, entesourados como princípios da Toyota e do Grupo Toyota. Uma vez que os preceitos haviam sido formulados antes da Guerra, certos aspectos de sua linguagem se tornaram inadequados à era moderna, mas nada havia de obsoleto em seu espírito. Conforme mostra o Quadro 2.1, os "Preceitos Toyoda" podem ser interpretados de uma forma absolutamente contemporânea. Em seu espírito, todos são perfeitamente compreensíveis hoje em dia. Enquanto doutrina progressiva que concebe e expressa a gestão como missão, os preceitos em nada perderam seu lustre com o passar dos anos.

Quadro 2.1 Os preceitos de Toyoda e uma interpretação moderna

Preceitos de Toyoda	Interpretação moderna
1. Independentemente da posição ocupada, trabalhem juntos para completar suas tarefas fielmente e contribuir para o desenvolvimento de seu país.	Em seu trabalho, todos os funcionários da empresa, sem distinção de cargo, deveriam se associar para empreender esforços de maneira concreta para o desenvolvimento do mundo como um todo.
2. Sempre estejam à frente de seu tempo por meio de pesquisa e criatividade.	Dediquem-se a estudar a sabedoria de seus antecessores e a estar sempre na fronteira do conhecimento, criando ideias que superem as deles.
3. Evitem a frivolidade. Sejam sinceros e fortes.	Eliminem o desperdício, concentrem energia naquilo que é verdadeiramente eficaz e construam uma empresa ágil e leve.
4. Sejam bons e generosos. Empreendam esforços para criar uma atmosfera familiar.	Com um senso de destino compartilhado, ajudem-se mutuamente dentro da empresa e construam relacionamentos similares aos familiares.
5. Sejam reverentes e conduzam suas vidas em gratidão e reconhecimento.	Na medida em que administram seus negócios com a consciência de pertencer ao planeta Terra e com o devido cuidado com os benefícios de sua região e sociedade, ajam com a intenção de preservar o planeta e compensar a comunidade.

Princípios básicos de gestão do pós-guerra

A equipe e a organização da Toyota cresceram rapidamente, à medida que a empresa aderia à onda de motorização que teve início na segunda metade da década de 1950. Muito cedo, tornou-se evidente, entretanto, que esse crescimento vinha acompanhado de uma deterioração em qualidade e nos relacionamentos entre os vários departamentos da empresa. A Toyota decidiu melhorar a situação, ao adotar práticas de CQT (Controle de Qualidade Total), um movimento que estava evoluindo para CQ na empresa, como um todo. No contexto de promoção do CQT, em janeiro de 1963, a Toyota anunciou uma política corporativa tríplice que contemplava uma política básica, uma política de longo prazo e uma política anual. A política básica expressava a filosofia de gestão fundamental da empresa:

1. Faremos o que for preciso para desenvolver a Toyota em âmbito mundial, aproveitando todas as energias dentro e fora da empresa.
2. Melhoraremos os resultados da Toyota enquanto líder em qualidade por meio de nossa busca incessante por bons produtos e boas ideias.
3. Contribuiremos para o desenvolvimento da economia japonesa através de produção em larga escala e preços baixos.

Essa política não tinha por objetivo substituir os Preceitos Toyoda, mas ser uma visão comercial baseada neles. Entretanto, possuía pouca relação com os preceitos e criava uma forte impressão de que os mesmos haviam sido deixados para trás, na corrida pelo crescimento acelerado. Essa política básica tem significado histórico como a força motriz responsável pela Toyota que hoje conhecemos; mas, com seu foco exclusivo em crescimento organizacional, enfatizou sobremaneira o que, naquela época, Taizo Ishida chamava de ostentação.[2] Durante esse período, a Toyota pouco progrediu em suas atividades socioeconômicas e foi ridicularizada por seu isolacionismo egoísta. A política básica, certamente, deixava uma impressão de autossuficiência e egoísmo.

A primeira e a segunda crises do petróleo constituíram um ponto crítico que levou a Toyota a crescer até se tornar uma empresa de Primeiro Mundo. Tomando consciência de seu isolamento, a Toyota começou a se voltar para fora de si mesma. Em 1983, um ano após a fusão da Toyota Motor com a Toyota Motor Sales, a política básica da empresa foi revisada conforme segue:

1. Uma vez que somos profundamente conscientes de nossa missão no setor automotivo, contribuiremos ativamente para o desenvolvimento econômico e social do Japão e do mundo.
2. Faremos o que for necessário para o pleno desenvolvimento da Toyota no mercado mundial, mobilizando todas as energias dentro e fora da empresa.
3. Através de humildade e de esforço, trabalharemos para melhorar a eficácia da empresa, sustentando uma cultura de gestão jovial.
4. Aumentaremos os resultados da Toyota enquanto líder de qualidade, através da busca constante e incansável por bons produtos e boas ideias.
5. Com base na confiança mútua entre mão de obra e gestão, capacitaremos as pessoas para enfrentar os desafios dos tempos.

Num primeiro momento, a política revisada pode parecer um eco de princípios contidos nos Preceitos Toyoda, mas, em uma apreciação mais detida, não parece estar fundada nos orgulhosos conceitos dos Preceitos Toyoda. Ainda, teríamos a impressão de que extrapolou sua preocupação com o crescimento acelerado.

Na segunda metade da década de 1980, empresas europeias e norte-americanas estavam com as vendas em queda, por conta da enxurrada de exportações japonesas, e a reação transcontinental tornou-se intensa. Nacionalmente, a Toyota tinha se tornado uma corporação "mamute", e havia crescente desaprovação sobre sua persistência em manter a "atitude inicial Toyota" e uma orientação introspectiva.

A Figura 2.1 apresenta as percepções públicas daquela época. O consenso era de que a Toyota poderia ser uma organização a partir da qual se quer aprender, mas que não poderia ser chamada de uma boa empresa.

Mesmo dentro da Toyota, havia uma sensação de profunda crise entre aqueles que viam a empresa e seus empregados perderem o apoio público. Em grupos de estudos e outros fóruns internos, aumentavam os debates sobre como a empresa precisava de uma mudança. A partir desse momento, a Toyota finalmente iniciou uma mudança em seu lema defensivo – "O que há de errado com produtos bons e baratos?" – para uma sincera reflexão sobre como poderia vir a se tornar uma "empresa adulta capaz de compreender as desventuras de outras pessoas".

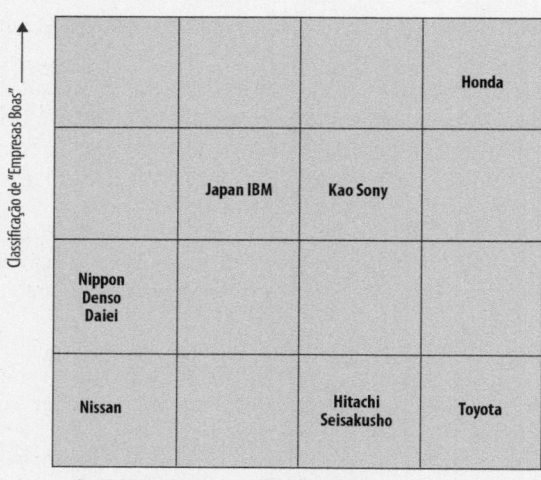

			Honda
	Japan IBM	Kao Sony	
Nippon Denso Daiei			
Nissan		Hitachi Seisakusho	Toyota

Eixo vertical: Classificação de "Empresas Boas"
Eixo horizontal: Classificação de "Empresas com as Quais se Pode Aprender"

Fonte: Shukan Daiyamondo [*Weekly Diamond*], 22 Aug. 1987; e Nikkei Bijinesu [*Nikkei Business*], 4 Jan. 1988.

Figura 2.1 Empresas "boas" e "empresas com as quais se pode aprender".

A Toyota passou a encarar com seriedade a necessidade de melhorar sua imagem corporativa. O homem à frente dessa importante mudança era o presidente da empresa, Shoichiro Toyoda.

Princípios básicos para o século XXI

Shoichiro Toyoda apresentou seus Princípios Básicos Toyota em janeiro de 1992. O Quadro 2.2 mostra esses Princípios Básicos e como eles refletem os Preceitos Toyoda. Uma edição ligeiramente revisada dos Princípios Básicos Toyota foi lançada em 1997.

Com os Princípios Básicos de 1992, a Toyota, pela primeira vez, absorveu o espírito dos Preceitos Toyoda, definindo melhor o seu relacionamento com clientes, empregados, parceiros comerciais e outros acionistas e expressando a consciência da empresa enquanto cidadã corporativa do mundo. Os Princípios Básicos levaram, subsequentemente, à formulação de uma visão de longo prazo, de um plano comercial de médio e longo prazos e de políticas de curto e longo prazos.

Quadro 2.2 Princípios básicos da Toyota e como eles refletem os preceitos de Toyoda

Princípios Básicos da Toyota (publicados em 1992, com pequenas revisões em 1997)	Reflexões a partir dos Preceitos de Toyoda
1. Respeite a linguagem e o espírito da lei e faça negociações comerciais abertas e justas para ser uma entidade de pessoa jurídica confiável no mundo todo.	(Novo)
2. Respeite a cultura e os costumes de todas as nações e contribua para o desenvolvimento econômico e social por meio de atividades corporativas em comunidades.	Indústria e patriotismo
3. Dedique-se a fabricar produtos limpos e seguros e empreenda esforços por um planeta habitável e uma sociedade próspera por meio de suas atividades.	Indústria e patriotismo, gratidão e reconhecimento
4. Crie e desenvolva tecnologias avançadas em vários campos e disponibilize ótimos produtos e serviços que satisfaçam as necessidades de clientes em todo o mundo.	Pesquisa e criatividade estando à frente de seu tempo
5. Promova uma cultura corporativa que estimule a criatividade individual e o valor do trabalho em equipe e seja baseada em confiança mútua e responsabilidade entre mão de obra e administração.	Receptividade e amizade, uma atmosfera familiar
6. Busque o crescimento em harmonia com a comunidade global por meio de gestão de inovação.	(Novo)
7. Trabalhe conjuntamente com parceiros comerciais em pesquisa e criação para atingir crescimento estável e duradouro e benefícios mútuos.	Pesquisa e criatividade

O mês de janeiro de 1992, o mesmo em que os Princípios Básicos foram publicados, também viu a publicação do Plano de Ação Toyota para o Meio Ambiente Mundial, comumente conhecido como *Escritura Global da Toyota*. A Toyota iniciou ações concretas em fevereiro de 1993, quando publicou o Plano de Ação Ambiental Toyota, especificando, mais concretamente, como a política ambiental seria refletida em atividades da empresa. A *Escritura Global da Toyota* foi revisada em abril de 2000, e um terceiro Plano de Ação Ambiental foi publicado entre os anos de 2001 e 2005. A página eletrônica da Toyota na Internet registra o plano em detalhes, em mais de cinco páginas, apresentando especificações e cronogramas para itens como medidas de segurança, um sistema de intervenções e estruturas internas e funções. Embora possa ser questionável se tal abertura seja mesmo uma boa ideia, a informação ali disponível dá uma noção da extensão da seriedade e da confiança da Toyota.

Na realidade, o movimento rápido desde a publicação dos Princípios Básicos, em 1992, até a implementação de iniciativas ambientais e de segurança pela Toyota foi impressionante. O lançamento (em dezembro de 1997) do *Prius*, o primeiro automóvel de passageiros híbrido do mundo (combinando um motor a gasolina e outro elétrico), foi o ápice de um projeto lançado em 1992. Vendido ao preço deficitário de 2,5 milhões de ienes por veículo, o *Prius* simbolizava o comprometimento da Toyota com questões ambientais e marcou o abandono da insistência da empresa em produzir apenas automóveis que rendessem lucros. Para os consumidores, o veículo difundiu a forte mensagem de que a Toyota estava à frente de seu tempo no campo ambiental. A Toyota adicionou uma versão híbrida da minivan *Estima* em junho de 2001; em agosto daquele ano, uma versão híbrida do *Crown* foi também disponibilizada. Fujio Cho, presidente da Toyota, anunciou um plano de incremento de produção de veículos híbridos em dez vezes, aumentando para 300 mil unidades em 2005.

Os programas para a reciclagem de veículos sucateados também avançaram. Em 1999, a Toyota atingiu um índice de reciclagem de veículos de 88%, o mais alto do mundo. Na Europa, com seus regulamentos progressivos de reciclagem, estima-se que o índice de reciclagem para veículos sucateados aumente para 95% até 2015. A Toyota anunciara seus planos para atingir aquele objetivo dez anos antes, em 2005.

As políticas ambientais estão também evoluindo muito rapidamente. Em abril de 1998, a Divisão de *Design* e Desenvolvimento da Toyota tornou-se a primeira, dentre os fabricantes nacionais japoneses, a conquistar a certificação ISO 14000 para gestão ambiental. Em 1999, a Toyota tornou-se o primeiro fabricante de veículos a receber a certificação ISO 14000 para todas as suas fábricas. Ao mesmo tempo, a empresa passou a exigir a mesma certificação ISO 14000 de todos os seus fornecedores.

A *Pesquisa de Gestão Ambiental do Ano 2000*, publicada no periódico *Nikkei Sangyo Shimbun*, em 5 de dezembro de 2000, registrou que a Toyota havia saltado da vigésima primeira posição, no ano anterior, para a quarta. A Ricoh ocupava a primeira posição, a IBM japonesa, a segunda, e a Canon, a terceira, mas quando se considera que o lixo industrial produzido por tais fabricantes de equipamentos de escritório é minúsculo e mais simples em sua composição se comparado com o produzido na fabricação de automóveis, a quarta posição da Toyota é extraordinária. Iniciando pela Nippon Denso, que saltou da octagésima nona posição para a décima quinta, encontramos sete dos maiores fornecedores da Toyota dentre as 50 empresas mais bem-posicionadas. A proteção ambiental tornou-se, claramente, um paradigma para a Toyota e seus afiliados.

O ano de 1996 viu a formulação dos Princípios da Toyota para Atividades de Contribuição Social:

1. De acordo com os temas básicos de promoção de pesquisa e criatividade e de construção de uma sociedade mais próspera, desenvolveremos ativamente projetos que contribuam com a sociedade.
2. Empreenderemos esforços para promover um etos organizacional que permita que todo funcionário execute atividades independentes como cidadão individual.

A empresa lançou tais atividades em 1998, ao estabelecer um departamento a elas dedicado e um Comitê de Atividades de Contribuição Social, gerido pelo presidente e pelo diretor. Essas medidas nas políticas da empresa, no final do século XX, anunciavam a intenção da Toyota de ser uma cidadã do mundo no século XXI.

Perspectivas de trabalho

A filosofia de gestão da Toyota inclui visões de trabalho que não são expressas nos princípios de gestão da empresa nem em suas políticas. Algumas delas merecem uma avaliação mais profunda.

Objetivos comerciais e senso comercial

A maioria das pessoas que busca por trabalho junto a fabricantes de automóveis escolhe fazê-lo simplesmente por gostar de carros. Mesmo que ascendam na organização e venham a se tornar gestores, é possível que continuem pertencendo à categoria de maníacos por carros. Como mostra a Figura 0.2 (p. 20), grupos de profissionais dotados de grande perícia em toda a organização são compostos de pessoas seduzidas pelo produto, mas que nunca crescem como profissionais dentro da empresa.

No caso da Toyota, a organização foi fundada com a intenção de, conforme expresso nos Preceitos Toyoda, "contribuir para a sociedade japonesa por meio da atividade manufatureira". Historicamente, o automóvel foi selecionado como o meio mais apropriado para atingir essa meta. Em consequência, novos funcionários que entram na empresa pela simples razão de gostar de carros serão, no final, influenciados pelos princípios fundadores da Toyota e tomarão consciência de que o automóvel é um meio real de atingir o objetivo de contribuir para a sociedade japonesa. Não é difícil imaginar que uma vasta diferença separa os resultados de um grupo de pessoas que se junta unicamente porque gosta de veículos e um grupo de pessoas com um comprometimento ideológico de contribuição à sociedade.

Shuichiro Honda foi um entusiasta do automóvel durante toda a sua vida. Mas o negócio da Honda foi inteiramente confiado a Takeo Fujisawa, e foram as instruções de Fujisawa que foram seguidas em todos os aspectos relacionados ao negócio. Não é surpresa que, para Fujisawa, os automóveis eram meios de atingir objetivos comerciais.

Em 1955, o Ministério Japonês do Comércio e da Indústria Internacional surgiu com a ideia de fabricar um carro nacional que custasse mil dólares ao consumidor. Naquela época, a Toyota estava vendendo seu Crown por $ 3.300 a $ 3.600, e um preço de $ 1.000 parecia totalmente fora de questão. Eiji Toyoda, entretanto, reconheceu que a ideia do Ministério era válida. Ele justificou planos de desenvolvimento imediato, explicando que "Kiichiro construiu a empresa para fabricar automóveis que pessoas comuns pudessem utilizar. Não podemos ignorar uma ideia que já faz parte da empresa desde sua fundação". Depois de seis anos de inabalável comprometimento com o projeto, a Toyota lançou o primeiro Publica no mercado por $ 1.055, em 1961. Seis anos mais tarde, em maio de 1967, o preço foi reduzido para $ 997, e o objetivo fora finalmente alcançado.

A Nissan Motor considerou prematura a ideia de um carro popular e hesitou antes de implementar o conceito do Ministério Japonês do Comércio e da Indústria Internacional. Sua versão de veículo de $ 1.000, o Sunny, foi lançada em abril de 1966, cinco anos depois que o Toyota Publica havia sido disponibilizado no mercado por $ 1.055.

O Publica foi considerado muito básico e não vendeu tão bem, mas os cinco anos em que esteve adiantada em relação à Nissan deram à Toyota uma vantagem decisiva na melhoria de sua rede de vendas. Além disso, aceitar de imediato o desafio de fabricar um carro popular barato tornou-se a força motriz que deu início ao planejamento de custos que viria a se tornar o método revolucionário de gestão de custos da Toyota (ver Capítulo 3). A Toyota também aprendeu que, ao menos quando se trata de artigos de maior preço, como é o caso de automóveis, os consumidores japoneses prefeririam modelos de luxo a modelos básicos. Todas essas lições foram aplicadas com o lançamento (em outubro de 1966) da primeira geração do Corolla, um modelo que marcou a divergência definitiva dos destinos da Toyota e da Nissan.

O Publica não poderia ser desenvolvido sem um senso comercial bem definido. Eiji lembrou que o maior benefício de todos foi a satisfação de ter feito um trabalho que valera a pena.

Nos primórdios da fundação de uma empresa ou durante os primeiros estágios de seu crescimento, há um ponto em que seus empregados têm de ver os produtos como instrumentos de negócio. Desde cedo, os gestores têm de incutir, na organização, o senso de que o objetivo comercial é contribuir para a sociedade e que os produtos são um meio para esse fim.

Percepções sobre concorrentes e aliados

Tanto os líderes quanto os empregados comuns do grupo Toyota dirão que seu alvo é a GM. E isso já era assim mesmo nos dias em que a GM considerava a Toyota pouca coisa mais do que "lixo".

No livro *Construindo Pessoas e Produtos nos Moldes da Toyota*,[3] Yoshihito Wakamatsu, da Toyota OB, lembra-se de que um diretor da Toyota pediu-lhe, em 1963, que preparasse um balancete comparando os custos da GM e os da Toyota. "Em termos de vendas, naquela época", escreveu ele, "a GM era 60 vezes maior do que a Toyota. Mesmo que levássemos em conta a considerável lacuna em termos de custos que havia entre empresas tão incompatíveis, eu me perguntava qual seria o sentido daquilo."

Kiichiro Toyoda não perdera de vista, desde a fundação da Toyota, as avançadas nações europeias e norte-americana fabricantes de automóveis e se valia de toda e qualquer oportunidade para fazer com que toda a empresa compreendesse que as grandes montadoras de veículos norte-americanas e europeias eram a concorrência. Ouvir os altos executivos contarem sobre seus sonhos grandiosos e suas ambições românticas é o que levou todos os funcionários a dizer que a GM era o alvo. Essa premissa de ter um grande concorrente estava por trás da concepção da ideia do *just-in-time* de Kiichiro, do trabalho de Taiichi Ohno no Sistema de Produção Toyota e do comprometimento de Eiji Toyoda em construir uma fundação comercial sólida dentro da Toyota, por meio da introdução de CQT. Também induziu todos os funcionários da Toyota a buscar, com entusiasmo, a realização desse objetivo. Atualmente, a GM já se encontra dentro do raio de alcance.

Depois da Guerra, quando a disputa feudal dominava o mercado japonês de veículos de duas rodas, a Honda proclamou-se como a melhor do mundo. Concentrou esforços para ganhar a competição denominada *Isle of Man Race* e, finalmente, tornou-se a número um. Sem dúvida, muitos leitores ainda se lembram de fotografias das manchetes de primeiras páginas celebrando a vitória da Honda na corrida de *Isle of Man*. Na época, um gestor da Honda considerou a pretensão da fábrica industrial da empresa, na cidade de Shizuoka, ao campeonato mundial perigosamente próxima da fanfarronice, mas o orgulho de ser campeã mundial mais tarde levou a Honda a atingir a maior eficácia em combustíveis no mundo. Essa notícia também figurou nas primeiras páginas dos jornais. Todas essas brilhantes conquistas foram animadoras para os japoneses e impulsionaram a Honda adiante.

No período de rápido crescimento econômico do Japão, a montadora de veículos número dois do país, a Nissan, concentrou-se na Toyota como sua principal concorrente. Nesse período, a Mazda, uma das fabricantes de automóveis concorrentes à terceira posição, mobilizou-se para, efetivamente, se tornar a "número três". Qual foi o resultado? A Honda engoliu a Nissan, e a Mazda foi superada pela Honda e pela Mitsubishi. Nissan e Mazda tinham estabelecido metas que acreditavam atingir com um pouco mais de esforço. Esse pensamento foi uma ilusão, e elas acabaram superadas por concorrentes mais fortes.

Existe uma importante regra comercial de senso prático a ser aprendida com tudo isso. Não importa quão "insignificante" seja uma empresa, ela deve ficar atenta para a concorrência com as maiores e melhores empresas do mundo. O derrotismo se espalha em uma empresa no minuto em que a mesma aceita que os desafiadores vencidos serão varridos pelo campeão; e com o derrotismo, de uma forma ou de outra, no final, vem a necessidade de se retirar do mercado.

As empresas que aspiram a se tornar campeãs mundiais também possuem uma percepção especial de seus aliados. Em um primeiro momento, o grupo Toyota parece consistir em relacionamentos cliente/fornecedor que são extremamente frios e quase excessivamente rígidos. Mas os fornecedores percebem que tais relacionamentos são embasados em uma bem-intencionada motivação para o sucesso mútuo, de maneira que mesmo as maiores exigências raramente causam ressentimento ou hostilidade. Shogo Tsuru, ex-diretor da Nippon Oil Seal, comentou que a "Toyota tem duas faces. Ela é um pai severo e uma mãe amorosa".

Os distribuidores e os clientes da Toyota, invariavelmente, sempre se lembram de ter sido treinados pela empresa. A Init, uma empresa encarregada de criar a página eletrônica da Gazoo, o empreendimento virtual de vendas da Toyota, passou por três meses de treinamento especial intensivo sobre habilidades múltiplas, nivelamento, padronização e técnicas para obter qualidade em processos. Como resultado desse treinamento, a Init reduziu suas taxas de 1,6 milhão de ienes, para um trabalho de 160 horas, para 500 mil ienes, para um trabalho de 50 horas. Sendo uma empresa já detentora de alto nível de perícia técnica, a Init absorveu as eficiências do Sistema de Produção da Toyota e, atualmente, continua a usufruir de rápido crescimento em vendas e lucros. Yasuhiro Hayami, presidente da Init, lembra-se de que "não importava se o produto era automotivo ou digital. Tínhamos a mentalidade de eliminação de *muda* (sobra) que nos era imposta".

Já que a Toyota continua a estabelecer metas específicas, envia pessoas para dar orientações sobre melhoria em qualidade, custos e produtividade e para compartilhar seu conhecimento. O resultado é que o direcionamento continua, e os lucros aumentam para os seus fornecedores. Os clientes estão satisfeitos e a gratidão em relação à Toyota produz um tipo de força centrípeta. Tal arranjo oferece inúmeras vantagens para a Toyota. Ser capaz de apreender o verdadeiro espírito de locais de trabalho de fabricantes de peças, distribuidoras e consultoras em logística permite que a Toyota acumule um valioso e necessário conhecimento para reduzir custos de fabricação.

Com compradores ávidos por adquirir peças pelos menores preços possíveis e vendedores sempre ansiosos para vender pelos preços mais altos, os fornecedores e os clientes, normalmente, tentam sobrepujar-se entre si. Por outro lado, quando as empresas e seus vendedores trabalham juntos para reduzir custos e aumentar lucros, todo automóvel torna-se um produto mais competitivo, e as vendas beneficiam ambos os lados. As empresas que tenham a ambição de prosperar precisam descobrir políticas positivas e concretas para incentivar a diligência e a confiança entre elas e seus fornecedores.

Atitudes em relação ao trabalho

Por muitas décadas, a Toyota continuou a organizar grupos de estudos independentes[4] para conduzir atividades de *kaizen*, ou de melhoria. Certamente, essas atividades recebem uma certa quantidade de assistência humana e financeira da empresa, mas um exame mais atento sugere que a atitude dos empregados da Toyota em relação ao trabalho é de "grupo de pesquisa para o trabalho".

O Grupo de Tecnologia Toyota e o Grupo de Estudos de Gestão da Toyota são exemplos representativos de entidades de estudo independentes. Devido à grande influência que possuem sobre a gestão da Toyota, já há muitas décadas, as atividades históricas do Grupo de Estudos de Gestão da Toyota, em particular, não devem ser desprezadas ou negligenciadas.

A publicação Toyota Motor – Uma História dos Primeiros Vinte Anos (1958) descreve o Grupo de Estudos de Gestão da Toyota da seguinte forma:

Fazer bem um trabalho requer estudo e esforço incessantes. Persuadidos por esse fato, gestores e funcionários de mesma visão organizaram, independentemente, um Grupo de Leitura sobre Gestão na Toyota (mais tarde chamado de grupo de estudos), em 7 de fevereiro de 1955. No início, seus participantes liam periódicos sobre gestão e promoviam palestras, estudos e discussões, a fim de aprender sobre várias questões relacionadas à gestão moderna. Atualmente, o grupo de estudos conta com duzentos membros. O grupo assina periódicos técnicos como Manejimento [Gestão], Jimu to Keiei [Negócios e Gestão], Kojo Kanri [Gestão de Fábricas], Manajimento Gaido [Guia de Gestão] e Kigyo Kaikei [Finanças Empresariais], e a empresa auxilia com parte das despesas. No início de 1957, membros do grupo formaram um círculo de leitura para estudar Gestão Burocrática e Controle, *do Professor George R. Terry, uma autoridade norte-americana em gestão burocrática. Mais tarde, em março de 1958, o grupo começou a publicar o periódico trimestral Toyota Management. Dessa maneira, os membros trabalhavam para melhorar suas habilidades como gestores, estudando juntos e aprendendo uns com os outros.*

A história da Toyota pode apontar a importância desse Grupo de Estudos de Gestão, mas os estrangeiros não têm conhecimento de sua existência. O periódico *Toyota Management* tornou-se mensal logo depois de seu início e é publicado até hoje.

O periódico *Toyota Management*, normalmente, não tem circulação, mas é amplamente distribuído entre clientes, fornecedores e revendedores da Toyota. Este autor teve a oportunidade de ver o periódico há cerca de dez anos e ficou impressionado com a natureza e a extensão das atividades do grupo de estudos.

É surpreendente quando nos damos conta de que as atividades de um grupo de estudos independente tenham sido mantidas por quase meio século. O que é ainda mais incrível é a abrangência do periódico *Toyota Management*. Suas 50 a 60 páginas são repletas de estudos sobre gestão, resultados de pesquisas, artigos, descrições de novas técnicas de administração, discussões em mesas-redondas, relatórios de palestras, ensaios ocasionais, literatura estrangeira, relatórios de traduções de documentos estrangeiros, resumos de discursos da empresa e de fora dela, informações sobre produção e vendas de uma variedade de empresas, colunas para leitores e até mesmo espaço para resenhas de livros. Evidentemente, o principal conteúdo consiste em estudos sobre gestão, artigos e descrições de novas técnicas de administração, todos muito abrangentes e de alta qualidade.

Para citar um exemplo, as descrições de novas técnicas de administração e os relatórios de palestras da década de 1960 incluem os seguintes títulos:

- Dinamismo industrial.
- Investimento e produção.

- Como medir e avaliar carências educacionais.
- Teorias recentes de *design* e suas aplicações.
- Novas técnicas de planejamento e gestão.
- Gestão de custos.
- O Método Monte Carlo aplicado ao planejamento de investimento de capital.

Até mesmo as pequenas resenhas de livros, que incluem opiniões de especialistas como Peter Drucker, são escritas em estilo que permite ao leitor absorver a essência das obras sem lê-las. Nenhum espaço é desperdiçado.

Portanto, na época em que expressões como "gestão de negócios" e "tecnologias em gestão" não eram sequer comuns no Japão e em que as empresas estavam concentradas em melhorar as tecnologias de que eram proprietárias, a Toyota, através de atividades de seu grupo de estudos independente, estava coletando dados e pesquisando sobre técnicas de gestão de negócios progressivos e disseminando-as dentro da empresa.

Masao Yamamoto, um diretor da empresa (mais tarde seu vice-diretor executivo) e o criador dos grupos de estudo de gestão da Toyota, faz a seguinte observação no prefácio da edição inaugural, de março de 1958, do periódico *Toyota Management*:

> *Reconhecendo que questões recentes de suma importância na indústria envolvem inovação tecnológica e gestão moderna, o Grupo de Tecnologia da Toyota abordou o tema da inovação tecnológica e o Grupo de Estudos de Gestão abordou, diretamente, problemas relacionados a métodos de gestão contemporânea. Ao fazê-lo, aceleraram a modernização da gestão da Toyota e tornaram-se, ambos, órgãos de estudo interno de grande influência. Nos três primeiros anos após a criação do Grupo de Estudos de Gestão da Toyota, o conselho de diretores foi gerido seguindo as recomendações do grupo, e os esforços do grupo repercutiram, tanto de maneira tangível quanto intangível, na sala de reuniões como um sopro de ar fresco. Não há como negar que o grupo serviu para nos orientar em novas direções.*

As observações dos membros do Grupo de Estudos de Gestão da Toyota são também dignas de serem incluídas aqui (as citações são extraídas da edição especial do *Toyota Management*, pelo 40º Aniversário, de dezembro de 1995, vol. 38):

> *Ainda me lembro claramente de Taizo Ishida, o presidente naquela época, dizendo-nos, jocosamente, que, se nós jovens sabíamos tanto sobre gestão de negócios, podíamos assumir a posição para ele.*

> *Três questões preocupavam-me à medida que progredíamos com as atividades do Grupo de Estudos de Gestão da Toyota: primeiramente, que nos baseássemos em visões macroeconômicas; segundo, que relacionássemos nosso trabalho à sociedade nacional e regional; e, terceiro, que avançássemos à frente de nosso tempo.*

Naqueles dias, o Grupo de Estudos de Gestão da Toyota costumava dar conselhos diretamente relacionados ao negócio de forma ativa. Em muitas ocasiões, sugestões de edições especiais do jornal periódico do Grupo foram realmente implementadas ao negócio.

A orientação do *Toyota Management* mudou com o passar dos anos. Na era do CQT da década de 1960, o periódico apresentou muitos estudos, pesquisas, desenvolvimentos, melhorias e implementações sobre tópicos como controle de qualidade, gestão de custos, gestão burocrática e de informação, gestão de pessoal e de seleção de recursos humanos, gestão de fábrica e gestão de sistemas informatizados. A vitalidade das sólidas atividades de pesquisa em gestão, verificada nos artigos submetidos naquele período, é quase esmagadora.

Na década de 1980, talvez influenciados pela cultura liberal e solta da antiga organização de vendas, depois da fusão da Toyota Motor com a Toyota Motor Sales, os artigos submetidos ao periódico concentraram-se em torno de novas questões, por exemplo: "É bom que a Toyota seja gananciosa para sempre?" ou "Que posição a nova Toyota deve adotar a fim de se libertar da velha Toyota?".

Na década de 1990, os estudos e os debates, no periódico, estavam preocupados em tratar de questões do século XXI, incluindo como se tornar uma empresa de alcance global, reconstrução de relacionamentos com fornecedores, estudos ecológicos, estudos sobre a sociedade da informação, o papel da mulher na empresa e a teoria da moralidade corporativa de Hiroshi Okuda. Esses textos aceleraram a reinvenção da Toyota de si mesma como uma empresa "querida".

Na edição de maio de 1988 do *Toyota Management*, um grupo de estudos de organização corporativa, composto de seis membros oriundos inicialmente dos departamentos Técnico e de Desenvolvimento, publicou um ensaio de 30 páginas, com o título "Criando uma Nova Organização Comercial".[6] Os autores alegaram que a organização Toyota, tendo amadurecido e se transfortando numa grande empresa, estava se tornando alvo de um vício de gestão conhecido como Lei de Gresham; em outras palavras, que a urgência estava prevalecendo sobre a importância. Argumentaram que a doença da grande empresa, que paralisa o florescimento da habilidade individual, alastrava-se por toda a Toyota. Continuaram suas formulações, a partir de experiências anteriores, como o sistema de Henry Ford, o sistema de divisões de negócios de Alfred Sloan, da GM, e a gestão japonesa da década de 1980, e propuseram um novo paradigma para a Toyota. Determinaram que atingi-lo exigiria uma revolução organizacional em desenvolvimento (o ponto fraco da gestão japonesa e, historicamente, a área de reforma mais lenta) e propuseram a criação de uma entidade organizacional chamada Departamento de Desenvolvimento Final (*Kyukyoku no Kaihatsu Bumon*). Estruturalmente, essa entidade era, em essência, o mesmo que os Centros de Desenvolvimento implementados pela Toyota em setembro de 1992, e divulgados como a maior reforma organizacional desde a fundação da empresa.

Em seu livro *Sobre a Reforma Organizacional na Toyota*[7] (1990), Kozo Nishida conta a história desses acontecimentos:

> No ano de 1984, foi lançado dentro da Toyota um "Grupo de Estudos de Sistemas de Recursos Humanos" formado por 100 membros. E, entre maio e junho de 1985, palestrei sobre o tema de soluções para as questões atuais organizacionais e de recursos humanos. À medida que uma empresa aumenta de tamanho, ela perde sua vitalidade institucional e desenvolve o que foi chamado de maior das doenças empresariais: burocratização, sintomas institucionais da Lei de Gresham e declínio da moral. Argumentei que a solução exige uma transformação continuada em uma organização criativa e que fusão dentro da organização [okukurika] e redução do sistema hierárquico de carreira eram passos importantes nesse processo. Não se pode dizer quanta influência esse argumento teve nas últimas reformas institucionais da Toyota, mas as mudanças que defendi parecem ter ocorrido.

As palestras de Kozo Nishida foram, provavelmente, promovidas por uma ramificação do Grupo de Estudos de Gestão da Toyota. Do final da década de 1980 ao início da de 1990, esse tipo de atividade de grupo de estudos independente parece ter promovido uma sequência de reformas na cultura organizacional. Dentre elas, figurava a campanha *sanzuki* para atingir as pessoas que usavam o sufixo neutro *san* em vez de seus títulos empresariais oficiais, a campanha de três selos para reduzir o número de selos necessários para a aprovação de decisões e a redução do sistema hierárquico de carreira. A atividade do grupo de estudos também parece estar conectada à reforma do histórico Centro de Desenvolvimento, implementada em 1992 (com a limitação de responsabilidades e a fusão de trabalho para tipos de veículos específicos). Discutiremos o sistema de Centro de Desenvolvimento mais adiante; mas, como vemos, a partir desses exemplos, pode haver poucas dúvidas de que as atividades do Grupo de Estudos de Gestão da Toyota trouxeram uma renovação à atividade executiva por quase meio século.

O Grupo de Estudos de Gestão da Toyota consistia em 70 pessoas, à época de sua criação, em 1955, mas, em meados da década de 1990, esse número tinha aumentado para 16 mil. Como um contraste interessante, observamos que a assinatura anual do periódico *Toyota Management* custava 600 ienes (ou 50 ienes por exemplar) em 1958, preço que não foi alterado desde então.

Eiji Toyoda, diretor-executivo sênior na época, era o presidente do Grupo de Estudos de Gestão da Toyota quando o periódico *Toyota Management* foi criado. Mesmo quando Eiji progrediu hierarquicamente para se tornar vice-presidente executivo, presidente e diretor executivo, ele permaneceu como presidente do grupo de estudos por cerca de 30 anos. Em cada edição do mês de janeiro, contribuía com uma mensagem de Ano Novo em que delineava suas expectativas para o grupo de estudos compatíveis com o cenário de gestão da época.

Da mesma forma, as atividades do Grupo de Estudos de Gestão da Toyota aproximaram-se catastroficamente do colapso em muitas ocasiões, no decorrer da longa história da entidade, e o grupo enfrentou a possibilidade de suspensão ou mesmo de desintegração. Entretanto, sobreviveu até os dias atuais, provavelmente devido ao apoio irrestrito da gerência executiva da Toyota.

Outro grupo de estudos independente, o Grupo de Tecnologia da Toyota, estava centrado na divisão de engenharia e focado em questões tecnológicas. Fundado em 1948, publica, desde então, o periódico bimestral *Toyota Technology*.[8] Em 1991, o *Toyota Technology* foi remodelado para um periódico semestral, intitulado *Toyota Technical Review*. Formado de maneira que seus membros pudessem aprender uns com os outros e aprimorar suas habilidades técnicas, as principais atividades do Grupo de Tecnologia incluem apresentações de pesquisas, fóruns técnicos, festivais de tecnologia como o *Idea Olympics*, reuniões e encontros sobre tecnologia e a publicação de panfletos sobre tecnologia automotiva. Os panfletos publicados pelo grupo incluem *Fatos sobre o Automóvel, Um Glossário do Automóvel, Fatos sobre Produção, Eletrônica Veicular, Automóveis e Processamento de Dados*.

Não deve haver um número muito expressivo de grandes empresas que possuem grupos de estudos desse tipo. E empresas que tenham mantido tais grupos ativamente por meio século devem ser ainda mais raras. Se refletirmos sobre a pesquisa de trabalho, sobre as iniciativas francas e corajosas, transcendendo os limites horizontal e vertical, e as discussões amplas e abertas que os caracterizam, é fácil concluirmos que esses grupos de estudos são uma importante fonte de vitalidade para a Toyota Motor como um todo.

Perspectivas sobre pessoas

Uma visão dos seres humanos

Algumas pessoas têm a impressão de que a gestão da Toyota consiste em humanos como engrenagens de uma máquina, cujo objetivo principal é sempre a produção. Na realidade, há inúmeros livros que criticaram a Toyota por sua falta de humanidade. Em um exemplo típico, Masaki Saruta apresenta esta crítica em seu livro *Gestão do Trabalho no Sistema Toyota:*[9]

A flexibilidade superior do sistema de produção da Toyota deve-se ao fato de que todos os sistemas são criados para dar prioridade à produção, de que – desde a contratação, a carga horária de trabalho e o sistema de remuneração até as relações humanas e o comportamento de votação – tudo subordina os seres humanos, que podem ser manipulados como assim desejarem.

Nesse ponto, entretanto, é importante o contraponto com a filosofia básica da Toyota em relação às pessoas:

> Respeito pelos seres humanos significa não fazê-los se dedicar a trabalhos ou tarefas inúteis. Isso eleva o valor dos seres humanos e, nesse sentido, constitui-se em respeito por eles.

A filosofia da Toyota foi defendida por Yoshito Wakamatsu e Tetsuo Kondo, em seu livro *Construindo Pessoas e Produtos nos Moldes da Toyota:*[10]

> Parece haver pessoas para quem o nome Sistema Toyota de Produção provoca uma imagem de desumanidade, mas isso é um equívoco. A essência do Sistema Toyota de Produção é de que, a cada empregado, individualmente, é dada a oportunidade de encontrar problemas em seu próprio jeito de trabalhar, de solucioná-los e fazer melhorias, e de que os empregados trabalham como uma coletividade para construir uma empresa melhor. Essa cultura organizacional é o segredo mais importante para a adoção do Sistema Toyota de Produção e para fazê-lo funcionar.

Jack Welch, da General Electric, atribuiu grande importância às pessoas e, por meio das atividades Work-out e Six Sigma, estimulou a criatividade delas a fim de aumentar seu senso de participação no gerenciamento. Ele conta a seguinte história no Relatório Anual da empresa, de 1989:

> Eu quero que a GE seja o tipo de empresa para a qual os funcionários corram para trabalhar todas as manhãs, porque querem experimentar coisas em que ficaram pensando na noite anterior. E quando os funcionários forem para casa, em vez de esquecerem o que aconteceu no trabalho durante o dia, eu gostaria que contassem a seus familiares o que fizeram. Quando a sirene tocar, no final do expediente, espero que todos eles estejam surpresos de que nem notaram que tanto tempo já havia se passado; espero que a fábrica se torne um lugar em que as pessoas questionem por que a sirene é necessária ao final de cada dia de trabalho. E desejo que os funcionários melhorem seu trabalho todos os dias. Desejo que, ao organizarem suas experiências, eles tornem suas próprias vidas mais enriquecidas e, ao fazê-lo, transformem sua empresa na melhor do mundo. Isso é uma cultura corporativa, sem limites: aberta, participativa e excitante. E ela pode ser vista em novas empresas que estão alcançando um sucesso após outro.

Welch disse que o Japão (e por Japão ele se refere, basicamente, à Toyota) serviu como uma escola de administração para a GE. Estava pensando nisso quando se referiu a "novas empresas que estão alcançando um sucesso após outro" e "uma cultura corporativa, sem limites [nacionais ou quaisquer outros]". Do ponto de vista da GE, a Toyota é uma empresa nova.

Já que a maioria de nós acredita que os trabalhadores norte-americanos e europeus não levam trabalho para casa, é surpreendente ver essa ideia tratada abertamente em uma revista de relações públicas de uma empresa ocidental. Ao mesmo tempo, as palavras de Welch sugerem que entramos numa era em que tal noção se tornou essencial para melhorar o desempenho corporativo.

Mochio Umeda, presidente da Muse Associates, descreve a cultura corporativa japonesa da seguinte maneira (extraído de "A Natureza Mágica da Nota C das Empresas Japonesas", 12 de fevereiro de 2001. *Nikkei Business*):[11]

> Por muitos anos, fomos criados em um cenário laboral em que a empresa funciona não somente como lugar de trabalho, mas como um lugar para se viver e até brincar. Brincar no trabalho é verdadeiramente prazeroso. Nada pode substituir o prazer que sentimos quando nosso trabalho é bem-feito e quando trabalho e prazer estão juntos na "família simulada" de pessoas cujas faces vemos todos os dias. Essa era a cultura do "homem assalariado" do Japão do pós-guerra. As empresas, nos Estados Unidos, nada mais são do que lugares para se trabalhar, e há uma crescente tendência à gestão de acionistas e à gestão de velocidade. As empresas como essas podem obter bons resultados, mas são lugares tristes. Sob o ponto de vista vantajoso de quem, alguma vez, já experimentou o prazer de trabalhar em uma empresa japonesa, a sensação de que algo está faltando na cultura corporativa Ocidental é extremamente forte. Ao mesmo tempo, as empresas japonesas, provavelmente, pagam um alto preço para sustentar esse prazer.

Embora as empresas que consideram as pessoas da mesma maneira que a Toyota ou a GE sejam as únicas que possam crescer no século XXI, isso não significa que devamos sentir, para sempre, nostalgia pela cultura japonesa do "homem assalariado", a ponto de sacrificarmos vida e trabalho. Ao tentar aprender com a Toyota e criar novos paradigmas, talvez o maior desafio seja a capacidade de aceitar o conceito Toyota de pessoas.

Os funcionários da Toyota entram em contato com a sua visão empresarial sobre pessoas no momento em que são contratadas; então, estão naturalmente acostumadas a ela. Ao mudar nossos valores, deveríamos, também, ser capazes de nos acostumar com isso. Mas, para tal, precisamos, verdadeiramente, de uma mudança de paradigma.

Abordagens para o desenvolvimento de pessoas

Os gestores da Toyota, normalmente, entremeiam seus discursos com referências a "pessoas construtoras".

> A produção é o ponto de partida para a criação de valor e para a criação de civilização. Sem produção, não há progresso tecnológico. A produção sempre ocorre por meio da virtude de pessoas e de seu conhecimento acumulado. A menos que você estimule as pessoas, portanto, não poderá nem começar a trabalhar. (Eiji Toyoda)

> Em última instância, a tecnologia de informação nada mais é do que uma ferramenta. Não devemos esquecer que sua eficácia reside na fundação constituída pela produção. Os engenheiros e técnicos de desenvolvimento são essenciais para a expansão da pro-

dução. Na medida em que comunicamos a importância da produção para as gerações futuras, também precisamos fazer novas avaliações sobre que formas de educação precisamos adotar. (Hiroshi Okuda)

Podemos pensar que tudo isso é óbvio e que não precisamos ouvi-lo. Mas essas "pessoas construtoras" parecem diferir, sutilmente, daquelas que, em geral, temos em mente. Quando falamos de "pessoas construtoras", pensamos, quase sempre, em desenvolver suas habilidades e conhecimento técnico. Mas Hiroshi Okuda e Eiji Toyoda estavam falando sobre construir entusiasmo para o trabalho. Onde quer que haja motivação, conhecimento técnico e habilidades serão apenas consequências.

Abraham Maslow, o famoso psicólogo que fala da hierarquia de necessidades de cinco estágios, explica de outra forma: "Dificilmente, as pessoas se engajarão em programas que lhes forem impostos, em uma situação em que não haja qualquer sinal de crise. Mas entrarão na briga, de bom grado, se elas próprias tiverem contribuído para a criação do programa".

Essa parece ser a abordagem da Toyota para o desenvolvimento (ou motivação) de pessoas.

Normalmente, ouvimos a seguinte opinião sobre o desenvolvimento de recursos humanos: "Você pode guiar um cavalo até a água, mas não pode forçá-lo a beber. É o indivíduo que decide se quer ou não desenvolver suas habilidades".

Essa é uma desculpa frequente para não educar as pessoas. Significa dizer que "não ensinaremos ninguém que não peça para ser ensinado". A abordagem da Toyota é fazer com que o cavalo queira beber, ao tornar claro para ele que morrerá de sede se não o fizer. A ideia aqui é estimular, constantemente, a motivação das pessoas.

A capacitação dada a novos funcionários, por exemplo, pode ter um impacto enorme em suas vidas, em uma empresa. No caso da Toyota, os funcionários técnicos, em geral, passam por dois meses de treinamento na fábrica, no primeiro ano, e por três meses de treinamento em vendas, no segundo ano após a contratação. A razão para o treinamento em vendas, no segundo ano, é que dá aos empregados um senso da conexão direta de seu trabalho com o estágio final, as vendas. Na Toyota, é importante conceber uma existência de motivação para as pessoas, tirando-as de suas atividades habituais, no momento oportuno de seu segundo ano na empresa, e fazendo-as experimentar o cenário derradeiro de vendas.

Outra técnica motivacional pode ser encontrada na constante conversa sobre a crise de liderança da Toyota. A principal força motriz a fomentar a prosperidade da Toyota, no século XXI, foi um senso de crise na empresa e uma busca insaciável pela redução de custos.

A Toyota utiliza tais métodos para construir uma "tensão criativa" dentro da empresa. Ao minimizar o número de empregados que meramente alugam sua mão de obra e que desenham, mentalmente, uma linha, delimitando sua vida laboral, a

Toyota tornou-se uma "organização *kaizen*", empregando contínuos esforços por melhoria.

Um economista, certa vez, observou que "os gestores usam psicologia humana para levantar a moral", e a Toyota adota essa abordagem psicológica para estimular os indivíduos e a empresa.

Perspectivas sobre assuntos diversos

Perspectivas sobre informação

No Capítulo 1, relatamos como Shotaro Kamiya, o presidente da Toyota Motor Sales, disse a Iwao Imazu, em dezembro de 1956, que a empresa não possuía um local centralizado para coleta e avaliação de informações, como um todo; queria estabelecer um departamento que pudesse compreender o cenário integralmente. Explicamos que essa foi a gênese do Departamento de Estratégia da Informação da Toyota e a base para a futura excelência da empresa.

O diretor executivo da Toyota Motor, Hiroshi Okuda, oriundo da antiga organização Toyota Motor Sales, e que, provavelmente, foi treinado diretamente por Kamiya, afirmou:

> *A rede de informações da Toyota é informal, mas impressionante. O pessoal da Toyota se supera em coletar informação; por exemplo, quem está visitando os Estados Unidos, de qual empresa e que tipos de pessoas eles estão contatando. Eles apenas não falam sobre o assunto. Como possuem essas informações, sabem com muita rapidez que medidas têm de tomar para evitar problemas. ("Até Onde Vai a Competência da Toyota?", 10 de abril de 2000, Nikkei Business.)*

A observação de Okuda de que a rede de informações da Toyota é informal significa que, além de uma organização de peritos em coleta de informações dentro da empresa, todos os departamentos coletam informações como parte de suas rotinas diárias.

Na primavera de 2000, a própria rede de informações da Toyota causou considerável agitação quando teve acesso à notícia de que a GM estava considerando investir capital na Honda. Sem entrarmos no mérito se tal informação era verdadeira ou não, esse é apenas um exemplo do alcance da rede de informações da Toyota.

A Toyota é uma empresa que tem satisfação em divulgar informações internas do tipo que a maioria considera como segredo empresarial. Mas, como sugere Okuda, não há muitos detalhes vazando sobre os métodos e os sistemas de coleta e de gestão de informação na Toyota. A Toyota é conhecida como generosa quando se trata de coletar e transmitir informação, mas o teor das informações coletadas e transmitidas é cuidadosamente gerido. Isso não é de surpreender, já que a liderança da Toyota acredita que "a informação determina o destino de uma empresa".

Ultimamente, um método típico de utilização de informação tornou-se popularmente conhecido como *benchmarking*, um procedimento para designar outra empresa ou organização como parâmetro de comparação, para então estudar suas "melhores práticas". Tadaaki Jagawa, presidente da Hino Motors (e ex-vice-diretor executivo da Toyota Motor), salientou que "a força motriz da Toyota, provavelmente, reside em seu eterno *benchmarking*". A longa história da Toyota de estabelecer seus próprios e melhores métodos, depois de ter escrutinado as concorrentes Ford e General Motors, remonta aos velhos tempos de Kiichiro Toyoda. Desde aquela época, a Toyota manteve seu crescimento, devotando energia extraordinária à coleta e gestão de informação e, então, lançando mão de procedimentos de *benchmarking*, ao estabelecer metas específicas e identificar suas próprias melhores práticas.

Perspectivas sobre conhecimento e documentação

Explicamos como a Toyota, sistematicamente, gerencia os genes representando o saber de gerações passadas, como isso a enriquece e como o papel mediador do DNA de documentação é necessário à sua transmissão. Não importa se os documentos estão em meio impresso ou na forma de mídia eletrônica. A valorização de documentos é o que torna possível a operação de um sistema de gestão de conhecimento, dentro da organização.

Em um contexto de gestão de conhecimento, existem três tipos de conhecimento: (1) informação não processada; (2) informações e registros que já foram processados e possuem significância e valor; e (3) regras (padrões) derivados de fontes diversas de informações e registros que respondem à questão "se isso, então aquilo". No Capítulo 1, discutimos, com algum aprofundamento, a filosofia e os valores que permeiam os padrões da Toyota; neste capítulo, examinaremos as informações e os registros da Toyota.

No artigo intitulado "Look at Toyota's Integrated Product Development", publicado na edição de julho-agosto de 1998 do *Harvard Business Review, Diamond Harvard Business*,[12] Durward K. Sobek II e colaboradores explicam o uso eficaz de documentos pela Toyota como um meio eficiente de troca de informações:

Quando surge um problema que exige coordenação entre departamentos, o procedimento-padrão é reunir os relatórios, incluindo um "plano de resolução de problema", "informações importantes" e uma "recomendação" e, então, distribuir esses documentos aos departamentos envolvidos. Os destinatários devem ler e estudar os documentos e dar retorno por telefone, em reuniões individuais ou, às vezes, por meio de compilação de relatórios baseados em outros documentos. Uma ou duas iterações desse tipo resultarão em um volume considerável de informações circulando, e os participantes chegarão a um consenso sobre a maioria dos pontos. Apenas quando discordâncias insuperáveis ocorrem é que se organizam reuniões para resolver o problema através de diálogo direto.

Reuniões desse tipo para a resolução de problemas são preparadas, assegurando-se que todos os participantes entendam as questões importantes, antecipadamente, e que todos tenham considerado propostas e medidas que abordem o problema com base nas mesmas informações. Já que tais reuniões se concentram na resolução de problemas específicos, não há desperdício de tempo na obtenção de consenso entre os participantes. Isso difere de muitas empresas norte-americanas, em que os participantes comparecem a reuniões sem ter feito qualquer preparação prévia. A primeira metade da reunião é dedicada à definição do problema e, então, os participantes brigam para lidar com um problema que quase não tiveram tempo para pensar a respeito.

A Toyota, frequentemente, conta com a comunicação escrita como passo inicial da resolução de problemas, mas a empresa evita o volume excessivo de papéis que aflige as burocracias. Na maioria dos casos, os engenheiros escreverão relatórios claros e concisos de um dos lados de uma folha de papel A3. Esses relatórios são todos escritos no mesmo formato, de forma que todos saibam onde encontrar a definição de problema, o engenheiro e o departamento em questão, os resultados de análise e as propostas de resolução. Um formato-padrão também permite que os engenheiros verifiquem se todos os aspectos importantes foram contemplados.

Além disso, a Toyota construiu uma cultura em que a leitura desse tipo de relatório é vista como valiosa e indispensável para a conduta de trabalho facilitada.

A referência feita aqui sobre um formato-padrão, em papel A3, significa um formulário-padrão em que perguntas e respostas para os "porquês" precisam ser escritas em campos específicos pelo engenheiro.

A Toyota também se supera no registro meticuloso de informações. Ao examinarmos os documentos que traçam detalhadamente o progresso da empresa, do período pré-guerra em diante, incluindo o período em que a Toyota Motor era separada da Toyota Motor Sales, encontramos inúmeros registros e minutas adicionais. Uma leitura mais detida desses documentos revela abordagens passadas do negócio e que medidas precisam ser tomadas no futuro. Os registros da Toyota não são simples registros. Podem ser vistos quase como crônicas, porque fornecem um resumo do passado e lições para o futuro.

De todos os documentos da empresa, o mais parecido com a crônica é a história oficial da empresa. Na maioria das empresas, tais histórias oficiais são tratadas como revistas de relações públicas ou trabalhos comemorativos, em vez de registros históricos. Seu principal objetivo parece ser divulgar os maravilhosos produtos da empresa ou suas fábricas e equipamentos. Os históricos oficiais da Toyota são, claramente, registros da história gerencial da empresa. Obviamente, também incluem descrições de seus produtos, fábricas e equipamentos. Na sua maior parte, entretanto, eles são devotados às melhorias e inovações em gestão, como a modernização de operações de transporte, a evolução de controle de qualidade, as avaliações de fornecimento e de sistemas de promoção de criatividade, o sistema de melhoria de supervisão, a mecanização de trabalho administrativo e a promoção de CQT. A ênfase, em outras palavras, está no registro de como a empresa revolucionou a *forma como opera*.

Conforme um dos editores da história empresarial da Toyota explica: "Acredita-se que o ex-Primeiro-Ministro Britânico Winston Churchill tenha mantido suas próprias memórias publicadas da Segunda Guerra Mundial a seu lado, enquanto contemplava o futuro da Inglaterra e governava o país. Como editores da história da empresa, ficaríamos muito satisfeitos se pudéssemos apresentar uma história que venha a ser usada da mesma forma com que as memórias de Churchill foram".

Muitos estudiosos da Toyota, incluindo este autor, procuraram descobrir os segredos do crescimento da empresa, coletando e analisando quantidades de informações contidas em histórias oficiais da Toyota Motor de seus 20, 30, 40 e 50 anos e na história oficial dos 30 anos da Toyota Motor Sales. É provável que fosse essa a utilização que tinham em mente os editores daqueles registros históricos; todavia há muito o que aprender com essas histórias e a partir desses registros.

O sistema da Toyota de Relatório de Erros, desenvolvido a partir de uma observação feita por Eiji Toyoda, é talvez um exemplo de como tais registros podem ser sistematicamente utilizados como um elemento de conhecimento:

> *Em nossa empresa, dizemos às pessoas para serem corajosas, porque é normal cometer erros. Se elas erram, precisamos escrever um relatório sobre a falha. Precisamos fazer isso porque, se apenas contamos com o que elas lembram, sem que isso fique registrado por escrito, a lição não será transmitida às gerações futuras. Houve uma época em que alguém novo teria uma iniciativa triunfante para logo em seguida terminar repetindo um erro que já havia sido cometido dez anos antes.*

Eiji disse isso no início da década de 1960, e o pessoal da Toyota, subsequentemente, adotou a ideia e criou um sistema de Relatórios de Erros (ver Capítulo 3, tópico sobre planejamento de custos). Para prevenir a repetição, mesmo de pequenos erros, todos devem escrever as razões para a falha e que medidas devem ser tomadas para evitá-la. Mesmo que as pessoas mudem, uma recorrência do mesmo erro pode ser prevenida, graças a esses registros. A acumulação dessas melhorias forma a base para aqueles que são mundialmente reconhecidos como os automóveis mais confiáveis (ver Capítulo 5). Com o crescente interesse direcionado à avaliação ativa do "valor do erro", nos últimos anos, verificamos que a Toyota estava 40 anos à frente de seu tempo nesse assunto.

PADRÕES DE PENSAMENTO

Perspectivas

O pessoal da Toyota tem por hábito olhar para as coisas a partir de duas perspectivas: "eliminação de *muda*" e "antecipação". Nesta seção do capítulo, examinaremos como essas perspectivas são expressas e obtidas.

Eliminação de *muda*

A gestão da Toyota é centrada na eliminação de *muda*, ou desperdício. Mas a perspectiva da empresa sobre desperdício é muito diferente da perspectiva adotada pela maioria de nós. Atualmente, é consenso que estoque é *desperdício*, mas quando realmente vemos estoque na fábrica, temos a tendência de considerá-lo algo necessário para a produção transcorrer em ritmo adequado ou evidência de fabricação saudável. Até mesmo para problemas na linha de produção, já que criamos sistemas para corrigir problemas depois que ocorrem, consideramos mais eficaz não parar, totalmente, a linha. Estamos dispostos a fazer coisas que não queremos porque seria um desperdício parar nossas máquinas.

A Toyota não encara a estocagem em termos de produtividade, mas em termos de fluxo de caixa. A estocagem é rejeitada como sendo um tipo de miopia, mesmo quando está a serviço da produtividade de linha, que é medida pelas perdas de longo prazo, ocorridas quando os problemas se sucedem repetidamente. Mesmo em caso de equipamentos, a Toyota vê maior malefício em impedimentos de fluxo de caixa resultantes de superprodução do que em índices operacionais baixos. Em outras palavras, a Toyota adota uma forma de olhar a partir de uma perspectiva de gestão empresarial, em vez de uma perspectiva de produtividade de fábrica. Embora essa explicação possa fazer muito sentido do ponto de vista intelectual, desenvolver os reflexos necessários para responder a essas condições é extremamente difícil. Na Toyota, esses reflexos não são nem um pouco novos.

Taiichi Ohno certa vez disse: "Há um segredo na fábrica, exatamente como há um segredo em truques de mágica. Deixe-me dizer o que é. Para eliminar *muda*, é preciso cultivar a habilidade de ver *muda*. E é preciso refletir sobre como livrar-se do que se vê. Você apenas repete isso: sempre, em qualquer lugar, incansável e inexoravelmente".

Mais tarde, Eiji Toyoda comentou: "Os problemas estão em toda parte, em frente a seus olhos. Capturá-los e tratá-los como problemas é uma questão de hábito. Se você possui o hábito, então pode fazer qualquer coisa que queira. Não é preciso procurar por eles. Você apenas os captura".

Essas não eram meras palavras. Quando Kiichiro Toyoda ordenou que Taiichi Ohno alcançasse as empresas automobilísticas ocidentais em três anos, Ohno procurou maneiras de fazer apenas isso – em cada hora de cada dia. Quando Kiichiro disse a Eiji para lidar com problemas de produtos de maneira rápida, diariamente, Eiji analisou e agiu, a fim de eliminar as causas de problemas. Para ambos, essa experiência aprimorou uma habilidade para "ver através da essência". Cultivou, em ambos, a perspectiva de eliminação de *muda* e o instinto para encontrar e lidar com problemas latentes.

Embora o conhecimento formal – padrões, procedimentos e documentação – possam ser importantes para melhorar os resultados em negócios, no final, é o conhecimento tácito – os instintos humanos – que é decisivo. É por isso que as organizações precisam de sistemas e mecanismos para aprimorar os instintos de indivíduos. Na Toyota, um paradigma de "cultivar a habilidade para constatar *muda*" permeia toda a organização.

Antecipação

Acredita-se que a gestão da Toyota ocorre a partir de um senso de crise. Mas, conforme disse Hiroshi Okuda, "um senso de crise advém principalmente da capacidade de antecipar o que está por vir". E "antecipar o que está por vir" significa "tentar vislumbrar o que está por vir"; em outras palavras, uma perspectiva preventiva ou antecipatória.

Exemplos representativos desse tipo de perspectiva são as "tomadas de decisão que apreendem tendências históricas importantes", de Eiji Toyoda, e a "evolução para o século XXI como parte da natureza da Toyota", de Shoichiro Toyoda.

A precaução de Eiji é levada à perfeição na construção da fábrica de Motomachi, às vésperas do *boom* da motorização da década de 1960. Em uma época em que a produção mensal total de veículos de passeio do Japão era de cerca de 7 mil unidades, a fábrica da Motomachi, finalizada em setembro de 1959, tinha uma capacidade de produção de 5 mil veículos de passeio por mês. Além disso, possuía potencial de expansão para até 10 mil veículos por mês. A planta de Motomachi, por si só, era grande o suficiente para atender à demanda total do país, e os executivos de outras empresas que foram convidados para a cerimônia de inauguração mal podiam conter seu espanto. Os revendedores de veículos, por outro lado, temiam não ser capazes de lidar com os veículos produzidos na fábrica, que lhes seriam empurrados. Contudo, a fábrica estava operando a toda capacidade, no final do ano de 1959, e a instalação de Motomachi tornou-se um fator de suma importância para que a Toyota ganhasse uma liderança decisiva sobre a Nissan. Todos elogiaram a capacidade de antecipação de Eiji.

No início da década de 1990, Eiji anunciou uma previsão de crise quando questionou se realmente era uma boa ideia continuar a fabricar carros de maneira convencional e se a Toyota poderia, de fato, sobreviver no século XXI sem desenvolver mudanças mais drásticas. Suas observações fomentaram o início do "Projeto G" (de "global") da Toyota, que levou ao desenvolvimento do automóvel híbrido Prius. O Prius foi, originalmente, concebido para ser lançado no mercado em 1998, mas o alerta de Hiroshi Okuda de que a Toyota "arriscava ficar em segundo lugar, novamente." estimulou a empresa a ser a primeira do mundo a colocar esse tipo de veículo no mercado, e o lançamento do Prius foi antecipado para dezembro de 1997.

O pessoal da Honda ficou furioso, porque estava convencido de que a empresa seria a primeira com um veículo híbrido. Somente em 1999, a Honda foi capaz de lançar o segundo carro híbrido da história, o Insight. Ser o segundo não cria o mesmo efeito de ser o primeiro, e a mídia mal o notou. O Prius foi um evento que inaugurou uma época para a Toyota. Classificada como a número dois no final do século XX, a empresa deu um salto para o primeiro lugar. E tudo isso foi resultado do "senso de crise" de Eiji Toyoda e de Hiroshi Okuda. Em outras palavras, a capacidade de antecipação desses executivos.

A capacidade de antecipação de Shoichiro Toyoda é revelada pela mudança na natureza da Toyota que implementou durante o período entre a segunda metade da década de 1980 e a chegada de um novo presidente à empresa, em 1992. Exemplos de suas relevantes atividades incluem a redução do sistema hierárquico de carreira, em 1989, a campanha *sanzuki* para tratar todos de igual forma, independentemente de posição na empresa, e a reformulação do sistema de remuneração por antiguidade. Outros exemplos são a campanha do NOW (New Office Way),[21] para a melhoria de trabalho burocrático com vistas à entrada no século XXI, em 1991, e a mudança, sem precedentes, para um sistema de engenharia de Centro de Desenvolvimento. A alteração para um sistema de Centro de Desenvolvimento, em particular, é vista como a maior reforma organizacional, desde a fundação da empresa. Esse Centro de Desenvolvimento foi decisivo na determinação de como a Toyota fabricaria seus produtos no século XXI.

O sistema de Centro de Desenvolvimento é extremamente interessante e proporciona muitas lições, a partir de uma perspectiva voltada para a gestão. Pode-se resumir a sua implementação em uma sucessão de passos:

- Em 1989, com a intensificação da insatisfação entre os jovens engenheiros que constituíam a espinha dorsal das funções de engenharia, a engenharia começou a encarar as coisas de modo diferente.
- Depois de um ano de estudos, em que consultores externos foram trazidos para garantir a objetividade, observou-se que as funções de engenheiro-chefe e de engenheiro-assistente haviam decaído.
- Um esquema de medidas especificando o que fazer a fim de fomentar uma mobilização na direção desejada teve início na primeira metade de 1991. Um ano de estudos resultou em uma proposta que, sem aumentar as funções de engenheiro, individualmente, sugeria que a jurisdição sobre os modelos deveria ser "fundida" e que o número de modelos pelos quais os engenheiros seriam responsáveis deveria ser limitado. O plano propunha que, por exemplo, dentro de um grupo limitado de modelos, um engenheiro que tivesse se especializado, por décadas, no projeto e fabricação de sistemas de limpadores de para-brisas fosse, a partir daquele momento, responsável pelo projeto e fabricação de todo o corpo superior do veículo, incluindo os sistemas de limpadores de para-brisas. O plano combinava enriquecimento e ampliação de trabalho, com resultados surpreendentes.
- Em 1992, chegou a fase de tomada de decisão da reorganização. O comitê organizador de um "Programa Futuro para o Século XXI" (PF 21) foi criado, com o diretor sênior e com o diretor-assistente da época (Kinbara e Wada) designados como presidente e vice-presidente, respectivamente. Depois que a decisão de introduzir um sistema de Centro de Desenvolvimento de Veículos havia sido tomada, o Presidente Kinbara designou o diretor do centro e os chefes de cada departamento. Eles formaram várias equipes individuais que começaram a trabalhar em tarefas específicas.

- A General Motors, a fim de promover o uso comum de componentes e reduzir custos, executou uma reforma organizacional que concentrou equipes de *design* e de engenharia em três grupos: veículos de luxo, veículos de tamanho mediano e veículos compactos. A Toyota estudou a história dessas reformas e concluiu que a GM não havia atingido os resultados desejados, devido a uma compreensão inadequada (antes do fato) de mudanças necessárias. Com base nessa avaliação, a Toyota começou a explicar para os departamentos em questão os objetivos e a natureza da reorganização – muitos meses antes da implementação de mudanças.
- Tendo passado por esse processo, a Toyota esperou até o momento oportuno e lançou o sistema de Centro de Desenvolvimento em 25 de setembro de 1992. Quatro centros foram criados: Centro de Desenvolvimento 1, para motores dianteiros de grande e médio porte e veículos com transmissão traseira; Centro de Desenvolvimento 2, para motores dianteiros de pequeno porte e veículos com transmissão dianteira; Centro de Desenvolvimento 3, para veículos comerciais e veículos de recreação (VR); e Centro de Desenvolvimento 4, responsável pelo desenvolvimento de tecnologias comuns básicas, tais como *drive trains* (ou sistemas de transmissão) e eletrônicos.

O artigo "Mastros de Vela do Departamento Técnico, Jovens Engenheiros Ligeiramente Insatisfeitos", publicado na edição de maio de 1988 do *Toyota Management*, é um exemplo típico do tipo de relatórios de grupo de estudos que foi anteriormente mencionado na discussão sobre atitudes em relação ao trabalho. Levando isso em consideração, vê-se que o ímpeto de mudança para o sistema de Centro de Desenvolvimento já existia em atividades de grupos de estudos independentes centradas em reformas institucionais, em 1984 (ver o tópico sobre Shoichiro Toyoda, no Capítulo 1).

Isso é um resumo do que podemos aprender, direta ou indiretamente, sobre a transição para o sistema de Centro de Desenvolvimento. O que gostaríamos de ressaltar, nesse caso, é o Novo Conceito de Sistema de Desenvolvimento que a Divisão de Promoção de CQT da Toyota apresentou durante a Conferência sobre Gestão da Qualidade do Grupo Toyota, em novembro de 1991, cerca de um ano antes da transição para o sistema de Centro de Desenvolvimento. O Novo Conceito de Sistema de Desenvolvimento é ilustrado na Figura 2.2.

O que poderíamos chamar de "padrão tradicional" de desenvolvimento consistia em um processo de 48 meses, em que cada modelo passava pelos estágios de planejamento, *design*, testes e avaliações, bem como por outros estágios anteriores à produção propriamente dita. No "padrão futuro", um processo separado de desenvolvimento e planejamento prepara motores e componentes maiores (alfa, beta, gama, etc.), que podem ser de uso comum a diferentes modelos. Então, consome-se um tempo considerável no planejamento e desenvolvimento de novos modelos, enquanto o tempo necessário para *design*, testes, avaliações e pré-produção é reduzido. O conceito de padrão futuro tem por objetivo aumentar, simultaneamente, o potencial de produto e reduzir o tempo de desenvolvimento.

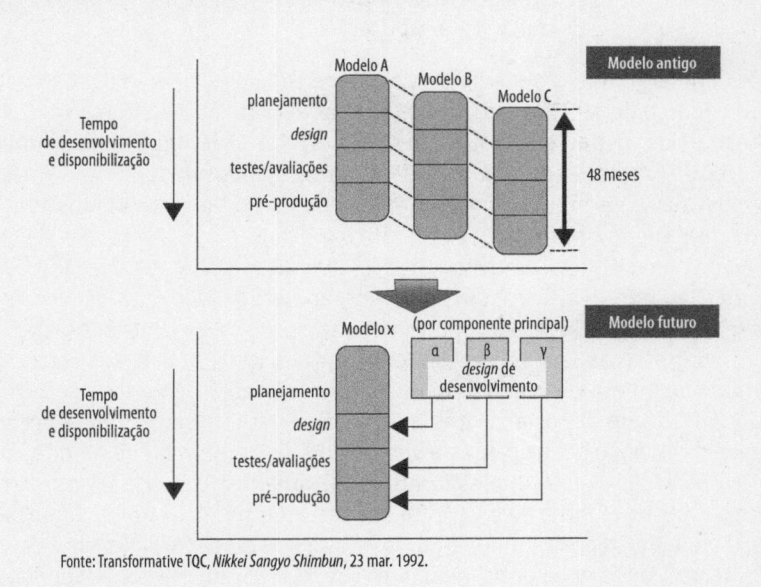

Fonte: Transformative TQC, *Nikkei Sangyo Shimbun*, 23 mar. 1992.

Figura 2.2 Novo conceito de sistema de desenvolvimento.

Na forma como foram realmente implementadas em Centros de Desenvolvimento, as tecnologias básicas para componentes automotivos comuns (alfa, beta, gama, etc.) são de competência de centros específicos, e um mecanismo de conexão horizontal (conhecido como sistema "mãe") é criado dentro da rede. O sistema "mãe" abrange o Centro de *Design* 1, que trabalha com engenharia de carrocerias e chassis; o Centro de *Design* 4 (motores e tecnologias de eletrônicos); a Divisão de Projetos (programas de *design*), que não pertence a nenhum dos centros; e a Divisão de Gestão de Engenharia (sistemas de desenvolvimento e gestão de recursos de desenvolvimento). A divisão "mãe" tem autoridade sobre as equipes de outros centros, e o papel de outras funções passa a ser o de disseminar práticas, lateralmente.

Os fatos aqui examinados sugerem que as razões para a adoção de sistema de centros de desenvolvimento podem ser resumidas em termos de três metas principais desenvolvidas com os olhos voltados para o século XXI:

1. Reenergizar engenheiros que tenham desenvolvido estreitamento de visão devido à extrema especialização.
2. Restaurar o papel adequado de engenheiros-chefe, cujas atribuições tenham sido reduzidas à negociação com muitas pessoas e à combinação de peças de componentes para fabricar automóveis.

3. Estabelecer um novo sistema de desenvolvimento que aumente o potencial de produto e diminua o tempo de concepção e fabricação.

A Toyota implementou o sistema de Centro de Desenvolvimento em setembro de 1992. Em março de 1993, agosto de 1993 e janeiro de 1995, a Nissan, a Mazda e a Ford, respectivamente, reorganizaram seus próprios sistemas de desenvolvimento na forma de Centros. Cada uma dessas empresas adaptou sua organização à sua própria escala, e nenhuma construiu um sistema exatamente como o da Toyota. Fundamentalmente, entretanto, eles eram o mesmo.

A Toyota havia iniciado investigações concretas sobre a ideia de Centro em 1984, mas levou oito anos para que a reorganização se concretizasse. As outras empresas gastaram cerca de um ano em suas transições; não é de surpreender que as coisas não tenham acontecido com tranquilidade para todas elas. A Mazda, cuja organização era pequena demais para um sistema de Centro, voltou à organização anterior de departamentos por função e produto em 1996. A Ford lançou um sistema de cinco centros, mas a visão dentro da empresa era de que cinco era demais; portanto, em 1998, eles foram reduzidos para três. Na Toyota, a história foi muito diferente. Pretendia-se criar um sistema para desenvolvimento de engenharia de eletrônicos quando a empresa passou a adotar o sistema de Centros em 1992; mas, após nove anos, em janeiro de 2001, a Toyota conseguiu lançar um quinto centro de desenvolvimento.

As deliberações formais da Toyota sobre o sistema de Centros de Desenvolvimento tiveram início em 1989, em uma época em que a indústria automotiva japonesa estava em alta, e as vendas e lucros da própria Toyota em franca elevação. Por que considerar uma mudança envolvendo uma grande revolução, em um momento como aquele? Nas palavras de Kinbara, que era o gerente do departamento de engenharia na época: "Se tivéssemos esperado até que os problemas viessem bater à nossa porta, teria sido tarde demais. Precisávamos resolvê-los antes disso".

A troca para o sistema de Centros foi uma mudança revolucionária na história da empresa. Reorganizar, em uma época de aparente calmaria, só poderia ser uma reforma que visasse ao século seguinte. O efeito da mudança informado pela empresa foi uma redução de 30% em custos de desenvolvimento e 10% de economia com recursos. O RAV4, o primeiro veículo nascido da mudança para o sistema de Centro de Desenvolvimento, foi construído com 40% de seus componentes aproveitados de outros modelos.

Mas as metas do sistema de Centro não estavam limitadas a esse tipo de efeito sobre recursos. Também eram evidentes no próprio produto. O lançamento do Prius pela Toyota e de uma série de outros produtos "diferentes da Toyota", no final da década de 1990, pode também ser atribuído ao sistema de Centro de Desenvolvimento. De fato, esses são exemplos da capacidade de antecipação de Shoichiro Toyoda.

HÁBITOS DE PENSAMENTO

Pensamento por sistemas

O sistema *kanban* de redução de produção com redução de estoque, defendido por Kiichiro Toyoda, é um bom exemplo do pensamento de sistemas da Toyota. O sistema *kanban*, também conhecido como *just-in-time*, não trata cada estágio de processo como independente, mas, em vez disso, reconhece todo um sistema de processos associados. Naturalmente, a construção de coisas, dessa maneira, leva a uma visão mais ampla, a uma visão orientada para o futuro, a uma visão que busca a otimização do todo. Dentro da empresa, o sistema *kanban* é concebido como resultado de tal pensamento. Fora da empresa, *keiretsu*, ou grupos de relacionamentos, foram estabelecidos com os fornecedores.

Do final da década de 1980 ao início dos anos 1990, os *keiretsu* da indústria japonesa foram criticados nos Estados Unidos e no Ocidente por serem sistemas fechados. A Toyota enfrentou tal crítica de frente, declarou que se tornaria uma empresa "aberta" e inseriu as palavras "aberta e justa" nos *Princípios Básicos* que promulgou em 1992. Não muito tempo depois, os Estados Unidos criaram o conceito de Gestão de Cadeia de Fornecimento, sua própria versão de *keiretsu*, e colheram os louros da prosperidade econômica na década de 1990. Os Estados Unidos e os países europeus, que são conhecidos por serem fortes em sistemas de raciocínio, aprenderam a pensar por sistemas com os *keiretsu* da Toyota.

Entretanto, a cultura na Toyota, como vimos no Capítulo 1, era do tipo "superação". Um processo inicial estabeleceria uma "zona-limite para passar o bastão" para o próximo processo, sem um limite rígido, e o trabalho fluiria de um estágio de processo para o seguinte. Isso permitiu que as fábricas da Toyota alcançassem um alto grau de equilíbrio na linha de montagem, por intermédio da absorção de disparidades entre trabalhadores mais e menos experientes e entre ritmos de diferentes estágios de processos.

Uma vez que o trabalho se dá através de processos sobrepostos no estágio de desenvolvimento, o trabalho do processo anterior pode ser ajustado ao se anteciparem as necessidades do próximo processo, e o próximo processo pode se preparar para mudanças ao antecipar o impacto que o novo produto terá em suas próprias operações. O engenheiro-chefe soluciona as diferenças de opinião entre os processos iniciais e finais. Esse é o sistema que os autores de *Product Development Performance*, Takahiro Fujimoto e Kim Clark, juntamente com outros pesquisadores da indústria do automóvel, mais tarde denominaram de "engenharia coordenada" ou "engenharia simultânea sincronizada".

Ao rejeitar delimitações absolutas entre departamentos, esse sistema permitiu que as pessoas compartilhassem o trabalho além de suas jurisdições tradicionais, fazendo desse compartilhamento uma das forças da empresa. A ideia de fronteiras difusas pode parecer incompatível com o conceito de sistema, mas a Toyota sempre esteve pronta para subverter conceitos tradicionais quando a necessidade surge.

O alcance de essências

Os funcionários da Toyota não desempenham funções sem propósito. Em primeiro lugar, sua perspectiva sobre o trabalho incita-os a se questionarem por que seus trabalhos e atividades existem. Seu objetivo é chegar à essência. Um exemplo típico disso é a repreensão de Taiichi Ohno para que não confundissem trabalho e movimento. (Na língua japonesa, essas duas palavras são escritas com caracteres que diferem apenas na inclusão de um elemento gráfico, que significa "pessoa" na primeira.) Trabalho, disse Ohno, refere-se a atividades de produção (tais como criar ou montar coisas). Movimento, por outro lado, é mera passagem (como transporte ou comutações), que não agrega qualquer valor. Um dos pontos de atenção do Sistema Toyota de Produção é a insistência na remoção de movimento de seus processos.

Essa cultura de procura por essências também está presente em departamentos administrativos, que têm forte tendência a cair na burocratização. Títulos de artigos publicados no *Toyota Management* (como "O Que é Trabalho Administrativo?" ou "Qual é o Objetivo da Compilação de Periódicos de Circulação Interna e Históricos da Empresa?" ou "O Porquê da Gestão de Documentos") conscientizam os trabalhadores de setores administrativos a avaliar com bastante cuidado o significado (ou essência) de seu próprio trabalho.

Em sua essência, a reengenharia quer saber, antes de mais nada, *por que* nós fazemos algo, em vez de perguntar *como* podemos fazê-lo mais rápido ou melhor ou a um custo mais baixo. Acredita-se que a reengenharia, que estava na moda há alguns anos, não seja uma ideia importada do Japão, mas é uma estratégia que tem sido utilizada na Toyota há muito tempo. O hábito que os funcionários da Toyota têm de procurar a essência em tudo, consistentemente, permite-lhes criar coisas um passo ou dois à frente de outras empresas.

A ênfase em teoria

A gestão da Toyota enfatiza a teoria. Uma evidência disso está na estratégia de produto da empresa.

De modo geral, os líderes da Toyota – seja Eiji Toyoda, Shoichiro Toyoda, Hiroshi Okuda ou Fujio Cho – defenderam a teoria de uma produção anual de 200 a 300 mil de seus modelos básicos, o que constitui a unidade de produção econômica, o mínimo necessário para gozar dos benefícios do efeito da produção em massa.

O que chamamos aqui de modelo básico refere-se a carros de um único tipo ou plataforma, uma linha de produção ou linha de veículo.

Em 1956, G. Maxcy e A. Silberston publicaram sua "curva de custo de produção de automóveis", comumente conhecida como curva de Maxcy-Silberston, ilustrada na Figura 2.3.

Na Toyota, a curva de Maxcy-Silberston (em qualquer outro lugar, uma teoria quase esquecida) continua a ter influência. O fato de que todos os líderes da Toyota dizem a mesma coisa significa que essa teoria está sendo empregada em toda a empresa. Uma empresa tão homogeneamente permeada por uma teoria específica consegue evitar uma boa quantidade de conjeturas.

Em seu livro de 1997, *A Evolução de um Sistema de Produção*,[13] Takahiro Fujimoto analisa a experiência da empresa de diversificação simultânea de modelos e de crescimento de produção durante o período entre os primórdios da motorização, em 1960, e o colapso da bolha econômica, em 1992. De acordo com Fujimoto, o número de veículos de passeio que a Toyota fabricou (a) e o número de modelos básicos da empresa (plataformas estimadas, b) aumentaram constantemente, de 1960 a 1992, enquanto o número de veículos de passeio por modelo ($c = a \div b$) alcançou um teto de cerca de 200 mil unidades depois de 1970. O progresso da Toyota pode ser resumido da seguinte maneira:

Década de 1960

A fim de atingir reconhecimento no mercado, a Toyota concentrou suas energias em um número limitado de modelos, baseados na habilidade do Sistema Toyota

Fonte: Curva de G. Maxcy & A. Silberston, 1956.

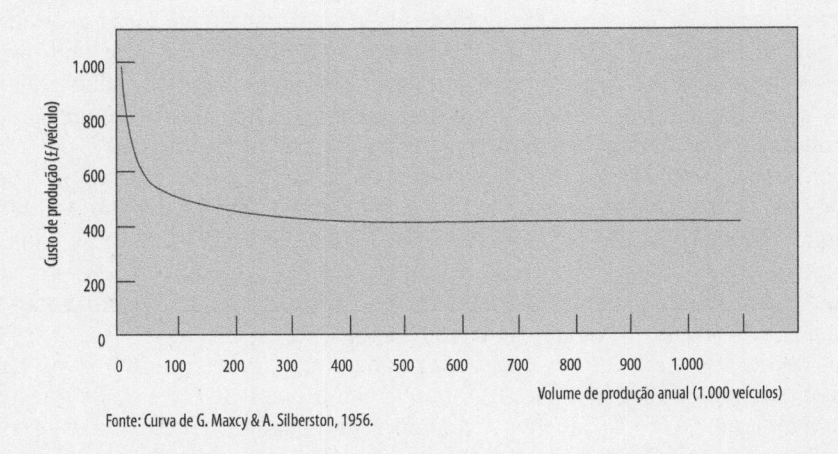

Figura 2.3 Curva de custo de produção automotiva (Curva de Maxcy-Silberston).

de Produção, de Taiichi Ohno, de gerar alta produtividade, mesmo em condições de alta diversidade e pequenos volumes.

Década de 1970

Sem aumentar o número de modelos básicos, a Toyota empreendeu esforços (através de *marketing* e outros meios) para atingir um volume de produção de 200 mil veículos por modelo. Pode-se presumir que, ao menos perifericamente, a primeira e a segunda crises do petróleo tiveram alguma influência na concepção dessa política.

Década de 1980 em diante

A Toyota dava origem a um novo modelo cada vez que a produção de um modelo básico alcançava 200 mil veículos.

A introdução de operações em fluxo de linha de montagem e a padronização sistemática permitiram que Henry Ford produzisse 2 milhões de veículos do tipo Modelo T por ano e reduzisse o preço dos automóveis, através do efeito da fabricação em larga escala. Alfred Sloan, da GM, estabeleceu uma estratégia de "variação ampla", mas, em seu limite máximo, por volta de 1955, a GM estava fabricando 1,5 milhão de veículos Chevrolet por ano. Se víssemos esses eventos em termos da curva de Maxcy-Silberston, entretanto, o efeito da produção em larga escala é reduzido, uma vez que o nível de 200 a 300 mil veículos para cada modelo básico é atingido.

Trabalhando dentro de parâmetros da curva de Maxcy-Silberston, a Toyota não buscou o efeito de produção em larga escala, uma vez que a produção de um modelo básico atingisse 200 a 300 mil veículos por ano. A Toyota julgou que seria mais rentável aumentar as vendas totais, lançando novos modelos e desenvolvendo e absorvendo novos clientes. Em outras palavras, a montadora japonesa combinou a curva de Maxcy-Silberston e a estratégia de "variação ampla", de Alfred Sloan, para criar uma nova estratégia e introduziu um novo modelo sempre que a produção de um dado modelo atingia 200 a 300 mil veículos por ano. Ao combinar a estratégia de produção em larga escala de Ford, utilizando sistemas de linha de montagem, e a estratégia da "variação ampla" de Sloan, para satisfazer as necessidades de todo e qualquer cliente, a empresa desenvolveu uma terceira estratégia, a que "criava novos modelos do jeito da Toyota".

A Toyota não aplicou a curva de Maxcy-Silberston apenas em automóveis. Logo que a curva de Maxcy-Silberston foi publicada, a empresa começou a aplicar a teoria também na fabricação de componentes, investigando como a curva se comportaria para cada componente e quantas peças constituiriam uma unidade de produção econômica. Estabeleceu, então, planos de produção de componentes e planos de componentes comuns, voltados para atingir aquelas unidades de produção econômica (ver a seção sobre Planejamento de Custos, no Capítulo 3).

FORMAS DE COMPORTAMENTO

Tomada de decisão

Iniciativas que vêm de cima

A tomada de decisão, em empresas japonesas, é geralmente uma ocupação de todos os níveis hierárquicos, em que os operários dão sugestões que são então avaliadas e julgadas por executivos seniores. Com algum esforço, essa abordagem pode ter sido suficiente para um período de crescimento econômico, mas o século XXI trouxe consigo a necessidade de mudar o papel das funções de planejamento em nível superior. A realidade é, entretanto, que muitas empresas ainda operam através de "gestão por equipes". Isso pode ocorrer, porque lhes é difícil achar um novo estilo de gestão que seja adequado, mas suspeita-se que haja, também, certa resistência fundamental em substituir um estilo que os gestores podem achar mais cômodo. Na Toyota, do nível de executivos para cima, quanto mais alta a posição, mais liderança em tomada de decisões e autonomia de ação ocorre.

Além de reuniões de diretoria de rotina e reuniões de vice-presidentes executivos, a organização de tomada de decisão da Toyota inclui conferências departamentais individuais para promover funções de gestão, reuniões gerais para promover linhas de operação e a organização de projetos, abarcando reuniões regulares de comitê para resolução de problemas (ver Capítulo 3, Figura 3.3, p. 135). Um executivo da empresa preside cada um desses grupos e, dependendo do assunto considerado, o presidente ou os vice-presidentes executivos podem assumir as atividades, pessoalmente. Esse não é o tipo de gestão em que altos executivos comentam sobre sugestões vindas de baixo; em vez disso, assumem responsabilidade, pessoalmente, pela avaliação, decisão e ação. Forte liderança executiva é exercida em todos os aspectos, para tratar de todo tipo de questão e solucionar problemas. Sempre que um assunto importante surge, os executivos estão no centro da investigação sobre o mesmo.

Todas as empresas possuem programas de treinamento para executivos, mas eles podem ser esporádicos ou difusos. A Toyota conduz treinamento regular e intensivo, baseado em questões reais de gerenciamento. Normalmente, um programa de treinamento para executivos é oferecido no final do mês de agosto, todos os anos.

Em uma Conferência de Abertura do 67º Simpósio de Controle de Qualidade, patrocinado pelo Sindicato Japonês de Cientistas e Engenheiros, Shoichiro Toyoda apresentou alguns posicionamentos interessantes sobre gestão:

Eu gostaria de enfatizar três princípios fundamentais de Gestão de Qualidade Total que precisam permear uma empresa – que precise respirar – a fim de construir uma cultura que pretenda mudar ou estimular a criatividade das pessoas. O primeiro é a ênfase no cliente, o segundo é a melhoria constante [kaizen] e o terceiro é a participação de todos os funcionários. Inúmeros gestores pregam a participação total, mas eles próprios não participam. A participação total é fundamental para derrubar a barreira isolacionista de departamentos e a tendência a subotimizar.

Na Toyota, a participação total significa que os executivos participam liderando.

Os executivos da Toyota têm uma boa ideia de tudo o que está ocorrendo. Possuem conhecimento até mesmo de assuntos de teor técnico. Isso está comprovado pela curva de Maxcy-Silberston, que mencionamos anteriormente, e também pelos seguintes comentários técnicos feitos por líderes da empresa:

As prensas e as carrocerias que saem das prensas dão-nos um bom exemplo do efeito de produção em larga escala. Na indústria automotiva, consequentemente, as fábricas de prensas sempre terão dificuldades de acompanhar a concorrência, a menos que adotem um tamanho padrão. (Eiji Toyoda, conselheiro sênior, 1996)

Nós precisamos limitar a variedade de peças unitárias que fabricamos (com matrizes), mas não importa quantas delas estão em conjuntos ou em componentes montados, desde que o cliente precise delas. Atualmente, estamos reduzindo custos com o uso de um sistema (automação computadorizada) para conjuntos. (Akihiro Wada, diretor-presidente sênior, 1993)

O fato de que os executivos da Toyota compartilham esse tipo de conhecimento teórico sugere que estão todos expostos a palestras, ministradas por especialistas tanto dentro quanto fora da empresa. Dentro da Toyota, de fato, promovem-se sessões de estudo para executivos com a finalidade de fazer com que os líderes compreendam, claramente, as propostas de planejamento baseadas em novos conceitos. Embora a frase "sessões de estudo para executivos" pareça um tanto truncada, ela significa, essencialmente, que oferecer um fórum para que os executivos agreguem conhecimento especializado e teórico é a regra sempre que forem feitas propostas de planejamento.

Os executivos muito atarefados, na maioria das empresas, evitam os novos conceitos ou conhecimentos teóricos que lhes tomariam muito tempo para compreender. Alguns acreditam que aprender com seus subordinados está, antes de mais nada, abaixo de sua dignidade e não pensam que a ideia de "sessões de estudo para executivos" seja palatável.

O debate entre os executivos da Toyota é vibrante, a ponto de reuniões de diretoria, às vezes, parecerem brigas. Através de debates acalorados, todos tentam chegar à conclusão do que seja melhor para a empresa. Sobre esse fenômeno, Taizo Ishida certa vez comentou:

> Eles chamam Shotaro Kamiya de "deus das vendas" e normalmente eu ficaria completamente dominado por ele. Mas fazer e vender são tarefas com premissas distintas e características próprias. Quando se tratava de trabalho, eu dizia o que queria dizer e, por vezes, até começávamos brigas acaloradas. Mas brigas envolvem relacionamentos de muita proximidade e, nesse sentido, éramos a combinação perfeita.

Eiji Toyoda designou a gestão de produção a Taiichi Ohno, a engenharia de produção a Masaaki Noguchie a contabilidade a Masaya Hanai. Havia grandes discussões entre os três, e era Eiji quem os acalmava.

Uma descrição de reuniões de diretoria da Toyota aparece em *O Segredo da Toyota*, de Fujio Wakayama e Tadaaki Sugiyama (1977):[14]

> Kyube Tanaka, um consultor do Banco Mitsui e auditor da Toyota Motor, ficou extremamente impressionado. De acordo com Tanaka, as reuniões de diretoria da Toyota Motor duravam, no mínimo, duas horas, sem qualquer intervalo. Era difícil acreditar que aquela era a empresa mais lucrativa do Japão. Todos pareciam preocupados em como os custos podiam ser reduzidos ainda mais e se havia qualquer tipo de desperdício (muda) em sistemas ou materiais. À volta de uma mesa quadrada, opiniões eram lançadas de todas as direções.

O próprio Tanaka fez comentários semelhantes sobre essas reuniões:

> As reuniões de diretoria da Toyota são mais animadas do que qualquer outra que eu já tenha visto... A Toyota é uma das maiores empresas do Japão, mas parece que está apenas no frescor de sua juventude... A Toyota é completamente sem afetação. É uma empresa que está sempre falando em fazer mais e melhor. Mesmo hoje, quando as exportações estão crescendo, eles estão implementando ações baseadas na importância de demandas domésticas. Eles também mudam de ideia muito rapidamente. Nós nos encontramos uma vez por mês, e sinto que rejuvenesço a cada encontro... Por outro lado, essas reuniões me esgotam completamente.

Em 1977, Toshihiko Yamashita tornou-se o novo presidente da Matsushita Electric Industrial Company, uma das empresas-modelo do Japão, aos 57 anos de idade. Naquela ocasião, falou-se muito de sua excepcional promoção, da determinação do fundador da empresa, Konosuke Matsushita, e de como, de uma posição de diretor sem qualquer título, Yamashita ultrapassou vinte cinco membros seniores do conselho diretor, ganhando a presidência para lidar com detalhes. Um jornal publicou a seguinte declaração de Matsushita: "Yamashita é um sujeito interessante. Ele fica falando do fundo da sala, em reuniões de diretoria".

Um jovem executivo da Toyota reagiu a essa história, dizendo que ela o fez pensar que Matsushita deveria estar desatualizado. "Se é tão interessante que o novo presidente fale do fundo da sala", disse, "então isso significa que outros executivos não estão falando muito? Em reuniões na Toyota, há muito tempo pensamos que é normal que as pessoas se manifestem, mesmo do fundo da sala".

Osamu Katayama, no livro *O Método Toyota* (1998),[15] cita Kingo Saito, diretor do Museu Comemorativo de Indústria e Tecnologia da Toyota:

> *(Hiroshi) Okuda não apenas toma decisões com rapidez; ele as toma quase instantaneamente. Sua caixa de entrada de e-mails está quase sempre vazia. Ele toma decisões enquanto os documentos estão sendo preparados; então, quando os recebe, tudo o que precisa fazer é assiná-los. Por outro lado, grandes debates e comunicações incrivelmente intensas ocorrem durante o processo que leva à decisão. Para nós, chamadas telefônicas em casa ou no automóvel são ocorrências diárias. Aproveitamos o intervalo de almoço para falar com as pessoas. Não há lugares marcados nas mesas, então sentamos perto daqueles com quem precisamos falar e, algumas vezes, discutimos enquanto estamos comendo o prato especial do dia ou nosso curry. Essa imagem é a verdadeira cara da Toyota, embora talvez não seja bem compreendida.*

Eventos históricos influenciaram o ativismo e a liderança de gestores da Toyota. Quando a empresa foi fundada, em 1937, Kiichiro escreveu a seguinte descrição de atribuições de cargos que definiu (extraído de *Toyota Motor – A History of the First 30 Years,* 1967. Grifo deste autor):

Gerente de departamento

O gerente de departamento supervisiona a totalidade do departamento e o faz no limite máximo de sua habilidade e sem omissão. Consequentemente, **o gerente de departamento lida diretamente com questões importantes** e **assume responsabilidade pessoal** de questões não atendidas por gerentes de setor e chefes de setor. Empreende esforços para garantir que todo o trabalho distribuído ao seu departamento seja desempenhado sem omissão.

Gerente de setor

O gerente de setor é encarregado do setor como um todo e, além disso, de empreender esforços para garantir que o trabalho do setor seja desempenhado sem omissão; **ele lida pessoalmente com questões importantes do setor**. Executa tarefas de chefe de seção ou de seus subordinados quando não estão presentes e **aceita como responsabilidade pessoal** quaisquer questões que possam surgir que não se enquadrem dentro da jurisdição de chefes de setores ou de seus subordinados.

É raro encontrar atribuições formais de cargos que descrevam tão explicitamente o que a liderança pelo exemplo significa de fato. A exigência de liderança pelo exemplo foi formalizada na Toyota desde a fundação da empresa e aqueles que a ela não se ajustaram não foram promovidos.

Acredita-se que Eiji Toyoda tenha conferido ênfase especial às responsabilidades de executivos. Quando Eiji era presidente, fez um discurso perante todos os chefes de seção em que levantou a seguinte questão (extraído da *Edição Especial do 40º Aniversário do Toyota Management*, janeiro de 1996, vol. 39):

> *Eu quero que usem suas próprias cabeças. E quero também que treinem seu pessoal ativamente sobre como devem pensar por si mesmos. Vocês podem estar todos encarregados de departamentos e seções dentro da empresa, mas não dará certo para vocês se simplesmente deixarem para seus subordinados tudo o que necessita raciocínio. Não estou dizendo que devam pensar sobre todos os problemas sozinhos. Mas, no mínimo, quero que sejam treinados para pensar e resolver questões mais importantes por si mesmos.*

Uma citação do diretor mencionada pela presidência do Comitê de Peças Comuns 1977 (Sachio Fukushima, 1978. *Toyota Parts Commonization from the Parts Planning Stage*, edição suplementar do jornal *IE*) ilustra com maior clareza esse comprometimento com o estilo de gestão da Toyota:

> *O objetivo desse comitê não está limitado a minimizar, através de padronização e de compartilhamento, o número de peças existentes neste momento específico, mas a estabelecer um sistema de gestão de trabalho de* design *de forma que a verdadeira padronização e o compartilhamento de peças comuns possam ser obtidos de maneira permanente.*
>
> *Precisamos satisfazer as demandas de desempenho e durabilidade com base em princípios de* design *fundamentais: leve, compacto, de baixo custo e com peças comuns.*
>
> *A busca por uma grade de peças comuns deve proceder de modelos já existentes. Nossa abordagem básica deve ser a de selecionar a partir daquilo que já possuímos. Mas devemos também estar dispostos a usar novos* designs *se resultar em peças que sejam mais leves ou mais compactas.*

Palavras como essas só podem vir de alguém acostumado a desenvolver soluções e políticas.

O administrador do Comitê de Peças Comuns assim respondeu:

> *Essas [ou seja, as do Presidente] palavras foram severas, mas elas nos deram um referencial para tomar decisões em situações em que estávamos lutando com demandas conflitantes. Foram extremamente úteis, ao darem a projetistas uma compreensão positiva de atividades de compartilhamento de peças comuns.*

É óbvio que a gestão monolítica da Toyota foi moldada com base nesse paradigma de iniciativa de liderança.

Demora

A liderança, na Toyota, demora bastante antes de tomar uma decisão, mas quando o faz, sua habilidade para executá-la é surpreendente. Já vimos como custou oito longos anos de deliberações para que o sistema de Centro de Desenvolvimento fosse implementado. Outro exemplo típico é o lançamento, em 1997, do veículo híbrido Prius, que teve suas raízes no Projeto G21, de 1991.

Antes de implementar um novo projeto, a Toyota se prepara através de deliberações sobre finalidades, meios, equivalência de riscos e formação de consenso, e isso tudo, inevitavelmente, leva tempo. A "perspectiva antecipatória" da Toyota traz a empresa para tais deliberações muito antes do que é comumente visto, e o tempo gasto em discussões antecipadas e exaustivas permite uma reação rápida a questões imprevistas que possam surgir mais tarde. O resultado é que a Toyota atinge seus objetivos muito mais rapidamente do que a maioria das empresas. Em seu *Inventor's Journal*, Sakichi Toyoda usa a expressão "arrastando" (*chin'utsu chidon*) para descrever as deliberações preliminares necessárias para antecipar o que virá depois. A Toyota adotou completamente o ensinamento de Sakichi.

Empresas pequenas, normalmente, gostam de falar sobre tomar "medidas rápidas e curtas" ou sobre o valor de ações "rápidas e rasteiras". Contudo, tal visão é perigosa. Mesmo quando um gestor enfatiza a necessidade de ação imediata como uma forma de precaução contra deliberações intermináveis, economizar em investigações preliminares ou omitir discussões preparatórias acaba por tratar de sintomas em vez da doença. Os gestores ficam satisfeitos com um alvoroço de atividade na fábrica, porque é fácil de se ver e pode aumentar os índices de operação de equipamento. A esperança, no final, se esvai quando os resultados comerciais positivos não aparecem no longo prazo.

Em *The Fifth Discipline: The Art and Practice of the Learning Organization,* Peter M. Senge alerta para que "não tratemos os sintomas". Uma solução que lide apenas com sintomas, em vez de causas, é normalmente boa apenas por um curto período de tempo. "No longo prazo", ele adverte, "o mesmo problema estoura novamente, e haverá mais chamados para tratar de sintomas. Ao mesmo tempo, há o perigo de que a habilidade de alguém para eliminar as causas de problemas venha a se deteriorar...".

"Arrastado" tem o mesmo significado que "cuidadoso e lento", o oposto de "rápido e rasteiro". Cultivar a antecipação institucional significa que esse "arrastar-se", na verdade, promove deliberações mais rapidamente, e discussões preparatórias significam que o tempo total é mais curto. O resultado é uma abordagem "cuidadosa e rápida" que acelera a chegada a objetivos.

"Rápido e rasteiro" e "medidas rápidas e curtas" nunca resultam em "cuidadoso e rápido".

Acompanhamento de assunto, *yokoten*

Acompanhamento de assunto e *yokoten* (propagação lateral) são aspectos distintivos da cultura organizacional da Toyota.

Conhecer alguém da Toyota é ficar impressionado com seu hábito de acompanhar os assuntos. Você pode esperar que essa pessoa seja gentil o suficiente para esquecer alguma questão problemática que certa vez ocorreu, mas ela, com certeza, se lembrará. Somente quando você lhe disser que, por uma razão ou outra, quer fingir que aquilo nunca aconteceu, é que ela fará o favor de abandonar o assunto. Não estamos falando, aqui, de regras de comportamento absolutas. Desde que a razão esteja clara, o funcionário da Toyota tem a flexibilidade de não insistir caso você tenha interrompido o assunto no meio. O objetivo é monitorar o que está acontecendo e rejeitar a falta de clareza. A ideia de que a Toyota está "monitorando" deve fazer com que inúmeras orelhas fiquem ardendo.

As atividades que se seguiram depois que a Toyota ganhou o CQT e o Prêmio Deming, introduzidos na década de 1960, são exemplos típicos de acompanhamento de assunto da empresa. A Toyota não apenas difundiu práticas otimizadas junto a seus fornecedores e revendedores, como também conduziu um rigoroso treinamento, no intervalo de poucos anos, para funcionários e chefes de departamento e de seção, uma prática que perdura até os dias de hoje (ver Capítulo 3). Esse exemplo de acompanhamento de assunto extrapola o nível de mera monitoração, e o eleva ao nível de construção ativa de conhecimento que tem de ser aprendido.

Koichiro Tokuoka, um dos vice-presidentes da Fleishman-Hillard Japan que trabalhou para a Nissan Motor, tinha isso a dizer sobre o assunto (Nikkei Information Strategy, jun. 2001. *Lectures on Nurturing Change Leaders*): "A diferença entre a Toyota, que construiu sistemas sólidos de produção e vendas, e a Nissan, que fracassou em fazê-lo e nunca manifestou seu potencial, reside na especulação se a empresa colocou ou não o princípio de *hansei*, ou de reflexão, em prática. [É por essa razão que a] Nissan nunca desenvolveu a habilidade organizacional de criar líderes de mudança".

Quando Tokuoka fala sobre reflexão, não está se referindo, simplesmente, à retrospecção. Ele quer dizer acompanhamento de assunto.

Outra palavra frequentemente ouvida na Toyota é *yokoten* (propagação lateral). Por volta de 1985, um executivo da Daihatsu rosnou:

Na Toyota, quando um problema aparece em um tipo de motor, eles fazem o que for preciso para solucioná-lo e, então, fazem melhorias (acompanhamento). Nesse ponto, a Daihatsu faz a mesma coisa. Na Toyota, entretanto, a regra é que essa melhoria seja experimentada em outros tipos de motores para ver se é melhor ou pior do que a prática atual. Se não for pior, eles então alteram o design e aplicam a melhoria a todos os tipos de motores (yokoten). A Toyota indica três benefícios nessa abordagem: (1) valoriza sua imagem ou apelo junto a clientes; (2) permite-lhes reduzir custos através de produção de peças comuns em grande quantidade; e (3) facilita o trabalho de unidades de manutenção. Pensamos que a ideia poderia ser boa para a Daihatsu, também, mas não conseguimos acompanhá-los.

Para achar as origens da cultura *yokoten* da Toyota, precisamos retroceder à década de 1960, quando Eiji Toyoda introduzia as práticas de CQT na empresa. A Toyota expandia-se rapidamente em meio ao movimento de motorização da época, e a empresa estava às voltas com problemas relacionados a qualidade, recursos humanos e comunicação interna. Eiji introduziu o CQT para resolver esses problemas. Em meio às atividades de CQT, Eiji costumava, com frequência, solicitar melhorias lateralmente relacionadas. Vice-presidente executivo da empresa à época, Eiji fez esse apelo, em junho de 1963, em um discurso dirigido a todos os chefes de divisão e de seção, como parte de uma cerimônia para anunciar aumentos de salários e novos compromissos:

> *Não havia tantos gestores quando a empresa era pequena. Nós nos víamos com frequência e podíamos falar uns com os outros. Acredito que nossos contatos eram fáceis e diretos. Entretanto, o tamanho da equipe aumentou significativamente nos últimos tempos, e penso que nossos contatos recíprocos ficaram bastante prejudicados. É por isso que eu quero que aqueles dentre vocês que ocupam posições de chefia trabalhem com afinco para estar em contato com pessoas do mesmo nível e para trocar informações detalhadas. Agora que temos várias fábricas de produção, há inúmeros grupos de pessoas espalhados pela empresa que fazem o mesmo tipo de trabalho que você. Quando uma fábrica aprender algo – isso inclui, por exemplo, conhecimento sobre acidentes e conhecimento sobre desempenho –, gostaria que vocês transmitissem esse conhecimento às outras fábricas, imediatamente. Nossa principal fábrica fez um trabalho incrível de aumento de eficiência, enquanto a Fábrica de Motomachi, sem saber disso, pesquisou em instalações de outras empresas e ficou impressionada. Isso não é um problema. (Janeiro, 1996. Toyota Management, Edição Especial de 40° Aniversário, vol. 39)*

Exatamente como o conselho de Eiji, de que se registrassem falhas e erros, levou as equipes a criar um sistema de "relatório de erros", não é difícil de imaginar que seu pedido de melhorias na solidariedade lateral tenha sido transmitido a funcionários de todos os departamentos, que então criaram mecanismos de *yokoten*.

Dinamismo

Experimentação

A Tokai Research and Consulting Company, um instituto privado de pesquisas, publicou um panfleto intitulado "Empresas que Ganham e Empresas que Perdem". O trecho aqui reproduzido é particularmente relevante:

> *Eis aqui as características dos vencedores: eles estão mobilizados para a concepção de planos interessantes. Determinam que táticas adotarão, analisando resultados de negócios projetados concluídos há alguns meses. Encontram meios originais e engenhosos de garantir que políticas de gestão permeiem a organização. Os perdedores são diferentes: apenas olham para os números do mês em curso e criticam as pessoas por causa deles. Pessoas que não conhecem a fábrica determinam novos planos com*

base em ações passadas. Suas instruções consistem inteiramente naquilo que consta de manuais, regras e prescrições. Iludem a si mesmos, pensando que políticas de gestão podem permear uma organização ao serem distribuídas em meio impresso. Apenas escrevem registros diários de negócios quando é conveniente. Em outras palavras, a diferença entre ganhadores e perdedores concentra-se nas pessoas que estão encarregadas da gestão.

"Não tenha medo de errar" é uma frase ouvida em quase todas as empresas. Mas as empresas em que tal atitude é verdadeiramente inserida na cultura organizacional são poucas e raras. A razão é simples: a maioria das empresas possui gestores do tipo "perdedor", conforme a citação anterior, cujo comportamento diário contradiz o significado da máxima "não tenha medo de errar".

Kaneyoshi Kusunoki, ex-vice-presidente executivo da Toyota Motor, observa: "Os gestores de alto nível da Toyota repreendem as pessoas que não tentam apresentar novas ideias ou que não aceitam novos desafios, mas não as pessoas que tentam algo e fracassam. O papel dos gestores seniores é considerado – e é assim percebido – o de ajudar seus subordinados com novas ideias ou desafios, e não o de criticá-los. Isso é o que torna a tentativa e o erro possíveis".

De acordo com Eiji Toyoda, "Não há problemas se você errar nesta empresa. Apenas não se intimide e não deixe de agir prontamente".

Iwao Isomura, vice-presidente da Toyota Motor, chegou a declarar que "o sucesso é a mãe do fracasso e o fracasso é o pai do sucesso".

A Toyota sofreu muito tempo com sua imagem de conservadora ou de empresa de segunda linha quando se tratava de fazer negócios. Em termos de tecnologia, entretanto, a Toyota sempre esteve à frente. O lançamento do Prius, finalmente, trouxe uma imagem mais precisa da empresa para a apreciação do mundo.

A Honda e a Toyota compartilham muito pouco em termos de cultura afim, mas em muito se assemelham, na forma como se conduzem ao confrontar desafios, sem medo de errar. Pode-se até dizer que a Honda supera a Toyota nesse aspecto. Enquanto a Toyota emprega uma expressão negativa (*Não tenha medo de errar*), a Honda expressa a mesma ideia em uma frase afirmativa: *"Erre!"*. Os funcionários e os chefes antigos, na Honda, dizem aos novos repetidas vezes que cometam erros. Uma frase afirmativa tem um impacto muito maior nas pessoas do que uma negativa. Anualmente, a Honda até entrega um Prêmio de Fracasso, no valor de 1 milhão de ienes, ao funcionário que tenha alcançado o maior e mais significativo fracasso. Dessa forma, o erro não é temido lá. Porém, na Honda, houve um grande número de funcionários que empreenderam apenas o que podem ser chamados de loucos desafios. A Honda foi a última empresa entrante no setor automotivo, mas acredita-se que esse aspecto de sua cultura tenha permitido que alcançasse um índice de lucros operacionais além da Toyota, possibilitando-lhe trilhar um caminho independente, sem correr o risco de ser alcançada na corrida global.

É fácil falar em não temer o fracasso ou o confronto de desafios, mas os bons resultados raramente são obtidos por puro acaso. Hipóteses independentes e uma abordagem experimental de verificação são indispensáveis. Esse espírito experimental é muito encorajado na Toyota e na Honda. É importante que gestores, funcionários mais antigos e chefias estimulem seus subordinados a experimentarem tão logo uma hipótese tenha sido criada.

Correr riscos

A predisposição em assumir riscos possui aspectos comuns com o espírito de experimentação, mas com pequenas diferenças. Por assumir riscos, entendemos a predisposição de lançar-se rumo ao desconhecido, uma vez que se tenha identificado um problema e ainda não se saiba qual a resposta correta. Você escolhe uma alternativa dentre as possíveis e a experimenta.

Essa predisposição para assumir riscos é exatamente aquilo a que Sakichi Toyoda se referia quando falava sobre pesquisa e criatividade e em estar à frente de seu tempo. "Abra as janelas", dizia ele. "Há um mundo inteiro lá fora."

A partir de sua perspectiva de engenheiro, Kiichiro Toyoda também escreveu sobre a predisposição de assumir riscos: "O Japão possui muitos engenheiros que trabalham em seus escritórios. Contudo, quando se trata de implementação, eles perdem a confiança e não têm a coragem de manter suas convicções quando as pessoas os criticam. Engenheiros como esses não podem criar automóveis. O sucesso, nessa indústria, requer que os engenheiros tenham coragem e determinação para implementar ideias".

Em uma entrevista com Eiji Toyoda, que é transcrita no livro *Origens do Sistema Toyota*,[16] publicado em 2001 por Takahiro Fujimoto e Koichi Shimokawa, vemos maiores evidências desse tipo de mentalidade:

Pergunta: O senhor tem gerido diretamente a Toyota desde que a empresa foi fundada. Qual foi a decisão mais difícil que já precisou tomar?

Sr. Toyoda: *Nenhuma decisão foi particularmente difícil. Ou talvez todas foram [risos].*

Pergunta: *Ouvi, certa vez, um Presidente Honorário dizer que a decisão de construir a fábrica de Takaoka foi muito difícil. A fabricação do Publica tinha apenas iniciado e, na época, só estava vendendo cerca de umas 7 mil unidades por mês. O novo Corolla ainda estava em estágio de design, e você construiu uma nova planta para fabricar 30 mil Corollas. Foi dito que aquela foi uma decisão arriscada.*

Sr. Toyoda: *Essa foi, certamente, uma grande decisão. Posso falar calmamente sobre ela, porque as coisas deram certo no final, mas se assim não fosse, teríamos afundado.*

Pergunta: *Essa acabou sendo uma decisão acertada. E essa foi a lacuna com a Nissan...*

Sr. Toyoda: *Foi um risco tremendo.*

Pergunta: *Para Motomachi, foi uma grande decisão, e para Takaoka, foi um grande sucesso.*

Sr. Toyoda: *Foi um risco. Eu deveria ter pensado muito antes de tomar aquela decisão, mas quando deu certo, esqueci de tudo aquilo [risos]. É por isso que eu digo que não houve decisão difícil. Se eu tivesse me dado mal, então eu me lembraria.*

O tom modesto de Eiji Toyoda de alguma forma mascara o que realmente sugere: quando você se deparar com um problema, pense nele com o máximo de empenho que puder e, se der certo, então o esqueça. O que é claro, entretanto, é que ele estava inclinado a assumir riscos.

A predisposição a assumir riscos não é o mesmo que negligência. Na realidade, significa uma escolha, dentre muitas outras, cuidadosamente consideradas, que é iluminada pelas convicções pessoais de quem a faz. Basicamente, nenhuma das alternativas irá resultar em um grande erro, porque todas foram bem consideradas.

Em suas falas, Eiji, com frequência, mencionava um professor de matemática que tivera na escola e lhe dissera: "Quando você pensa que está certo, quando pensa que sua resposta é boa, então seguir adiante pode torná-lo rei do céu e da terra. Continue seguindo em frente. Mantenha o curso. Avance sempre".

Essa mentalidade, que naturalmente está expressa no desejo de assumir riscos, também protege contra eventuais erros aqueles que são prisioneiros do sucesso.

Notas

1. Shigeo Shingo foi um pioneiro que analisou o Sistema de Produção da Toyota, sob o ponto de vista da engenharia industrial, e o popularizou através de inúmeros livros, incluindo *A Study of the Toyota Production System from an Industrial Engineering Viewpoint* (versão para a língua inglesa publicada pela Productivity Press, 1989).
2. *yuiga dokuson.*
3. *Toyota-shiki hitozukuri monozukuri.*
4. *jishu kenkyukai.*
5. *Toyota Jidosha Nijunen-shi.*
6. *Atarashii Kigyo Sosiki no Sozo.*
7. *Toyota no Soshiki Kaikaku o Kangaeru.*
8. *Toyota Gijutsu.*
9. *Toyota Shisutemu no Romu Kanri.*
10. *Toyota-shiki Hitozukuri Monozukuri.*
11. *Nihon kigyo ga motsu 'C-kyu-sei' no maryoku, Nikkei Bijinesu.*
12. Sobek, II, D.K.; Liker, J.K.; Ward, A.C. "Another Look at Toyota's Integrated Product Development", *Harvard Business Review*, v. 76, n. 4, jul.-aug., 1998; p. 36-49.*Toyota Seihin Kaihatsu o Sasaeru Soshiki Noryoku. Daiyamondo Habado Bijinesu.*
13. *Seisan Shisutemu no Shinkaron.*
14. *Toyota no Himitsu.*
15. *Toyota no Hoshiki.*
16. *Toyota Shisutemu no Genten.*

3 O SISTEMA TOYOTA DAS FUNÇÕES DE GESTÃO

O CONTROLE DE QUALIDADE TOTAL (CQT) DA TOYOTA

O estabelecimento e a consolidação sistemática do sistema das funções de gestão da Toyota começou com a introdução do Controle de Qualidade Total (CQT), em 1961. As atividades de CQT na Toyota foram além da qualidade, atingindo todas as gestões de funções importantes, incluindo custos, pessoal, trabalho administrativo e informações. Como resultado, o CQT na Toyota envolveu atividades para consolidar e facilitar todas as funções administrativas da empresa. O sistema de gestão característico da Toyota surgiu quando a empresa concorria ao Prêmio Deming, que recebeu em 1965. O sistema de gestão criado nessa época estabeleceu a base do atual sistema da Toyota. Discutir e aprender a partir desse sistema exige que conheçamos a história do CQT da empresa. Não é exagero dizer que o segredo da administração da Toyota reside em seu CQT. Lendo as histórias oficiais de 30, 40 e 60 anos da empresa Toyota Motor, isso fica claro.

Masao Nemoto, ex-diretor financeiro da Toyota Motor que desempenhou um papel importante na década de 1960, quando o CQT foi introduzido e desenvolvido dentro da empresa, afirma que os métodos da Toyota se baseavam em sete elementos: "(1) CQT, (2) engenharia simultânea (ES), (3) Sistema Toyota de Produção (STP), (4) desenvolvimento de recursos humanos, (5) relação de confiança entre administração e trabalhadores, (6) relacionamentos de longo prazo com fabricantes de peças e (7) relacionamentos de longo prazo com revendedores" (Fujimoto, Takahiro e Koichi Shimokawa, 2001. *Origins of the Toyota System*). A Figura 3.1 apresenta uma estrutura que confirma essa afirmação básica.

Um sistema de negócio ou de gestão é composto por dois subsistemas: um sistema das funções de gestão, que faz a organização funcionar, e um sistema das funções de produção, que gera produtos. Na Toyota, (1) o CQT foi introduzido e posicionado para abarcar ambos o sistema das funções de gestão e o sistema das funções de produção.

O sistema das funções de produção pode ser ainda dividido em um novo processo de desenvolvimento de produto, a fim de introduzir novos produtos no mercado, e em um processo de produção mais detalhado, que, regularmente, produz, embarca, vende e oferece serviços a produtos. Na Toyota, o primeiro é executado através da (2) engenharia simultânea (ES), e o outro é o foco do (3) Sistema Toyota de Produção (STP).

Uma vez que o CQT lida com o gerenciamento de qualidade das pessoas, (4) o desenvolvimento de recursos humanos pode ser situado na mesma região do (1) CQT. Os (5) sindicatos, os (6) fabricantes de peças, os (7) revendedores e outras organizações estão localizados em posições apropriadas, na periferia da Toyota.

Nemoto não toca no assunto, mas um elemento do sistema de gestão de funções da Toyota que não podemos ignorar abrange as normas administrativas (regras, pre-

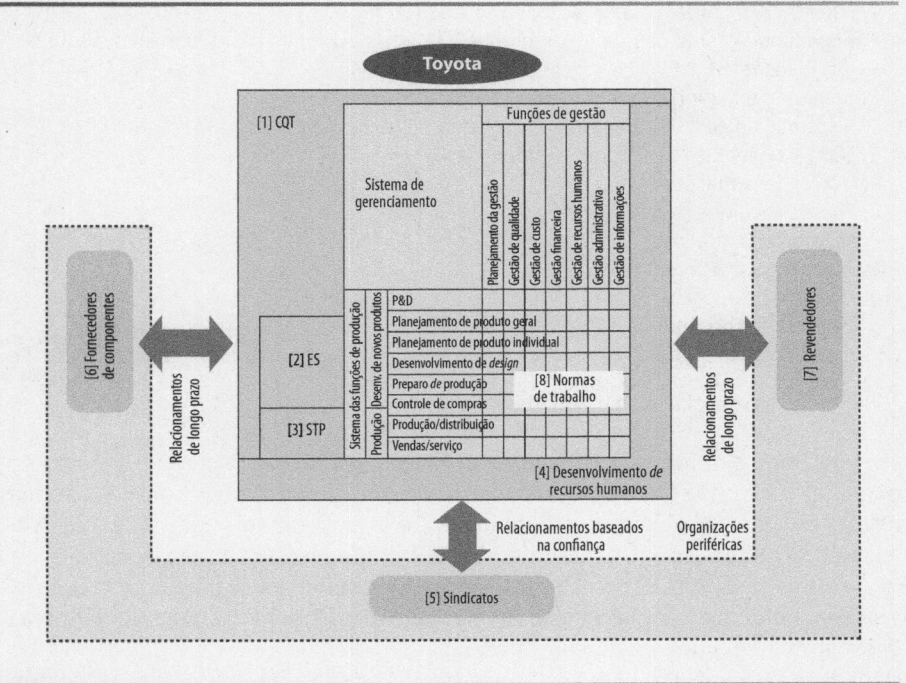

Figura 3.1 O método da Toyota.

ceitos e guias) discutidas no Capítulo 1. As normas administrativas funcionam como um sistema de gestão, conectando as funções de gestão às funções de produção; assim, incluí as (8) normas de trabalho na intersecção da matriz formada por esses dois elementos. As normas administrativas da Toyota documentam e sistematicamente formalizam o conhecimento tácito gerado pelo CQT, pela ES, pelo STP e pelas atividades de desenvolvimento de recursos humanos. Fazendo isso, eles formam uma estrutura sólida para o sistema de gestão da Toyota como um todo.

Discutiremos o sistema Toyota das funções de gestão no Capítulo 3 e as funções de produção, no Capítulo 4.

Observe, por favor, que no texto a seguir citamos livremente as histórias de 20, 30, 40 e 50 anos da Toyota Motor Corporation sem indicar as fontes precisas de cada uma. As fontes das demais citações encontram-se indicadas.

O que é CQT?

Devemos começar definindo a essência do CQT. O regulamento do Prêmio Deming, divulgado pelo Sindicato dos Cientistas e Engenheiros Japoneses (JUSE), oferece dez categorias de avaliação:

1. Liderança em alta administração, visão e estratégia.
2. Sistema de gestão da qualidade total – GQT (gerenciamento diário, gerenciamento por diretrizes, etc.).
3. Sistema de garantia da qualidade.
4. Sistemas de gestão por elemento de gestão (custo, entrega, segurança, etc.).
5. Desenvolvimento de recursos humanos.
6. Uso de informações.
7. Filosofia, valores da GQT.
8. Métodos científicos.
9. Força organizacional (tecnologias centrais, rapidez, vitalidade).
10. Contribuição para a realização de metas da empresa.
    a. Alcance contínuo de metas da empresa.
    b. Bom relacionamento com clientes, sociedade, relacionamentos com parceiros de negócios e acionistas, etc.
    c. Resultados e planos futuros.

Em função do seu nome, a GQT tende a ser interpretada ou como um sistema de qualidade que visa somente à gestão da função da qualidade ou como um sistema de gestão com um viés para a qualidade. Contudo, como as categorias de avaliação do Prêmio Deming apresentam, a GQT abrange quase todas as funções de gestão, desde as atitudes da alta administração e sistemas de gestão para custos, recursos humanos e informações. Essas categorias podem não ter sido definidas dessa forma quando a Toyota introduziu o CQT e quando se candidatou ao Prêmio Deming, na década de 1960, mas, considerando o subsequente curso dos acontecimentos, acreditamos que seja justo afirmar que a Toyota abraçou o CQT a partir de uma perspectiva semelhante.

Como a Toyota introduziu o CQT

Nas observações que fez por ocasião da avaliação *in loco* do Prêmio Deming, em 20 de setembro de 1965, Eiji Toyoda explicou o que levou a Toyota a introduzir o CQT na empresa:

> Lançamos as vendas do Crown, o primeiro verdadeiro carro de passeio do Japão, no início de 1955 e fomos bem-sucedidos, uma vez que a reação do mercado foi muito positiva. A empresa cresceu rapidamente depois disso. Também surgiram vários problemas. O número de funcionários dobrou, e a produção cresceu sete vezes, mas as melhorias de qualidade não acompanharam os ganhos de eficiência. Com o aumento de novos funcionários, a formação inadequada, os gestores inexperientes e com habilidades insuficientes e a comunicação lateral insatisfatória tornaram-se problemas notáveis. Ao mesmo tempo, a concorrência com base na qualidade estava se intensificando entre as empresas da mesma linha de negócio. De nossa parte, percebemos, primeiramente, que a alta administração tinha que tornar os objetivos da qualidade mais claros e assegurar que todos os funcionários os compreendessem. Em seguida, tínhamos de criar sistemas que ampliassem a cooperação funcional entre os vários

departamentos. Na base dessas duas realizações, decidimos expandir nossas atividades de controle da qualidade (CQ) para toda a empresa.

O pensamento da Toyota para a introdução do CQT envolveu enfrentar o modo como a empresa estava atuando (ou seja, encarar suas fraquezas de pessoal e de organização) e, assim, expor seus problemas com honestidade. Esse foi o primeiro fator para o sucesso da empresa com o CQT, e isso possibilitou à Toyota evitar a Lei de Packard, que afirma que nenhuma empresa pode ter sucesso quando o crescimento das vendas consistentemente supera o crescimento da competência das pessoas.

Introdução do CQT e recebimento do Prêmio Deming

Os pontos a seguir foram mencionados como metas ou foram questões-chave na introdução e promoção do CQT na Toyota:

Propósitos da promoção do CQT

1. Resistir à liberalização do comércio e a outras condições controvertidas, através do desenvolvimento de uma Toyota de padrão internacional de excelência tanto em forma quanto em conteúdo.
2. Conduzir uma reforma memorável na gestão.
3. Permitir o desenvolvimento e a fabricação de produtos de alta qualidade e baixo preço.

Aspectos de promoção fundamentais

1. Aumentar a consciência de qualidade e custo através da participação total dos funcionários e estabelecer um sistema de gestão por função.
2. Conduzir o planejamento de novos produtos adequado às tendências de demanda e facilitar a introdução de novos produtos.
3. Fortalecer sistemas de cooperação com a Toyota Motor Sales e com os fornecedores mais importantes.

Princípios básicos para atividades

1. Aplicar completamente o princípio de Qualidade em Primeiro Lugar.
2. Aplicar completamente os princípios de construir qualidade no processo e de garantir os processos subsequentes.
3. Aumentar a consciência do problema e promover a melhoria contínua (*kaizen*).
4. Ser implacável na procura de causas do problema e na prevenção de recorrências.
5. Promover gerenciamento baseado em fatos e dados.
6. Deixar claras as responsabilidades de trabalho, melhorar e padronizar a condução do trabalho.
7. Promover o gerenciamento, através da participação total dos funcionários (gerenciamento pelas diretrizes, círculos de controle de qualidade [CCQ]).

O Quadro 3.1 apresenta a história da época em que a Toyota introduziu o CQT até o recebimento do Prêmio Deming.

Primeiro estágio (Introdução, 1961-1962)

O Comitê de Controle de Qualidade e sua unidade administrativa, o Departamento de Controle de Qualidade, exerceram papéis fundamentais no primeiro estágio da introdução do CQT, realizando uma campanha educacional para aumentar a consciência de custo e qualidade e disseminar o treinamento de controle *de* qualidade (CQ). Ao mesmo tempo, um movimento foi lançado para reduzir os defeitos pela metade.

Uma vez que esses esforços ampliaram a consciência a respeito dos benefícios e efeitos do controle *de* qualidade (CQ), a visão tradicional de produção no chão de fábrica, que afirmava que a qualidade melhoraria se as inspeções fossem reforçadas, começou, gradualmente, a mudar em direção àquilo que, em controle *de* qualidade (CQ), é denominado "construção *de* qualidade no processo". Esses esforços produziram frutos e, para as reclamações de clientes, defeitos de materiais e processos e retrabalho, a Toyota obteve sucesso em atingir sua meta inicial de reduzir os defeitos pela metade.

Quadro 3.1 Antes de receber o Prêmio Deming

Estágio	Estágio 1 (introdução)		Estágio 2 (promoção)		Estágio 3 (estabilização)
Ano	1961	1962	1963	1964	1965
Auditorias gerais		Ciclo 1 Julho	Ciclo 2 Janeiro; Ciclo 3 Outubro	Ciclo 4 Fevereiro; Ciclo 5 Junho	Ciclo 6 Março
Ênfases/ Política	1. Introduzir o CQT na empresa. Alcançar padrões internacionais de qualidade e custo. 2. Realizar campanha para reduzir defeitos pela metade.		1. Promover o CQT. Preparar o sistema para a obtenção do Prêmio Deming. 2. Preparar o sistema para a gestão por função.	1. Deixar clara a filosofia de gestão para cada função e completar o sistema de gestão. 2. Aumentar o nível de técnicas estatísticas.	1. Estabelecer sistemas de gestão com ênfase na garantia de qualidade e gestão de custo. 2. Introduzir, aplicar e gerenciar, de modo completo, políticas amplas em todos os departamentos.
Tema da promoção principal	Redução pela metade de defeitos envolvendo reclamações, falta de material, retrabalho, etc.		Facilitar o lançamento do RT40 (Corolla)	Preparo e conclusão do sistema de gestão, promoção de todo o sistema, incluindo Toyota Motor Sales e Fornecedores	
Departamento	Departamento de Controle de Qualidade		Unidade de Pesquisa Planejamento	Unidade de Promoção de Controle de Qualidade (CQ)	

No decorrer de três dias, de 19 a 21 de julho de 1962, a Toyota realizou sua primeira auditoria em toda a empresa. Essa auditoria revelou vários problemas, incluindo a compreensão insuficiente do verdadeiro propósito das políticas da empresa e as inconsistências resultantes em meio às políticas divisionais concebidas para implementá-las.

Quase que imediatamente, as políticas de gerenciamento, que já haviam sido anunciadas, foram codificadas, e foram feitos planos para assegurar que cada funcionário fosse informado dessas políticas. No início de 1963, uma política empresarial composta de três partes – uma política básica, uma política de longo prazo e uma política anual – foi passada aos chefes e subchefes de departamentos e aos chefes de seção. Elas especificavam orientações de como a Toyota deveria proceder e que metas deveria alcançar; também esclareciam várias medidas com o fim de realizar essas metas. Ao mesmo tempo, a essência da política da empresa foi comunicada e distribuída para posições de líder de grupo e superiores; assim, cada um poderia se familiarizar com ela. Os resultados da auditoria foram relacionados com o Sistema de Gestão pelas Diretrizes da Toyota, que discutiremos mais adiante.

Consolidar uma política empresarial – que consiste em uma política básica, uma política de longo prazo e uma política anual – e, então, ter a certeza de que todos os gestores estão completamente familiarizados com ela é fundamental para administrar uma empresa, mas um número surpreendente de empresas fracassa ao implementar, sistematicamente, tais políticas. Estudar o desdobramento da política da Toyota beneficiaria qualquer empresa em que políticas básicas, políticas de longo prazo e políticas anuais não estivessem relacionadas umas com as outras, em que o discurso do presidente sobre política anual não estivesse de acordo com as políticas empresariais anteriores, em que as políticas de um ano são desenvolvidas sem fazer um levantamento das políticas do ano anterior ou em que as políticas escritas por cada divisão são apenas agrupadas juntas.

Segundo estágio (Promoção, 1963-1964)

A primeira auditoria de CQT realizada em toda a Toyota enfatizou outro problema: o de coordenação insuficiente entre os diferentes departamentos da empresa. No segundo estágio, o de promoção, a empresa considerou de nova maneira o trabalho de cada departamento, em termos de suas funções, e consolidou e firmou um novo sistema de gestão por função. Um mapa do sistema de gestão por função foi apresentado (ver Figura 1.4, p. 63), e o fluxo de trabalho e as normas relacionais, dentro de funções e entre funções, foram examinados e consolidados. Em nível departamental e de seção, documentos e outros materiais foram preparados, a fim de distribuir e coordenar o trabalho entre os vários setores, de acordo com o fluxo de trabalho apresentado no mapa do sistema, a fim de esclarecer questões administrativas e pontos de controle para os gestores.

Em março de 1963, a antiga nomeação dos membros de equipe para divisões foi abolida em favor de um sistema em que eram dadas a múltiplos membros de equipe responsabilidades interfuncionais (ver discussão abaixo). Isso era feito porque, à época da segunda auditoria da empresa, alguns membros de equipe se tornaram representantes favorecidos por suas funções, e isso era visto como um elemento que prejudicava a cooperação divisional. Em um primeiro momento, esse novo sistema foi criado para fazer referência às reuniões de equipes por função; mais tarde, evoluiu para conselhos de função.

Terceiro estágio (Estabilização, 1964-1965)

Fukio Nakagawa, presidente e diretor-executivo da Toyota, afirmou que a empresa ganharia o Prêmio Deming dentro de um ano. Isso foi o ponto de partida para as atividades do Estágio 3. As relações entre as várias funções foram consolidadas, juntamente com dois temas de controle de qualidade e de custo. No que diz respeito ao controle de qualidade, investiu-se em um trabalho cuidadoso visando ao alcance de metas de estabelecimento de qualidade em cada processo e de garantia de qualidade no processo seguinte. Esse esforço foi enfatizado pela substituição do termo "garantia de qualidade" por "controle de qualidade". A fim de ter certeza de que essa filosofia havia penetrado na organização, a Toyota padronizou itens que precisavam ser implementados em cada posto e utilizou esses padrões para estabelecer uma base de atividades de garantia de qualidade por toda a empresa.

Com relação ao controle de custos, a Toyota concentrou-se em três áreas: planejamento de custos, manutenção de custos e melhoria de custos. Ao mesmo tempo, renovou relações com atividades de garantia de qualidade e olhou de maneira diferente para detalhes de atividades de controle de custos em cada etapa do processo, desde o planejamento de produto até vendas. Os resultados disso foram resumidos nas Normas de Controle de Qualidade formais.

Dessa maneira, um sistema de gestão por função foi finalmente criado através da combinação sistemática da garantia de qualidade com o controle de custos.

Os membros de equipe envolvidos com funções individuais e com unidades administrativas passaram a exercer papéis centrais na promoção da garantia de qualidade, no controle de custos, na gestão de recursos humanos, na gestão administrativa e em outras funções que perpassam toda a empresa. Além disso, o desenvolvimento de cada setor conectado a essas funções foi coordenado e promovido através de auditorias em toda a empresa e por outros meios.

A Toyota também reuniu programas de treinamento de equipes, equipes de controle de qualidade (CQ), círculos de controle de qualidade (CCQ) e outras unidades de promoção em cada nível e realizou de maneira vigorosa e implacável o que foi, literalmente, o controle de qualidade (CQ) através da participação total.

Em maio de 1965, a Toyota anunciou, formalmente, sua candidatura ao Prêmio Deming, a ser concedido naquele mesmo ano. Em 20 de junho, apresentou um relatório do *status* do controle de qualidade ao comitê do Prêmio Deming e foi submetida a uma inspeção de documentos. Um total de 74 avaliadores externos conduziu, subsequentemente, inspeções locais minuciosas, começando com a filial de Tóquio, em 25 de agosto, a fábrica de Motomachi, em 30 e 31 de agosto, e a sede da empresa, em 20 e 21 de setembro. Como resultado dessas inspeções, o comitê do Prêmio Deming decidiu, em sua reunião de 11 de outubro, agraciar a Toyota naquele ano.

A disputa do Prêmio Deming foi uma importante operação para todos dentro da empresa. Um observador relembrou que "os funcionários não podiam ajudar, mas estavam motivados a tentar o seu melhor quando viam que os membros das equipes estavam diminuindo suas horas de sono, a fim de disputar o prêmio" – prova de que o exemplo de liderança de equipe estimulou e fortaleceu a todos, no que diz respeito a atingir a meta.

Efeitos da introdução DO CQT e do recebimento do Prêmio Deming

O Diretor Administrativo Shoichiro Toyoda, como vice-diretor da Unidade de Promoção de Controle de Qualidade (CQ) da Toyota, liderou pessoalmente os esforços de CQT. Resumiu os efeitos da introdução do CQT em toda a empresa, em um discurso proferido em 30 de julho de 1966, durante um curso executivo especial, no 10º Seminário de Controle de Qualidade:

Efeito nº 1

Melhor qualidade de produto. Os custos de defeitos de material e processamento e as reclamações por veículo caíram e, em março de 1963, com base em estimativas procedentes desse fato, estávamos, confiantemente, à frente de outras empresas na extensão de nosso período de garantia.

Efeito nº 2

A participação no mercado doméstico de carros de passeio cresceu, e as exportações aumentaram como um todo. Isso foi resultado da aplicação de pensamento e de métodos de CQT a objetivos de planejamento e lançamento de novos produtos. Além disso, o sistema de cooperação entre os setores relacionados avançou, e o tempo utilizado para alcançar os números de produção previstos melhorou notavelmente. Isso nos permitiu satisfazer as demandas do mercado.

Efeito nº 3

Os custos caíram conforme havíamos previsto. A consciência de qualidade e de custo alastrou-se por toda a empresa e, como resultado, a promoção do CQT junto a temas de qualidade e custo trouxe resultados extremamente favoráveis. O balanço da empresa melhorou, e éramos capazes de prestar serviços significativos a consumidores através da redução de preços.

Outros efeitos

Observamos melhorias consideráveis na "constituição" ou saúde básica da Toyota. Os gestores aprenderam métodos de gerenciamento, e as relações humanas melhoraram significativamente em toda a empresa. Formou-se um sistema em que todos, desde os fornecedores até a própria venda de veículos, cooperaram para alcançar objetivos comuns. As responsabilidades e a autoridade tornaram-se mais claras e foram criados fóruns, em que discussões francas podiam acontecer. Como resultado, Normas de Garantia de Qualidade e Normas de Controle de Custos foram padronizadas e a administração, estabilizada.

O comentário a seguir sobre a introdução do CQT, feito por um empregado da empresa na época, mostra de que maneira foi percebido pelos funcionários comuns:

> *Nas reuniões em que os membros de equipe apresentavam os resultados das atividades de CQ, o consultor lançava questões sobre por que um problema em particular havia sido escolhido ou qual era a questão. Cada vez que ele fazia isso – mesmo quando outra pessoa estava fazendo a apresentação –, eu sentia que estava, gradualmente, aprendendo o que era gerenciamento e que estava crescendo a cada dia. Estou certo de que, quando ouviram que o vencedor do Prêmio Deming havia sido escolhido, todos na empresa estavam pensando secretamente que agora nós realmente começaríamos a fazer CQ. É verdade que o preparo para vencer o Deming envolveu uma série de questões formais e gastamos muita energia fazendo isso. Contudo, agora estou pronto para iniciar o trabalho em um novo CQ. Além de olhar o negócio de outra maneira, estou ansioso por uma segunda campanha para desenvolver um tipo de CQ equilibrado, que envolva todo mundo e esteja integrado com nosso trabalho.*

Atividades pós-recebimento do Prêmio Deming

A Toyota que conhecemos hoje não existiria se o CQT tivesse sido um negócio de pouca importância. A introdução do CQT e o recebimento do Prêmio Deming foram apenas o ponto de partida. A Toyota tem, cuidadosamente, mantido e expandido o CQT – atividades relacionadas diretamente com o presente. A Nissan Motor venceu o Prêmio Deming em 1960, cinco anos antes da Toyota, mas um recuo após o recebimento do mesmo fez da empresa um "cemitério para o CQ". A Toyota, por outro lado, fez do Deming um "berço para o CQ" e tem sustentado seus esforços de CQ até hoje. A seguir, analisaremos as atividades do CQT da Toyota, desde a época do recebimento do Prêmio Deming até os dias de hoje.

Acompanhamento de atividades após o recebimento do prêmio

No 10º Seminário de Controle de Qualidade mencionado anteriormente, Shoichiro Toyoda descreveu o que aconteceu após a Toyota vencer o Prêmio Deming:

> A partir do momento em que nos colocamos como candidatos ao Prêmio Deming, minha maior preocupação era como sustentaríamos o CQ depois que o processo de avaliação estivesse terminado. Os objetivos apresentados pelo Prêmio Deming nos permitiram fazer um progresso rápido no CQ, mas eu estava observando ao redor para ver qual a forma que o recuo tomaria. Agora, as coisas são diferentes. Todos na empresa percebem que o CQ é uma ferramenta útil e conveniente e estão ansiosos e felizes para continuar realizando-o.

A Toyota prestou muita atenção no caminho pelo qual o CQ terminou sendo o cemitério da Nissan e se precaveu para não cair na mesma armadilha. Quando foi agraciada com o Prêmio Deming, aproveitou a oportunidade não somente para rever o progresso do CQT desenvolvido até então, mas também para traçar políticas para a sua promoção no futuro:

1. Promoveremos um controle de qualidade (CQ) completo, centrado na Toyota, mas que também abranja nossos parceiros, tais como fornecedores e distribuidores.
2. Não ficaremos atrelados à forma, mas estabeleceremos sistemas de gestão simples e eficazes. Mudaremos o ciclo de gestão rapidamente, com ênfase rigorosa nas etapas de verificação e ação.
3. Conduziremos um planejamento completo e amplo e, em harmonia com os vários sistemas de gestão e com uma perspectiva de longo prazo, implementaremos decisões rápidas e corretas.

Em dezembro de 1965, com a lembrança de haver ganhado o Prêmio Deming ainda muito viva, a Toyota realizou sua sétima auditoria em toda a empresa, verificando, entre outras coisas, que políticas anuais haviam sido alcançadas e que planos de ação foram estabelecidos em resposta às recomendações do comitê do Prêmio Deming. Os resultados dessa auditoria refletiram-se em uma declaração de uma política e *slogans* para a companhia em 1966 ("Assegurar a Qualidade em Toda a Toyota", "Eliminar o Desperdício de Material e Tempo"). Ao mesmo tempo, a empresa começou a ampliar sua cooperação com os fornecedores, no que diz respeito às questões de controle de qualidade (CQ).

Atividades para "assegurar a qualidade em todas as atividades na Toyota" (1965-)

Quando a Toyota venceu o Prêmio Deming, o comitê de premiação informou que uma questão pendente era a melhoria de relacionamento com os fornecedores. A Toyota sabia que esse era um de seus pontos fracos e então, no início de 1966, começou a expandir o CQT para sua base de suprimentos. Estimulou os fornecedores a inteirarem-se sobre o CQT e promoverem-no, independentemente. A Toyota ofereceu assistência indireta e acompanhou atentamente os resultados em termos de qualidade e custos.

A empresa também introduziu a Conferência de Controle de Qualidade Total como parte da sétima edição do Mês da Qualidade, um evento anual realizado em novembro daquele mesmo ano. A primeira conferência aconteceu em 25 de novembro, no Centro de Educação Toyota e no Toyota Hall. Naquele dia, 250 pessoas ligadas a 70 fornecedores, 15 pessoas da Toyota Motor Sales e de distribuidores e 250 pessoas da Toyota Motor Corporation participaram, entusiasticamente, das sessões de apresentação e dos painéis de discussão.

Esforços como esses deram frutos. Kanto Jidosha Kogyo candidatou-se ao Prêmio Deming de 1966 e o ganhou. Em 1967, a Kojima Press Industry Co., Ltd., venceu o prêmio na categoria empresa de pequeno e médio porte.

A Toyota, em outras palavras, não esmoreceu após ganhar o Deming. Dentro e fora da empresa, continuou a expandir e aplicar o CQT.

Segunda avaliação do Prêmio Deming (1970)

A motorização do Japão prosseguiu a passos rápidos na década de 1960 e, no espaço de poucos anos, a Toyota cresceu rapidamente em relação ao número de veículos produzidos e ao número de funcionários e de equipamentos de produção. A filosofia e os métodos de CQT ajudaram muito nessa vigorosa expansão, mas o número de pessoas não familiarizadas com o pensamento do CQT cresceu da mesma forma. Por essa razão, a Toyota decidiu disseminar a filosofia e os métodos do CQT. A empresa adotou uma política de promoção do CQT visando à segunda avaliação do Prêmio Deming, em 1970.

Mais ou menos nessa época, o Sindicato dos Cientistas e Engenheiros Japoneses (JUSE) decidiu dar o Prêmio Controle de Qualidade Japão às empresas que uma segunda avaliação do Deming identificou como tendo alcançado um alto nível de excelência. Um grupo do comitê do Prêmio Deming visitou a Toyota em setembro de 1970 e realizou uma avaliação vigorosa durante dois dias. Como resultado, a Toyota foi reconhecida pelos destacados resultados em manutenção e melhoria *de* qualidade através de atividades por toda a empresa, e o Sindicato dos Cientistas e Engenheiros Japoneses decidiu premiá-la com o Prêmio Controle de Qualidade Japão.

Criação do Prêmio de Controle de Qualidade Toyota e atividades para expandir práticas aos fornecedores (1969-)

A Toyota promoveu atividades de CQT entre seus fornecedores desde que venceu o Prêmio Deming. Para aumentar ainda mais a penetração de práticas de CQT entre eles, a empresa instituiu, em 1969, o Prêmio de Controle de Qualidade Toyota, visando a motivar seus fornecedores, oferecendo-lhes metas atingíveis.

Shoichi Saito liderou o comitê de avaliação que realizou a primeira avaliação do prêmio, na Kojima Press Industry Co., em junho de 1970. Avaliações subsequentes foram conduzidas em empresas como a Futaba Industries, a MTP Chemical e a Taiheiyo Kogyo, todas elas premiadas com o Prêmio de Excelência naquele mesmo ano.

Diante da iminente liberação de capital, os fornecedores foram enormemente motivados a repensar seus negócios. Problemas de *recall* também ocorreram em abundância, e as preocupações com a garantia de qualidade foram crescendo mais seriamente. Esse sistema provou ser um extraordinário estímulo para muitas empresas.

Aprofundamento do CQT com programas para ampliar habilidades de gerenciamento (1979-1980)

No início de 1978, a Toyota começou a rever a forma pela qual eram gerenciadas suas reuniões de conselho e a fortalecer a gestão de conselhos de função específica para qualidade, custo e engenharia, etc. Uma das questões importantes com que precisava lidar era a necessidade de melhorar as habilidades de gestão. Os líderes da empresa sentiram que as melhorias na eficiência de funções administrativas e indiretas deixavam para trás a racionalização da produção no chão de fábrica e que havia mais e mais gestores que não tinham experimentado as avaliações relacionadas ao Prêmio Deming ou ao Prêmio Controle de Qualidade Japão. O compromisso de "melhorar as habilidades administrativas e aperfeiçoar as tecnologias patenteadas" foi acrescentado à política da empresa para o ano de 1979, e, durante dois anos, um programa de melhoria das habilidades de gestão foi desenvolvido.

No ano seguinte, a declaração da política da Toyota para 1980 exigiu que cada divisão tornasse seu trabalho mais eficaz através do estabelecimento de um sistema inteiramente novo para conduzir o negócio. A divisão de engenharia fora, no passado, dispensada desse tipo de atividade, e alguns eram de opinião de que os gestores e o pessoal de supervisão de alto nível de especialização não deveriam participar. O presidente e diretor-executivo, Eiji Toyoda, não pensava assim, contudo, e declara que "as pessoas que mais necessitam de habilidades de gestão são exatamente aquelas que têm de administrar persuadindo indivíduos que não são seus subordinados". E fez disso uma atividade verdadeiramente de toda a empresa; todos os membros de equipe, do vice-presidente executivo Shoichiro Toyoda para baixo, despenderam dois anos ouvindo exemplos de melhorias de todos os gerentes e subgerentes de departamento e tentando entender a essência desses problemas.

Prática de CQT implacável após a fusão da Toyota Motor Company (TMC) com a Toyota Motor Sales (TMS) (1983)

A nova Toyota Motor Corporation surgiu da fusão da Toyota Motor Company com a Toyota Motor Sales, em 1982, com Shoichiro Toyoda assumindo o posto de presidente e diretor-executivo da nova empresa. Em fevereiro do ano seguinte, Shoichiro criou uma Unidade de Promoção de CQT para prosseguir com o programa All Toyota na nova empresa, a fim de melhorar a saúde do grupo Toyota e promover o desenvolvimento de novas pessoas internamente através de CQT.

Em junho, a empresa realizou um treinamento geral de CQ para todos os executivos abaixo do presidente. Depois de uma palestra do professor emérito Tetsuichi Asaka, da Universidade de Tóquio, houve discussões em grupo sobre problemas de gestão enfrentados pela empresa. Mais de 40 executivos participaram e almoçaram juntos, junto ao Lago Hamana, durante três dias, participando de inúmeras discussões de sucesso.

Penetração do CQT nas vendas (1981-)

O ano de 1981 viu a introdução de atividades de CQ em pontos de venda. Uma sessão de estudo da alta administração ocorreu em 1982, com o objetivo de identificar o conhecimento e as práticas necessárias para fortalecer o gerenciamento. Em agosto e depois, no mesmo ano, ocorreram sessões de apresentação de atividades do círculo de CQ, a fim de oferecer um fórum para a troca de informações sobre o *status* de atividades e amostras de resultados, bem como para que os distribuidores pudessem aprender uns com os outros. Em 1983, foi criado o Prêmio de Promoção de CQ dos Distribuidores da Toyota, com a finalidade de dar reconhecimento a distribuidores-modelo e elevar o nível de vendas dos pontos de venda, de maneira geral.

Expansão da GQT para o Laboratório Central de P&D da Toyota (1995)

O Laboratório Central de P&D da Toyota sempre foi um território sagrado, mas, em 1995, a empresa introduziu, até mesmo lá, o GQT (em 1995, o JUSE mudou a designação de CQT para TQM/GQT – Total Quality Management/Gestão de Qualidade Total). O objetivo era revolucionar a administração para aumentar o valor dos laboratórios em um ambiente econômico cada vez mais arriscado. A gestão por diretrizes consolidou-se mais ou menos após o período de experiência de um ano e de três anos de expansão dentro de toda a organização, e vários novos sistemas para os laboratórios foram desenvolvidos e implementados nesse período. A gestão por diretrizes provou ser tão eficaz para laboratórios quanto fora para outros departamentos, e a empresa relatou que a filosofia e os métodos da GQT ofereceram várias dicas para a otimização da pesquisa. (*Hinshitsu*, periódico da Japan Quality Control Society, out. 2000 e jan. 2001.)

O SISTEMA DE PLANEJAMENTO DE NEGÓCIO GRUPO DE TOMADA DE DECISÕES

Os grupos administrativos de tomada de decisões na Toyota são apresentados na Figura 3.2.

A forma básica desses grupos de tomada de decisões foi estabelecida em 1962, durante a introdução do CQT e em 40 anos não foi mudada.

O conselho de vice-presidentes executivos é composto por gestores de nível de vice-presidente executivo para cima. O conselho, que é o grupo de tomada de decisões mais elevado da Toyota, delibera sobre as questões políticas mais importantes, relacionadas ao ambiente de negócio ou às condições internas, e sobre estratégias de negócio, em geral envolvendo questões que exigem consulta ao conselho de diretores.

O conselho administrativo foi primeiramente criado para posicionar os conselhos de função e os conselhos gerais sobre um controle único; ainda hoje, supervisiona os conselhos de função, os conselhos gerais e os comitês. Seu papel, ao menos nominalmente, é deliberar sobre questões importantes de execução de negócios. Contudo, na verdade, quase todas as questões são consideradas e decididas nos conselhos de função, nos conselhos gerais e nos comitês, em que os principais executivos atuam como presidentes. O conselho administrativo, na realidade, constitui um fórum para a deliberação e decisão de todas as estratégias executivas relacionadas a esses outros grupos.

Os conselhos de função, os conselhos gerais e os comitês não aparecem nos organogramas organizacionais formais porque mudam a cada ano e de acordo com os assuntos que estão por acontecer. Sua existência, contudo, é claramente reconhecida pelas normas da Toyota.

As reuniões de acionistas, o conselho de diretores e os conselhos de vice-presidentes são organizações que podem ser encontradas em qualquer empresa. A característica marcante da forma organizacional da Toyota é que os conselhos de função, os conselhos gerais e os comitês existem como organizações formais e funcionam no centro da hierarquia administrativa.

Os conselhos de função são grupos que realizam a administração da Toyota por função. São criados através da seleção de várias funções importantes para toda a empresa – por exemplo: qualidade, custos, pessoal, administração, engenharia, produção, vendas – dentre os sistemas das funções de gestão e de produção

```
Reunião          Conselho         Presidente
de Acionistas →  de Diretores  →  Vice-Presidente
                                  Diretor-Executivo
```

├─ Conselho de Vice-Presidentes
│   ├─ Departamento de Planejamento Administrativo
│   ├─ Departamento de Planejamento de Produto
│   ├─ Departamento de Promoção de GQT
│   ├─ Departamento de Contabilidade
│   ├─ Departamento de Garantia de Qualidade
│   ├─ Departamento de Planejamento Técnico
│   ├─ Centro de Desenvolvimento 1
│   └─ . . . .
│
├─ Organização Geral
│
├─ Conselho Administrativo
│   ├─ Departamento de Planejamento de Produção
│   ├─ Fábrica Principal
│   ├─ Fábrica de Motomachi
│   └─ . . . .
│
├─ Conselhos de Função
│   ├─ Conselho de Custos
│   ├─ Conselho de Qualidade
│   ├─ Conselho de Pesquisa
│   ├─ Conselho de Planejamento de Produto
│   ├─ Conselho de Produção
│   ├─ Conselho de Compras
│   ├─ Conselho de Vendas
│   ├─ Conselho de Pessoal/Administrativo
│   └─ . . . .
│
├─ Conselhos Gerais
│   ├─ Conselho de Tecnologia
│   ├─ Conselho de Engenharia de Produção
│   ├─ Conselho de Novos Produtos
│   ├─ Conselho de Programa de Novos Veículos
│   ├─ Conselho de Equipamentos
│   └─ . . . .
│
└─ Comitês
     ├─ Comitê de Invenção
     ├─ Comitê de Auditoria de Melhorias
     ├─ Comitê de Melhoria da Qualidade da Satisfação do Cliente
     └─ . . . .

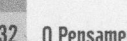

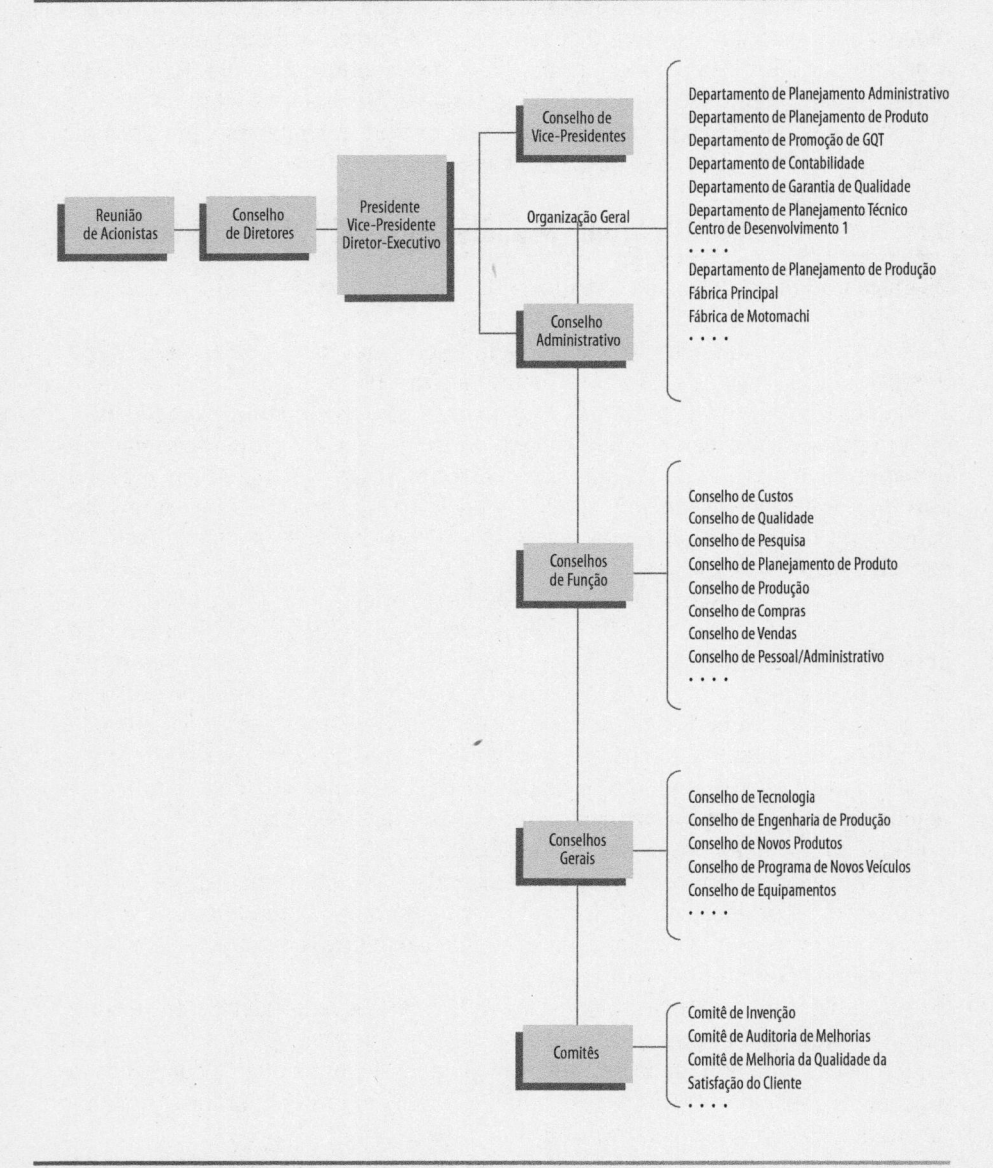

Figura 3.2 Grupos de tomada de decisões gerenciais na Toyota.

mostrados na Figura 3.1 (p. 119). Os conselhos de função escolhem objetivos, anualmente, que são apresentados aos conselhos gerais. Durante o ano, também realizam revisões periódicas de desenvolvimento. De certo modo, os conselhos de função são grupos organizacionais envolvidos com estratégias de negócio individuais. O presidente de um conselho de função é um diretor administrativo ou um diretor administrativo sênior; gerentes de divisão proximamente envolvidos ou chefes de divisão também participam.

Os conselhos gerais são entidades organizacionais que deliberam e decidem sobre questões importantes em setores específicos, como desenvolvimento, preparação para volumes de produção ou compras. Tais questões podem incluir, por exemplo, o conteúdo e os cronogramas de desenvolvimento de novos produtos, o planejamento de investimento em equipamentos ou as respostas a dificuldades de mercado. Anualmente, recebem objetivos dos conselhos de função, incorporam-nos a planos de negócio anuais e realizam revisões periódicas. Em outras palavras, são grupos cujo papel é tomar as estratégias de negócio individuais provenientes dos conselhos de função, integrá-las aos planos em um nível prático e, então, executá-las. A fim de evitar confusão com relação a linhas de autoridade, os conselhos gerais são presididos por gestores que estão mais abaixo na hierarquia do que aqueles que presidem os conselhos de função – simples diretores responsáveis por departamentos específicos ou simples chefes de departamento. Outras divisões proximamente envolvidas também participam.

Os comitês são grupos que lidam com questões gerais não relacionadas à estratégia de negócio. Podem lidar com questões importantes de toda a empresa, que são comuns a todos os períodos de tempo, ou com questões que são específicas de um determinado período de tempo. No primeiro caso, os comitês podem ser semipermanentes; no segundo caso, podem funcionar dentro de uma estrutura de tempo limitada. Os comitês são presididos por membros de equipe que estejam posicionados mais adequadamente para lidar com o assunto em questão. Ocasionalmente, o presidente ou o vice-presidente-executivo podem presidir um comitê.

O *hoshin kanri* de GQT, ou gestão por diretrizes, faz distinção entre gestão de questões estratégicas, que são as sementes para alimentação futura, e questões de manutenção e controle, que são os grãos de alimentação do hoje e do amanhã. Na Toyota, os conselhos de função e os conselhos gerais lidam com questões estratégicas, e os comitês lidam com assuntos de manutenção e controle.

A Toyota toma decisões de acordo com o complexo sistema descrito nesta seção, mas ele não é rígido. Dependendo do assunto, os conselhos podem operar através de mudanças de formato, tal como ocorre com as amebas.

Gestão por diretrizes

Já citamos a explicação de Eiji Toyoda para a necessidade de introduzir o CQT: "percebemos, primeiramente, que a alta administração tinha de tornar os objetivos de qualidade mais claros e assegurar que todos os funcionários os compreendessem. Em seguida, tínhamos de criar sistemas para ampliar a cooperação funcional entre os vários departamentos". A gestão por diretrizes foi adotada para atender à primeira necessidade.

A gestão por diretrizes refere-se às várias atividades sistemáticas de uma organização, através das quais ela estabelece uma política de negócio global, ou objetivo, e, então, transforma ou implementa planos para o alcance de objetivos de negócio em planos de longo prazo específicos, planos anuais, planos de setor e planos de pessoal, durante o tempo em que os monitora e os leva adiante.

A gestão por objetivos foi introduzida nos Estados Unidos no início da década de 1960, e foi amplamente utilizada também no Japão à época, no contexto das atividades de CQT. Contudo, a forte tendência da gestão por objetivos em pressionar resultados o impediu de alcançar seu propósito original de motivar os funcionários e foi, geralmente, aplicado como um tipo de esquema de cotas, em que os objetivos de gestão eram simplesmente distribuídos entre unidades individuais e organizacionais. Em resposta a isso, elaborou-se um sistema com mensurações específicas para atingir os objetivos de negócio propostos por cada unidade organizacional que, então, foi implementado de maneira descendente. Esse sistema foi denominado *hoshin kanri* ou gestão por diretrizes. O protótipo da gestão por diretrizes foi um sistema de gestão implementado pela Komatsu Seisakusho Co., Ltd., vencedora do Prêmio Deming, em 1964, que estava um estágio à frente da Toyota.

A Toyota adotou a gestão por diretrizes em 1961, ao mesmo tempo em que introduziu o CQT. Após vários anos de tentativa e erro, a empresa criou um sistema de normas de gestão por diretrizes, apresentado na Figura 3.3.

No mundo da GQT, o que é conhecido como gestão por diretrizes gerais centra-se sobre a parte do "plano anual", na metade inferior da Figura 3.3. Contudo, nos últimos anos, uma maior consideração foi dada à gestão por diretrizes estratégicas, uma concepção da gestão por diretrizes que inclui a parte do plano de longo prazo, na metade superior da figura. A Toyota implanta a gestão por diretrizes estratégicas há mais de vinte anos.

A Unidade de Planejamento Geral da Toyota (atual Departamento de Planejamento de Negócios) é a unidade administrativa responsável pela formulação do plano de negócios de longo prazo. A missão fundamental dessa função de equipe geral é analisar o ambiente de demanda e formular estratégias para o futuro.

O Sistema Toyota das Funções de Gestão

[1]
- Sistema de previsão de preços de carros para mercado interno e externo
- Pesquisa de mercado
- Previsão de demanda (externa/interna)
- Previsão de mercado de trabalho
- Previsão econômica interna
- Tendências da indústria interna
- Outras tendências que afetam a empresa

[2]
- Plano completo de longo prazo de novos produtos
- Volumes de produção (vendas) por mês e fabricação
- Investimentos de capital significativos
- Previsão de peças compradas e materiais
- Previsão de trabalho, número de pessoas e de eficiência
- Estimativa de trabalho (horas, custos de mão de obra)

[3]
Previsão de resultados, previsão de balanço, salários — Realização de estimativas de longo prazo para várias condições com o modelo de cálculo EDPS

[4]
- Lucratividade... retorno do investimento
- Segurança... suficiência de reservas internas *versus* investimentos de capital, etc.
- Produtividade do valor agregado, etc.

[5]
- Alcance de metas, políticas e itens de implementação; *status* de implementação e questões relevantes
- Metas, políticas e itens de implementação que necessitam de continuidade, desistência, revisão ou ajuste

[6]
- Verificação de alcance de metas utilizando dados gerenciais
- Verificação de introdução de políticas e *status* de implementação utilizando avaliações de negócio e função

[7]
- Revisão de itens-alvo da gestão por diretrizes do ano atual

[8]
- Revisão de itens de implementação

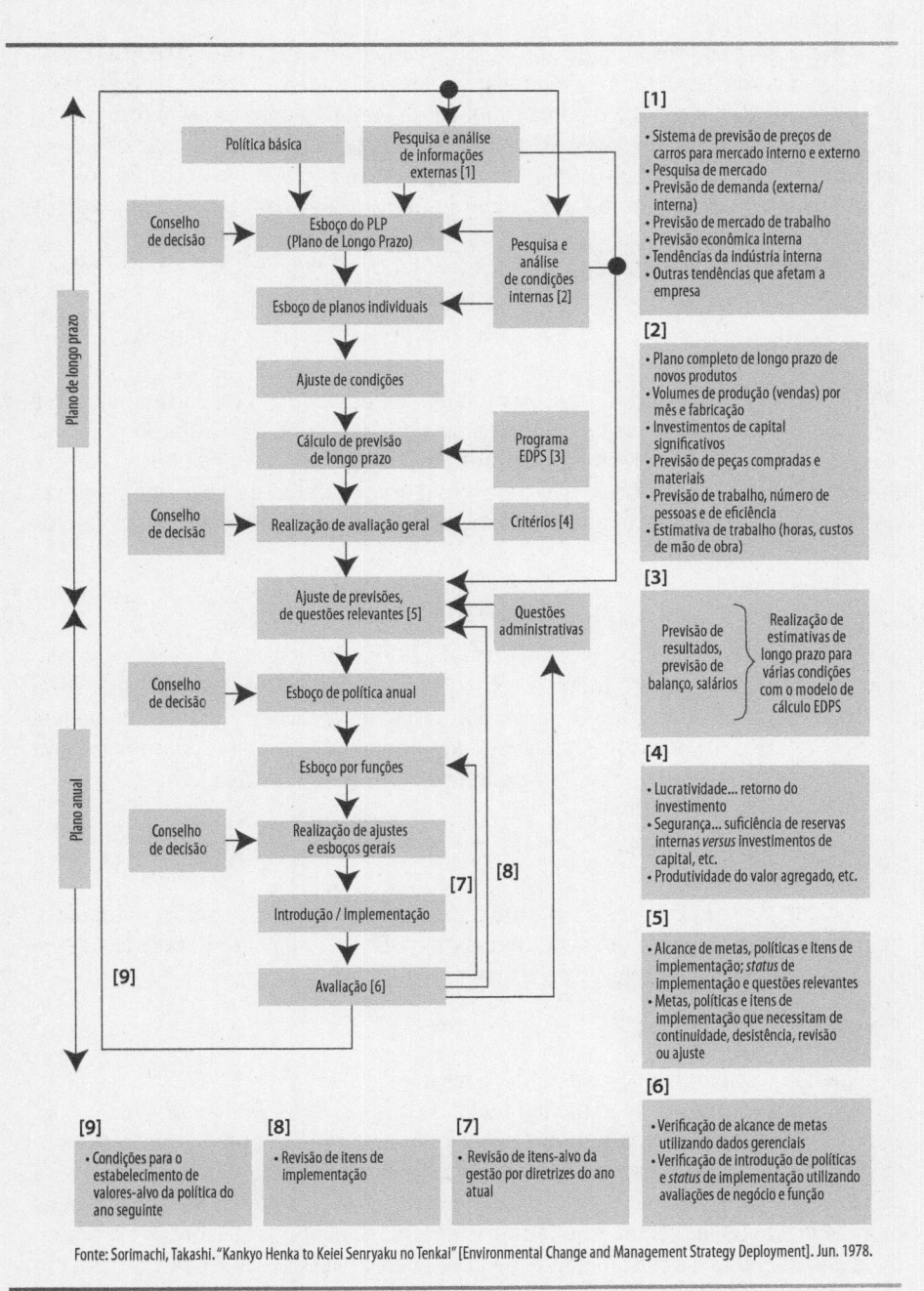

[9]
- Condições para o estabelecimento de valores-alvo da política do ano seguinte

Fonte: Sorimachi, Takashi. "Kankyo Henka to Keiei Senryaku no Tenkai" [Environmental Change and Management Strategy Deployment]. Jun. 1978.

Figura 3.3 Sistema de implementação e formulação de políticas corporativas.

A política da empresa (plano anual), publicada no início de cada ano, é a combinação de planos individuais feitos pela equipe dentro de cada função de gestão e de um plano global produzido pela Unidade de Planejamento Geral. A formulação da política é baseada na ideia de que grupos de equipes individuais não são livres para prosseguir com o plano que quiserem; por essa razão, ajustes periódicos são feitos, assim o trabalho pode prosseguir junto às linhas fixadas pela Unidade de Planejamento Geral.

O plano anual, apresentado na metade inferior da Figura 3.3, é implementado de acordo com a seguinte sequência de passos:

Passo 1

Os conselhos de função determinam as ações específicas de toda a empresa necessárias para alcançar os objetivos da política anual, derivada do plano de longo prazo. Esses objetivos e ações formam uma matriz. Os conselhos escolhem índices numéricos e valores-alvo para mensurar o *status* de implementação e, então, designar os objetivos aos vários departamentos na forma de objetivos departamentais.

Passo 2

Em cada departamento, os conselhos gerais determinam as ações a serem implementadas, a fim de atingir todos os objetivos departamentais recebidos de cada um dos conselhos de função. Os objetivos e as ações departamentais formam uma matriz. Os conselhos escolhem índices numéricos e valores-alvo para mensurar o *status* de implementação e, então, designar os objetivos às várias seções, na forma de objetivos secionais.

Passo 3

Cada seção seleciona ações de acordo com o mesmo padrão e, então, estabelece índices e designa as ações para os chefes das subseções e para os chefes e líderes de grupos na forma de objetivos pessoais.

Passo 4

Finalmente, cada indivíduo seleciona ações individuais.

Após esse processo de implementação de objetivos, os valores dos índices de ações provenientes dos indivíduos são agregados e verificados, a fim de se observar se são suficientes ou não para satisfazer os objetivos. Pela repetição de objetivos de implementação e de ações de verificação, a empresa estabelece seus objetivos globais, à medida que todos os setores estiverem de acordo com a adequação das metas e a possibilidade de implementar ações específicas.

Os gestores de cada nível realizam verificações trimestralmente ou semestralmente, em que observam discrepâncias entre metas e resultados e, se necessário, agilizam o plano ou revisam objetivos e ações.

Um ponto importante para a implementação da gestão por diretrizes é que os objetivos e as ações específicas necessárias para atingi-los sejam determinados e implementados de forma descendente, simultaneamente. Se os objetivos são comunicados de cima para baixo, antes de as ações serem propostas, então a gestão por diretrizes se torna não mais do que um sistema de cotas. O estímulo administrativo não trará resultados.

Como explicou Shoichiro Toyoda, em um discurso no 67º Simpósio de Controle de Qualidade, patrocinado pelo Sindicato dos Cientistas e Engenheiros Japoneses (JUSE), em dezembro de 1998:

> *É também importante que o sistema prossiga com base nas visões compartilhadas entre a equipe, determinando os objetivos e ações acima, e as unidades individuais ou indivíduos abaixo. É por isso que na Toyota decidimos essas coisas através de discussões exaustivas em sessões de estudo ou em encontros fora da empresa. Comunicação, simplesmente, através de documentos oferecerá um tipo de gestão por diretrizes somente quanto à forma, longa em trabalho e curta em resultados.*

No sistema de gestão por diretrizes da Toyota acima descrito, a alta administração estabelece políticas estratégicas, a administração média realiza planos táticos e melhorias de trabalho são postas em prática na base. Essa estrutura clara faz com que seja possível a todos, em todos os níveis, colaborar no alcance de metas da empresa.

Quando falamos sobre "base", na Toyota, estamos nos referindo aos chefes de subseção e aos chefes e líderes de equipes; não incluímos funcionários em geral e operários. O termo exclui, ainda, os círculos de CQ. O propósito das atividades de CCQ é o aprendizado e o treinamento.

A gestão por diretrizes é um instrumento poderoso se aplicado com cuidado. Atualmente, é um instrumento muito popular no mundo da GQT.

Mesmo o ISO 9001, revisado em dezembro de 2000 para produzir resultados práticos, refere-se à gestão por diretrizes como uma abordagem de sistemas e a posiciona na base da gestão da qualidade.

A gestão por diretrizes transfere as metas globais da empresa para o nível do indivíduo e, então, expande-se naturalmente, conforme a implementação prossegue. Uma vez que a documentação adequada e os procedimentos de gestão são estabelecidos, o sistema pode ser aplicado sem problemas.

A Toyota publica sua política atual e seus objetivos de negócio em sua página eletrônica na Internet. Propostos e executados no contexto do sistema de gestão por diretrizes, essas políticas e objetivos são, invariavelmente, agressivos e podem, facilmente, ser vistos como a razão pela qual a empresa está se tornando a fabricante de carros número um do mundo, na primeira metade do século XXI.

Gestão por função/gestão interfuncional

Sob a orientação de vários especialistas em CQT e com base na segunda razão de Eiji Toyoda para a introdução do controle de qualidade total (a necessidade de "criar sistemas para ampliar a cooperação funcional entre os vários departamentos"), a Toyota concentrou-se em suas funções de negócio mais importantes e criou um método para conectá-las horizontalmente.

No que segue, recorremos, principalmente, a um artigo de um ex-diretor administrativo da Toyota, Shirgeru Aoki. "Cross-Functional Management for Executives" foi publicado em fevereiro-abril de 1981, na edição do *Hinshitsu Kanri*,[45] um periódico do Sindicato dos Cientistas e Engenheiros Japoneses (JUSE). Extratos de outros documentos serão citados quando os mesmos forem mencionados.

A Figura 3.4 apresenta um diagrama do conceito geral de gerenciamento por função na Toyota. Nesse exemplo, selecionamos seis funções-chave (desde qualidade até pessoal e administração) dentre todas as funções da empresa que necessitam ser gerenciadas e as relacionamos com as entidades organizacionais dentro

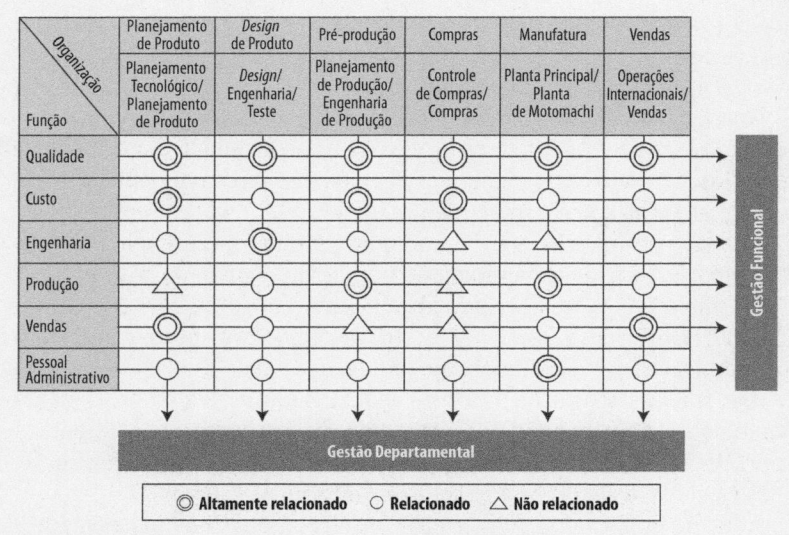

Organização / Função	Planejamento de Produto	Design de Produto	Pré-produção	Compras	Manufatura	Vendas
	Planejamento Tecnológico/ Planejamento de Produto	Design/ Engenharia/ Teste	Planejamento de Produção/ Engenharia de Produção	Controle de Compras/ Compras	Planta Principal/ Planta de Motomachi	Operações Internacionais/ Vendas
Qualidade	◎	◎	◎	○	◎	◎
Custo	◎	◎	◎	◎	◎	○
Engenharia	◎	◎	△	○	○	○
Produção	○	△	◎	○	△	○
Vendas	◎	○	○	○	○	◎
Pessoal Administrativo	○	○	○	○	○	○

Gestão Departamental / Gestão Funcional

◎ Altamente relacionado ○ Relacionado △ Não relacionado

Fonte: Aoki, Shigeru. "Toppu Manajimento to shite no Kinôbetsu Kanri (2)" [Cross-Functional Management for Executives]. Mar. 1981.

Figura 3.4 Esquema de Gestão Interfuncional da Toyota.

da empresa, desde planejamento de produto até operações de vendas. A gestão por diretrizes é um método de gerenciar horizontalmente, de acordo com a força desses relacionamentos.

A gestão por função é uma técnica criada pela Toyota. Em função de não haver precedentes, a técnica foi conceitualizada e reconceitualizada um pouco antes de tomar forma.

A gestão por função foi aplicada pela primeira vez em abril de 1962. Treze funções (nove funções de negócio e quatro de produção) foram selecionadas para esse fim, e sua gestão foi designada a um grupo denominada Conselho de Planejamento.

Após a segunda auditoria, realizada em toda a empresa em março de 1963, haver verificado que os executivos tendiam a se tornar representantes favorecidos por seus setores, a Toyota entregou a administração da maioria dos setores a chefes de divisão não executivos e aboliu o sistema de responsabilidade executiva das divisões. Os conselhos de função foram criados e adotou-se um sistema em que membros de equipes de gerenciamento se concentrariam na gestão de funções. Isso aumentou o número de funções para vinte e quatro, em uma única vez.

Muitas funções tornaram-se difíceis de gerenciar, então o número de funções foi reduzido à metade, e as funções foram redistribuídas. No final, o sistema de responsabilidade executiva das divisões foi reativado em março de 1965 e, com o número de funções reduzido a oito, foram designadas às equipes responsabilidades funcionais claras.

Isso, finalmente, estabeleceu o sistema de gestão por função da Toyota. O número de funções aumentou e caiu um pouco desde então, mas os contornos básicos do sistema permaneceram os mesmos.

A causa dessas vicissitudes acarretou uma falta de uniformidade dentro da empresa, no que diz respeito ao conceito de "função". Sendo a garantia de qualidade e o controle de custo as funções mais importantes na Toyota, foi necessário ir a cada departamento para determinar o que deveria ser feito para satisfazê-las.

Para cada função, cada departamento deveria ser claro com relação ao que teria de fazer, e os conselhos de função tiveram de operar com o propósito de alcançar os objetivos de função da empresa, para cada ano. A pauta desses conselhos de função é apresentada abaixo:

1. Estabelecimento de metas.
2. Planejamento de ações para atingir metas.
3. Planejamento para novos produtos, equipamentos, produção, vendas, etc.
4. Questões fundamentais "da base para cima".
5. Políticas para remover obstáculos, a fim de REALIZAR ações.
6. AÇÕES exigidas pelos resultados de verificação.

7. Verificações de ações anuais exigidas pelas políticas da empresa e pelas políticas e ações do ano seguinte.
8. Outras questões necessárias para a realização de funções.

Os conselhos de função são ainda grupos importantes em termos de gestão de orçamento e são centros para os orçamentos de funções (um tipo de orçamento departamental). Entre os orçamentos de custo fixo, o conselho de função de produção determina o orçamento de investimento em equipamento, o conselho de função de pessoal determina o orçamento com funcionários, o conselho de função de vendas determina o orçamento de *marketing*, o conselho de função de engenharia determina o orçamento de pesquisa e o conselho de função administrativo determina o orçamento de despesas. *(Toyota's Production System.*[4] The Japan Society for Production Control, org.)

Shigeru Aoki cita três pontos-chave necessários para o sucesso da gestão por função:

1. Selecionar e definir as funções rigorosamente. Três questões são importantes aqui:
    a. Deixar claro que as funções são importantes para alcançar os objetivos da empresa.
    b. Deixar claro o papel de cada departamento com respeito a essas funções.
    c. Deixar claro as funções de apoio necessárias; assim, cada departamento pode realizar suas funções.
2. Não pensar na gestão por função como um sistema informal.
3. Deixar claro que os conselhos de função, como entidades organizacionais, ocupam um lugar próximo aos grupos mais importantes de tomada de decisões dentro da alta administração da organização. Dê a eles o poder e a autoridade de que necessitam.

Departamentos verticais devem ter fortes habilidades de implementação

O trabalho dos conselhos de função é PLANEJAR. Os departamentos têm de EXECUTAR. Os planos estabelecidos pelos conselhos de função não podem ser executados se os departamentos não estão aptos a implementá-los. A força dos departamentos verticais não é uma força de interesse próprio que diz: "Fiz tudo que pude fazer", mas uma força de estar apto a implementar planos criados pelos conselhos de função.

A gestão por função da Toyota tornou-se um sistema mais favorável para a empresa, pela simples razão de ter sido refeita até funcionar de acordo. O sistema de gestão por função de hoje é o produto de 40 anos de evolução.

No Ocidente, a gestão por função é denominada "gestão interfuncional" e, sob esse nome, foi reintroduzida no Japão. Essa versão reintroduzida, na realidade, é, em geral, somente aplicada a atividades de equipes híbridas ou utilizada em projetos que são executados uma única vez. Poucas empresas utilizam a gestão por função da maneira rigorosa como a Toyota o faz.

O sistema de comitê

O Quadro 3.2 apresenta um panorama, por ano, dos nomes dos vários comitês da Toyota, extraídos de documentos da empresa e de outros materiais. Mas a lista é seletiva, não completa, e os comitês formados para atender a questões específicas de um determinado período realizaram suas funções e foram desconstituídos.

Presume-se que os comitês que atendem a assuntos de permanente importância – tais como Comitê de Segurança, Comitê de Auditoria de Melhorias, Comitê de Invenções, Comitê de Avaliação de Criatividade, Comitê de Controle de Qualidade e Comitê de Padronização – estejam ainda em operação. A partir dessa perspectiva, podemos deduzir que existem, aproximadamente, de 10 a 15 comitês operando em toda a Toyota, em qualquer período de tempo.

Existem três características diferenciadas do sistema de comitê da Toyota:

1. O lugar do comitê na organização de negócio como um todo é claro e é uma entidade de negócio formal. (Como mostra a Figura 3.2, p. 132, os comitês aparecem nos organogramas organizacionais.)
2. Os comitês são operados de acordo com as normas de cada um e possuem instruções específicas. O conteúdo de suas atividades está claramente especificado.

    As normas para operação de um comitê são documentadas no mesmo período em que o comitê é criado. Essas normas esclarecem questões como os propósitos do comitê, os membros e o papel de cada um, a sede, questões relevantes a serem considerados, métodos de tomada de decisão, condições de formação e procedimentos orçamentários.
3. Os gestores tomam pessoalmente a dianteira da promoção e da solução de problemas e demais assuntos.

    Os comitês são presididos pelos executivos mais adequados para as questões enfrentadas e, dependendo do assunto, até o presidente ou um vice-presidente-executivo da empresa pode atuar como presidente de comitê. O presidente toma a frente e ele mesmo lidera, de forma a estimular a solução de problemas que estão por acontecer.

O fato de a Toyota conceder *status* explícito aos comitês, através de organogramas organizacionais e de normas dos comitês, deriva da documentação-padrão discutida no Capítulo 2. A liderança pessoal do presidente do comitê reflete o paradigma da empresa de liderança por meio do exemplo.

Na maioria das empresas, os comitês ocupam um lugar mal-definido e estão longe de esclarecer quem, onde e quando os planos e resultados de um comitê deveriam ser revistos. Alguém tem uma ideia ou dá instruções para a criação de um comitê; pessoas, por alguma razão, apresentam-se e todos suspiram

Quadro 3.2 Panorama dos comitês da Toyota

▶ Comitês provisórios (P) ou temporários (T)

Década	Ano	Nome do Comitê		Propósito	Presidente
1930	1938	Comitê de Segurança	P	Considerar políticas para criação de um local de trabalho seguro	
1940	1943	Comitê de Auditoria de Melhorias	P	Melhorar a tecnologia por meio de auditoria de problemas de qualidade internos e externos	Presidente Kiichiro Toyoda
	1947	Comitê de Gerenc. de Pesquisa	T	Racionalizar métodos de gestão; encontrar melhores formas de gestão	
	1949	Comitê de Invenção de Ideias	P	Analisar e implementar a invenção de ideias	Diretor-Gerente Eiji Toyoda
1950	1951	Comitê de Contramedidas de Transporte	T	Estabelecer e implementar eficácia de transporte	Diretor-Gerente
	1951	Comitê de Análise de Inovação	P	Promover inovação, analisar e recompensar sugestões	Soichi Sato
	1953	Comitê de Controle de Qualidade	T	Promover métodos de CQ adotados a partir de 1949	
1960	1960 aprox.	Comitê de Consertos em Garantia	P	Negociar trabalhos de compensação de reclamações entre a Toyota Motor (TMC) e a Sales (TMS)	
	1962	Comitê de Reclamações de sete membros	T	Estabelecer políticas para reclamações de veículos entre a TMC e a TMS	
	1963	Comitê de Promoção de Controle de Qualidade (TMS)	T	Promover o CQT nos departamentos de vendas da TMS incluídos na condução do Prêmio Deming da TMS	
	1965 aprox.	Comitê de Especialização em Simplificação	T	Promover normas, padrões e referências de peças	
	1966 aprox.	Comitê de Especialização em Manutenção de Equipamentos	T	Estabelecer um sistema de manutenção de produção para toda a empresa	
	1968	Comitê de Ambiente de Tráfego da Toyota	T	Lidar com mudanças no ambiente, nos arredores da Toyota	Shoichi Saito
	1969	Comitê de Uso de Computadores	T	Considerar o uso de computadores eletrônicos em toda a empresa	
	1969	Comitê Especial de *Recalls*	T	Lidar prontamente e com precisão com a sistematização de *recalls* do Ministério dos Transportes	
1970	1974	Comitê de Planejamento de Custos	T	Considerar o planejamento de custos a partir de uma perspectiva geral da empresa	Diretor-Gerente Tatsuo Hasegawa
	1974	Comitê de Melhoria de Custos do Corolla	T	Melhorar o impacto na lucratividade do primeiro choque do petróleo	
	1975	Comitê de Melhoria de Custos do Corona	T	Melhorar o impacto na lucratividade do primeiro choque do petróleo	
	1975	Comitê de Melhoria de Custos do Crown	T	Melhorar o impacto na lucratividade do primeiro choque do petróleo	
	1977	Comitê de Padronização de Peças	T	Melhorar o impacto na lucratividade do primeiro choque do petróleo	Diretores Aoki e Moriya
1980	1980 aprox.	Comitê de Melhoria do Negócio	P	Promover a melhoria do negócio (realizar reuniões de melhoria seccionais, departamentais e da empresa)	
	1984	Comitê de Redes de Informação e Comunicação	T	Inspecionar os sistemas de comunicação e informação de toda a Toyota e examinar sistemas futuros	Ex-Vice-Presidente Hiroyasu Ono
	1984	Comitê de Distribuição	T	Promover a otimização da distribuição esperada da fusão da TMC com a TMS	Diretor Shoji Ban
	1985 aprox.	Comitê de Qualidade de Produtos Líderes	T	Desenvolver e promover a mais alta qualidade para o modelo líder Celsior	
	1985	Comitê de Informação	T	Criar uma rede de informações dos distribuidores aos fornecedores	Ex-Vice-Presidente Kaneyoshi Kusunoki

(continua...)

Quadro 3.2 Panorama dos comitês da Toyota   (continuação)

Década	Ano	Nome do Comitê		Propósito	Presidente
1980	1986	Comitê de Inovação no Ambiente de Escritório	T	Reforma radical dos métodos de trabalho; 50% de melhorias na eficácia de trabalhos administrativos	Diretor-Gerente Tsuyoshi Oshima
	1986 aprox.	Comitê de Melhoria da Aparência	T	Aprimorar aspectos da aparência externa de produtos, incluindo combinação, alinhamento e acabamento	
	1986 aprox.	Comitê de Melhoria da Qualidade de Pintura	T	Aprimorar a qualidade da pintura externa	
	1988	Comitê de Automação	T	Melhorar e promover ergonomia como uma maneira de reduzir o atrito em áreas de trabalho técnicas	Diretor-Gerente Tsuyoshi Oshima
	1989	Comitê de Melhoria da Satisfação do Cliente	T	Desenvolver e implementar ideias de satisfação dos clientes, introduzidas pelos Estados Unidos	Presidente Shoishiro Toyoda
	1989	Comitê de Atividades de Contribuição Social	T	Promover a troca da "responsabilidade social" para a "contribuição social"	
	1989 aprox.	Comitê de Melhoria da Qualidade dos Veículos Entregues	T	Melhorar e promover os índices CSI de qualidade de produto de J.D. Power	Diretor Mamoru Kaita
1990	1990	Comitê de Melhoria do Apelo de Ambientes Qualificados de Trabalho	T	Melhorar e promover problemas relacionados ao decréscimo de ambientes qualificados de trabalho	
	1990	Comitê para Redução do Número de Peças Compradas	T	Melhorar os lucros impactados pelo colapso da bolha econômica	
	1990	Comitê para Ajuste do Número de Modelos e Componentes	T	Melhorar os lucros impactados pelo colapso da bolha econômica	
	1992 aprox.	Comitê de Promoção de Projetos Conjuntos (Toyota/Fornecedor)	T	Expandir as compras de componentes de alta função de alto preço com fornecedores estrangeiros	
	1996 aprox.	Comitê de EQ	T	Reformular o desenvolvimento do EQ (nome-código de desenvolvimento para o Corolla)	
	1996	Comitê APEAL (Automotive Performance, Execution and Layout)	T	Melhorar e promover o índice de satisfação de produto APELO de J.D. Power	
	1997	Comitê de Aperfeiçoamento da Qualidade de Encantamento do Cliente	T	Melhorar a qualidade do encantamento do cliente, incluindo o índice APELO	
	1998 aprox.	Comitê de Melhoria da Qualidade de Longo Prazo	T	Melhorar e promover o índice de qualidade de longo prazo IDV de J.D. Power	
	1998 aprox.	Comitê de Plataforma	T	Avaliar estratégias de integração de plataformas	
		Comitê de Confiabilidade	P	Aprimorar a confiabilidade do produto	
		Comitê de Sistemas de Informação	P	Analisar e decidir sobre assuntos de sistematização de informação	
		Comitê de Padronização	P	Promover padronização interna	

Observação: Os comitês criados para eventos especiais, tais como os de construção de plantas ou de edição de histórias da empresa, foram omitidos, uma vez que possuem comitês sob conselhos de função e estruturas organizacionais inferiores.

enquanto fazem qualquer coisa que deveriam supostamente estar executando. Quando a organização muda ou as pessoas são remanejadas, o comitê morre naturalmente. Mesmo quando um executivo é designado para presidir o comitê, ele verifica as propostas provenientes de baixo e, então, imediatamente, emite sua própria opinião ou suas instruções; em muitos casos, as propostas desaparecerão da sua cabeça antes da reunião seguinte. Não se pode esperar que tais comitês produzam algum tipo de resultado como os comitês da Toyota o fazem.

Linha de produção e equipe

A Toyota distingue-se pelo entrelaçamento complicado de suas organizações de linhas de produção e de equipes de pessoal.

Entre os vários nomes não usuais que a Toyota dá às suas entidades organizacionais, encontramos a designação *sokatsushitsu,* significando escritório geral ou secretaria. Essa nomenclatura deu origem, em 1953, à Secretaria do Departamento de Inspeção, criada pelo então Chefe do Departamento de Inspeção Shoichiro Toyoda, para lidar com questões como inspeção de projeto de equipamento, mensurações de precisão e controle de qualidade. Mais tarde, as organizações com a palavra "secretaria" vinculada foram organizadas em departamentos em toda a empresa.

O papel da secretaria, nos departamentos da Toyota atual, é o de pegar as estratégias de negócio e as políticas administrativas provenientes da equipe executiva e disseminá-las, adequadamente, por todo o departamento. Esse sistema implementa o esquema de gestão por função discutido anteriormente.

Na maioria das empresas, as unidades organizacionais correspondentes às secretarias da Toyota são, provavelmente, departamentos ou escritórios administrativos. Mas é raro um departamento administrativo que opera da forma com que as secretarias da Toyota o fazem. Em quase todos os casos, o pessoal dos departamentos administrativos mantém uma distância respeitosa dos departamentos de linhas de produção. A menos que o gestor saia de sua rota para deixar claro a autoridade e a responsabilidade da equipe de pessoal, os seus membros permanecem, inevitavelmente, nos bastidores como "boas esposas e mães sábias". Somente se problemas surgirem, eles agirão de maneira rápida, como bombeiros a combater um incêndio.

Certa vez, um presidente de uma empresa referiu-se ao seu departamento de pessoal como sua "organização de não linha de produção". Retirou as palavras "gestão" ou "controle" dos nomes das entidades organizacionais e substituiu-as pelo termo "administração". Isso seria como trocar as "secretarias" da Toyota por "escritórios administrativos". De qualquer maneira, o presidente em questão não estava pronto para inspecionar a organização de seus departamentos de equipes. As equipes ficavam limitadas às decisões do chefe, mas a sua razão de ser foi repudiada pelo presidente e seus departamentos, intimidados. Longe de serem bombeiros ou mesmo boas esposas e mães sábias, eles acabaram num beco sem saída. A verdadeira gestão desapareceu da empresa em favor da rotina. Isso teria sido aceito se a empresa estivesse prosperando, mas não foi o caso.

Mesmo em casos não tão extremos, os executivos com uma mentalidade de "linha de produção em primeiro lugar" que desejam começar a reestruturar atividades através da poda de suas equipes, de maneira automática, devem considerar a possibilidade de que podem seguir o mesmo caminho que o presidente da infeliz empresa acima descreveu. Em primeiro lugar, o sistema de pessoal é um sistema moderno que começou a existir 100 anos atrás como uma ferramenta de administração científica. Repudiá-lo nos faz regredir 100 anos, para uma era não científica de indústrias de trabalhos artesanais e de relacionamento mestre-aprendiz.

Podemos citar as razões a seguir para explicar por que as funções de pessoal administrativo não se desvinculam das funções de linhas de produção na Toyota:

1. A alta administração atribui exatamente a mesma importância às funções de pessoal e às funções de produção.
2. São dadas, de modo claro, responsabilidades e autoridade a funções de produção e de pessoal, e elas devem respeitar a autoridade umas das outras.
3. Pessoas importantes de linhas de produção são periodicamente alternadas nas posições de pessoal; assim, uma cultura de equipe burocrática e ditatorial não tem chance de se desenvolver.
4. Mais do que qualquer outra coisa, as pessoas das equipes administrativas são instruídas a compreender que suas posições existem para apoiar o trabalho da linha de produção.

O SISTEMA DE CONTROLE DE QUALIDADE

Garantia de qualidade

A ideia de implantar qualidade no processo reside na base da garantia de qualidade da Toyota. Em outras palavras, tudo que seja necessário ser garantido é assegurado em cada processo, incluindo planejamento de produto, *design*, preparação de produção, compras, produção *goguchi* (termo da Toyota para produção real), inspeção, vendas e serviços. A razão para isso é que a maioria dos problemas de qualidade ocorre quando um veículo está em uso; as inspeções que ocorrem no momento de embarque nunca podem eliminá-los. Elas não podem, por exemplo, detectar danos nem sujeiras que ocorrem após os veículos terem deixado a fábrica. Garantir a qualidade durante o período de uso do veículo exige uma rigorosa adesão a padrões relevantes durante estágios anteriores, tais como projeto de produto e preparação de produção. Além disso, ter a certeza de que os procedimentos de trabalho no processo pós-embarque são rigorosamente seguidos é uma forma eficaz de assegurar a qualidade, depois que um veículo deixa a fábrica.

A Toyota realiza, regularmente, auditorias independentes para avaliar se as atividades em estágios de garantia de qualidade são executadas adequadamente e se a qualidade do produto resultante é aceitável.

Essas duas atividades – implantação de qualidade no processo e auditoria independente – têm sido os elementos básicos para a garantia de qualidade na Toyota desde que Kiichiro criou uma Unidade de Auditoria de Melhorias.

Tais ideias informam as Normas de Garantia de Qualidade da Toyota (padrões especificando os detalhes do trabalho de garantia de qualidade), bem como um mapa do sistema de garantia de qualidade e um fluxograma apresentando como o trabalho ocorre em diferentes departamentos.

A Figura 3.5 mostra um mapa do sistema de garantia de qualidade apresentado na edição de outubro de 1996 do periódico do JUSE, *Hinshitsu* [Qualidade], de Katsuyoshi Yamada, ex-Chefe da Unidade de Promoção de CQT da Toyota.

Apesar de Katsuyoshi Yamada apresentar esse mapa do sistema de garantia de qualidade como um típico mapa atualizado de uma "certa empresa vencedora do Prêmio Deming", esteja certo o leitor de que o mapa é proveniente da Toyota. Contudo verificações cuidadosas são necessárias, pois o quadro contém uma grande quantidade de informações importantes. É fundamental, portanto, olhar de maneira crítica para cada uma das normas, prescrições e orientações que aparecem na coluna "Normas Mais Importantes da Empresa", à direita do quadro. A partir dessas normas observamos que o sistema de desenvolvimento e gerenciamento de produção global da empresa vencedora do Prêmio Deming é surpreendentemente familiar. As reuniões de análise mapeadas no meio do quadro referem-se a análises de projeto e o fato de os números apresentados "flutuarem" (DR1, DR3, DR6, etc.) indica que o quadro é um resumo. Com toda a probabilidade, um mapa completo do sistema de garantia de qualidade ocuparia, no mínimo, dez folhas de papel de 27cm x 43cm. Tal mapa refletiria a garantia de qualidade para toda a empresa, mas, provavelmente, veríamos também mapas de garantia de qualidade para departamentos individuais, com o total chegando a aproximadamente 100 páginas. Em uma indústria como a de automóveis, somente um grandioso projeto pode produzir um sistema de qualidade funcional.[5]

Uma vez que a qualidade do produto é amplamente determinada no estágio de desenvolvimento de produto, a colaboração entre os departamentos de garantia de qualidade e desenvolvimento de produto é fundamental. Na Toyota, um membro da equipe de pessoal especialmente designado coordena o trabalho de executivos responsáveis pela garantia de qualidade e desenvolvimento de produto. Além disso, o executivo administrativo responsável pela garantia de qualidade opera um sistema de "engenharia residente reversa" para assegurar que, no estágio de desenvolvimento, problemas antigos não ocorram com novos produtos. A empresa ainda cria escritórios de auditoria de produto dentro de departamentos de desenvolvimento de produto, como parte de um sistema de qualidade guarda-chuva.

O Sistema Toyota das Funções de Gestão

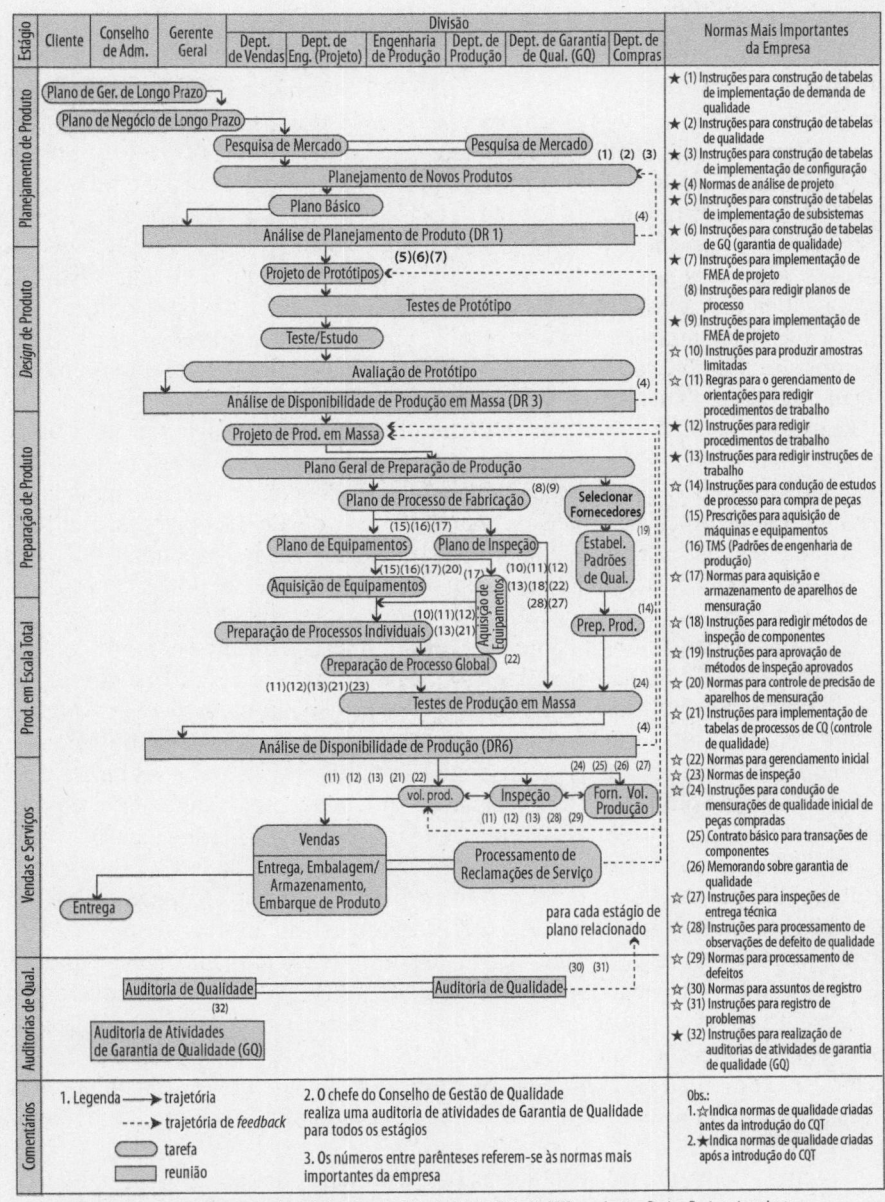

Estágio	Cliente	Conselho de Adm.	Gerente Geral	Divisão					Normas Mais Importantes da Empresa
				Dept. de Vendas	Dept. de Eng. (Projeto)	Engenharia de Produção	Dept. de Produção	Dept. de Garantia de Qual. (GQ)	Dept. de Compras	

Planejamento de Produto
- Plano de Ger. de Longo Prazo
- Plano de Negócio de Longo Prazo
- Pesquisa de Mercado — Pesquisa de Mercado (1)(2)(3)
- Planejamento de Novos Produtos
- Plano Básico (4)
- Análise de Planejamento de Produto (DR 1)

Design de Produto
- (5)(6)(7)
- Projeto de Protótipos
- Testes de Protótipo
- Teste/Estudo
- Avaliação de Protótipo (4)
- Análise de Disponibilidade de Produção em Massa (DR 3)

Preparação de Produto
- Projeto de Prod. em Massa
- Plano Geral de Preparação de Produção
- Plano de Processo de Fabricação (8)(9)
- Selecionar Fornecedores
- Plano de Equipamentos — Plano de Inspeção (15)(16)(17)
- Aquisição de Equipamentos — Estabel. Padrões de Qual. (15)(16)(17)(20) (10)(11)(12) (13)(18)(22) (28)(27)
- Preparação de Processos Individuais (10)(11)(12)(13)(21) — Aquisição de Equipamentos
- Preparação de Processo Global (22) — Prep. Prod. (14)

Prod. em Escala Total
- (11)(12)(13)(21)(23)
- Testes de Produção em Massa (4)
- Análise de Disponibilidade de Produção (DR6)
- (11) (12) (13) (21) (22) (24) (25) (26) (27)
- vol. prod. — Inspeção — Forn. Vol. Produção
- (11) (12) (13) (28) (29)

Vendas e Serviços
- Vendas
- Entrega, Embalagem/Armazenamento, Embarque de Produto
- Processamento de Reclamações de Serviço
- Entrega
- para cada estágio de plano relacionado

Auditorias de Qual.
- Auditoria de Qualidade (30) (31) — Auditoria de Qualidade
- (32)
- Auditoria de Atividades de Garantia de Qualidade (GQ)

Normas Mais Importantes da Empresa
- ★ (1) Instruções para construção de tabelas de implementação de demanda de qualidade
- ★ (2) Instruções para construção de tabelas de qualidade
- ★ (3) Instruções para construção de tabelas de implementação de configuração
- ★ (4) Normas de análise de projeto
- ★ (5) Instruções para construção de tabelas de implementação de subsistemas
- ★ (6) Instruções para construção de tabelas de GQ (garantia de qualidade)
- ★ (7) Instruções para implementação de FMEA de projeto
- (8) Instruções para redigir planos de processo
- ★ (9) Instruções para implementação de FMEA de projeto
- ☆ (10) Instruções para produzir amostras limitadas
- ☆ (11) Regras para o gerenciamento de orientações para redigir procedimentos de trabalho
- ★ (12) Instruções para redigir procedimentos de trabalho
- ★ (13) Instruções para redigir instruções de trabalho
- ☆ (14) Instruções para condução de estudos de processo para compra de peças
- (15) Prescrições para aquisição de máquinas e equipamentos
- (16) TMS (Padrões de engenharia de produção)
- ☆ (17) Normas para aquisição e armazenamento de aparelhos de mensuração
- ☆ (18) Instruções para redigir métodos de inspeção de componentes
- ☆ (19) Instruções para aprovação de métodos de inspeção aprovados
- ☆ (20) Normas para controle de precisão de aparelhos de mensuração
- ☆ (21) Instruções para implementação de tabelas de processos de CQ (controle de qualidade)
- ☆ (22) Normas para gerenciamento inicial
- ☆ (23) Normas de inspeção
- ☆ (24) Instruções para condução de mensurações de qualidade inicial de peças compradas
- (25) Contrato básico para transações de componentes
- (26) Memorando sobre garantia de qualidade
- ☆ (27) Instruções para inspeções de entrega técnica
- ☆ (28) Instruções para processamento de observações de defeito de qualidade
- ☆ (29) Normas para processamento de defeitos
- ☆ (30) Normas para assuntos de registro
- ☆ (31) Instruções para registro de problemas
- ★ (32) Instruções para realização de auditorias de atividades de garantia de qualidade (GQ)

Comentários

1. Legenda
   - → trajetória
   - ---> trajetória de *feedback*
   - ⬭ tarefa
   - ▭ reunião

2. O chefe do Conselho de Gestão de Qualidade realiza uma auditoria de atividades de Garantia de Qualidade para todos os estágios

3. Os números entre parênteses referem-se às normas mais importantes da empresa.

Obs.:
1. ☆ Indica normas de qualidade criadas antes da introdução do CQT
2. ★ Indica normas de qualidade criadas após a introdução do CQT

Fonte: Yamada, Katsuyoshi. "Shinseihin Kaihatsu Kyôka no tame ni Dazain Rebyû o Saihyôka" ["Re-evaluating Design Reviews in order to Enhance New Product Development"] *Hinshitsu*, Quality, vol. 4, n. 4, out. 1996.

Figura 3.5 Mapa do sistema de garantia de qualidade.

ISO 9000/QS 9000

A Organização Internacional de Padronização (ISO) publicou sua série de Normas de Qualidade Internacional ISO 9000, em 1987. Utilizando a ISO 9000 como base, os três grandes fabricantes de carros dos Estados Unidos selecionaram e publicaram normas de qualidade QS 9000 para seus fornecedores. A Toyota já tinha o CQT/GQT consolidado e não viu necessidade em obter a certificação ISO 9000/QS 9000, mas suas fábricas da Europa necessitavam da ISO 9000 por questões de negócio, como fizeram os fornecedores do grupo Toyota que realizavam negócios com empresas dos Estados Unidos e da Europa. Como líder do Grupo Toyota, a Toyota submeteu-se à certificação ISO 9000/QS 9000, "com o propósito de aprender". A divisão de motores obteve a certificação ISO 9001, em 1996, e a Fábrica Hirose obteve a certificação QS 9000, em 1998. A certificação foi subsequentemente renovada após cada avaliação e, então, restabelecida.

As exigências da ISO 9000/QS 9000 foram mais do que satisfeitas pelas práticas e sistemas que a Toyota estabeleceu através de suas atividades de CQT/GQT, incluindo gestão por diretrizes, gestão por função, diagnóstico de alta administração, controle de processo, análises de projeto, controle de documentos, auditoria de qualidade e instrução e treinamento de qualidade. Além disso, a ISO 9000/QS 9000 foi desnecessária para a Toyota, pois era incompleta: não lidava com custos, um dos pilares da gestão.

O envolvimento da Toyota com a ISO levou-a a traduzir um conjunto de seus documentos de qualidade para o inglês e enviá-los para suas fábricas europeias, a fim de obter a certificação ISO 9002. Para os fornecedores, a Toyota criou uma equipe de consultoria de ISO em seu departamento de garantia de qualidade e começou a oferecer assistência relacionada ao tema, em suas páginas na Web.

Hitoshi Kume, professor da Universidade de Chuo e professor emérito da Universidade de Tóquio, recebeu o Prêmio Deming e é uma autoridade em CQT. Como representante japonês dos conselhos de controle de qualidade ISO e de garantia de qualidade, esteve profundamente envolvido na formulação das séries ISO 9000. Kume descreve a ISO 9001 e o CQT, fazendo uso de uma metáfora.

"A ISO 9000", diz ele, "é como um exame de ingresso para uma universidade e o Prêmio Deming é como uma tese de doutorado." A ISO 9000 pode ser comparada a um exame de ingresso, porque envolve atividades que preparam a organização para dar respostas corretas específicas. O CQT e o Prêmio Deming, por outro lado, podem ser comparados a uma tese de doutorado, pois aqueles que aspiram ao sucesso apresentam suas próprias questões e descobrem seus próprios caminhos para resolvê-las.

O número de empresas certificadas pela ISO 9001 continua a crescer, mas raramente se ouve falar que as empresas se transformaram utilizando a ISO. Isso dificilmente surpreende, considerando-se que a ISO 9001 especifica somente condições mínimas. Segue-se sem destacar que uma empresa se torna muito mais forte quando formula uma tese, para a qual ela mesma precisa encontrar seu próprio tema e resolver seus próprios problemas, através da aplicação independente de métodos de CQT. Isso é precisamente o que a Toyota fez. Dedicou-se ao CQT para enfrentar seus próprios problemas e assuntos e elaborou com esforço suas próprias soluções.

Se a coisa mais importante é agarrar-se a seus próprios problemas e assuntos, não importa se os meios que você utiliza derivam da ISO 9001 ou do CQT. É provável que seja justo dizer que a razão do sucesso da Toyota é que ela teria buscado resolver seus problemas mesmo que o CQT não tivesse exigido isso.

Reunindo informações de qualidade do mercado e lidando com as reclamações

W. Edwards Deming, que foi ao Japão em 1950, a convite do Sindicato dos Cientistas e Engenheiros Japoneses, falou sobre o desenvolvimento de novos produtos em termos do que ele chamou de "O Novo Caminho".

O novo caminho

1. Projetar produtos (sobre a base de testes adequados).
2. Produzi-los, testá-los e inspecioná-los na linha de produção e no laboratório.
3. Vendê-los.
4. Quando em uso, testar os produtos e realizar pesquisas de mercado para conhecer as reações dos usuários com relação a esses produtos e as razões pelas quais algumas pessoas não os utilizam.
5. Reprojetar produtos em resposta às reações dos consumidores com relação a custos e qualidade.

Deming defendeu a repetição do ciclo acima.

Observamos, a partir da expressão "em serviço, teste os produtos", que Deming considerou o mercado como um fórum para melhoria de qualidade no desenvolvimento de novos produtos. O fundador da Toyota, Kiichiro Toyoda, de maneira semelhante, observou a dificuldade de verificar e assegurar a qualidade do veículo somente através de testes realizados na empresa. Acreditava que o acúmulo de respostas a problemas de qualidade no mercado era um método básico de garantia de qualidade. Essa crença baseou-se na premissa de que, mesmo se o desempenho e a função podem ser estimados por cálculos teóricos, existem muitos aspectos de qualidade que podem ser previstos somente pela experiência.

A fim de realizar prognósticos a partir da experiência, é preciso um mecanismo para coletar a experiência de mercado, ou seja, para reunir quantidades massivas de informações de qualidade de mercado adequadas. Entretanto, essas informações de qualidade de mercado são, por natureza, extraordinariamente difíceis de organizar e seus conteúdos não são de fácil compreensão. Tais dados dependem, apesar de tudo, das vozes de clientes que são principiantes em termos de tecnologia e chegam por telefone, fax, formulários de registro, formulários de vendas e uma grande quantidade de outros meios, através de uma série de organizações. Alguns clientes enviam cartas diretamente para a empresa, e parte da informação provém de agências do governo.

A Toyota seguiu o posicionamento de Kiichiro na reunião de informações de qualidade provenientes do mercado e projetou vários meios para aumentar a confiabilidade das informações que obtém. Codificou e inseriu, como dados de computador, sintomas, circunstâncias, localizações, condições e causas de problemas de produtos. Até mesmo locais específicos, em painéis do corpo do veículo, que são suscetíveis a ruídos ou a arranhões, possuem seus próprios códigos. Assim, agora é fácil reunir, confrontar e analisar informações confiáveis. Tendo coletado dados dessa maneira por décadas, a Toyota pode utilizar análise multivariada (ver a próxima seção sobre Métodos Estatísticos) e outros meios estatísticos para obter fórmulas de causa e efeito (experiência) para prever, por exemplo, que fatores resultam em determinados problemas. Compreender essas questões ajuda a esclarecer o que precisa ser feito para eliminar problemas.

Em 1963, em meio à introdução do CQT, a Toyota começou a utilizar a palavra "confiabilidade" e a coletar e analisar informações de maneira séria. Um tipo central de informação de qualidade foram os dados sobre reclamações durante o período de garantia. Outros tipos de informação de qualidade que se revelaram úteis incluíam o que segue:

1. Acompanhamento de pesquisas de novos veículos no mercado (essas foram denominadas Pesquisas de Mercado Especial de Circulação Inicial).
2. Reunião de dados sobre usuários comerciais e usuários domésticos.
3. Pesquisas de mercado regulares.
4. Coleta de dados do Japão e de todo o mundo sobre as condições ambientais naturais e sociais em que os veículos são utilizados, características nacionais relacionadas a como as pessoas tratam os veículos e outros dados sobre características regionais.

A informação de qualidade agrupada dessa forma é utilizada em um sistema de registro de problema e acompanhada até eles serem resolvidos. Esse sistema foi criado em 1962, a fim de priorizar a informação de qualidade de mercado na empresa, de maneira clara, com base na urgência, não meramente em julgamentos técnicos de departamentos individuais. O procedimento para o acompanhamento do problema é resumido a seguir:

1. Selecionar os problemas de mercado com base em critérios fixos e, então, categorizá-los e registrá-los de acordo com a urgência.
2. Determinar os departamentos responsáveis e estimular a solução.
3. Mensurar o efeito das ações adotadas, verificar que passos foram tomados para evitar novas ocorrências e remover os problemas de registro.

O ponto-chave aqui – verificar que passos foram tomados para evitar novas ocorrências – reside no Passo 3. Todas as empresas possuem grupos designados para trabalhar na prevenção de recorrência de problemas, mas quando a prevenção de recorrências é superficial, ela é praticamente inútil.

É fundamental organizar recursos humanos e sistemas capazes de verificar – técnica e teoricamente – que a prevenção de recorrências é realmente eficaz. De maneira semelhante, em vez de estabelecer como prazo dois ou três meses, os envolvidos no processo precisam estar preparados para esperar até que as medidas estejam adequadas de modo a realmente evitar que um problema ocorra novamente. O que testa a competência de uma organização é se os itens no registro se acumulam ou não, a ponto de obstruir o sistema. Gestores que enfrentam problemas de maneira firme e direta serão capazes de realizar ações realmente eficazes para evitar a recorrência de problemas. Empresas que são despreocupadas com relação a seu sistema de prevenção de recorrência de problemas, por outro lado, nunca verão sua qualidade melhorar.

Até mesmo pelos padrões mundiais, como veremos no Capítulo 5, a qualidade da Toyota se destaca. Isso é o resultado de muitos anos de engajamento contínuo em atividades de controle de qualidade e garantia de qualidade. Os custos de qualidade da Toyota são baixos: seu coeficiente de reclamação de clientes com relação a vendas constitui metade do que é para outros fabricantes de carros japoneses e um terço do que é para produtores de carro norte-americanos. Quando a qualidade melhora, diminuem as reclamações e os custos, e quando diminuem as reclamações, os produtos vendem melhor. Qualidade vende.

A qualidade obedece às leis da experiência; assim, melhoria de qualidade exige planejamento para 100 anos. Se você busca resultados em três ou cinco anos, não os conseguirá. O que você precisa são políticas e planos de longo prazo que estarão em operação por décadas após a sua saída.

Utilizando métodos estatísticos

Projeto experimental, Método Taguchi e análise multivariada são três tradicionais métodos estatísticos ou de controle de qualidade.

Quando o desempenho é determinado por múltiplos e variáveis fatores, o projeto experimental ou projeto de experimentos é um método de estruturação de planos experimentais que possibilita chegar ao topo da montanha pelo caminho mais curto. A Toyota comprovou a eficácia do projeto experimental quando seu Departamento de Inspeção apresentou o método do Ocidente, em 1951, e o aplicou a um processo de fundição do bloco de cilindros, que sofria de altas taxas de defeito (*Toyota: os primeiros 20 anos*). O uso do método foi, subsequentemente, disseminado em toda a empresa.

O Método Taguchi, também conhecido como projeto robusto, é um método de planejamento que minimiza os custos de qualidade através da obtenção de parâmetros que são menos sensíveis a alterações externas. Seu criador, Genichi Taguchi, recebeu muitos prêmios acadêmicos e industriais, incluindo o Prêmio Deming, no Japão, em 1960, e a inclusão no American Automotive Hall of Fame, em 1997. Taguchi utilizou o projeto experimental como base para desenvolver e estabelecer sua diferenciada metodologia estatística na década de 1970. As empresas japonesas, porém, afastaram-se assustadas do modelo de Taguchi, em função de suas teorias confusas e seu vocabulário idiossincrático; o método ganhou aceitação pela primeira vez nos Estados Unidos, na década de 1980. Diz-se que o Método Taguchi é uma das tecnologias responsáveis pelo renascimento da indústria dos Estados Unidos, no decênio seguinte. Ainda em processo de desenvolvimento, o método foi reimportado para o Japão na década de 1990, sob o nome de "Engenharia de Qualidade". Uma Sociedade de Engenharia de Qualidade foi criada em 1998, e a sistematização do método continua.

A análise multivariada é um método para análise de relacionamentos de causa e efeito múltiplos dentro de uma grande quantidade de dados. A base de dados da Wal-Mart ficou famosa, por exemplo, quando a empresa deduziu um relacionamento de causa e efeito entre as vendas de fraldas e cerveja e, subsequentemente, deslocou a cerveja para o corredor ao lado do das fraldas. A função mais importante da base de dados é desempenhar análise multivariada.

Como técnica estatística, o Método Taguchi surgiu no Japão, aproximadamente em meados da década de 1990. Estranhamente, as expressões "Método Taguchi", "projeto robusto" ou "engenharia de qualidade" quase não são escutadas na Toyota. A partir do final da década de 1980, e início dos anos 1990, quando a Toyota estava promovendo amplamente o ensino e a difusão do controle de qualidade e dos métodos estatísticos sob a bandeira de um "Renascimento do SCQ", o Método Taguchi foi a única técnica que fracassou ao entrar em cena. A Denso e outras empresas do grupo da Toyota apoiaram vigorosamente as atividades da Sociedade de Engenharia da Qualidade. Somente a Toyota foi contra.

O que a Toyota fez foi acumular exemplos passados e dados de todo o grupo em um formato sistemático, estratificado e eletrônico e, então, utilizar a análise computacional ("automação de escritório") dessas informações para obter respostas para a maioria dos problemas e questões. Com duas semanas disponíveis para a resolução de problemas, os métodos projeto experimental e Taguchi, que consomem muito tempo, dificilmente são utilizados. A análise multivariada, por outro lado, é aplicada a exemplos e dados passados.

Uma vez que dados passados não são coletados e gerenciados sistematicamente, as atividades de solução de problemas, em geral, exigem o projeto experimental ou o Método Taguchi para encontrar soluções para problemas excepcionais. Quando quantidades enormes de dados passados são gerenciadas de maneira tão sistemática como o são na Toyota, a análise multivariada é, certamente, mais eficaz do que o projeto experimental ou o Método Taguchi.

Mais uma vez, relembramos as palavras de uma figura proeminente de uma organização de consultoria administrativa apresentadas no início do Capítulo 2: a Toyota gasta aproximadamente cinco vezes o que outras empresas gastam com gerenciamento de dados. A Toyota importou o projeto experimental dos Estados Unidos após a guerra e, então, cuidadosamente utilizou-o na solução de problemas. A empresa tem gastado cinco vezes o que outras empresas despendem para coletar dados, com o resultado de que quase todos os problemas podem, agora, ser resolvidos pelo uso de dados passados.

Contudo, a Toyota não despreza o Método Taguchi. Para aumentar a velocidade de projetos e diminuir os custos de produção no futuro, a Toyota reconhece a necessidade de uma técnica que possa identificar parâmetros de projeto robusto, ou seja, aqueles cujo impacto sobre o desempenho, com respeito a tolerâncias de projeto, são insignificantes. Por essa razão, o Método Taguchi está começando a descobrir seu próprio nicho dentro da Toyota, e é provável que esse nicho se expanda no futuro.

A Toyota possui 700 especialistas estatísticos (de nível Ph.D. e consultores de engenharia) e um sistema que permite que quatro deles assessorem cada chefe de departamento. Como resultado, as questões são propostas e consideradas com base nos dados, até mesmo de departamentos, como projeto e vendas, em que a tomada de decisão se apoia na experiência. Quando um novo veículo é lançado, por exemplo, estimativas são feitas, até mesmo de quantos folhetos distribuídos em determinados dias da semana atrairão determinado número de pessoas.

Existem duas razões subjacentes responsáveis por esses arranjos: (1) os Departamentos de Pessoal controlam os recursos-chave de pessoas, material e dinheiro. Ações que não exigem o auxílio de departamentos de pessoal, tais como a Unidade de Promoção de GQT, não se tornam ativos da Toyota. (2) Melhorias não podem acontecer nem ser sustentadas, a menos que a empresa, como um todo, se engaje em problemas de qualidade.

A Toyota possui treze centros administrativos; assim sendo, mesmo se cada um alcançar um nível de qualidade de 99%, o total é somente 0,99 na potência 13 = 0,88 (88%). Isso serve para ilustrar por que os métodos estatísticos são necessários.

Respostas a problemas de qualidade nos últimos anos

Na década de 1960, um bem-sucedido movimento de consumidores promovido por Ralph Nader e outros, nos Estados Unidos, transferiu o poder com relação a problemas de qualidade das mãos de produtores para as mãos de consumidores. Organizações como a Consumers Union (editora do *Consumer Reports*) e o instituto J.D. Power and Associates iniciaram publicando avaliações independentes de produtos automobilísticos. Nos últimos anos, pesquisas e relatórios de qualidade foram além de meras falhas iniciais e passaram a contemplar avarias durante todo o tempo, bem como aparência, sensação e outras qualidades, incluindo atitudes de vendedores em relação a clientes e serviços.

Como resultado, os fabricantes tiveram de mudar as políticas de *marketing* centradas em produção e vendas – nas quais suas energias iam somente para vendas – para o *marketing* centrado em clientes, o que impõe melhorias em todas as áreas de qualidade importantes para os mesmos. A Toyota respondeu, rapidamente, às informações da Consumers Union e do instituto J.D. Power e, como consequência, cresceu até ser a principal empresa de qualidade do mundo. No Capítulo 5, veremos, com mais detalhes, os problemas de qualidade mais recentes, as respostas da Toyota e os resultados.

O SISTEMA DE GESTÃO DOS CUSTOS

Uma história de gestão dos custos

Kiichiro Toyoda parece ter lutado mais com custos do que com qualidade na época em que fundou a Toyota Motor Company. Se a Toyota pesquisou tecnologias de nações avançadas da Europa e da América do Norte e, gradualmente, melhorou seus produtos, então, em algum momento, poderia se esperar que ela produzisse veículos compatíveis com os dessas nações. Contudo, os custos eram muito vulneráveis ao efeito de produção em massa no Japão, um país muito inferior aos Estados Unidos em termos de tamanho geográfico, recursos naturais, população e poder de compra. Além disso, recursos naturais como minério de ferro, carvão e petróleo praticamente não existiam. Dadas essas limitações, não se poderia esperar que o Japão se envolvesse com a produção em massa na mesma escala dos Estados Unidos. Mesmo com os baixos salários do país naquela época, foi difícil imaginar fabricar automóveis a um custo de compra comparável ao dos norte-americanos.

No Museu da Toyota, existe um precioso memorando, datado da primavera de 1973. Com o título "Cálculos de custos e perspectivas futuras", trata-se das estimativas de custos de Kiichiro Toyoda para a fundação da Toyota Motor Company. Em janeiro de 1987, fazendo uso da palavra em uma reunião com a

Kyohokai (uma associação de fornecedores de peças) e a Eihokai (uma associação de fornecedores de matrizes, medidores e dispositivos e de construtores de plantas e equipamentos), Eiji Toyoda falou da luta de Kiichiro com relação aos custos:

> Kiichiro desenvolveu planos de redução de custos detalhados por componente e estimou as reduções de custos previstos. Mas ele não começou atingindo 100% de suas metas. Iniciou com determinadas condições e, então, projetou outras medidas de redução de custos, com base nos resultados reais. Estava determinado a tomar a frente do caminho que ele descreveu no memorando. Não há dúvida de que ele estava preparado para tudo, menos para perder.

É provável que a questão dos custos tenha sido uma preocupação constante para Kiichiro. Esse era o contexto em que propôs o *just-in-time*, uma forma de até mesmo as produções em pequenos lotes serem lucrativas. Na declaração de Kiichiro (e para obter lucros mesmo com uma produção de lote pequeno de alta diversidade), Taiichi Ohno elaborou o Sistema Toyota de Produção (STP), o que manteve os custos baixos durante o começo e a expansão da empresa.

Segue sem mencionar que uma empresa não pode assegurar uma situação financeira saudável meramente através do *just-in-time* ou do corte de custos do STP no chão de fábrica. Os métodos de gerenciamento de custos em toda a empresa devem ser estabelecidos.

A introdução, por parte da Toyota, de métodos científicos de gerenciamento de custos inicia após a II Guerra Mundial, quando, em 1950, ela insere métodos dos Estados Unidos de custos-padrão e outros métodos de gestão contábil. Os detalhes desse processo estão descritos em *Toyota: A History of the First Fifty Years* (1987), mas, certamente, acontecimentos importantes são discutidos abaixo:

> O custo de um veículo é enormemente determinado nos estágios de planejamento e projeto. Além disso, não se pode esperar muito com relação à melhoria de custos uma vez que tem início a produção em escala total, pois a produção de equipamentos, na era da produção em massa, tornou-se maior e mais especializada. Como uma forma de encarar esse problema, no final de 1959, a Toyota considerou, pela primeira vez, o corte de custos no estágio de planejamento e projeto, através do estabelecimento de um preço de venda de U$1.000 para o Publica, então na fase de protótipo. Os resultados foram bons e o Publica passou a ser um "carro tipo van", com um preço de carro pequeno. Esse sucesso em atingir um preço-alvo no estágio de planejamento e projeto, subsequentemente, consolidou-se na forma de EV (Engenharia de Valor), e o procedimento foi seguido para o desenvolvimento de cada novo veículo e para cada mudança de modelo. Ao mesmo tempo, um sistema de planejamento de custos tomou forma, no qual os departamentos relevantes, em cada estágio do processo, incluindo projeto, teste e preparação de produção, cooperavam uns com os outros, a fim de atingir os custos-alvo.

A Toyota introduziu a Análise de Valor (AV) em 1962, e todos os departamentos de engenharia trabalharam juntos para realizar análise de peças com cada um dos seus fornecedores.

A Toyota lançou o gerenciamento de custos, primeiramente, juntando um sistema de manutenção de custos que dependia do gerenciamento de custos departamentais. Então, a empresa estabeleceu um sistema de melhoria de custos para, mais adiante, reduzir os custos estimados e agregar o planejamento de custos ao estágio de planejamento de novos produtos. O sistema de gestão de custos aperfeiçoado através desse processo, no final, recebeu a aclamação do comitê de avaliação do Prêmio Deming, quando esse realizou uma auditoria, em novembro de 1965.

Em setembro de 1969, a Toyota criou um comitê de planejamento de custos para ter uma visão ampla do planejamento de custos. Tal ação foi seguida pelo estabelecimento de uma seção de planejamento de custos no Departamento de Engenharia e pela criação e fortalecimento de sistemas de planejamento de custos em vários departamentos, incluindo a Unidade de Planejamento de Tecnologia de Produção, a contabilidade e o controle de compras. As formas das funções de planejamento de custos foram capazes de evoluir juntamente com suas metas.

O Sistema de Gestão dos Custos

A *Norma de Gestão de Custos,* documento redigido no curso das atividades de CQT, na década de 1960, expõe as atividades de gestão dos custos. Ao mesmo tempo em que estabelece uma estrutura clara para as várias atividades, em cada nível departamental, a *Norma de Gestão de Custos* enfatiza, também, o lado tangível das coisas: cooperação interdepartamental e promoção da conscientização de custos. A Figura 3.6 apresenta a estrutura do sistema de gestão de custos da Toyota.

Planejamento de custo

Do planejamento e projeto de novos veículos até a preparação de produção, o planejamento de custo refere-se às primeiras atividades para garantir lucros esperados pela integração de custos.

Planejamento hábil, nesse estágio, é dez vezes mais eficaz do que melhorias de custos no estágio de produção.

Planejamento de investimento de capital

O planejamento de custos olha para o veículo verticalmente, enquanto o planejamento de investimento de capital, que envolve grandes somas de dinheiro e questões difíceis de níveis de investimento, olha para o veículo horizontalmente.

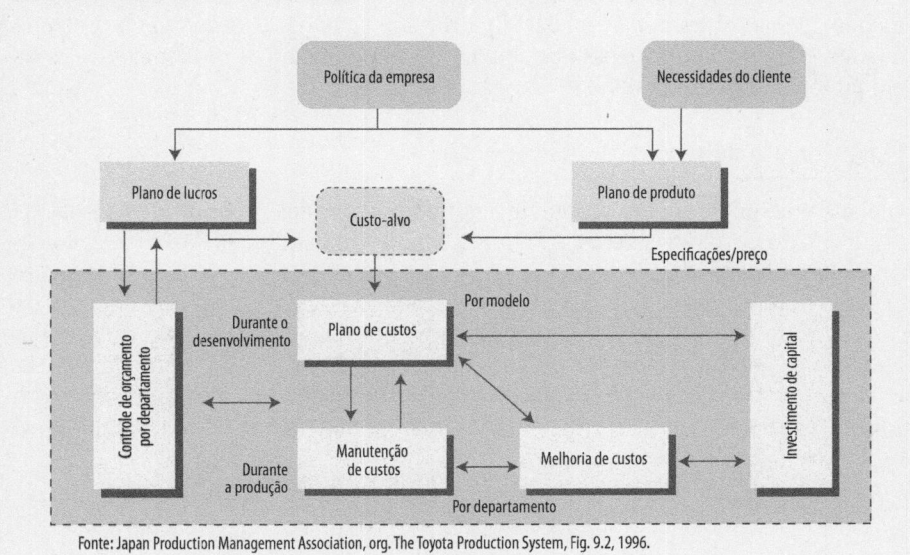

Figura 3.6 Panorama do sistema de gerenciamento de custos da Toyota.

Fonte: Japan Production Management Association, org. The Toyota Production System, Fig. 9.2, 1996.

Com base em como os custos totais podem ser baixados, o planejamento de investimento de capital considera tais escolhas como inovadoras ou testadas e aprovadas, equipamentos dedicados ou multifuncionais e trabalho manual ou utilização de máquinas.

Manutenção e melhoria de custos

Manutenção de custos refere-se às atividades para a sustentação de custos-referência de trabalho, ao mesmo tempo em que se conecta a operações-padrão e manutenção de unidades de referência de matéria-prima. É a base da gestão de custos.[6]

Trabalho, materiais, energia e outros custos de processamento que variam de acordo com a operabilidade são gerenciados em conformidade com orçamentos variáveis.

Atividades de melhoria de custos [ou *kaizen* de custos] são aquelas que reduzem os custos de trabalho e as unidades de referência desmembradas,[7] através de mudanças de operações, materiais ou métodos de processamento-padrão.

Apesar de não constarem na Figura 3.6, as atividades que visam a criar "lucros de oportunidade" estabelecem uma ligação com a melhoria de custo. Ao contrário das atividades comuns, esse trabalho objetiva significativas reduções de custos em projetos importantes.[8]

Planejamento de custos

O planejamento de custos ocupa um lugar particularmente importante no sistema da Toyota de gestão de custos. A Figura 3.7 apresenta categorias de custos, considerando o ponto em que surgem.

O quadro apresenta uma ilustração qualitativa das afirmações da Toyota de que "o custo de um veículo é enormemente determinado no estágio de planejamento e projeto. Não se pode esperar muito com relação à melhoria de custos, uma vez que tem início a produção em escala total" e de que "melhorias hábeis no estágio de planejamento e projeto são dez vezes mais eficazes do que melhorias de custos no estágio de produção".

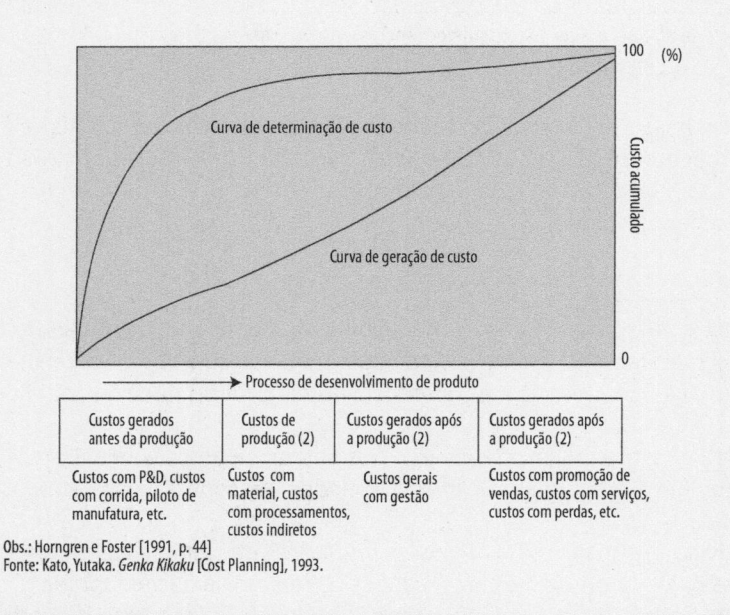

Custos gerados antes da produção	Custos de produção (2)	Custos gerados após a produção (2)	Custos gerados após a produção (2)
Custos com P&D, custos com corrida, piloto de manufatura, etc.	Custos com material, custos com processamentos, custos indiretos	Custos gerais com gestão	Custos com promoção de vendas, custos com serviços, custos com perdas, etc.

Obs.: Horngren e Foster [1991, p. 44]
Fonte: Kato, Yutaka. *Genka Kikaku* [Cost Planning], 1993.

Figura 3.7 Categorias de custos por ponto de ocorrência.

Foi o domínio experimental da Toyota que é apresentado nesse quadro, que levou a empresa a desenvolver um novo método de "planejamento de custos que aplica EV no estágio de desenvolvimento de um novo carro" e a tentar utilizá-lo no desenvolvimento do Publica (ver Capítulo 2, Perspectivas sobre o trabalho).

A EV é descrita como "pesquisa organizada com o propósito de atingir funções necessárias a um custo mínimo". Essas funções necessárias são fatores que garantem qualidade; assim sendo, a EV pode ser vista como uma ponte operando entre a garantia de qualidade e a gestão de custos.

Em fevereiro de 1965, a Sociedade dos Engenheiros Automotivos no Japão (JSAE) publicou um artigo em seu periódico, *Review of Automotive Engineering*. Intitulado "O Papel da AV na Indústria Automobilística – com especial referência ao planejamento de custos" (*The role of VA in the Automobile Industry – with special reference to cost planning*), foi escrito por Koichi Tanaka, chefe do Departamento de Administração Técnica da Toyota. O artigo de Tanaka é decisivo para a compreensão do gerenciamento de custos – e, em especial, do planejamento de custos – na Toyota e é útil para entender a forma como a Toyota trabalha e pensa. Esse artigo é considerado, ainda hoje, o guia do gerenciamento de custos na Toyota e está resumido a seguir, seção por seção.

1. Prefácio.
   Este artigo não é um manual de procedimentos específicos de AV/EV, mas, ao contrário, uma exposição de como uma organização pode extrair efeito máximo da AV/EV.
2. Aplicações e problemas da AV.
   Na Toyota, a EV é denominada de planejamento de custos, e a AV é referida como melhoria de custos. A Toyota estabelece padrões para contabilizar custos no departamento de produção, para cada trimestre, e busca atividades para manter essa manutenção de custos-padrão. Esses três itens – planejamento de custos, melhoria de custos e manutenção de custos – traduzem, em conjunto, as três funções de gerenciamento de custos. O que segue, lida, principalmente, com atividades de planejamento de custos, uma vez que essas têm o maior impacto.
3. Gerenciando a função de planejamento de custos.
   O planejamento de custos, no estágio de desenvolvimento de novos produtos, pode ser dividido em seis etapas, indicadas de 0-5 na Figura 3.8.

Etapa 0 (pesquisa do alvo de planejamento de custos)

Coletar e analisar informações relacionadas as previsões de demanda e preços de venda

- Compare as previsões de preço de venda e os objetivos-alvo de qualidade de empresas concorrentes no Japão e em destinos de exportação, realize pesquisas de satisfação do cliente e outras pesquisas de mercado e analise as informações, relacionando as previsões de demanda e os preços de venda.

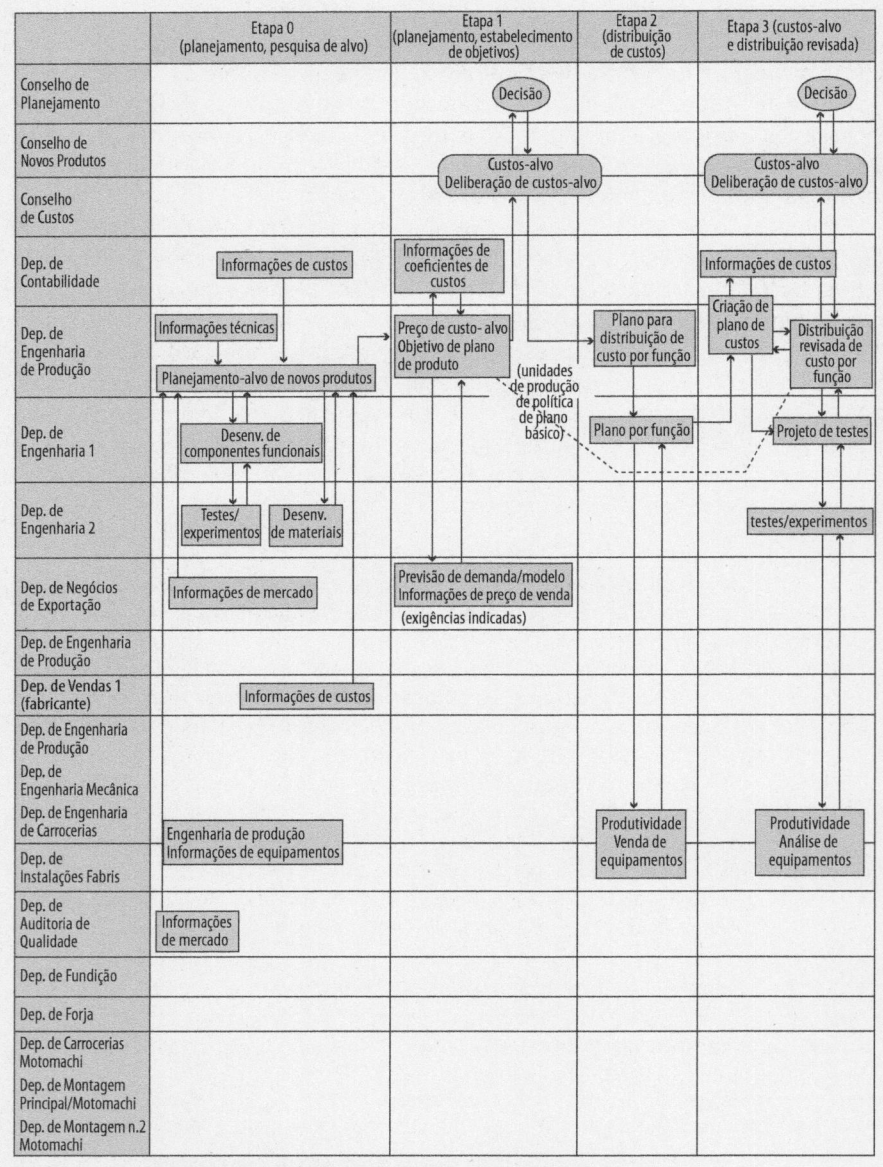

	Etapa 0 (planejamento, pesquisa de alvo)	Etapa 1 (planejamento, estabelecimento de objetivos)	Etapa 2 (distribuição de custos)	Etapa 3 (custos-alvo e distribuição revisada)
Conselho de Planejamento		Decisão		Decisão
Conselho de Novos Produtos		Custos-alvo Deliberação de custos-alvo		Custos-alvo Deliberação de custos-alvo
Conselho de Custos				
Dep. de Contabilidade	Informações de custos	Informações de coeficientes de custos		Informações de custos
Dep. de Engenharia de Produção	Informações técnicas → Planejamento-alvo de novos produtos	Preço de custo-alvo Objetivo de plano de produto	Plano para distribuição de custo por função	Criação de plano de custos → Distribuição revisada de custo por função
Dep. de Engenharia 1	Desenv. de componentes funcionais	(unidades de produção de política de plano básico)	Plano por função	Projeto de testes
Dep. de Engenharia 2	Testes/ experimentos · Desenv. de materiais			testes/experimentos
Dep. de Negócios de Exportação	Informações de mercado	Previsão de demanda/modelo Informações de preço de venda (exigências indicadas)		
Dep. de Engenharia de Produção				
Dep. de Vendas 1 (fabricante)	Informações de custos			
Dep. de Engenharia de Produção				
Dep. de Engenharia Mecânica				
Dep. de Engenharia de Carrocerias	Engenharia de produção Informações de equipamentos		Produtividade Venda de equipamentos	Produtividade Análise de equipamentos
Dep. de Instalações Fabris				
Dep. de Auditoria de Qualidade	Informações de mercado			
Dep. de Fundição				
Dep. de Forja				
Dep. de Carrocerias Motomachi				
Dep. de Montagem Principal/Motomachi				
Dep. de Montagem n.2 Motomachi				

Fonte: Tanaka, Kôichi. "Jidosha Sangy ni okeru VA no Yakuwari" [The Role of VA in the Automotive Industry], *Jidôsha Gijutsu* [Automotive Engineering]. Feb. 1965.

Figura 3.8 Sistema de gestão de planejamento de custos. *(continua...)*

O Sistema Toyota das Funções de Gestão

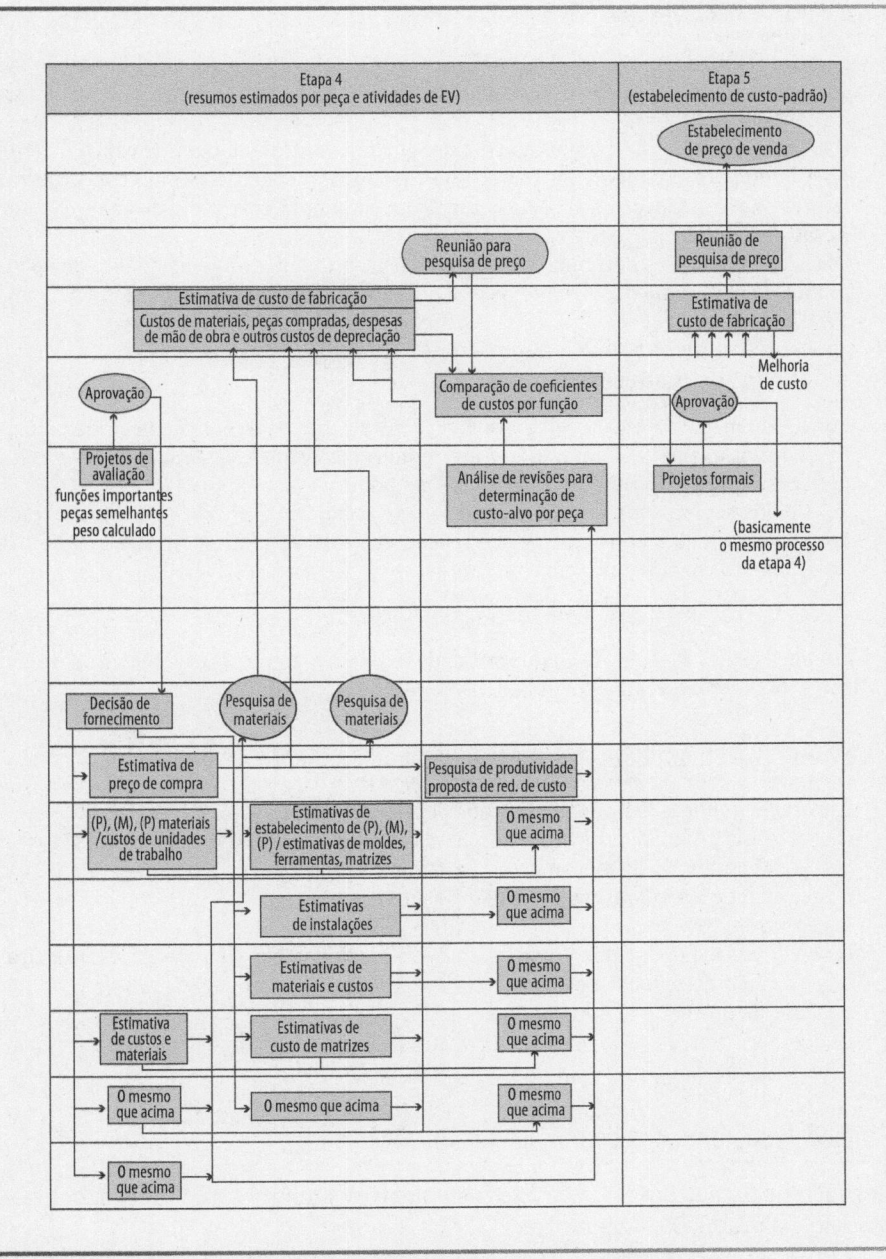

Figura 3.8 Sistema de gestão de planejamento de custos. (continuação)

Analisar lucros de vendas por modelo de veículo

- O preço de venda não é calculado pelo acréscimo de lucro aos custos. É determinado como uma função dos preços da concorrência e da capacidade latente do consumidor de pagá-lo.
- O lucro total de vendas por modelo é, também, uma função do ciclo de vida e do tempo exigido para implementar as alterações de modelo e pequenas mudanças. Outros fatores são: mudanças de preço, custos de investimento em desenvolvimento e despesas de capital.
- Essas considerações determinam o tempo e a essência do desenvolvimento de novos produtos, bem como quais modelos têm prioridade para a aplicação de EV.

Analisar e quantificar o relacionamento por modelo
entre volumes de produção e custos

- Construa uma curva Maxcy-Silberston (ver Figura 2.3, p. 105) para cada etapa do processo – por exemplo, estamparia, forja, fundição e usinagem. Assim, essas etapas podem ser agregadas em um desenho de modelo como um todo.[9]
- Possibilite a compreensão de relacionamento do volume de produção do ciclo de vida total com a escolha entre depreciação de equipamentos multifuncionais e custos de investimento em equipamentos dedicados.

Conhecer custos implicados em tendências técnicas.

- Conheça as implicações de custos de tendências em materiais, tecnologias de produção e métodos de gestão de fábrica.

Etapa 1 (estabelecimento de objetivos de planejamento de custos)

- Esclarecer políticas, estratégias e propósitos de administração.
- Os custos de produção e os custos de vendas determinados nessa etapa não são imutáveis até o período de lançamento de um novo produto. Revise-os adequadamente, de acordo com as mudanças de tendências do mercado e com o surgimento de veículos concorrentes.
- Os objetivos estabelecidos nesse estágio são indicados por atividades de EV realizadas no curso do processo de desenvolvimento, durante o planejamento de produto, análises de protótipo e preparação de produção.
- Utilize o volume de produção básico e a projeção de vida do veículo para verificar, mais tarde, as estimativas e a conformidade com as metas.

Etapa 2 (especificação de custos por função)

Pesquisar e organizar estruturas de custos e de ponderação, por função, de cada modelo em produção, atualmente.

- O Departamento de Contabilidade, geralmente, classifica as estruturas de custo por departamentos, tais como produção e compras, em que custos são gerados. Esses

precisam ser, mais adiante, subdivididos por função de projeto (p.ex., motor, transmissão, eixo de transmissão, carroceria, acabamento interno e externo).
- Novamente por função, cria uma tabela de custo por unidade de peso (ienes por quilo) para componentes importantes.
- Esses são úteis porque os automóveis raramente passam por mudanças radicais ou amplas de estrutura.

Conhecer as estruturas de custo por função de veículos concorrentes.

- Pesquise os preços de varejo de peças em distribuidores de concorrentes. Esse método ajuda a garantir estimativas bastante precisas de custos de outras empresas.

Determinar a composição de peças de novos produtos.

- Determine a composição de peças para cada modelo (tipo) antes de passar para o projeto de peças detalhado.
- Analise quais componentes podem ser utilizados entre os que estão atualmente em uso e quais necessitam ser projetados para o novo modelo, bem como o que em comum existe entre os novos tipos de produto. O número de novas peças projetadas e o número total de peças dependerão de quantos componentes em comum (transferidos e compartilhados) poderão ser utilizados. Despesas de capital irão variar de acordo com isso.
- Ajustar planos básicos e metas de novo produto, desmembrar custos por função de projeto e designar custos-alvo de acordo com especificações básicas, peso e materiais mais importantes.
- Distribua os custos de acordo com as percentagens específicas pelas quais elementos como lugares, revestimento e acabamento interno serão atualizados com relação a modelos anteriores. Esses custos distribuídos, em outras palavras, são uma medida de qualidade baseada em custos, indicando o grau de qualidade que deve ser projetado.

Etapa 3 (custo-alvo e sua redistribuição)

- Juntamente com a satisfação das exigências de desempenho, os projetistas para cada função reúnem projetos de peças detalhados dentro de limites de peso e custo indicados.
- Desenhos de peças são projetados depois de as especificações detalhadas serem verificadas com relação às intenções do projetista-chefe e, então, verificados com relação às estimativas de nível macro da equipe de planejamento de custos, para ter certeza de que estão dentro do plano em termos de custos.
- Se necessário, a alocação de custos em funções pode ser revisada, em resposta a problemas durante a fase de teste de protótipo. Quando se considerar os projetos de peças detalhados, a coisa mais importante, nesse estágio, é determinar se o volume de produção necessitará a reconstrução ou o reprojeto de equipamentos atualmente em uso. A seguir, compute as despesas de capital necessárias.

- Custos técnicos-padrão são derivados da multiplicação de quanto as peças atuais mudarão em função da variação média de custo. Os custos de produção, por outro lado, são obtidos pela adição de custos decorrentes de elementos de produção específicos.

Etapa 4 (AV na fase de protótipo)

Utilizar peças-padrão.

- Formas, dimensões e totais de uso mensal de peças básicas, tais como parafusos e porcas, são colocados em tabelas que são distribuídas para todos os projetistas. Peças semelhantes a peças existentes não podem ser reprojetadas sem a permissão do gerente responsável.

Compartilhar peças e processos.

- Os primeiros cinco dígitos de números-padrão de dez dígitos de peças, na Toyota, são padronizados para a unidade funcional; assim, fica fácil comparar projetos de peças similares. No projeto de novos produtos, isso facilita o uso de mesmas peças e cria processos uniformes.[10]
- Quando problemas ou outras razões exigirem o projeto de novas peças que sejam diferentes daquelas já em uso, as novas peças não são projetadas isoladamente. Elas são produzidas de tal maneira que as peças utilizadas anteriormente, em outros modelos, possam ser mudadas também.[11]

Conduzir *feedback* de processos de capacitação.

- Cada peça que está, atualmente, em produção é classificada de acordo com processos atuais. As capacitações desses processos são mantidas segundo as precisões definidas nos critérios do projeto. Para os métodos de processamento, tais como fundição, fundição em molde, forjaria, estamparia e usinagem, em especial, dados (padrões técnicos), relacionados a diferenças dimensionais, tolerâncias, precisão de superfície e dificuldade (custo), podem ajudar a evitar a pressão com relação à qualidade excessiva que não aparece nos projetos.
- Os critérios de projeto enfatizam força, função e durabilidade, mas outros itens foram, recentemente, anexados, tais como seleção de materiais relacionados a preço e métodos de processamento, métodos de cálculo de custos e capacidades de processos relacionados em nível econômico. Histórias de falhas e ações de prevenção de recorrência de antigos problemas relacionados a peças similares também foram acrescentadas.[12]
- A confirmação de produtividade não é o único objetivo dos protótipos. A verificação de funções e de desempenho é de importância relativa muito maior. Ocasionalmente, esses dois propósitos contradizem-se. Quando for esse o caso, veículos-protótipo para funções e para produtividade são preparados separadamente, e avaliações com-

parativas dos dois grupos de protótipos são realizadas. A análise indica, então, como assegurar ambos, função e desempenho, por um lado e produtividade por outro.

Utilizar o conhecimento de fábricas de fornecedores.

- As fábricas de fornecedores devem ser consideradas com a disposição de que podem gerar boas sugestões.
- Peças compradas merecem maior investimento de energia, uma vez que são responsáveis por mais da metade do custo total de um automóvel. Em estágios adequados de protótipos, as equipes compostas de projetistas, agentes de compra, pessoas responsáveis pela inspeção e engenheiros de produção devem visitar as fábricas de fornecedores para realizar investigações de EV.

Fazer estimativas com projetos de protótipos e com peças de protótipos.

- Faça estimativas de custos para peças importantes (20 a 25% das peças que são responsáveis por 80 a 85% do custo). Considere projetos de peças-chave múltiplos, crie tabelas comparativas e confronte-as com as planilhas de requisitos técnicos antes de estabelecer uma versão final.[13]
- Uma vez que os dados se acumulam e a relação entre variações de especificação de projeto e variações de custo se torna clara, uma tabela comparativa de gastos com custos evolui para uma tabela de custos (adequada).
- Antes que os projetos de protótipos assumam sua forma final (ou seja, quando estão ainda nas fases de análise e de planejamento), a alta gerência preside e participa de sessões de análise de peças e de tudo que está relacionado com essa questão.
- Essas práticas possuem o efeito secundário de acelerar o processo de tomada de decisão e economizar tempo. Elas enfatizam problemas no sistema de gestão de custos e facilitam sua melhoria.

Etapa 5 (estabelecimento de custos de referência)

- Uma vez que nenhum dos custos-alvo, em etapas anteriores de planejamento de custos, especifica as condições de produção relacionadas (por exemplo, ao tipo de linha de produção que será usada), uma tabela de custo-padrão é, agora, utilizada para chegar aos custos-alvo, fazendo uso de diferenciais de custo entre as tecnologias de peças. Deve-se observar que, uma vez que a linha de produção é determinada no estágio de produção, os custos irão mudar, dependendo das condições de produção. Eles são denominados de custos-padrão.
- Em função de a estratégia de gerenciamento da empresa exercer enorme influência sobre os planos de lucros nesse estágio, os seguintes pontos são levados em consideração quando são realizados gastos de capital e quando análises sérias são elaboradas na junção de processos de produção econômicos:
  – Reconfirmação de estimativas de demanda e produção;
  – Estimativas de operação e planos para equipamentos e mão de obra, tão logo a produção em massa tenha iniciado;

- Integração total com planos de longo prazo da empresa;
- Preparo de equipamentos, máquinas, ferramentas, matrizes e gabaritos para produção em massa.
- Utilize o modelo de ciclo de vida para estabelecer planos de custos e lucros.
- Com base no modelo de ciclo de vida, a pessoa encarregada das compras conclui os contratos de compra de peças com fornecedores.

Melhoria de custos (AV pós-produção).

- Explique os objetivos de redução para cada modelo em termos que sejam fáceis de compreender.
- Uma vez que os custos estejam realmente sendo gerados, organize atividades de AV sobre uma base sistemática e que abranja toda a empresa.
- Determine metas de redução de acordo com as responsabilidades pela geração de custos.
- Acelere ações para responder a sugestões de AV provenientes de distribuidores, comunique a razão do atraso e especifique a data em que uma resposta possa ser esperada.
- Esclareça como a AV relacionada a reduções de custos será avaliada e faça planos para recompensar o esforço que deriva de sugestões.

Finalmente...

- Continue a rezar para que a indústria automobilística japonesa entenda a verdadeira essência da AV e utilize uma AV criativa de forma organizada, a fim de se tornar uma empresa global.

O que acabamos de ver é o sistema de gestão de custos da Toyota, desenvolvido durante o curso de atividades de CQT que a empresa introduziu durante a década de 1960. A última frase do artigo de Tanaka é surpreendente. Nela, vislumbramos a confiança na gestão de custos da Toyota e o senso de responsabilidade da mesma, como líder da indústria automobilística japonesa.

A Toyota achou ineficiente o departamento de projeto implementar a AV, pela mudança de especificação de peças, após o início da produção. A prática usual, agora, é concentrar a AV em mudanças de método de produção na fábrica e o departamento de projeto concentrar seus principais esforços em EV durante o estágio de desenvolvimento de novos produtos. O departamento de projeto realizou a AV somente duas vezes: na época da crise do petróleo, na década de 1970, e durante o colapso da bolha econômica, no início na década de 1990.

Absolutamente, é pouco comum para as empresas iniciar a produção de novos produtos sem ter atingido objetivos de custos. No caso de os objetivos não terem sido atingidos, as empresas realizam certos tipos de operações de recuperação (ou seja, alterações de projeto com o objetivo de AV), mesmo após a produção de um projeto completo ter iniciado, até mesmo, talvez, como uma punição para os projetistas que falharam em atingir seus objetivos. Se os projetistas não alcançam suas metas, não é por falta de esforço. Designar-lhes atividades de recuperação punitivas, após o fato ter ocorrido, é desmoralizante. É mais inteligente que utilizem o mesmo tempo para fazer EV para novos produtos do que para realizar AV pós-produção ineficiente. A Toyota, como muitas outras empresas, inicia a produção mesmo quando os objetivos ainda não foram alcançados. A diferença é que a Toyota não sobrecarrega seus projetistas com AV após o início da produção. Conforme observado acima, o fato de uma empresa poder ou não adotar uma abordagem total de sistemas para custos marca a diferença entre um círculo vicioso e um virtuoso.

Podemos citar o exemplo de um presidente de certa empresa que suspirou com alívio, uma vez que seu sistema de controle de custos estava bem e operando: "Agora estou livre da carga de custos", disse ele. O problema era que sua empresa nunca atingira seus objetivos de custos. "Sempre temos uma arrancada forte", lamentou ele, "mas sempre chegamos por último." Em sua empresa, atividades de recuperação são a regra.

Esse presidente está errado em duas avaliações. Primeiro, assume que haverá um tempo em que poderemos relaxar com relação a custos. Depois, acredita que não precisa iniciar o gerenciamento antes da etapa final.

O que criou a Toyota que conhecemos hoje foi o fato de que, mesmo que a empresa tenha estabelecido um sistema científico de gestão de custos e tenha desenvolvido métodos também de gestão de custos, sempre estabeleceu objetivos de custos agressivos e se esforçou para atingi-los.

SISTEMA FINANCEIRO E CONTÁBIL

Em seu balanço de 2001, os lucros consolidados da Toyota foram próximos a 1 trilhão de ienes, tornando-a a empresa mais lucrativa na história do Japão. Sua receita financeira foi de 553,1 bilhão de ienes, correspondendo a 2,63 milhões de ienes por funcionário. Em outras palavras, a Toyota ganharia, aproximadamente, o equivalente à metade da média de salários de seus funcionários, mesmo se não tivesse vendido um único carro.

O livro *Toyota: A History of the First 50 Years* (1987) relembra os acontecimentos que levaram a Toyota a essa posição financeira:

> *Atividades de racionalização (que seguiram a primeira crise do petróleo, em 1973), em conjunto com ajustes em preços de venda de veículos exportados, levaram a uma rápida recuperação nos resultados da Toyota Motor Corporation, depois de junho de 1975. A política da empresa determinou, também, que os massivos investimentos de capital do final da década de 1960 houvessem sido, em princípio, cobertos por fundos da pró-*

pria Toyota; assim, a empresa foi capaz de explorar a vida útil mais curta de equipamentos, depreciação acelerada e um sistema de depreciação especial. Além disso, a Toyota estava bem suprida com seu próprio capital, porque fez esforços para manter várias reservas e fundos de contingência e aumentou seu capital pela emissão de ações a preço de mercado, no momento certo. Com sua política de limitar empréstimos externos, tanto quanto possível, foi capaz de eliminar débitos de categorias de débitos e créditos de suas contas.

Mesmo quando reduziu a produção de carros durante a crise do petróleo, rapidamente cortou capital, suprimiu investimentos de capital e aumentou a lucratividade, o que a levou à recuperação, e o capital excedeu 300 bilhões de ienes, no final de junho de 1977. Os lucros financeiros, durante o mesmo período, alcançaram 45 bilhões de ienes. Como resultado, enquanto os departamentos técnicos e de produção estavam trabalhando muito para cortar custos por meio do kaizen, o departamento de contabilidade estava fazendo esforços para colocar cada centavo de capital excedente em um uso lucrativo. A liquidação de dívidas e o pagamento de títulos emitidos pela empresa levaram a uma carga de juros decrescente, e isso, em conjunto com o aumento de lucros, criou uma estrutura de lucros não derivados de vendas. A importância disso torna-se cada vez mais evidente em um período de baixo crescimento econômico.

Yasyhiro Monden, em *Toyota Management System* (Productivity Press, 1993, tradução de Bruce Talbot, p. 26-27), analisa as atividades financeiras da Toyota, conforme segue:

1. Com elevado grau de profundidade, a Toyota tendeu a obter capital através do chamado capital interno, que consiste, grandemente, em lucros retidos e despesas de depreciação. Mesmo quando a Toyota se voltou para fontes externas a fim de obter capital, tal obtenção foi, em geral, coberta pelo aumento de capital próprio (ações) e títulos conversíveis. Consequentemente, podemos observar como a empresa permaneceu firmemente comprometida em atingir suas necessidades de capital em linha com sua política de gerenciamento livre de débitos.
2. Para manter e expandir seu capital a partir de lucros retidos, a Toyota enfatizou seu apoio positivo a investimentos de fábricas, fundos de desenvolvimento de novos carros e investimentos de apoio a empresas afiliadas. Todavia, a empresa percebeu, também, a necessidade de uma rede de segurança externa para seu principal negócio, que é muito sensível a quedas econômicas. Portanto, também deu prosseguimento a operações de capital externas em seu principal negócio, com relação ao qual se poderia esperar que permanecesse lucrativa, independentemente das condições que afetassem a indústria automobilística. Tais operações concentraram-se em investir em depósitos negociáveis; títulos temporários, depósitos de grande soma com taxas de juro variável ao longo do tempo; e outros meios de investimento que oferecem retorno seguro, confiável e de alta rentabilidade. A Toyota é conhecida por sua forte aversão a investimentos no mercado de ações. Essa abordagem conservadora é vista como parte da

política de força da empresa de colocar seu principal negócio acima de todas as outras considerações.
3. Quando a ampliação de investimentos em ativos fixos e tangíveis não puder ser coberta pelo capital interno da Toyota, a empresa tende a liquidar algumas de suas empresas de securitização massivas.
4. Em momentos em que a Toyota se viu com capital em excesso, ela tendeu a canalizá-lo em investimentos adicionais, apoiando empresas afiliadas ou a aquisição de mais títulos.
5. Em momentos em que o principal negócio da Toyota tropeçou em meio a condições de negócios deprimidas, a Toyota aliviou seus investimentos em ativos fixos, bem como no apoio a empresas afiliadas.

Outro ponto merece ser mencionado aqui. Um grande colaborador para a criação de capital na Toyota é o fato de que o Sistema Toyota de Produção corta estoques de materiais, peças, material em processo e produtos acabados ao mínimo necessário. Há, consequentemente, muito pouco capital investido e mínima estagnação em estoques.

Com toda a probabilidade, a previsão de Taizo Ishida é responsável pela saúde financeira da Toyota. De fato, o protótipo do sistema financeiro da Toyota surge de uma combinação da experiência de Sakichi Toyoda de começar uma empresa com capital de outras pessoas e da experiência do pós-Segunda Guerra de Taizo Ishida de ser "pobre, insignificante e quase reduzido a lágrimas".

A seguir, seguidas de citações de Taizo Ishida, estão as regras financeiras da Toyota, resumidas por Yoshimasa Kunisaki, em seu livro *Toyota's Rules of Management* (1979).

Regra financeira 1

Saiba que todos os empréstimos são inimigos temíveis.

Nenhum inimigo é mais terrível do que o dinheiro e nenhum amigo é mais confiável. O dinheiro de outras pessoas – dinheiro emprestado – rapidamente se transforma em um inimigo. O dinheiro é um aliado confiável, somente quando se tratar de seu próprio dinheiro; somente quando você mesmo o ganhar.

Regra financeira 2

Se você tem dinheiro sobrando, converta-o, tanto quanto possível, em equipamentos para aumentar a eficiência de suas máquinas.

Dinheiro sobrando deve ser convertido em capital. Aumentar a produtividade pelo número de pessoas é errado. A melhoria da produção sempre deve ser alcançada com o aumento da eficiência das máquinas.

Regra financeira 3

Esteja sempre preparado para receber a boa-ventura ou sorte.

> Boa-ventura ou sorte não é simplesmente uma questão de casualidade. O que vale para a boa-ventura é estar sempre preparado para ela.

Regra financeira 4

Ao usar capital, espere sempre o pior.

> Um gestor deve sempre administrar sob a suspeita de que o pior acontecerá; que tempos difíceis hão de durar todo o ano.

Regra financeira 5

Quanto maior a empresa ficar, mais você deve cortar despesas.

> Este não é um aspecto que precise ser falado a trabalhadores assalariados, mas a pessoal de vendas que precisa ter a disciplina de manter o mesmo estilo de vida com o mesmo salário, não importa o quanto as vendas aumentem.

Durante o período da bolha da economia, um comentarista econômico importante observou que "qualquer empresa que não se envolver no gerenciamento do dinheiro quando tiver 2 trilhões de capital sobrando é um fóssil".

"A Toyota é uma empresa de manufatura", Eiji Toyoda retrucou. "Não precisamos ganhar dinheiro com investimentos de alto risco, de alto retorno." Depois do colapso da bolha ficou claro quem estava certo.

Hiroshi Okuda lembra que Eiji Toyoda "ensinou que as ações, às vezes, estão em alta e outras em baixa."

A lição de Taizo Ishida está, claramente, ainda muito viva.

Vimos as palavras de Ishida como sendo transmitidas, não por alguma tradição oral, mas como documentos dentro da Toyota. Exemplos são as **Normas de Administração Financeira**, que codificam os métodos analisados por Yashiro Monden, e o **Guia para Administração Financeira**, que registra coisas que Ishida realmente disse, palavras que seriam impossíveis de serem transmitidas, de maneira precisa, por boca-a-boca.

GESTÃO DE TRABALHO

A gestão do de trabalho abrange questões como contratação, emprego, instrução e treinamento, pessoal, salários, programas de bem-estar e relações de gestão do trabalho. As práticas da Toyota, em muitas dessas áreas, são diferenciadas, mas nesta seção vamos trabalhar com treinamento profissional e administração de pessoal, dois tópicos diretamente relacionados a habilidades e motivação.

Treinamento profissional

Motivação

A Tabela 3.1 compara os níveis de instrução de membros do conselho da Toyota, Nissan e Honda.

Desde que adotou um sistema de "Chefes Corporativos", em 1999, a Nissan Motor Company possui muito poucos membros de conselho; assim, não é possível fazer uma comparação precisa. Ainda, a proporção de membros de conselho da Nissan graduados pela Universidade de Tóquio é alta. Apenas para ciência, a proporção de graduados da Universidade de Tóquio, dentre os 44 membros de conselho, em 1998, foi de 45,5%. Essa é uma tendência histórica na Nissan. Antes de Carlos Ghosn, o atual presidente, quatro gerações de presidentes da Nissan graduaram-se pela Universidade de Tóquio. Ironicamente, em 1999, quando a Nissan esteve debaixo do guarda-chuva de capital rebaixado da Renault, a primeira página do *Asahi Shimbun* (28 de março) zombou das fraquezas do "MITI, do Banco Industrial e da Universidade de Tóquio".

Para empresas de seu tamanho, existem poucos graduados pela Universidade de Tóquio no conselho de diretores da Toyota e da Honda. Os quase 10% de graduados com ensino médio da Honda são dignos de nota.

A Toyota e a Honda diferem substancialmente uma da outra, em termos de políticas de gestão e de objetivos de desenvolvimento de veículos, mas compartilham visões semelhantes sobre treinamento. Para cada uma delas, a motivação humana ou a "conquista da disposição" é central.

Tabela 3.1 Níveis educacionais dos Membros dos conselhos (novembro de 2002)

	Graduados pela Universidade de Tóquio	Graduados por outras universidades	Graduados pelo ensino médio	Não japoneses	Total
Toyota	10 (15,6%)	54 (84,4%)	0	0	64
Nissan	13 (48,1%)	14 (51,9%)	0	0	27
Honda	4 (9,8%)	33 (80,4%)	4 (9,8%)	0	41

O conhecimento e as notas que um indivíduo adquire na escola são de pouco uso no mundo corporativo; são pessoas *entusiasmadas* que levam a empresa adiante. A Tabela 3.1, provavelmente, olha para a forma como isso acontece, em função de a Toyota e a Honda colocarem suas energias em desenvolvimento e treinamento de pessoas dispostas, em vez de criar caso com boletins de desempenho.

Soichiro Honda criou mecanismos para estimular gerações de pessoas entusiasmadas. O seu "Prêmio de Falhas", que contempla com 1 milhão de ienes, anualmente, funcionários que abraçam desafios maiores, mas que fracassam, é somente um exemplo. Eiji Toyoda declarou, de forma enfática, que o "o objetivo central da gestão de pessoas é motivar cada uma delas, por meio da compreensão que provém da educação", e ele trabalhou para ter esse espírito permeando toda a organização.

A frase "cultivando pessoas"[15] significa, em geral, elevar níveis de habilidade, mas, na Toyota, *hitozukuri* refere-se à mesma coisa que Eiji Toyoda comentou, ou seja, motivar pessoas. Isso é realizado por meio de uma sistemática psicológica, apenas com instrução e treinamento, como um meio entre muitos. Os gestores e os funcionários mais experientes da Toyota estão sempre perguntando a si mesmos como motivar as pessoas e sempre procuram maneiras de manter contato com os colegas mais novos.

Na verdade, muitos aspectos desse cultivo de pessoas, na Toyota, sugerem uma abordagem psicológica. Consciente ou inconscientemente, a Toyota utiliza, livremente, uma série de teorias comportamentais, tais como a Hierarquia de Necessidades de cinco estágios de Maslow, a Teoria X e Y de McGregor, a Teoria de Motivação-Higiene de Herzberg, a Teoria de Imaturidade-Maturidade de Argyris e várias teorias psicológicas industriais recentes, bem como teorias de aconselhamento e treinamento atualmente em voga. Um dos pontos que gostaríamos de mais enfatizar, neste livro, é a importância de utilizar as abordagens psicológicas para aumentar a motivação de todos os funcionários.

A motivação encontra-se na raiz da gestão de pessoal da Toyota. Com isso em mente, gostaríamos de focalizar o sistema de educação e treinamento da empresa.

O sistema de educação e treinamento

A Figura 3.9 apresenta os "Três Fóruns para Desenvolvimento de Habilidades".

> *"Na execução do trabalho" significa treinamento em local de trabalho; (2) "educação de grupo" refere-se à educação sistemática na empresa, que consiste, basicamente, em treinamento fora da empresa; (3) "atividades autônomas" refere-se à educação informal que foi a base da gestão de pessoal da empresa*

1 Na execução do trabalho
  (1) Condução do desafio de trabalho a um nível mais alto
  (2) Treinamento no local de trabalho planejado
  (3) Acompanhamento direto por intermédio de um gestor de nível mais alto ou de outro departamento

2 Educação de grupo
  (1) Treinamento hierárquico cuidadoso
  (2) Treinamento pessoal pela alta gestão
  (3) Treinamento exclusivo da Toyota
  (4) Treinamento centrado no participante
  (5) Treinamento prático de chão de fábrica
  (6) Treinamento transmitido por orientadores individuais

3 Atividades autônomas
  (1) Atividades de círculos de CQ
  (2) Atividades de sugestões de "criatividade e engenhosidade"
  (3) Atividades de relações humanas variadas
  (4) "Atividades de estudos autônomos" (Grupo de Estudo de Gerenciamento da Toyota, Grupo de Tecnologia da Toyota)
      (extraído de materiais de Desenvolvimento de Habilidades da Toyota Motor)

Fonte: The Japan Society for Production Management, ed. 1996. The Toyota Production System.

Figura 3.9 Três fóruns para o desenvolvimento de habilidades.

Treinamento no local de trabalho (TLT)

O TLT ocupa o centro das atividades de treinamento na Toyota. É apoiado pelo sistema de pessoal e pela educação de grupo, e esses três elementos funcionam como um único meio para promover treinamento eficaz.

O TLT pode ser definido como atividades de educação e treinamento em que um superior transmite, sistemática e deliberadamente, a um subordinado conhecimento, habilidades, capacidades de solucionar problemas e atitudes necessárias para a função. O TLT é conduzido em quatro etapas:

Etapa 1: *realize discussões preliminares com a pessoa a ser treinada, a fim de estimular seu interesse para aprender (motivação).*

Etapa 2: *prepare materiais de aprendizagem, local e instrutores. Ensaie a sessão de treinamento.*

Etapa 3: *na sessão de treinamento, treine, primeiramente, por meio de demonstração e observe o treinando realizar a tarefa.*

Etapa 4: *uma vez completado o treinamento, avalie o que foi aprendido e repita o treinamento, se necessário.*

A Toyota e suas empresas afiliadas publicam Mapas de *Status* de TLT no chão de fábrica, que deixam claro que o TLT está sendo realizado de modo planejado e deliberado.

O TLT assim planejado não é realizado com a exclusão do TLT diário. Os supervisores da Toyota lançarão os seguintes tipos de perguntas aos funcionários, enquanto estes estiverem trabalhando:

1. Como você realiza essa função?
2. Como você sabe que está realizando a tarefa da maneira correta?
3. Como você sabe que, quando terminar, não terá cometido nenhum engano?
4. Como você lida com problemas quando os mesmos surgem?
   (Bowen, Kent *et al.*, 1999). "Decoding the DNA of the Toyota Production System." *Harvard Business Review*, sep.-oct.)

Cada pessoa da empresa – e não somente operadores de chão de fábrica – deve ser capaz de responder essas questões. Contudo, questionamos quantos podem realmente respondê-las com precisão. No chão de fábrica, as respostas serão dadas na forma de (1) procedimentos escritos; (2) pontos de controle e de inspeção; (3) gráficos de controle; e (4) procedimentos a serem seguidos em caso de anormalidades. Tendo isso como referência, o indivíduo deve ser capaz de responder por conta própria. E a qualidade do trabalho deve aumentar notadamente.

Um exame de dados sugere que, até mesmo na Toyota, o TLT não ocorre sempre de maneira uniforme em áreas de engenharia e de administração. Na maioria das empresas, na realidade, o TLT parece não progredir bem em áreas em que o trabalho não é rotina, como o é no chão de fábrica. O TLT, em tais casos, tem a tendência de se transformar em um tipo de treinamento em dupla, do tipo "mestre e discípulo" pré-moderno.

O TLT realmente eficaz (até mesmo em áreas administrativas e técnicas) exige a construção do Mapa de Promoção do TLT para cada um, a preparação de procedimentos escritos para as quatro etapas do TLT mencionadas anteriormente e a insistência de que devam ser utilizadas. Cada departamento, além disso, necessita gerenciar um plano de TLT e acompanhar o seu *status,* e a empresa como um todo necessita realizar sessões de relatos e assembleias de TLT.

Educação de grupo (treinamento fora do local de trabalho)

Abaixo estão listadas as características distintivas do sistema Toyota de educação de grupo:

- A educação é, fundamentalmente, realizada dentro da empresa. O departamento de desenvolvimento de recursos humanos prepara, de forma independente, um plano, busca instrutores provenientes de dentro e de fora da empresa e implementa o treinamento. Mesmo quando os programas educacionais desenvolvidos fora da empresa

são utilizados, são customizados para a Toyota. A Toyota mantém a sua competência educacional, através da implementação constante de planos de treinamento nela mesma, ainda que o conteúdo do treinamento seja terceirizado. O princípio da Toyota de autoconfiança, evidente na produção de automóveis, também se aplica ao treinamento.
- Isso dito, a Toyota utiliza, ativamente, organizações de treinamento externas. A empresa é cuidadosa, ao se manter atualizada com relação a métodos educacionais progressivos.
- A empresa organiza cursos (Critical Job Professional Seminars) que visam ao treinamento de gestão profissional, bem como à transmissão de habilidades no local de trabalho. Esses seminários são aulas, em que gestores transmitem um pouco da própria especialidade profissional em nível de chefia administrativa e seus subordinados.
- Mecanismos de treinamento são estabelecidos para introduzir novos funcionários nas áreas administrativa e de engenharia e, rapidamente, transformá-los em pessoas de negócios de primeiro nível e em "pessoas da Toyota", que garantem sua lealdade à empresa.
- A fim de cultivar perspectivas amplas em seus gestores, a Toyota organiza palestras de gestão e de trocas de ideias, com outras indústrias e com autoridades do Ministério do Trabalho.
- O Sistema Toyota de Produção é, sem dúvida, registrado como uma disciplina formal no currículo de treinamento. Esse treinamento é dado a gestores em cargos administrativos e de engenharia, bem como a gestores técnicos.
- A educação de CQ, como se pode esperar, é extensiva.
- O ensino de idiomas é comum, refletindo a atual era da internacionalização. Em 1998, executivos da Toyota realizaram discussões com professores da Wharton School para criar um programa de treinamento e lançaram uma escola de administração com seminários de curto prazo, no exterior, a fim de treinar internacionalistas. Essa escola de administração é outro veículo para divulgar o "jeito Toyota" na organização.
- A Toyota oferece treinamento para auxiliar clientes e outros de fora da empresa.

Cada pessoa, na Toyota, participa de, aproximadamente, três dias de treinamento de grupo por ano. Se levarmos em consideração o treinamento adicional no local de trabalho realizado, o total sobe para seis dias. São investidas em treinamento cerca de 3% das horas de trabalho, em outras palavras.

A Toyota também tem um sistema de treinamento para seu corpo de executivos, que pode ser não muito precisamente definido como um sistema de incentivo à promoção por mérito. Mecanismos foram estabelecidos para auxiliar o corpo de executivos a entender o que precisa saber, antes de poder se qualificar para promoções por mérito, e para incutir-lhe o senso de responsabilidade que terá após tais promoções. Esses mecanismos parecem constituir um sistema cuidadosamente elaborado, com raízes na psicologia de cultivo de um senso de missão que promove tanto o desejo pela promoção quanto a satisfação de ter sido promovido.

Atividades autônomas

Abordaremos, agora, a educação através de atividades autônomas, a última categoria da Figura 3.9 (p. 173) Encontramos aqui atividades de círculos de CQ e o sistema de sugestões (*teian*), porque, na Toyota, o objetivo desses dois sistemas é desenvolver pessoas e habilidades, em vez de tornar o trabalho mais racional e eficiente.

Masao Nemoto, responsável anterior pelo Escritório de Promoção de CQT da Toyota Motor Corporation, coloca a questão dessa forma:

> *Melhorias realizadas por gerentes de chão de fábrica contribuem muito mais para produtividade e qualidade do que círculos de CQ ou sistemas de sugestões kaizen. A relação entre as primeiras e as segundas é de 80 para 20. Atividades de melhorias* (kaizen) *funcionaram como missão para mestres e líderes de equipe por volta de 1955. Kaizen é seu trabalho, e eles são cobrados pela realização de grandes melhorias por si sós. A ideia básica é que você não deveria estar pedindo a Círculos de CQ para realizarem o trabalho de mestres e líderes de equipe.*

Quando o sistema de sugestões (*teian*) se desenvolveu na década de 1980, muitas sugestões poderiam estar em progresso, simultaneamente. A Toyota, por causa disso, modificou o sistema de forma que as sugestões de melhoria de trabalho estivessem conectadas ao real desenvolvimento de habilidades.

A designação "Atividades de Relações Humanas Variadas", na Figura 3.9, refere-se ao seguinte:

1. Atividades de grupo dentro da empresa.
2. Atividades de TP (toque pessoal).
3. Atividades para tornar os dormitórios da empresa mais alegres.
4. Atividades do Clube Toyota.

Críticas têm sido recentemente posicionadas contra a ideia de exploração de relações informais ao formalizá-las. Essa prática não mais atende aos tempos atuais, e registram-se poucas instâncias onde isso ocorre. Ainda assim, parece que as organizações informais ainda desempenham um papel importante no treinamento da Toyota.

No Capítulo 2, discutimos as atividades de estudo autônomas, incluindo o Grupo de Estudo de Gestão da Toyota e o Grupo de Tecnologia da Toyota, mostrados na Figura 3.2 (p. 132).

Gestão de pessoal

Duas formas eficazes de imbuir os empregados de políticas e metas da empresa são a construção de motivação, de modo lento, e as avaliações de pessoal, de rápido resultado. As empresas que sofrem, porque os empregados nem sempre fazem as coisas da forma pela qual são orientados nem entram em ação tão logo toca o apito, deveriam relacionar as avaliações de pessoal com as políticas adotadas.

A Toyota adotou o sistema de gestão por função mostrado na Figura 3.4 (p. 138), ao introduzir o CQT na década de 1960. Isso foi uma combinação "um funcionário, vários chefes", significando que as avaliações de colaboradores de determinado funcionário seriam feitas por mais de uma pessoa. Quando a empresa introduziu as revisões de projeto, na década seguinte, estabeleceu um sistema que conduziu as avaliações de pessoal que abordaram, ativamente, as revisões de projeto (ver Capítulo 4). A introdução do sistema de Centro de Desenvolvimento, em 1992, deu autoridade ao "departamento mãe" sobre o pessoal de outros departamentos (ver Capítulo 2). O sistema de avaliação da Toyota, assim, evoluiu acompanhando importantes inovações organizacionais.

Em seu livro *The Toyota System*[16] (1998), Osamu Katayama oferece a seguinte análise sobre os recentes movimentos no sistema de pessoal da Toyota:

- O "programa desafio", lançado pela Toyota, em julho de 1966, é um fórum no qual diversas pessoas utilizam sua criatividade em várias atividades para construir uma companhia estimulante. Contra um cenário de mudanças estruturais no ambiente, o programa coloca diversidade e criatividade em seu núcleo.
- A Toyota incorporou três pilares em seu programa desafio. O primeiro é uma revolução na formação e no uso de pessoas. Como um exemplo dessa nova orientação em desenvolvimento de pessoal, a Toyota desenvolveu uma política de ampliar, progressivamente, a flexibilidade no trabalho, para cultivar e auxiliar as atividades de seus empregados até mesmo fora da empresa. O segundo pilar é uma revolução na conscientização e nos métodos de trabalho do pessoal administrativo e de engenharia. Isso inclui políticas corporativas específicas, por exemplo, um sistema de autoaprendizado e treinamento, dias informais, o programa de treinamento individual STRETCH, o sistema U-TIME e horários flexíveis de trabalho. O terceiro pilar é uma revolução em organização e gestão. Isso significa ajustar melhor a estrutura organizacional ao conteúdo do trabalho, melhorando a competitividade tanto nos novos negócios como nos antigos, e um processo de descentralização ativo com foco na melhoria do serviço. A Toyota aloca pessoas, em tempo integral, para times de projeto de duração limitada e, também, para resolver questões que atravessam a organização ou para se dedicar a tópicos de grande importância ou urgência.
- Os critérios de avaliação de pessoal são explícitos. Para gerentes, por exemplo, criatividade na tarefa conta com 20%; execução da tarefa, 30%; gestão organizacional, 20%; uso de recursos humanos, 20%; e popularidade, 10%. Os critérios de avaliação para membros de pessoal atribuem 50% para as mesmas categorias utilizadas para avaliar gerentes: criatividade, execução, gerenciamento, uso de recursos humanos e popularidade.
- Três fatores distinguem o sistema de promoção introduzido na Toyota. Em primeiro lugar, foram abolidas promoções cronológicas em favor de um sistema no qual os funcioná-

rios sempre têm a oportunidade de progredir. Em segundo lugar, o sistema avalia cada pessoa, em termos de adequação, competência e resultados. As promoções de nível de classe 2 e acima, de postos mais importantes, são diferentes. Para gerentes, uma vez que a necessidade tenha sido inteiramente investigada, a colocação é determinada pela adequação da pessoa certa à posição certa. Para posições de pessoal, as determinações são feitas por meio da combinação de colocação e remuneração apropriadas ao desempenho prévio.

- Vale notar que as avaliações multifacetadas formam um subsistema de avaliações para promoção. Esses subsistemas completam as avaliações nas áreas em que é difícil, para os superiores, julgar e envolvem avaliações provenientes de subordinados. Uma característica desse sistema é que as avaliações de outros gerentes são utilizadas para eliminar discrepâncias entre as visões provenientes de subordinados.

Como podemos ver, a Toyota está revisando as práticas de emprego tradicionais japonesas, tais como emprego vitalício, sistema de seniores e bem-estar corporativo, em um ritmo rápido. Mas, em vez de repudiar as práticas de gestão japonesas tradicionais, ela está refinando-as, a fim de ativar seus recursos humanos para uma nova era.

Em 1998, quando o sistema norte-americano de avaliação de risco de títulos ameaçou rebaixar a Toyota, sob o pretexto de que utilizava um sistema de emprego vitalício, o então presidente da empresa Hiroshi Okuda virou manchete ao protestar. "Não faz sentido", disse Okuda, "que as empresas e a cultura japonesas sejam mensuradas, arbitrariamente, de acordo com a cultura de uma empresa de avaliação de risco norte-americana."

O emprego vitalício significa apenas a garantia de que a empresa não demitirá seus funcionários. Para gerentes, isso representa o mais alto imperativo moral. A existência desse imperativo é que faz com que os gerentes lutem desesperadamente para serem lucrativos. Isso está relacionado à motivação dos mesmos. A Toyota pode estar revisando seu emprego vitalício, os sistemas de bem-estar corporativo e de seniores, mas é inconcebível que os abandone completamente.

Tokuichi Uranishi, chefe da Divisão de Planejamento Corporativo da Toyota, colocou a questão da seguinte maneira: "Há boatos sobre o colapso do emprego 'vitalício', mas prefiro continuar pensando nessa empresa como o lugar onde as pessoas gostariam de ficar por um longo tempo."

O SISTEMA DE GESTÃO DO TRABALHO ADMINISTRATIVO

Por "trabalho administrativo", refiro-me ao trabalho que medeia as atividades horizontais e verticais em uma organização. Atividades organizacionais seriam impossíveis se não houvesse o trabalho administrativo, e a organização propriamente dita poderia não existir. A Toyota concebe o trabalho administrativo dessa maneira e atribui energia extraordinária a sua administração. A Figura 3.10 apre-

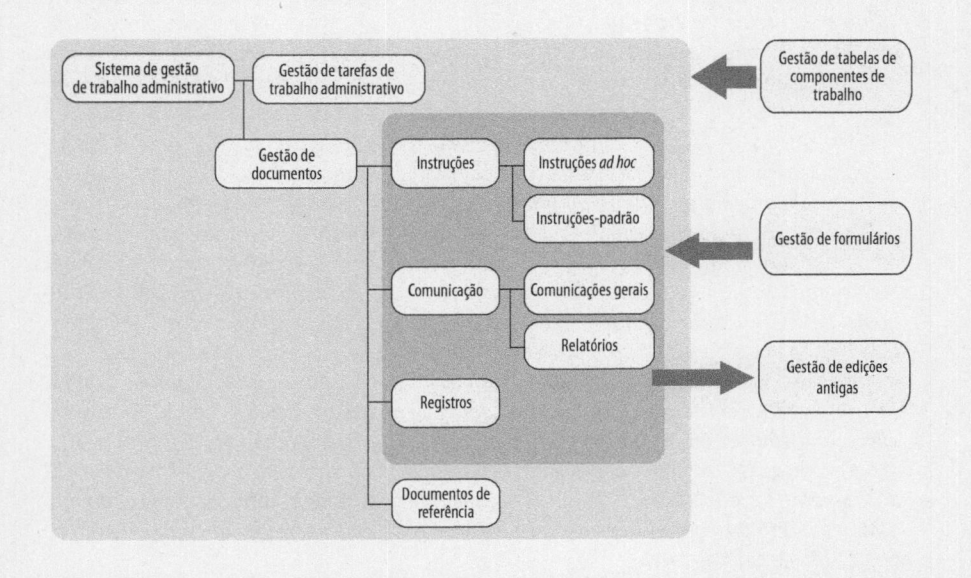

Figura 3.10 Sistema de gerenciamento do trabalho administrativo.

senta uma visão esquemática do sistema de gerenciamento de trabalho administrativo da Toyota.

Nesta seção, focalizarei, essencialmente, três aspectos do sistema de gestão de trabalho administrativo da Toyota: gestão do trabalho administrativo (eficiência do trabalho administrativo), gestão de documentação e, dentro dessa segunda área, gestão de instruções-padrão (padrões de trabalho).

Gestão do trabalho administrativo (eficiência do trabalho administrativo)

A Toyota começou a se envolver com gestão de trabalho administrativo por volta de 1950, em uma época na qual os conceitos de trabalho administrativo e de gestão de trabalho administrativo ainda não estavam desenvolvidos. O que segue é um panorama da história da gestão de trabalho administrativo na Toyota, com base na obra *Toyota: The First 20 Years (1958)*.

> Com os preparativos para a reconstrução da empresa concluídos em 1950, dois diretores-gerentes com experiência de engenharia, Eiji Toyoda e Shoichi Saito, visitaram in-

dústrias automobilísticas nos Estados Unidos e constataram que a mecanização estava surpreendentemente avançada na América, até mesmo na área de trabalho administrativo. Máquinas de contabilidade e de estatística admiráveis estavam em uso, em todo lugar, e o trabalho administrativo acontecia com grande rapidez e precisão. Assim que os dois executivos retornaram ao Japão, orientaram a Unidade de Gestão de Pesquisa a iniciar a verificação para a introdução de máquinas IBM, Remington, Land e outras máquinas de contabilidade e estatística na empresa. Como resultado das investigações, perceberam que a organização do trabalho administrativo era insuficientemente racionalizada e que não existia nenhum sistema adequado para a mecanização. Mecanizar o trabalho administrativo, geralmente, demanda que as organizações e os procedimentos de trabalho administrativo sejam, primeiramente, racionalizadas, de tal forma que possam ser transferidos para as máquinas. O método adequado é esperar até que o trabalho tenha sido otimizado, antes que você introduza a maquinaria. Ainda assim, racionalizar o trabalho administrativo não é uma tarefa tão simples. É por isso que a Toyota, após vários estudos, decidiu realizar esse processo de outra forma. Seria mais eficaz, pensou-se, introduzir, primeiramente, as máquinas e usá-las para estimular a racionalização do trabalho. Esperando ansiosamente ter de pagar um pouco mais pelo processo de aprendizagem, assinamos um contrato para dois conjuntos de máquinas IBM, incluindo duas máquinas de contabilidade novinhas em folha, que dificilmente tinham sido usadas no Japão.

A mecanização do trabalho administrativo, mais uma vez, levou o problema de racionalizar o trabalho para a pauta principal. O primeiro problema que enfrentamos foi o controle e gestão de formulários de toda a empresa, que, de certa maneira, constituem as ferramentas e os modelos do trabalho administrativo. No início de 1958, a Unidade de Gestão de Pesquisa coletou formulários de toda a empresa e inaugurou um sistema de registro de formulários. A empresa preparou a base para o uso de máquinas IBM, através da designação de gestores de formulários para cada departamento, fábrica e seção, divulgando normas para formulários e estabelecendo critérios para projeto de formulários. .

O trabalho administrativo começou a mostrar todo o seu potencial, uma vez que o equilíbrio entre tecnologia e o trabalho em si mesmo foi obtido. Enquanto as tecnologias avançavam, o trabalho administrativo sempre ficou muito para trás. A fim de que melhorias no trabalho administrativo acontecessem automaticamente, a Unidade de Gestão de Estatística (mais tarde, Unidade de Gestão de Pesquisa) tomou a frente na construção de uma Tabela de Componente de Negócios, em maio de 1956. Essa tabela formou a base para a racionalização do trabalho administrativo, através da especificação de componentes do negócio propriamente dito, da mesma maneira que uma tabela de peças organiza os componentes de um automóvel. A fim de promover a racionalização, a Toyota, em 1957, utilizou a tabela como base de um Curso de Curta Duração sobre Análise de Fluxos, que influenciou fortemente a propagação de métodos através de toda a empresa.

Tudo isso ocorreu após a Segunda Guerra Mundial, quando a gestão de trabalhos administrativos era ainda uma área nova no Japão. A produtividade do pessoal administrativo ainda hoje é o ponto fraco do Japão e, nesse contexto, a progressividade da gestão do trabalho administrativo da Toyota merece reconhecimento especial. As origens das práticas da Toyota, nessa área, não são bem conhecidas, mas, como vimos, nos remetem à visita de Eiji Toyoda às indústrias automobilísticas norte-americanas, em 1950.

Nos anos seguintes, a Toyota continuou a realizar melhorias em trabalhos administrativos e organizou eventos de melhoria de trabalho administrativo em toda a empresa, aproximadamente a cada dez anos. Em 1980, como vimos no início do Capítulo 2, por exemplo, a Toyota uniu-se a uma das empresas de consultoria de alta gestão do Japão para melhorar os processos administrativos em seu departamento de projeto. A empresa implementou a sua Campanha C50 (para reduzir o trabalho administrativo em 50%), na segunda metade da década de 1980, e a Campanha NOW 21 (New Office Working – Novo Trabalho Administrativo), na primeira metade da década de 1990.

A Tabela de Componentes de Negócio, descrita em *Toyota: The First 20 Years*, representa um conceito fundamental no aumento da eficiência do trabalho administrativo. Uma tabela desse tipo, também conhecida como um mapa do sistema de função de trabalho administrativo, focaliza as funções de trabalho necessárias para atingir as metas de negócio e registra suas relações de causa e efeito em um diagrama de árvore. Na tabela-modelo apresentada na Tabela 3.2, por exemplo, as categorias 1-3 oferecem a estrutura do trabalho administrativo. Na Toyota, essa estrutura é uniforme em toda a empresa até a categoria 3.

Abaixo estão os cinco pontos que enfatizam a utilidade de padronização da tabela de componentes de negócio:

1. *Compilação mais eficiente de tabelas de componentes de negócio*
   Uma tabela de componente é traçada sempre que ajustes são feitos ao negócio. A padronização da tabela economiza trabalho na construção de outras.

2. *Reforma organizacional mais eficiente*
   Um ponto crucial na construção de uma tabela de componentes de negócio é evitar ser arrastado por estruturas organizacionais vigentes. As funções sempre devem ser desenvolvidas de acordo com o que devem aparentar. Ao mesmo tempo, é necessário abordar a organização vigente com o pressuposto de que se está reorganizando-a de acordo com o conteúdo do negócio. A formulação de regras para a distribuição do trabalho administrativo, na base da uma tabela de componentes de 1961 da Toyota (*Toyota: The First 30 Years*), traz a possibilidade de uso de tais tabelas para mudar sistemas organizacionais.

Tabela 3.2 Modelo de tabela de componentes de trabalho administrativo

Componente de Trabalho			Conteúdo de Trabalho					
Classe 1	Classe 2	Classe 3	Número de Procedimento	Frequência	Tempo Necessário	Informação de Input (Entrada)	Informação de Output (Saída)	...
Vendas e *Marketing*								
	Planejamento de Vendas							
		Estratégia Básica						
		Pesquisa de Mercado						
		Planejamento de Produto						
		Planejamento de Distribuição						
		Plano de *Marketing*						
		Plano de Lucros						
		Propaganda e Publicidade						
		Gerenciamento de Resultados						
	Promoção de Vendas							
		Promoção de Vendas						
		Desenvolvimento de Mercado						
		Negociações						
		Estabelecimento de Produto						
		Estabelecimento de Preço						
	Gestão de Pedido							
		Processamento de Pedido						
		Demanda de Produção						
		Procedimentos de Embarque						
	Recuperação de Vendas							
		Processo de Vendas						
		Processo de Faturamento						
		Processo de Recuperação						
		Transporte						
	Vendas Diretas							
		Vendas Corporativas						
Serviço								
	Planejamento de Serviço							

3. *Gestão mais eficiente do trabalho de escritório*
   Uma tabela de peças apresenta os processos de fabricação de um automóvel, em uma estrutura de árvore. Tais tabelas tornam possível produzir carros de maneira eficiente. Como enfatiza *Toyota: A History of the First 20 Years*, realizar tarefas administrativas mais eficientes exige uma tabela de componentes de tarefas do negócio análoga a uma tabela de peças. A padronização de elementos de tarefas de negócio por unidade de componente de tarefa de negócio, que aparece na metade direita da Tabela 3.1 (p. 171) – por exemplo, números de procedimentos escritos, frequência, tempo exigido, destino de dados, inserção de informações, destino de resultados e saída de informações – oferece pronto poder de fogo para empregados novos e temporários e também pistas para melhorias, com base no que é o pensamento geral mais adequado.

4. *Padronização de gestão de dados e de materiais de pesquisa*
   Uma vez que componentes de negócio comuns são usados para gerenciar itens como padrões de negócio, dados, materiais de pesquisa, planos de negócio e minutos, o inter-relacionamento entre esses materiais pode ser acessado automaticamente.

5. *Ligações entre diferentes funções de negócio*
   Funções de negócio diferentes são unidas por estruturas de negócios comuns; assim as investigações podem ser facilmente realizadas, no que diz respeito a compatibilidades, balanceamento, *trade-offs*, etc. Como é mostrado na Figura 3.11, por exemplo, as tabelas de componentes de tarefas de negócio, mais à esquerda de cada tarefa de garantia de qualidade e de tarefas de gestão de custo, unem duas diferentes funções – função de qualidade e função de custo. Esse exemplo apresenta somente a primeira categoria do negócio; regularmente, detalhes ampliariam para as categorias 2 e 3. Consequentemente, em cada estágio entre o planejamento de produto e vendas e serviço, é fácil investigar compatibilidades, balanceamento e *trade-offs* entre as distintas funções de qualidade e custo.

As Figuras 3.5 (Mapa do sistema de garantia de qualidade, p. 147) e 3.8 (Sistema de gestão de planejamento de custos, p. 160) podem parecer não ter relação uma com a outra, mas, na verdade, como mostra a Figura 3.11, ambas se encontram intimamente ligadas por estruturas de negócio.

Se tomarmos todas as funções de gestão – custo, qualidade, engenharia, pessoal, informação etc. – e as listarmos, em termos de componentes de negócios comuns, as ligações entre elas, automaticamente, tornam-se acessíveis, e uma piscada de olhos basta para revelar seu relacionamento completo. O resultado será a melhora da eficiência da gestão.

Em seu livro *The Evolution of a Production System*[17] (1997), Takahiro Fujimoto cita três características distintas da força competitiva (ou rotinas organizacionais) do estilo Toyota de desenvolvimento e produção: (1) superação de *trade-offs*; (2) flexibilidade; e (3) aprendizado organizacional e *kaizen*. A Toyota não criou a pri-

Tarefa	Trabalho de Garantia de Qualidade	Tarefa	Trabalho de Gerenciamento de Custos

Planejamento de Produção	1. Prever demanda e projetar participação de mercado.
	2. Atender a expectativas de qualidade de mercado.
	  a. Estabelecer e alocar objetivos de qualidade e custo apropriados.
	  b. Evitar a recorrência de problemas de qualidade significativos.
		Planejamento de Produção	1. Estabelecer objetivos de custos e custos de investimentos com base em planejamento de novos produtos e plano de lucro de longo prazo
			2. Alocar custos-alvo para departamentos responsáveis pelo projeto
			3. Alocar custos-alvo de investimentos para departamentos responsáveis por equipamentos

Projeto de Produto	1. Projetar testes.
	  a. Combinar com objetivos de qualidade.
	  b. Testar e avaliar desempenho, funcionamento e confiabilidade, etc.
	2. Projetar produção em escala total (verificar as condições de Garantia de Qualidade).
		Projeto de Produto	1. Estimativa de custos com base em projetos de protótipo.
			2. Avaliar a probabilidade de atingir custos-alvo.
			3. Realizar EV, a fim de minimizar a distância entre custos-alvo e custos estimados.

Preparação de Produção	1. Organizar processos para atender a qualidade de projeto. 2. Criar protocolos de inspeção de veículo adequados. 3. Avaliar testes de produção em escala total. 4. Assegurar a capacidade de processos.	Preparação de Produção	1. Estimar custos com base em planejamento de processo e planejamento de equipamentos. 2. Avaliar a probabilidade de atingir custos-alvo. 3. Implementar medidas para minimizar a distância entre ambos. 4. Avaliar a viabilidade econômica de planos de investimento de capital. 5. Avaliar a viabilidade econômica de plano de produção, prazos de produção e fornecimento.
Compras	1. Confirmar capacidade qualitativa e quantitativa de fornecedores. 2. Verificar, primeiramente, qualidade de produto através de inspeções. 3. Apoiar a melhoria de sistemas de garantia de qualidade de fornecedores.	Compras	1. Avaliar a viabilidade econômica de planos de pedidos e planos de compra. 2. Controlar o preço de peças compradas. 3. Melhorar o preço de peças compradas.

Fabricação	1. Instaurar qualidade de fabricação em conformidade com padrões de qualidade.
	2. Assegurar processos de gerenciamento adequados.
	3. Manter capacidades de processos e de equipamentos.
		Fabricação	1. Estimular a manutenção de custos e a melhoria dos mesmos.
			  a. Gerenciar o orçamento de custos fixos.
			  b. Melhorar os custos de projetos-chave.
			  c. Promover a conscientização de custos com funcionários.

Inspeção	1. Verificar a qualidade de fabricação através de inspeções. 2. Determinar se os veículos podem ser embarcados ou não.	Inspeção	1. (O mesmo que acima).
Vendas e Serviços	1. Evitar deterioração de qualidade durante embalagem, armazenamento e transporte. 2. Treinar e realizar PR na correta utilização e manutenção. 3. Verificar veículos novos. 4. Analisar e dar *feedback* a respeito de informações de qualidade.	Vendas e Serviços	1. Mensurar e realizar avaliações totais de custos reais de novos produtos. 2. Participar de análises e deliberações de verificações de trabalho, Conselhos de Função de Custos, Conselho de Custos e vários comitês.

Fonte: Aoki, Shigeru. Aprimorado e revisado a partir de "Cross-Function Management for Executives (2)". *Quality Management*, mar. 1981.

Figura 3.11 A relação entre diferentes funções pela combinação de tarefas.

meira delas, a superação de *trade-offs*, do nada; foi um conceito que surgiu do uso de tabelas de componentes de negócio.

Isso, então, é o que quer dizer a obra *Toyota: The First 20 Years*, quando nos conta que a Toyota criou a base de racionalização de negócio; assim, as melhorias de trabalho administrativo progrediriam automaticamente. Podemos ficar admirados, pois esse ponto de vista surgiu apenas dez anos depois do final da Segunda Guerra Mundial. Percebemos, claramente, os frutos do trabalho conduzido, na época, pelo Grupo de Estudos de Gestão da Toyota, cujas atividades se concentraram no estudo da gestão de trabalhos administrativos norte-americanos (ver seção sobre Visões de Trabalho, no Capítulo 2).

Gestão de documentos

Em termos atuais, podemos nos referir a "gestão de documentos" como "gestão de conhecimento". O conhecimento torna-se, primeiramente, utilizável por uma organização quando a documentação transforma o conhecimento *tácito* de indivíduos em conhecimento formal.

Nesta seção, discutiremos a gestão de documentos, em vez de padrões de negócio. Considerando que os padrões de negócio desempenham um papel importante no sistema de gestão da Toyota, lidaremos com eles na seção seguinte.

Todas as empresas estão cientes de que assistentes gerenciam documentos. No século XXI, contudo, quando a gestão de informação e de conhecimento pode determinar os destinos de uma empresa, isso, simplesmente, não é suficiente. A Toyota investe grande energia em gestão de documentos. Ela se voltou para a racionalização do trabalho administrativo logo após o final da Segunda Guerra, mas não foi antes de 1960 (com a introdução do CQT e com a competição pelo Prêmio Deming) que a empresa passou a considerar a gestão de reorganização de documentos de forma séria e sistemática.

Um esboço de atividades de gestão de documentos da Toyota à época é apresentado na próxima subseção, Gestão de formulários (padronização de formulários).

Gestão de formulários (padronização de formulários)

Os documentos convertidos em formulários são, algumas vezes, chamados de ferramentas e matrizes de trabalho administrativo. Padrões devem ser impostos para procedimentos administrativos que não seguem modelos, e documentos que não possuem formato fixo devem ser formalizados. Essas medidas contribuirão para resolver quatro problemas, simultaneamente: despesa, trabalho, tempo e precisão. Da mesma forma que computadores são utilizados para organizar dados administrativos em bancos de dados, documentos formalizados são utilizados para racionalizar o trabalho administrativo.

Regras de circulação de documentos

- Os documentos devem circular em sequência somente para as pessoas diretamente envolvidas, e algum trabalho deve ser realizado, em cada etapa, ao longo do fluxo do processo. (Não transmita informações que não agreguem valor.)
- Tenha documentos de transporte especializados.
- Todos os documentos devem ser passados para a última estação de gestão, dentro de prazos determinados.

Arquivamento

Os números de classificação de documentos determinam o sucesso ou o fracasso do arquivamento. Na Toyota, tais números derivam de tabelas de componentes de negócio. As categorias de 1 a 3 são uniformes em toda a empresa, e os departamentos individuais utilizam as categorias 4 e 5 como sendo as adequadas para o arquivamento ou outro trabalho gerencial. Enquanto o departamento de documentos realiza, de tempos em tempos, auditoria de documentos, os departamentos em que o estado de arquivamento é precário, são, invariavelmente, aqueles que não realizaram as estruturas abaixo da categoria 4.

O sistema de relatórios técnicos internos

Para uma empresa sobreviver, seus produtos precisam ser vencedores aos olhos dos usuários. Para conseguir isso, os dados técnicos de cada produto precisam ser coletados, registrados e totalmente incorporados na próxima geração de produtos. Os padrões de engenharia são um dos mais valiosos ativos de conhecimento técnico dos fabricantes, mas somente são eficazes quando suportados por relatórios técnicos. Os relatórios técnicos precisam ser gerenciados com o mesmo cuidado que os padrões de engenharia. A tradição da Toyota de desenvolvimento técnico está alicerçada nesse tipo de pensamento.

A Toyota prescreveu regras para os relatórios técnicos em 1965 e, naquela época, implementou um sistema que envolvia toda a empresa – ainda em uso, atualmente –, o que inclui elementos como a estrutura de relatório para a gestão de relatórios técnicos (hierarquicamente), critérios de índices de dados e procedimentos de utilização. Atualmente, todos os relatórios técnicos são mantidos em formato eletrônico e dentro da Toyota ou do Grupo Toyota; esses dados podem ser facilmente acessados ou submetidos à análise por amostra de dados ou outros meios estatísticos. (Ver seção sobre a utilização de métodos estatísticos, neste capítulo.)

Gerenciamento de padrões de negócio$Z$

A gestão do conhecimento divide-se em quatro fases, de acordo com a Teoria de Criação do Conhecimento, de Ikujiro Nonaka:

1. Adquirir conhecimento tácito em seções de relatos ou grupos de estudos (socialização).
2. Converter em conhecimento explícito e propriedade comum (externalização)

3. Ajustar-se ao conhecimento preexistente na organização para gerar novos conhecimentos explícitos (combinação).
4. Digerir, individualmente, o conhecimento formal compartilhado e torná-lo conhecimento tácito de cada um.

Uma vez que os resultados são produzidos por pessoas, o mais importante passo, nesse processo, parece ser o (4), internalização; mas, uma vez que o conhecimento internalizado se desloca com os indivíduos, não pode ser utilizado pela organização. É por isso que a forma mais elevada de conhecimento organizacional é o conhecimento explícito criado como um resultado da fase (3), combinação, ou, em outras palavras, padrões.

Como a mais elevada forma de conhecimento, os padrões incluem tanto processos para o alcance de metas, como mecanismos de hipóteses (e se ...). A gestão do conhecimento, então, pode ser vista como uma extensão teórica de procedimentos para enfatizar e aprender padrões de forma organizada.

A Tabela 1.1 (p. 58) apresenta um esboço dos padrões de negócio da Toyota (ou, em linguagem da Toyota, *kitei,* ou normas). A partir desse esboço, podemos extrair um panorama completo de categorias, sistemas e conteúdos de padrões de negócio da empresa. A Tabela 1.1 designa marcas de identificação para distinguir padrões que foram desenvolvidos antes e após a introdução do CQT, em 1961. Enquanto a maioria dos padrões pré-CQT foi estabelecida em nível de operações de chão de fábrica, podemos ver que a maioria dos padrões organizacionais e de gestão foi formulada após o CQT.

Quando a Toyota recebeu o Prêmio Deming, em 1965, pode ter havido uma impressão de que a empresa estaria se engajando na produção em massa de padrões de negócio inferiores. Entretanto, quando o Comitê do Prêmio Deming direcionou a Toyota para o exame de suas normas, a empresa publicou seu objetivo como parte de sua política anual e inaugurou um sistema de auditoria de normas. O desenvolvimento resultou na quantidade e no conteúdo de normas.

Estimando-se o número total de normas da Toyota, a partir de fontes como a Tabela 1.1 e os diagramas organizacionais da empresa, existem, provavelmente, 200 regras, um igual número de preceitos e, talvez, 3 mil instruções. Se incluirmos procedimentos de nível mais baixo, normas e critérios, o total, provavelmente, atinge dezenas ou centenas de milhares.

Por uma questão de princípios, os padrões de negócio da Toyota não estão escritos em textos muito longos, mas expressos por mapas de sistemas de gestão, como o apresentado na Figura 1.4 (p. 63). Explicações, anexas aos padrões de negócio, registram informações, tais como históricos de padrões, histórias, bases, dados de referência e questões para o futuro. O texto principal é uma conclusão, em outras palavras, e a explicação são as informações do processo. Essas explicações constituem importantes dados que podem ser utilizados como material de treinamento, material para discussão ou material-base para melhorias.

Olhando para essas estruturas, sistemas e realizações do sistema de gestão de documentos e de normas da Toyota, podemos apreciar a astúcia de uma assertiva feita por uma das mais antigas e importantes empresas de consultoria do Japão, mencionada anteriormente, no Capítulo 2, de que a Toyota gasta cinco vezes mais com gestão de dados do que as outras empresas. A Toyota opera com a premissa de que cortar recursos que vão para a linha de produção ao mesmo tempo em que se investe cinco vezes mais do que as outras empresas, a fim de gerenciar dados e trabalho administrativo, é o caminho para vencer.

GESTÃO POR SISTEMAS DE COMPUTAÇÃO

O sistema de computação massivo da Toyota é descrito em detalhes em *Toyota: A History of the First 40 Years* (1978), *Toyota: A History of the First 50 Years* (1987) e em *Automobiles and Information Processing*, publicados pela Sociedade de Engenharia da Toyota, em 1989. Três aspectos desse sistema prometem ser de crescente importância: o GDP/*PDM* (gestão de desenvolvimento de produto/*product development management*), o GCS/*SCM* (gestão da cadeia de suprimentos/*supply chain management*) e o sistema de informação de toda a empresa.

GDP/PDM (Gestão de Dados de Produto/Product Data Management)

Os projetistas, regularmente, trabalham de acordo com os seguintes processos:

1. Receber a informação de especificação de produto – incluindo resumo de produto, destino, desempenho e especificações de equipamento – da divisão de planejamento de produto.
2. Aproximar os componentes funcionais (componentes de produto funcionais) necessários para implementar as especificações de produto e definir as características de cada componente, como desempenho, função e massa. Essa informação é incluída no que é denominado de informação de função de produto.
3. Construir uma tabela de sequência de produção (arranjo de peças) de peças de protótipo e de peças de produção e utilizar os projetos e os documentos de projeto individuais para especificar métodos de fabricação, incluindo materiais, processos e técnicas de montagem. A seguir, liberar essa informação para fornecedores de peças, produção, etc., através de departamentos de protótipo e compras. Essa informação, incluindo o arranjo de peças, é referida como informação de especificação de peças.

Conforme apresentado na Figura 3.12, os relacionamentos entre informações de especificações de produto, informações de função de produto e informações de especificação de peças formam uma matriz complexa. Assim, para suportar o projeto, a indústria manufatureira, conforme mostra a Figura 3.13 (p. 190), organiza bancos de dados desses três tipos de informação e desenvolve programas aplica-

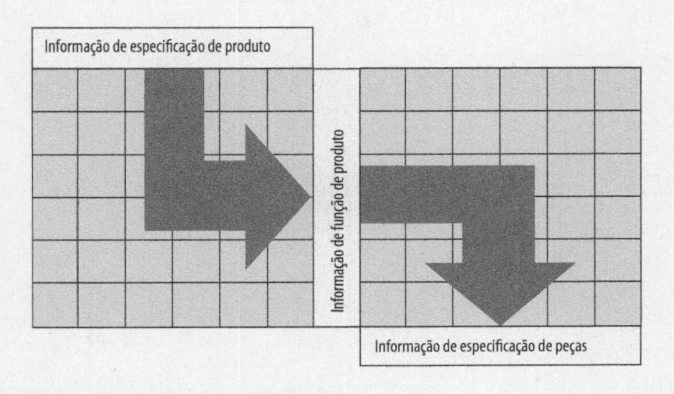

Figura 3.12 Inter-relacionamentos de informações de projeto.

tivos baseados nesses bancos. Esse processo total é denominado gestão de dados do produto ou GDP.

Como mostra a Figura 3.13, a Toyota possui dois programas de computadores na área de GDP: SIT/*TIS* (para gestão de informações de especificações de produto e informações de especificações de peças de protótipo) e SGE/*SMS* (para gestão de informações de especificações de peças de produção). As informações de função de produto não podem ser gerenciadas em um sistema integrado, que abranja toda a empresa, e podem estar na cabeça de projetistas, manuseadas por projetistas individuais, em computadores pessoais ou gerenciadas separadamente como dados de *CAD/CAE* pelo departamento de projeto. O sistema da Toyota, em outras palavras, não oferece suporte completo para a função de projeto.

Outras empresas desenvolveram sistemas similares aos SIT e SGE da Toyota. Não há nada de especial nesses sistemas. Por isso, omitiremos discussões mais aprofundadas e voltaremos para as informações de função de produto.

Em um trabalho intitulado "Toward the Construction of an Information Basis for Automobile Manufacturing in the 21st Century", publicado na edição japonesa de janeiro de 1996 da *Review of Automotive Technology*, o periódico da Sociedade de Engenheiros Automotivos do Japão, Satoshi Kuroiwa, da Divisão de Engenharia de TI da Toyota Motor Corporation, descreve um sistema de GDP futuro para a integração de dados e um novo processo de desenvolvimento de um novo veículo. Ele esboça isso como uma visão para todas as empresas, pois se espera que a realização de tal sistema, apresentado na Figura 3.14, tenha um impacto revolucionário em qualidade, custo e prazo no desenvolvimento de um novo produto.

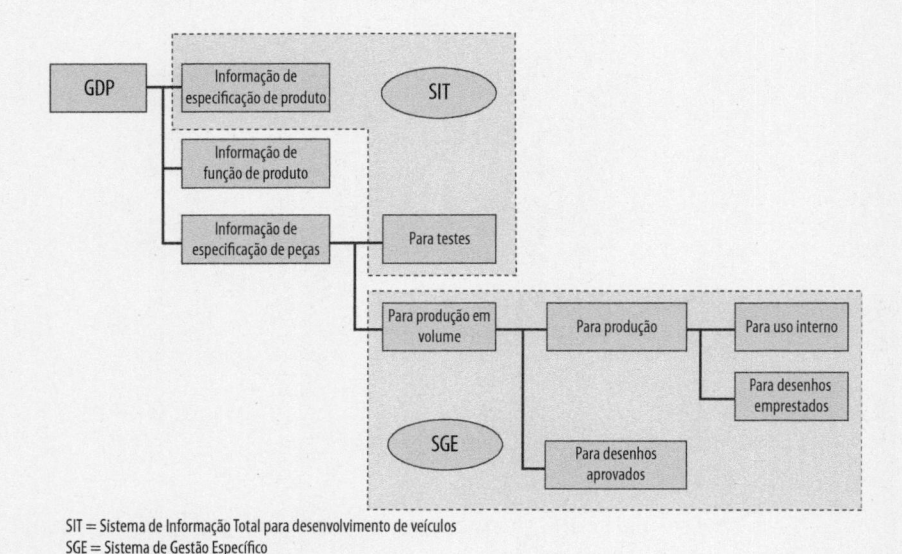

SIT = Sistema de Informação Total para desenvolvimento de veículos
SGE = Sistema de Gestão Específico

Figura 3.13 GDP (Gestão de Dados de Produto).

Kuroiwa considera o CALS (Commerce at Light Speed/Comércio na Velocidade da Luz) como um facilitador para o GDP. O CALS é um padrão de dados computacionais internacional, atualmente em desenvolvimento. Assim, mesmo antes de o CALS estar concluído, o estabelecimento de modelos robustos de projeto de gerenciamento e de informações técnicas para o processo de desenvolvimento abriga a chave para tornar realidade um futuro sistema de GDP, como o acima descrito. Modelos de produto e de informações técnicas para o processo de desenvolvimento referem-se a informações de função de produto (incluindo componentes de produto funcionais), apresentadas na Figura 3.13.

Se as informações do processo de desenvolvimento forem gerenciadas de maneira organizada, podem ser rapidamente consultadas de maneira adequada, quando necessário para mudanças de modelo e pequenas mudanças. Esperam-se melhorias significativas na velocidade de desenvolvimento de produto, qualidade e custo e na utilização eficiente de peças de um modelo para outro. Nos últimos anos, todos os fabricantes de automóveis começaram a se centrar no desafio da gestão de custos em estágios preliminares de desenvolvimento, antes que especificações de peças tenham sido determinadas. O controle de custos torna-se possível, em um estágio preliminar, se as informações de função de produto, reunidas antes que especificações de peças sejam determinadas, são gerenciadas de uma

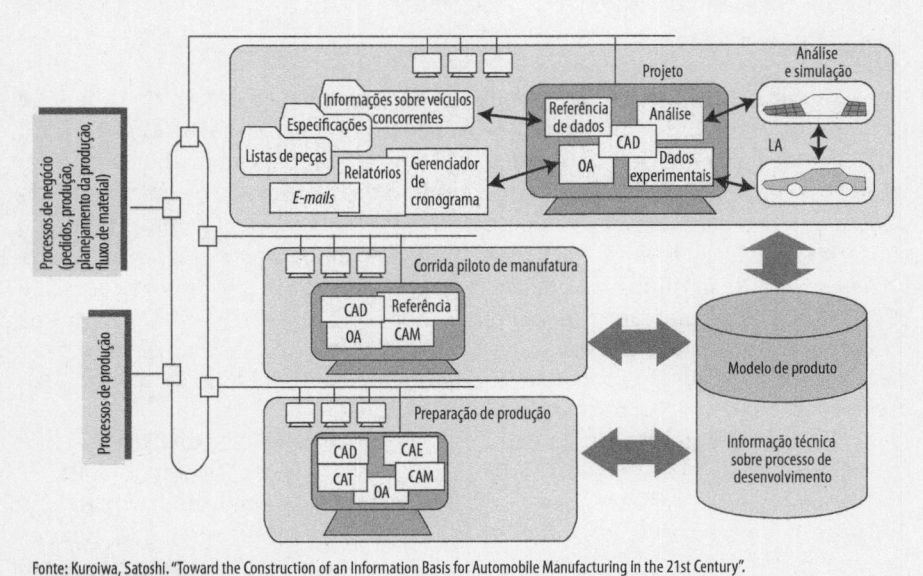

Fonte: Kuroiwa, Satoshi. "Toward the Construction of an Information Basis for Automobile Manufacturing in the 21st Century". Automotive Engineering, jan. 1996.

Figura 3.14 O futuro formato de Gestão de Dados de Produto (GDP).

forma organizada. A modificação e a agilização do processo de desenvolvimento se tornaram centrais para as estratégias competitivas, nos últimos anos, e a sistematização de informações de função de produto é um tema estratégico importante.

Na indústria automobilística, raramente, se não nunca, ouve-se falar de empresas que estão gerenciando informações de função de produto de uma forma organizada e eficaz. A Nissan e a Ford iniciaram a gerenciar as informações de função de produto em meados da década de 1980, mas as funções e as peças acabaram misturadas, e o verdadeiro gerenciamento parecia impossível. O desvio de quantidades de peças componentes de um automóvel mostra que ocorrem mudanças de projeto repetidas no estágio de desenvolvimento, e isso torna a gestão de informações de função de produto em toda a empresa difícil.

Uma década se passou desde que Kuroiwa publicou seu trabalho. Ainda não há gestão unificada de dados de engenharia, na qual os dados de CAD, que são informações de função de produto típicas, não estão ligados a informações de especificação de peças. Mesmo hoje, parece que a Toyota não desenvolveu um sistema que abranja toda a empresa para gerenciar informações de função de produto.

Como as empresas implementam o tipo de GDP apresentado na Figura 3.14, será um fator importante na competitividade das mesmas.

GCS/SCM (Gestão da Cadeia de Suprimentos/ *Supply Chain Management*)

Nos últimos anos, tem sido um grande negócio falar sobre gestão de cadeia de suprimentos como um padrão global para indústrias manufatureiras em uma nova era. A gestão da cadeia de suprimentos da Dell Computer é, geralmente, citada em tais discussões. O tempo de estoque de produto da Dell – desde o recebimento do pedido até o embarque – é de somente dois dias, o que a coloca muito à frente de concorrentes como a Hewlett-Packard e a Gateway (em ambas as empresas, o tempo de estoque de produto é de uma semana). A Dell utilizou a gestão de cadeia de suprimentos como uma arma de ataque de baixo custo para direcionar as outras duas, outrora excelentes empresas, para fora do mercado. O sucesso ou o fracasso das estruturas de gestão da cadeia de suprimentos determinará, em breve, a sobrevivência de empresas, no mundo da manufatura.

O GCS é uma combinação da estratégia *keiretsu* da Toyota, da estratégia de cadeia de valor, de M. E. Porter, e da Teoria das Restrições, de Eliyahu Goldratt.

Dispõe organizações ascendentes e descendentes (upstream/downstream) em uma cadeia e otimiza, de modo global, qualidade, custo, prazos e quantidades para todos os processos, desde os fornecedores de peças até os pontos de venda. Para fazer isso, o GCS nivela o fluxo através da alimentação de recursos na cadeia, no ponto onde a maior parte do valor é adicionada, e através da solução de problemas em gargalos. Os sistemas computacionais são ferramentas indispensáveis.

A Toyota começou a deslocar-se para o GCS, como um sistema computacional, da década de 1980, conectando fornecedores, a própria empresa, fabricantes de carrocerias, distribuidores e a região da América do Norte com um *Toyota Network System* (Sistema de Rede da Toyota – SRT/*TNS*). Tendo em vista que a frase "gestão de cadeia de suprimentos" não existia na época, a Toyota referiu-se a esse processo, que pode ser visto como um protótipo de GSC, como Integração Produção-Vendas. A estrutura global do SRT, em 1991, é apresentada na Figura 3.15.

O ano de 1991 marca um tempo em que as redes estavam ainda iniciando, no Japão. Assim, a rede de comunicação de satélite, vista na figura, indica que o sistema estava extraordinariamente avançado para a época.

A Toyota enfrentou uma séria de desafios, incluindo problemas de sistemas de informação (tais como a padronização de sistemas de comunicação) e preocupações sobre como lidar com os protocolos de comunicação. Do ponto de vista do negócio, houve desafios adicionais:

- O estabelecimento de protocolos de negócio-padrão e uniformes, no grupo Toyota.
- Padronização global do grupo Toyota.

O Sistema Toyota das Funções de Gestão

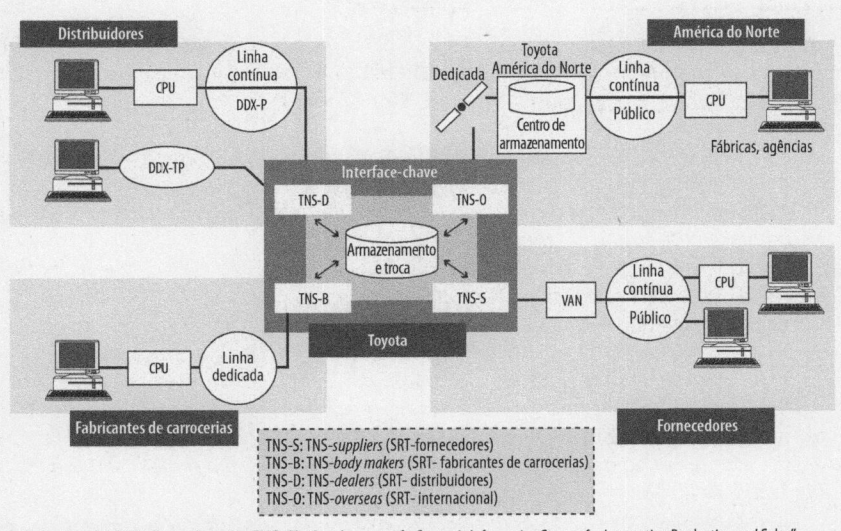

Fonte: Kumabe, Eiichi, Diretor Executivo, TMC. "The Development of a Strategic Information System for Integrating Production and Sales". OR Enterprise Salon lecture materials, 1991.

Figura 3.15 Estrutura global do SRT.

- Uma mudança revolucionária de critérios para a avaliação da sistematização de informações, desde custos e resultados até o conceito de investimento.

A padronização de protocolos de negócio refere-se à padronização de transações (interfaces) entre as organizações. O fato de que isso surgiu como um problema mostra que, dentro do grupo Toyota, o processo e a conversão que não agregam valor foram sendo desempenhados por recebedores de informação, que os adaptavam às suas próprias organizações.

A padronização global dentro do grupo Toyota significa mais do que a padronização de áreas no grupo como um todo, em que o trabalho não estava padronizado. Isso mostra que a computadorização não estava atingindo seu potencial total, em lugares onde o trabalho não estava suficientemente padronizado.

Deslocar-se de custos e resultados para o conceito de investimento significa avaliar sistemas de informação, através da criação de oportunidades, em vez de eficiência. Isso dá uma pista do grau com que a Toyota vê a criação de oportunidades, no campo do GCS, como sua carta mais importante.

Sistema de informação para toda a empresa

Em *Nikkei Information Strategies*[18] (out. 2001), Susumu Miyoshi, vice-presidente executivo da *Toyota Motor Corporation,* que é também o Diretor-Executivo de Informação da empresa, observou:

> *O maior problema com os sistemas de informação da Toyota é que todas as regiões e empresas desenvolveram sistemas diferentes.*
> *Estamos em uma era de enorme mudança e ainda leva muito tempo para efetuar o encerramento de contas do mês.*
> *Infelizmente, outros sistemas, como gestão de produção e distribuição e fornecimento de materiais, estão na mesma situação.*
> *Quando desenvolvemos sistemas no passado, não considerávamos o fato de conectar sistemas individuais à estratégia de informação global do grupo Toyota.*
> *Francamente, muitas pessoas, na gestão da Toyota, costumavam considerar o departamento de sistemas de informação como sendo não mais do que uma equipe para o processamento de dados do negócio. Isso foi passado. Agora, estamos em uma era em que as atividades do departamento de sistemas de informação podem afetar a competitividade da Toyota.*
> *Reiteramos e explicamos que a perspectiva e uma série de fóruns atuais e o pensamento de pessoas encarregadas de sistemas de chão de fábrica estão mudando rapidamente. Isso nos oferece uma base, na medida em que dedicamos todas as nossas energias, atualmente, para o desafio concreto de integração de sistemas.*

Susumu Miyoshi descreve o sistema atual da Toyota como um *patchwork* e indica que melhorar a eficiência de suas peças pode não levar a um sistema total mais eficiente, mas pode, contudo, prejudicar prospectos futuros para a sistematização. Na área de GDP, que abordamos anteriormente, por exemplo, o fato de que o SGE e o SIT foram estabelecidos sem considerar um sistema de GDP global significa, agora, não somente que não funcionam bem entre si, mas que, juntos, impedem a sistematização de informações de função de produto. Aqui, como no caso do GSE (integração produção-vendas), o problema não se origina tanto do sistema de computação, mas sim da falta de coordenação e consolidação no negócio. Um departamento de sistemas de informação considerado como não mais do que uma equipe de processamento de dados do negócio não estava em posição de tomar a iniciativa na revolução ou avaliação do negócio. Ou o problema pode ter sido que essas questões foram intencionalmente evitadas. Isso mostra, em qualquer avaliação, que o GCS ainda não consegue operar em um nível satisfatório na Toyota.

O fato de se levar mais de um mês para gerar balanços mensais de resultado é um problema que existe em toda parte, e a Toyota não agiu para evitar essa tendência. A melhoria de sistemas do tipo *patchwork* exige considerável esforço e, por não ser considerado um grande problema, é frequentemente colocado em segundo plano. Contudo, a Toyota, agora, conclui que as atividades de departamento de sistemas de informação podem afetá-la, em relação às concorrentes, e está buscando adquirir nova força competitiva, ao enfrentar a tão difícil questão de reconstruir e integrar os sistemas de informação da empresa. Não tire seus olhos disso, Toyota!

Observação: o autor não localizou a fonte do trabalho de Takashi Sorimashi, *"Environmental Change and the Development of Management Strategies"* (Kankyo henka to keiei senryaku no tenkai). Qualquer pessoa de posse dessa informação está convidada a contatar o autor.

Notas

1. *Toyota Shisutemu no Genten.*
2. "Ênfase rigorosa na verificação e na ação", mais tarde, tornou-se parte da cultura da Toyota de acompanhamento e de *yokoten*.
3. *Controle de qualidade.*
4. *Seisan Shisutemu no Shinkaron.*
5. O sistema de garantia de qualidade da Toyota é também descrito em um artigo de Ryosuke Osaki, da Unidade de Promoção de CQT da *Toyota Motor Corporation*, na edição de março de 1993 do *Keiei Shisutemu* [*Management Systems*], um periódico da Japan Industrial Management Association. O leitor é estimulado a consultar esse artigo, bem como o de Katsuyoshi Yamada. Para uma compreensão total das normas de garantia de qualidade da Toyota, esses dois artigos, em conjunto com o artigo de Shigeru Aoki, "Cross-Functional Management for Executives", publicado no *Hinshitsu Kanri [Quality Control]* (fev.-abr.1981), são altamente recomendados.
6. Por "referência", entendam-se padrões que deveriam ser desafiados e melhorados.
7. Em outras palavras, a quantia-padrão de matéria-prima consumida por produto por hora.
8. Para detalhes do sistema de gerenciamento de custos da Toyota, vale a pena consultar o artigo de Shigeru Aoki, *"Management by Function for Executives"*, que foi citado na seção sobre gestão por função.
9. Isso está referido na seção *"Ênfase na Teoria"*, do Capítulo 2: a extensão da curva de Maxcy-Silberston em partes.
10. Os últimos cinco dígitos designam números de peças específicos.
11. Essa prática foi a causa do "lamento da Daihatsu", citado na seção sobre acompanhamento e *yokoten*, no Capítulo 2.
12. Isso pode ser visto como um sistema inspirado pela advertência de Toyoda para "escrever relatórios de falhas", citada na seção sobre perspectivas sobre conhecimento e documentação, no Capítulo 2.
13. Atualmente, esse procedimento aplica-se não somente a peças-chave, mas à gestão de todos os componentes.

14. Nota do autor: Ishida tornou-se presidente da Toyota, no início de 1950, quando a empresa estava à beira de um colapso, como resultado de contendas trabalhistas. A sorte da Toyota mudou rapidamente, quando as compras militares para a Guerra da Coreia iniciaram logo em seguida, em junho de 1950. A afirmação de Ishida de que "boa sorte" não é, simplesmente, uma questão de acaso foi sua resposta à visão popular de que ele tinha sido "sortudo". A verdade é que o *boom* de compras militares foi uma oportunidade que se apresentou, igualmente, para todos. O que destacou a Toyota de outras empresas foi que ela soube o que fazer com essa oportunidade e galgou etapas, a fim de se preparar para as horas difíceis que se seguiram ao *boom*.
15. *hitozukuri*, literalmente, "construindo pessoas".
16. *Toyota no hoshiki*.
17. *Toyota Shisutemu Shinkaron*.
18. *Nikkei joho sutoratejii*.

O SISTEMA TOYOTA DAS FUNÇÕES DE PRODUÇÃO

4

As funções de produção, como utilizadas aqui, são as séries de funções de processos que, em uma indústria manufatureira, estendem-se da pesquisa e desenvolvimento, passando pelo planejamento de produto, projeto e desenvolvimento, produção e vendas, até a entrega do produto ao cliente. Este capítulo volta-se para as funções de produção da Toyota, com as seções subsequentes seguindo o sistema de numeração mostrado no diagrama de sistema de função de produção, na Figura 4.1.[1]

O SISTEMA DE *MARKETING*

Políticas de produto

Uma questão importante, no mercado automotivo, diz respeito à estratégia de composição (*mix*) de produto, ou seja, como estruturar produtos, hierarquicamente, e como sustentar produtos derivados. Estabelecer uma estratégia de composição de produto torna possível atrair uma ampla gama de clientes com valores diversos e deslocar clientes para veículos mais luxuosos, à medida que avancem em idade e renda. Possibilita, em outras palavras, atrair e envolver clientes.

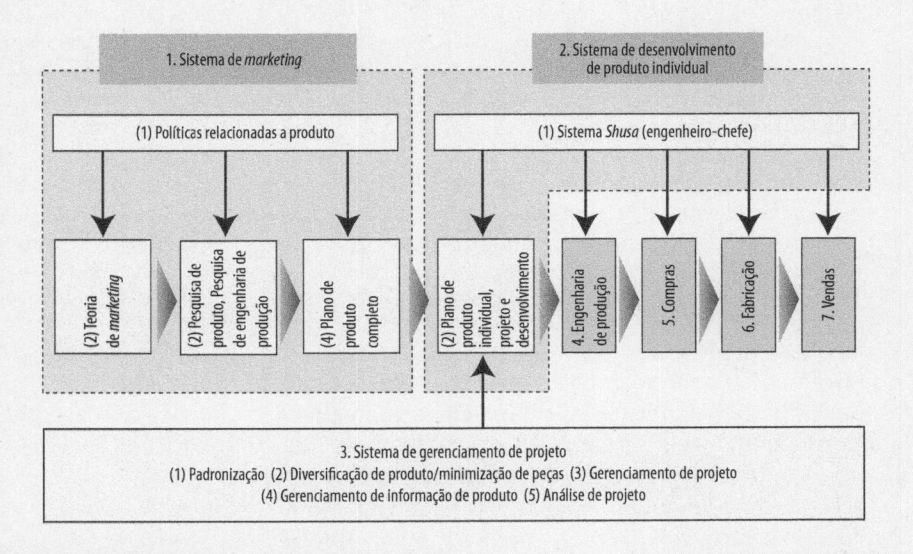

Figura 4.1 Sistema de função de produção.

Em termos estratégicos, a Toyota perseguiu um curso quase incoerente de desenvolvimento de produto, quando introduziu o carro médio Crown, em janeiro de 1955, o compacto Corona, em maio de 1957, e o carro de baixo preço Publica, em junho de 1961. Depois disso, a Toyota preencheu lacunas na linha de veículos, quando introduziu uma série de modelos de carros de alto volume, começando com o lançamento do Corolla, em outubro de 1966, seguido pelo Carina, pelo Corolla Mark II e pelo Vista/Camry. Atualmente, a linha de produto não tem igual, e a Toyota reuniu uma linha completa baseada na ideia de hierarquia de produto.

Esse arranjo sugere que algo na estratégia de produto da Toyota mudou entre o lançamento do Publica, em junho de 1961, e a introdução do Corolla, em outubro de 1966.

Akira Kawahara, ex-diretor-gerente da Toyota Motor Sales e autor de *The Essence of Competitivity*[2] (1995), conta uma história que pode explicar a mudança:

> *Acho que era primavera de 1964. Deparei-me com o artigo sobre o livro de Alfred Sloan, ex-presidente da GM, My Years with General Motors, e imediatamente pedi à Toyota dos Estados Unidos uma cópia. O livro nos ensinava o que mais precisávamos aprender, no momento em que precisávamos aprender. Foi publicado exatamente na época em que o desenvolvimento de veículos da Toyota havia alcançado um conjunto de objetivos e estava buscando um caminho para seguir.*
>
> *Sloan dedicou esforços consideráveis para impor um controle administrativo coerente sobre uma empresa automobilística, que havia crescido em meio a uma sucessão de fusões e consolidações. Uma vez que nosso objetivo era crescer ainda mais, no futuro, pensamos que poderíamos, talvez, ser capazes de fazer melhor que a GM, por meio da leitura de lutas, da experiência e dos conselhos de Sloan. No desenvolvimento de novos veículos, por exemplo, ou no estabelecimento de uma nova rede de vendas, pensamos que poderíamos planejar nossa expansão, se priorizássemos não ficar atrelados ao legado do passado. Sentimos que podíamos nos referenciar no pensamento estratégico extraordinário de Sloan, para desenvolver e evitar desperdício em caminhos que haviam sido impossíveis para ele. Foi como se o livro estivesse sido escrito especialmente para nós.*
>
> *Pensamos, ainda, que quanto mais tempo levasse para nossos concorrentes tomarem conhecimento do livro de Sloan, melhor. Felizmente, a tradução japonesa não foi publicada até outubro de 1967, muito tempo depois do original (1963). Aparentemente, muitos gerentes de empresas automobilísticas e outros japoneses não sabiam da existência do livro até que a tradução aparecesse.*

Esses quase quatro anos foram um período valioso de formulação de estratégias que tiveram um enorme impacto no desenvolvimento subsequente da indústria automobilística japonesa. Isso conferiu uma vantagem para aqueles que tiveram contato com o livro e digeriram seus conteúdos mais cedo. O livro foi útil de muitas formas, sendo uma delas a de falar sobre políticas de produto.

A história real da publicação de *My Years with General Motors*, de Alfred Sloan, foi que a Parte I do livro fora, primeiramente, apresentada na revista *Fortune*, em 1963; o texto integral foi publicado nos Estados Unidos, em forma de livro, em janeiro de 1964. No Japão, uma tradução do excerto da Parte I da *Fortune* foi publicada em partes no periódico *President (Purejidento)*, de novembro de 1963 a abril de 1964. Em outubro de 1967, o texto integral foi traduzido e publicado pela Diamond. Assim, somente excertos da Parte I do livro *My Years with General Motors*, de Sloan, estavam disponíveis no Japão, quase ao mesmo momento em que a versão original foi publicada.

Destaca-se que uma tradução resumida da Parte II de *My Years with General Motors* apareceu em partes no *Toyota Management*, no período de vinte meses, de fevereiro de 1965 a setembro de 1966. O livro original obtido por Kawahara foi, subsequentemente, adquirido pela *Toyota Management Research Association*, que publicou excertos da Parte II no *Toyota Management*. Omiti a Parte I, da qual uma tradução resumida já havia surgido em *Purejidento*. Assim, antes da publicação, no Japão, do texto integral de *My Years with General Motors*, é provável que muitos gerentes e outros, na Toyota, já tivessem lido avidamente a Parte II do livro, em partes, lendo, também, a tradução resumida da Parte I, que havia aparecido em *Purejidento*.[3]

"Esse livro desmistifica os truques do mágico", relata Yoshihiko Higashiura, tradutor da Parte II para o *Toyota Management*. Observa ainda:

> *Sloan escreve com a honestidade de ter estado confuso e ter cometido erros. Esse tipo de coisa é mais útil para nós do que as histórias de sucesso. Dá-nos a impressão de que mesmo a grande GM está dentro de nosso alcance. Temos sido encorajados pelo fato de que a GM é gerenciada por pessoas simples, que utilizam ideias igualmente simples. É por isso que senti que eu estava olhando para o segredo de um mágico.*

A política de produto que provou ser útil a Kawahara foi a de linha completa de oferta de veículos para todos os bolsos, todos os propósitos e todas as pessoas. Uma breve descrição dessa política segue abaixo:

1. Organizar produtos, desde veículos de mais baixo preço até os mais luxuosos, e produzir um carro em cada categoria de preço. Fabricar carros de luxo em volume; no entanto, manter distância de carros ultra-luxuosos, que não podem ser produzidos em massa.
2. Não permitir que grandes lacunas sejam abertas entre categorias de preço mais baixo e mais alto, nem mesmo pequenas lacunas ocasionais, na medida em que as maiores vantagens da produção em massa possam ser perdidas.
3. Nenhum produto deve se sobrepor a outro, seja qual for o preço ou a categoria.

Essa política de produto constituiu a base da estratégia competitiva que Sloan implementou:

1. No passado, o mercado de automóveis foi considerado bipolar, com o mercado de massa, representado pelo modelo T, de um lado, e o mercado de carros de luxo de ou-

tro. Sloan viu o mercado de automóveis como um espectro homogêneo e dispôs cinco modelos, de acordo com a política descrita acima, do Chevrolet – considerado como sendo um carro para as massas – até o Oakland (Pontiac), o Buick, o Olds e o luxuoso Cadillac.
2. O problemático mercado de carros usados, naquela época, foi posto para funcionar como uma forma de lidar com o modelo T da Ford. Em outras palavras, o veículo de mais baixo preço da GM, o Chevrolet, foi planejado para ser um carro um pouco mais caro e de desempenho mais elevado do que o modelo T, quando novo, mas seu valor como carro de segunda mão, após um ano, faria com que ele custasse menos do que o modelo T. Assim, a GM seria capaz de atender à demanda de pessoas que procurassem carros de segunda mão baratos.
3. A GM adotou um método de competir com veículos de ambos os lados de suas séries. Sloan considerava algo perigoso ter sucesso sem competição.

A política de produto e a estratégia competitiva descritas acima constituíram princípios fundamentais de desenvolvimento de produto da GM. Esses fatores permitiram que a GM ultrapassasse a Ford, em 1926, e entrasse em uma época "de ouro", como o maior fabricante de automóveis do mundo. Um excerto do livro de Sloan oferece uma ideia interessante sobre a história de transformação da GM:

> A partir de uma perspectiva atual, poderíamos achar estranho que a GM, nos na década de 1920, não apenas não possuía o conceito de gestão, como também não possuía o conceito de uma indústria automobilística. Entretanto, isso é um fato inegável. Cada negócio necessita de uma noção da indústria a que pertence. Existe uma forma lógica de gerir um negócio quando você conhece a realidade da indústria e o ambiente em que ela está situada.

As políticas de Sloan foram produzidas como resultado de sua percepção aguçada. Ele possuía uma compreensão arguta do mercado de carros e, por sua vez, reconhecia o que os fabricantes deveriam fazer para responder a esse mercado de maneira adequada. *My Years with General Motors* está repleto de pérolas de sabedoria sobre todos os aspectos de gestão moderna, incluindo a gestão centrada em finanças, o sistema de divisão, o sistema de comitês e os sistemas de compensação – ideias tidas como corretas, hoje.

Mas o livro assinala uma verdade básica: se foi Ford quem criou o protótipo da indústria manufatureira do século XX, foi Sloan quem criou o protótipo de gestão do século XX.

Conforme observa Kawahara, a Toyota estava à frente de seus rivais, no que dizia respeito à absorção e integração das estratégias de negócio e produto de Sloan em seu próprio sistema de gestão. Em *Toyota Reborn – People and Strategy*[4] (E. Rheingold, 1999), Hiroshi Okuda extrapola: "As contribuições de Sloan e Ford continuam a moldar a indústria moderna. Os funcionários da Toyota precisarão continuar a ler livros sobre esses dois homens".

Teoria de *marketing*

Foi no período de 1956 a 1957 que a Toyota surgiu, pela primeira vez, com a ideia da promoção científica de vendas. As opiniões estavam divididas com relação a uma pequena mudança no modelo Crown, e uma sugestão foi dada no sentido de que os consumidores fossem consultados. Técnicas de vendas que se apoiavam na experiência e no "sentimento" foram revisadas, enquanto a empresa desenvolvia métodos de previsão de demanda que mensuravam as preferências do consumidor e tendências.

Atualmente, as técnicas científicas de *marketing* e de pesquisa de *marketing* estão amplamente disseminadas, e existem teorias estabelecidas para métodos e técnicas de *marketing*. Exemplos são as estratégias de competição e de vantagem competitiva, de M. E. Porter, e os princípios de *marketing*, de Philip Kotler. Acredita-se que todas as empresas tenham criado sistemas de *marketing* de acordo com as estratégias e princípios de Porter e Kotler.

Durante o período da bolha econômica, a Mazda adotou uma política de vendas de cinco canais para compensar sua inabilidade em oferecer linhas de produto completas. O diretor-administrativo sênior encarregado de vendas, que havia sugerido a política de cinco canais, gabou-se de que poderia "vender qualquer veículo de quatro rodas". A Mazda surgiu com a ideia que um bem conhecido crítico da indústria denunciara como um desfile de "carros de conveniência", e as vendas desabaram juntamente com a bolha. O abandono da teoria da Mazda em favor de movimentos-surpresa e de esquemas inteligentes levou a empresa ao declínio.

A vantagem da Toyota sobre as outras empresas, nessa área, provém de sua aderência inabalável à teoria e do fato de que a unidade de pesquisa inovadora criada por Shotaro Kamiya, em 1956 (ver Capítulo 2), está ainda vigorosa e operante. Fora isso, a Toyota não possui nenhum plano secreto especial.

Pesquisa de produto e desenvolvimento de tecnologia de produção

A Figura 4.2 coloca o sistema de desenvolvimento e pesquisa da Toyota em uma matriz, formada de pesquisa e níveis de sistema de produto e tempos de desenvolvimento.

A pesquisa, baseada em um sistema de P&D de produto desse tipo, opera como apresentada na Figura 4.3 (p. 203). Por fim, uma proposta prática é compilada e submetida ao Conselho de Novos Produtos (ver Figura 3.2, p. 132) para aprovação.

O que é distinto sobre o sistema de pesquisa e desenvolvimento de novos produtos da Toyota é o fato de a empresa dedicar a mesma energia ao desenvolvimento de tecnologia de produção que à pesquisa de engenharia de produto. O

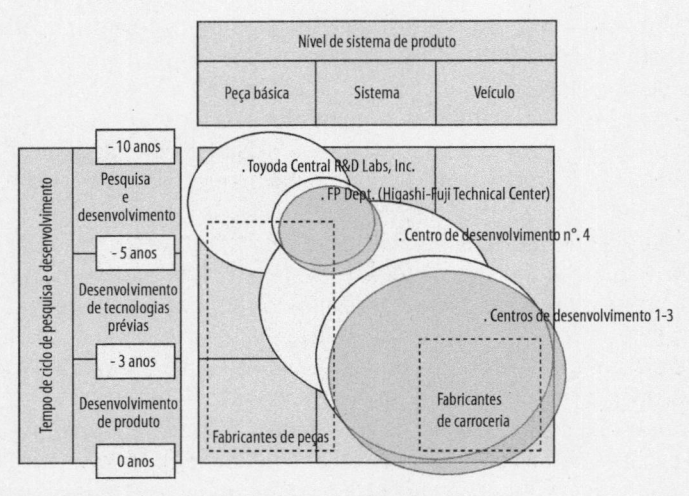

		Nível de sistema de produto		
		Peça básica	Sistema	Veículo

- 10 anos — Pesquisa e desenvolvimento
. Toyoda Central R&D Labs, Inc.
. FP Dept. (Higashi-Fuji Technical Center)
. Centro de desenvolvimento n°. 4

- 5 anos — Desenvolvimento de tecnologias prévias
. Centros de desenvolvimento 1-3

- 3 anos — Desenvolvimento de produto
Fabricantes de peças
Fabricantes de carroceria

0 anos

Tempo de ciclo de pesquisa e desenvolvimento

Fontes: Toyota Motor, 1998. "*An Overview of Toyota Technical Centers*" e *Motor Fan*, edição de janeiro de 1990.

Figura 4.2 Sistema de desenvolvimento e pesquisa de produto.

desenvolvimento de tecnologia de produção opera conforme detalhado na Figura 4.4 (p. 204).

Deve-se observar que, no último estágio das Figuras 4.3 e 4.4, o acúmulo de tecnologia baseado em normas de relatório técnico e a padronização baseada em guias de registro de padrão técnico são obrigatórios. Todas as atividades, na Toyota, encerram com um relatório e a padronização. Esse é o mecanismo pelo qual a empresa adquire e acumula conhecimento institucional.

Planejamento completo de novos produtos

O processo completo de planejamento de novos produtos da Toyota engloba as seguintes etapas:

1. Para o propósito de diversificação de produto, o Departamento de Planejamento de Produto, reportando-se diretamente ao presidente, realiza pesquisa e análises e solicita ideias e críticas. Então, esboça um plano de produto que inclui uma linha de produto e um cronograma para a introdução de produtos para, aproximadamente, os próximos dez anos.
2. O Departamento de Planejamento Técnico recebe requisições de cinco centros de desenvolvimento e de vendas domésticas e internacionais e, juntamente com o Departa-

O Sistema Toyota das Funções de Produção

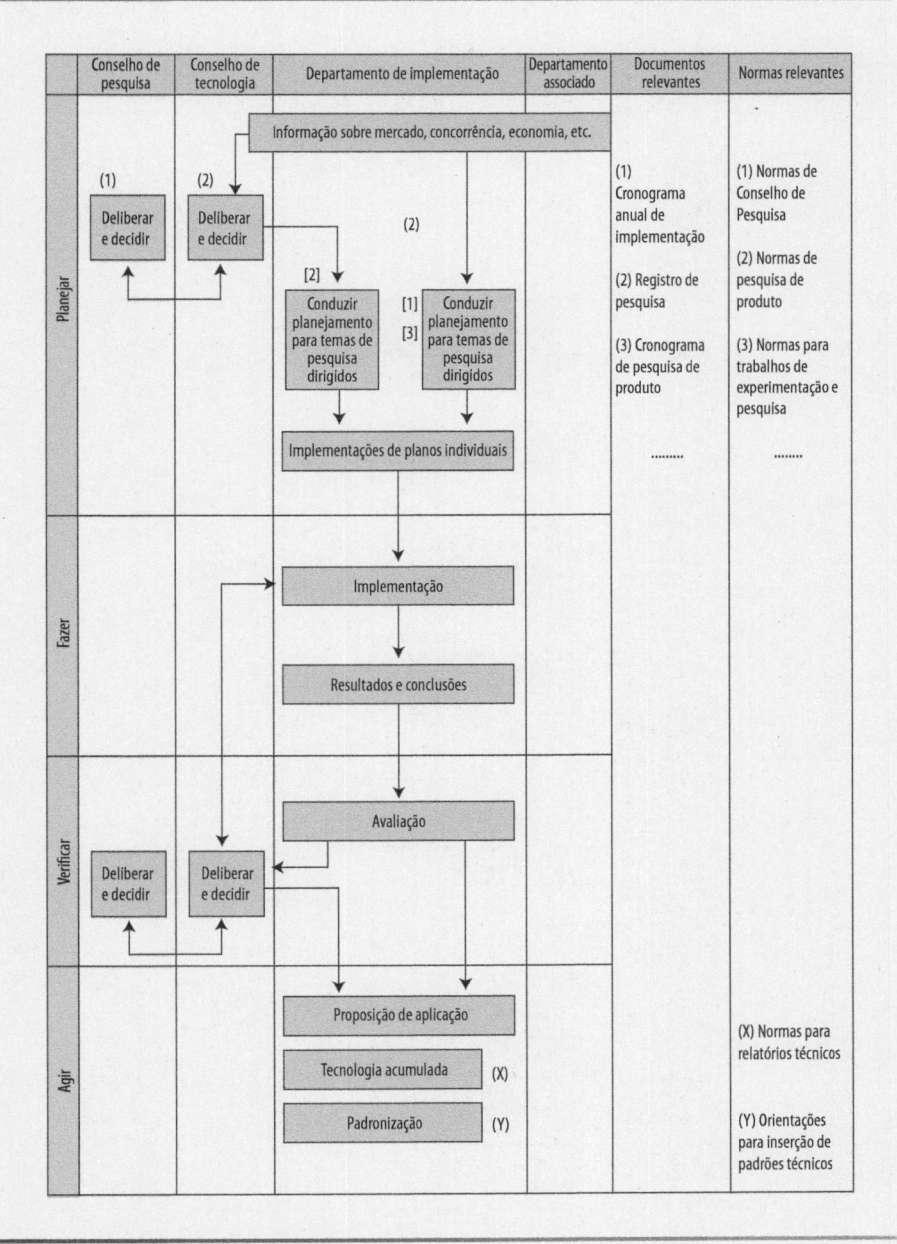

	Conselho de pesquisa	Conselho de tecnologia	Departamento de implementação	Departamento associado	Documentos relevantes	Normas relevantes
Planejar	(1) Deliberar e decidir	(2) Deliberar e decidir	Informação sobre mercado, concorrência, economia, etc. [2] Conduzir planejamento para temas de pesquisa dirigidos [1] [3] (2) Conduzir planejamento para temas de pesquisa dirigidos → Implementações de planos individuais		(1) Cronograma anual de implementação (2) Registro de pesquisa (3) Cronograma de pesquisa de produto	(1) Normas de Conselho de Pesquisa (2) Normas de pesquisa de produto (3) Normas para trabalhos de experimentação e pesquisa ....
Fazer			Implementação → Resultados e conclusões			
Verificar	Deliberar e decidir	Deliberar e decidir	Avaliação			
Agir			Proposição de aplicação Tecnologia acumulada (X) Padronização (Y)		(X) Normas para relatórios técnicos (Y) Orientações para inserção de padrões técnicos

Figura 4.3 Sistema de gestão de pesquisa de produtos.

204 O Pensamento Toyota

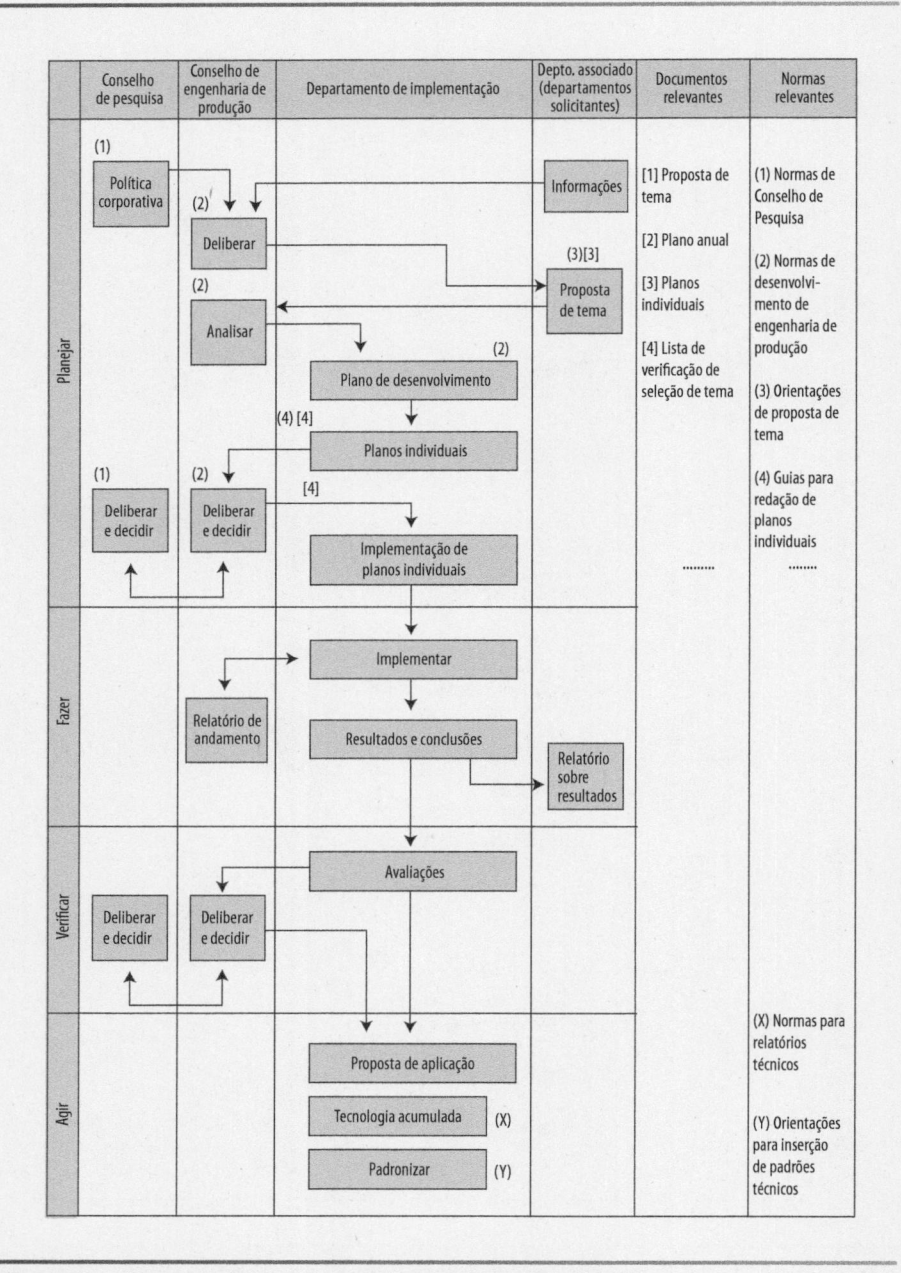

	Conselho de pesquisa	Conselho de engenharia de produção	Departamento de implementação	Depto. associado (departamentos solicitantes)	Documentos relevantes	Normas relevantes
Planejar	(1) Política corporativa → (1) Deliberar e decidir	(2) Deliberar → (2) Analisar → (4)[4] (2) Deliberar e decidir	→ (2) Plano de desenvolvimento → Planos individuais → [4] Implementação de planos individuais	Informações (3)[3] Proposta de tema	[1] Proposta de tema [2] Plano anual [3] Planos individuais [4] Lista de verificação de seleção de tema	(1) Normas de Conselho de Pesquisa (2) Normas de desenvolvimento de engenharia de produção (3) Orientações de proposta de tema (4) Guias para redação de planos individuais ....
Fazer		Relatório de andamento	Implementar → Resultados e conclusões	Relatório sobre resultados		
Verificar	Deliberar e decidir	Deliberar e decidir	Avaliações			
Agir			Proposta de aplicação Tecnologia acumulada (X) Padronizar (Y)			(X) Normas para relatórios técnicos (Y) Orientações para inserção de padrões técnicos

Figura 4.4 Sistema de desenvolvimento de engenharia de produto.

mento de Gerenciamento Técnico, analisa a alocação de recursos de desenvolvimento e prepara um detalhado plano completo de novos produtos para os próximos cinco anos. Em março de cada ano, um plano completo de novos produtos é apresentado ao Conselho de Planejamento de Produto (ver Figura 3.2, p. 132), para aprovação e decisão do presidente.
3. Com base no plano completo de novos produtos, todos os departamentos afetados da empresa estabelecem equipes organizacionais, equipamentos, despesas de longo prazo, terceirização de longo prazo, planos de produção de longo prazo e planos de venda de longo prazo.
4. Para o desenvolvimento de novos tipos de veículos ou para a mudança de modelos, um engenheiro-chefe (*shusa*) é designado para cada nome de veículo. Antes do fim do prazo de submissão de conceito estipulado pelas Prescrições de Pesquisa de Projeto (ver a seguir), o engenheiro-chefe designado submete um conceito de engenharia, detalhando cada item como conceito de veículo, mercados geográficos-alvo, clientes-alvo, imagem de desempenho, dimensões resumidas, objetivos de custo, de peso e de qualidade e recursos necessários. As atividades, durante esse período, são uma "caixa-preta", dirigidas pessoalmente pelo engenheiro-chefe.

A preparação de um plano de vendas de longo prazo, no Estágio Número Três, é uma característica distintiva do completo planejamento de novos produtos da Toyota. Isso remete ao Capítulo 3 (Métodos de Planejamento Automotivo) do *Handbook Automotive Engineering*, em que "vendas e planejamento de produto" são desenvolvidos como um tópico independente. Isso tem sido uma força da Toyota desde os tempos da Toyota Motor Sales.

SISTEMAS DE DESENVOLVIMENTO DE PRODUTO INDIVIDUAL

O sistema *Shusa*

Já discutimos o sistema *shusa* da Toyota, ou de gerente de produto, detalhadamente. Abaixo, com temas entre parênteses, listamos as fontes documentárias principais para informação sobre o mesmo. A Toyota abandonou a palavra japonesa *shusa*, em favor do termo "engenheiro-chefe", mas, a fim de reconhecer o desenvolvimento histórico da posição, o antigo termo *shusa* (gerente de produto) será utilizado aqui.

- Fujimoto, Takahiro, e Kim Clark. 1993. *Product Development Power*.[5] Tóquio: Diamond. (O gerente de produto peso-pesado.)
- Fujimoto, Takahiro. 1997. *The Evolution of a Production System*.[6] Tóquio: Yuikaku Press. (O gerente de produto peso-pesado, origens do sistema *shusa*, etc.)
- Japan Society for Production Management, ed. 1996. *The Toyota Production System*.[7] Tóquio: Nikkan Kogyo Shimbunsha. (Desenvolvimento do sistema *shusa* da Toyota.)
- Nobeoka, Kentaro. 1996. *Multi-Project Strategy*.[8] Tóquio: Yuhikaku. (Desenvolvimento do sistema shusa da Toyota.)

- Tamagawa, Shuji. 1988. *System Reconstruction as Seen in the Toyota System.*[9] Tóquio: Pal Shuppan. (Autoridade do shusa.)
- Shiozawa, Shigeru. 1987. *Toyota Motors' Shusa System.*[10] Tóquio: Kodansha. (Dez artigos do *shusa*.)
- Nakazawa, Takao e Manabu Akaike. 2000. *Knowing Toyota.*[11] Tóquio: Kodansha. (O sistema *shusa*.)
- Sobek, II, D.K., J.K. Liker e A.C. Ward. jul.-aug., 1998. "Another Look at Toyota's Integrated Product Development", *Harvard Business Review*, vol. 76, n. 4, p. 36-49.

Diversos tópicos relacionados ao sistema *shusa* da Toyota são discutidos abaixo.

O sistema *shusa* surgiu em 1953 na empresa e, dali em diante, os *shusa* eram membros de equipe sem autoridade para dar ordens à organização de linha. Um *shusa* que estava enfrentando essa situação foi até o diretor administrativo sênior Eiji Toyoda e solicitou esclarecimento sobre a autoridade do *shusa*. "De qualquer forma que você pensar, será bom para o veículo pelo qual você é o responsável", disse a ele Eiji. "Você pode dar sua opinião a qualquer um na companhia. Saiba que você tem autoridade para dar sua opinião."

Tatsuo Hasegawa, um *shusa* de primeira geração encarregado do Corolla, compilou Dez Preceitos para o *Shusa*, como um guia para membros de equipe terem sucesso nessa função. As simples instruções de Eiji, entretanto, são, provavelmente, a melhor e a mais simples maneira de definir o que é um *shusa* e o que se espera que faça. Atualmente, os detalhes relacionados às responsabilidades do *shusa* e à condução de seu trabalho estão muito bem explicados, formalmente, nas "normas de desenvolvimento de produto" e em outros locais, mas o espírito básico parece não ter mudado desde o tempo de Eiji.

Nas palavras de Akihiro Wada, ex-diretor administrativo sênior da Toyota:

> *O sistema atual arraigou-se, pois as pessoas que nos precederam trabalhavam de tal forma que cada um em torno delas tratava suas opiniões da mesma maneira como trataria as do presidente. Oficialmente, éramos uma equipe, mas o sistema foi criado de tal forma que éramos chamados de "imperadores", em função da forma como éramos capazes de trabalhar. Mesmo se outras empresas tentassem implantar o sistema, não seria fácil conseguir que o mesmo passasse a ser permanente.*

Da década de 1970 até os anos 1980, as empresas automotivas ocidentais e japonesas introduziram o sistema *shusa*. Contudo, exatamente como Wada alertara, em muitas delas o sistema nunca se arraigou da mesma forma como ocorreu na Toyota.

Tornar-se um *shusa* é um sonho na Toyota, mas, em casos extremos, em outras empresas, esse pode ser um posto odiado. Isso ocorre porque os gerentes tendem a fazer com que o *shusa* assuma toda a responsabilidade por um modelo particular, e então o culpam por qualquer problema ou questão que possa surgir com relação ao desempenho desejado, qualidade, custo ou entrega. Contudo, tais objetivos são raramente alcançados, e os processos sempre se movem. Como resultado, cada vez que há uma análise de desenvolvimento, em tais empresas, o *shusa* é tratado como criminoso e ferozmente sacrificado pela administração central. Ao mesmo tempo, a administração de linha fica furiosa com o *shusa,* como um representante daquela, e problemas não são nem tratados seriamente nem resolvidos. O *shusa*, exausto e abatido, chega cedo para trabalhar e deixa a empresa tarde. Dificilmente podemos culpar essas pessoas, nessas empresas, por não gostarem de seu trabalho.

Takahiro Fujimoto denomina o *shusa* da Toyota de "peso-pesado", mas o *shusa*, em outras empresas, apesar de não ser exatamente um peso-leve, geralmente é tratado como *pau para toda obra*.

Um *shusa*, em última instância, ocupa uma posição de *staff*. Pode ter certas responsabilidades funcionais, mas é a organização de produção (linha) que deve ter a responsabilidade final. O *shusa* será culpado se sua própria negligência for a causa de um mau resultado, mas, na maioria dos casos, a causa é técnica, e a produção (linha) assume a responsabilidade final. Empresas sem uma cultura de administração organizacional que separe claramente as funções de produção (linha) e de *staff* (ver Capítulo 3) encontrarão dificuldades, como afirma Wada, para implementar o sistema *shusa*.

O sistema *shusa* da Toyota é parte importante e indispensável na história da empresa. Curiosamente, não é mencionado nem uma vez nas cinco histórias oficiais da empresa (as histórias dos 20, 30, 40 ou 50 anos da Toyota Motor ou a história dos 30 anos da Toyota Motor Sales). Acredita-se que ele tenha sido deixado de lado para evitar discórdias dentro da empresa, com questões que, inevitavelmente, seriam vistas como exaltações generosas de uma posição particular. Aqui, novamente, observamos uma clara evidência de uma "Toyota psicológica".

Planejamento de produto individual e desenvolvimento de projeto

A Figura 4.5 enfatiza o planejamento de produto individual e os processos de desenvolvimento de projeto, na Toyota, no início da década de 1990. Montamos essa figura a partir de uma série de fontes. A Toyota encurtou seu projeto de produto e ciclo de desenvolvimento drasticamente, nos últimos anos, e é provável que o modelo básico de seu processo de desenvolvimento tenha mudado. Novos acontecimentos e atividades, sem dúvida, têm sido integrados ao estágio de planejamento de produto individual, e alguns tipos de eventos e sua frequência foram, provavelmente, excluídos do estágio de projeto de produto.

Planejamento de produto individual

O período de planejamento de produto individual estende-se das instruções de desenvolvimento de produto individual (menos de 48 meses) à aprovação de projeto exterior (menos de 26 meses).

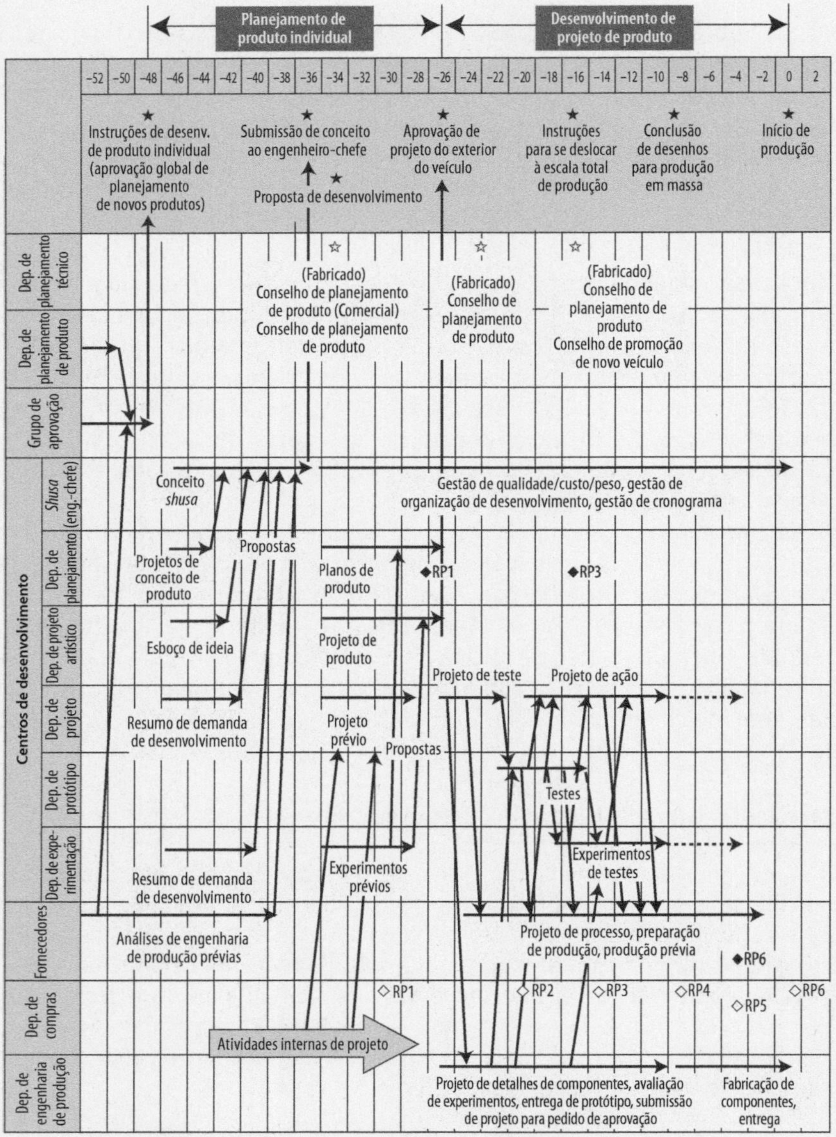

Observação: ◆ RP (X): revisão de projeto interna, ◇ RP (X): revisão de projeto de fornecedor (no inglês, *design review*)

Figura 4.5 Plano de produto individual e processo de desenvolvimento de projeto (ex.: mudança de modelo com reutilização de motor).

O primeiro passo de planejamento de produto individual envolve a coleta e a análise de informação de avaliação de mercado para o modelo atual (no caso de uma mudança de modelo) ou de um produto similar (no caso de um novo modelo). A sequência de fluxo é:

(1) Estabelecimento de política para novo produto individual, (2) estabelecimento de plano básico individual e (3) instruções de projeto para o departamento de projetos.

De modo geral, existem dois tipos de informação de avaliação de mercado: informação de qualidade e informação de vendas. Na Toyota, o *shusa* não reúne informações relacionadas à avaliação de mercado de produtos atuais toda vez que um novo produto é planejado. Ao contrário, existe um sistema que canaliza essas informações para cada departamento, de forma regular.

O conceito de *shusa*, na Figura 4.5, engloba, principalmente, a formulação de posicionamento de produto e de conceito de produto, com base em sugestões provenientes de cada departamento. Por posicionamento de produto, referimo-nos ao esclarecimento de atributos de um dado produto e à definição de um usuário ou segmento de mercado. Formular um conceito de produto significa utilizar a linguagem dos consumidores para especificar em quais atributos o produto deve ser baseado, com relação a estilo de vida, valores, gostos, padrões de comportamento, estrutura familiar e renda de usuário-alvo, identificado no processo de posicionamento de produto.

O próximo *shusa* procede à criação de plano de produto, através de elaboração de conceito de produto em termos técnicos e especificação clara de requisitos técnicos de produto. "Elaboração de conceito de produto" é o nome dado a essa tradução da linguagem dos consumidores para a linguagem técnica.

Planejamento de produto

Na base da tabela de desenvolvimento de conceito de produto originam-se esboços de imagens de estilo externo e de *design* interior, juntamente com o projeto de um "diagrama de plano de produto". À medida que o veículo, como um todo, toma forma, gradualmente são iniciados os projetos para motor, suspensão e outros componentes funcionais. Esse processo é denominado planejamento de produto.

O planejamento de produto é também conhecido como "embalagem" (*packaging*) de produto, pois compreende atividades de planejamento que decompõem o veículo em módulos, tais como seção de motor, seção de passageiro, assoalho e seção de porta-malas.

É uma tradição da Toyota que o trabalho de embalagem/*packaging* de produto fique com os projetistas encarregados do estilo exterior e do projeto interno. Raramente encontramos exemplos desse arranjo em outras empresas. O modo da Toyota pode ser mais racional, uma vez que os objetos de estilo, *design* e embalagem/*packaging* são quase idênticos. De qualquer forma, é provável que ocorram melhores resultados se for permitido aos projetistas trabalhar em projetos com menor número de restrições possível. É por isso que as atividades no departamento de projeto da Toyota foram recentemente divididas em trabalho de projeto, que acontece em um estúdio, e em embalagem/*packaging*, que acontece em uma sala de produto.

Desenvolvimento de qualidade de projeto

A Figura 4.6 apresenta o fluxo de como, no departamento de planejamento de cada centro de desenvolvimento, a qualidade exigida pelo cliente é traduzida em qualidade de produção entre o plano de produto e a produção em escala.

A Figura 4.7 (p. 212) apresenta padrões relativos a atividades para criar qualidade a partir da coluna de Normas-Chave da Empresa, no gráfico de Sistema de Garantia de Qualidade, na Figura 3.5 (p. 147), e designa categorias de resultado para elas. Este é o fluxo:

1. Criar uma tabela de "Desdobramento de Qualidade Exigida", de acordo com as orientações relevantes para a confecção das mesmas, e substituir a qualidade que os clientes procuram no produto (qualidade exigida pelo consumidor) por características de qualidade técnica ou características substitutas (qualidade exigida do produto).
2. Criar uma "Tabela de Qualidade", de acordo com as orientações relevantes, e traduzir a qualidade exigida de produto de maneira decrescente, em ordem hierárquica de funções de produto, definindo a qualidade exigida (dos componentes funcionais) até o mais baixo nível de itens.
3. Criar uma "Tabela de Desdobramento de Mecanismos", de acordo com as orientações relevantes, e determinar mecanismos de componentes específicos e configurações de componentes (características de mecanismos de componentes funcionais) necessários para atingir a qualidade exigida de componentes funcionais, em cada nível de hierarquia de função de produto.
4. De acordo com o tempo de Revisão de Projeto 1 (RP1, Revisão de Projeto de Planejamento de Produto), apresentado na Figura 4.5 (p. 208), e com base nas Normas de Revisões de Projetos, realizar uma revisão de projeto, utilizando a folha de verificação de objetivos de planejamento, a tabela de desdobramento de qualidade exigida, a tabela de qualidade, a tabela de desdobramento de mecanismos e outras ferramentas.
5. Quando a primeira revisão de projeto (RP1) estiver concluída, criar uma tabela de desdobramento de subsistemas, de acordo com orientações relevantes; criar as estruturas de produto necessárias para fabricar o produto a partir das características de mecanismos de componentes funcionais; e criar uma lista de materiais (LM/BOM).
6. De acordo com as orientações para a realização de análises dos modos de falha e seus efeitos de projeto, identificar e eliminar fatores de defeito latentes e utilizar a lista de materiais para criar diagramas de especificações de peças para fornecedores ou diagramas de fabricação de peças para produção de componentes, na própria empresa ou fora dela.

O Sistema Toyota das Funções de Produção

(Padrões de trabalho)   **(Entradas/Saídas)**

Planejamento de Produto
- Orientações para criação de tabelas de desdobramento de qualidade exigida → Qualidade exigida pelo consumidor
- Orientações para criação de tabelas de qualidade → Qualidade exigida de produto
- → Qualidade exigida de componentes funcionais
- Orientações para criação de tabelas de desdobramento de configurações → Características de componentes funcionais
- Normas de revisão de projeto

Projeto e Desenvolvimento
- Orientações para criação de tabelas de desdobramento de subsistemas → Lista de materiais
- Orientações para implementação da FMEA de Projeto → Especificações de peças ou Tabela de peças
- Orientações para criação de tabelas de garantia de qualidade → Tabela de garantia de qualidade

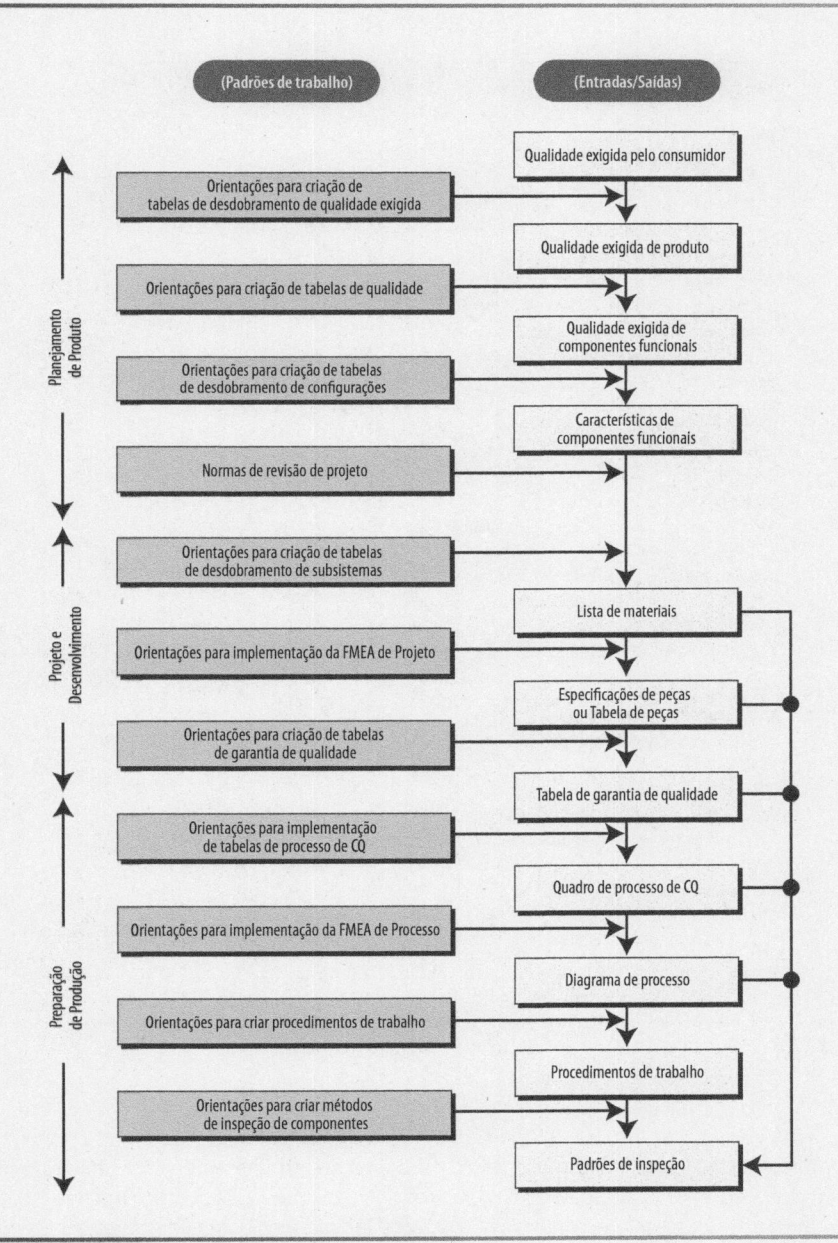

Preparação de Produção
- Orientações para implementação de tabelas de processo de CQ → Quadro de processo de CQ
- Orientações para implementação da FMEA de Processo → Diagrama de processo
- Orientações para criar procedimentos de trabalho → Procedimentos de trabalho
- Orientações para criar métodos de inspeção de componentes → Padrões de inspeção

Figura 4.6 Fluxo de desdobramento de qualidade.

Lista de verificação de objetivos de planejamento	Data: _____
Séries de modelo	
(1) Exame total de planos de novos produtos (exame de políticas de gestão) • Comparar novos planos com as séries de modelo totais (alinhamento geral) • Alocações de novos planos por modelo (escala e tempo) • Alocações de modelo por grupo de distribuidores • Compromisso entre desenvolvimento de planos, preparação de produção e departamento de vendas	
(2) Exame de objetivos para planos individuais de novos produtos (por modelo) (exame de política de produto) (A) Objetivos de qualidade de produto • Mercado-alvo de séries (doméstico/de importação) Foco nos objetivos do produto (objetivos, formato básico, características) • Nível de qualidade (classe/produtos concorrentes) • Nova escala (escopo/investimento) • Objetivo de vida útil (vida útil de modelo/objetivos de corrosão) • Objetivo de preço (custo-alvo proposto/preço de venda)	
(B) Precondições de desenvolvimento • Objetivo de tempo de desenvolvimento ("line-off") • Objetivo de volume de produção (inicial/máximo) • Prazos de desenvolvimento de produção (condições de plano/condições de desenvolvimento/condições de produção) • Departamentos responsáveis pelo desenvolvimento (prototipagem/produção) Planejamento das séries do modelo (por tipo/departamento de produção)	
(C) Responsabilidade (departamento)	

Figura 4.7 Lista de verificação de objetivos de planejamento.

7. A fim de garantir uma transferência confiável dessa qualidade de projeto planejada para qualidade de manufatura, colaborar com o departamento de engenharia de produção para criar uma Tabela de GQ (Garantia de Qualidade), de acordo com orientações relevantes, que esclareça pontos de controle de produção e itens de controle.

8. A seguir, os departamentos de engenharia de produção, produção e inspeção, de acordo com orientações relevantes, criam, sucessivamente, uma tabela de processo de CQ, um quadro de processos, procedimentos de operação e critérios de inspeção. Então, iniciam a produção em escala.[12]

Poucas empresas definem esses procedimentos de maneira tão elaborada ou incorporam e transferem qualidade de projeto para qualidade de fabricação com tal rigor.

Inovação de protótipo

Todas as empresas que projetam produtos possuem algum tipo de processo de prototipagem ou testes de manufatura. Ao mesmo tempo, poucas podem dar uma resposta direta quando questionadas a respeito do propósito da prototipagem. Para muitas, é uma mera experiência na fabricação de produtos, dentro de tolerâncias do desenho, usando gabaritos-protótipo, ferramentas, medidores, matrizes, máquinas, equipamentos de montagem e outras ferramentas.

Contudo, mesmo quando produtos ou peças são criados de acordo com os desenhos, existirão diferenças físicas sutis nas peças resultantes, dependendo se são utilizadas ferramentas de protótipo dedicadas ou de produção regular. Um protótipo pode ser fabricado em um torno mecânico, por exemplo; quando em produção regular, pode ser feito com matrizes. Em um exemplo similar, um protótipo fundido pode ser produzido com uma matriz de metal. Embora os desenhos possam ser exatamente os mesmos, quando as ferramentas de protótipo e de produção diferem, frequentemente ocorrem problemas com as peças de produção, ao contrário do que acontece com as peças de protótipo. Diz-se que cerca de 50% dos problemas que ocorrem antes da produção em escala são dessa natureza. Estreitar a distância entre peças-protótipo e peças de produção, portanto, torna-se uma questão crucial que afeta qualidade, custo e prazo.

Fabricar protótipos com ferramentas de produção resolveria esse problema; mas, se mudanças no projeto fossem necessárias devido a problemas relacionados a especificações, encontrados após a fabricação de protótipos, isso exigiria modificações ou disposição de ferramentas de produção, resultando em enormes perdas.

Quanto a isso, a Toyota segue a seguinte filosofia em suas operações:

- As ferramentas de produção regular e de prototipagem devem ser as mesmas.
- Métodos de produção regular são a base de ambas.
- Em vez de verificar o grau de proximidade entre ferramentas de testes de produção das ferramentas regulares, o princípio é utilizar as regulares. Se as ferramentas regulares podem ser correlacionadas às de testes de produção, então as ferramentas de testes de produção podem ser usadas.

A Toyota aumentou, gradualmente, a proporção de operações de testes que executa com ferramental de produção regular e estabeleceu a meta de utilizar todas as ferramentas de produção, em 2001. Para algumas peças, isso não é necessário; assim, é provável que a Toyota ainda não tenha atingido 100%. Contudo, a supressão de ferramental de teste de produção é necessária para a redução significativa nos tempos de desenvolvimento que a Toyota estabeleceu para o século XXI.

O SISTEMA DE GESTÃO DE PROJETO

A maior característica do sistema de desenvolvimento de produto da Toyota é a solidez da sua gestão de projeto.

Critérios técnicos

Um sistema para promover a padronização

A padronização refere-se a métodos e atividades para tornar a gestão mais eficaz, por meio da minimização de variedade de conceitos, protocolos, procedimentos e afins. Os padrões gerados pelas atividades de padronização implicam a cristalização de um conhecimento mais alto da organização, e o ato de revisá-los leva ao progresso. A padronização é importante para todas as organizações, quer atuem na área de produção ou não.

A padronização pode ser o apoio fundamental do sistema de gestão da Toyota, mas existem poucos relatórios sobre o sistema de padronização da empresa. Pode-se presumir, entretanto, que a Toyota mantém uma organização hierárquica de entidades regulares e ativas, incumbidas das tarefas de padronização: um Comitê de Padronização para a empresa como um todo, grupos de trabalho de padronização em cada departamento e subcomitês de padronização em nível de grupo e de unidade. Existem, por exemplo, subcomitês para engenharia de produto, engenharia de produção e serviço.

A Toyota começou a organizar um sistema que englobou toda a empresa para a gestão da padronização quando introduziu o CQT, em 1961. Em 1966, após ter ganhado o Prêmio Deming, as normas, os padrões e os critérios do departamento de planejamento da Toyota já estavam muito mais organizados do que os de outras empresas, tanto na indústria automobilística como em outras.

A padronização está entre os aspectos mais importantes do papel de um gerente. Com relação a cada componente de atividades de um veículo concorrente, por exemplo, o líder do grupo de trabalho designado (gerente de departamento ou de seção) gerencia-o, através da identificação da ótima construção, e, então, padroniza-o e o torna comum.

Quando padrões novos ou revisados são propostos, um subcomitê, composto de líderes de seção, representando cada um dos departamentos, prepara o trabalho para consenso, através de um conselho em nível de chefia de departamento.

As normas que afetam toda a empresa são deliberadas e decididas pelo Comitê de Padronização. Quando essas normas são estabelecidas, nem mesmo o presidente pode mudar os padrões. Uma mudança exige a decisão do comitê, mesmo se isso ocasionar despesas adicionais.

Abaixo, estão alguns exemplos de padrões técnicos, na Toyota, que são organizados por esse tipo de sistema.

Padronização de estruturas de componente e de produto

O *Nikkan Kogyo Shimbun* publicou a seguinte informação, em um artigo datado de 23 de dezembro de 1992, após o colapso da bolha econômica:

> *A partir de janeiro de 1993, a Toyota suspenderá a Linha de Montagem N.3 e porá em produção mista o Celsior, na Fábrica N.4 de Tahara, onde fabrica o Crown Majesta. O objetivo será aumentar a taxa de produção da nova linha. O vice-presidente executivo Toshimi Onishi enfatiza a flexibilidade do Sistema de Produção da Toyota: "poderemos reiniciar a Linha 3 quando a demanda voltar a subir".*

A flexibilidade para colocar veículos diferentes em várias linhas de produção exige a padronização das estruturas dos veículos (como compartimentos de motor, compartimentos de passageiro e assoalho), bem como a padronização da localização dos componentes dentro dessas estruturas. Não importa o quanto de flexibilidade aparente uma linha de produção possa ter, os processos de linha de produção e projeto de produto terão de ser modificados, à medida que as estruturas dos veículos e as localizações dos componentes sejam diferentes para cada modelo. Fazer tais modificações incorre não somente em despesas extras e que não agregam valor, mas, também, acarretam perdas de oportunidades quando uma empresa não pode responder, rapidamente, a flutuações nas vendas ou na produção.

Como exemplo, seria quase impossível que três modelos de veículos (A, B e C) possam estar na mesma linha de montagem se as localizações das baterias e dos filtros de ar no compartimento do motor, onde os componentes estão densamente agrupados, são todas diferentes:

A: bateria à direita, filtro de ar à direita
B: bateria à esquerda, filtro de ar à esquerda
C: bateria à esquerda, filtro de ar à direita

O que essa mesma linha faria, ao forçar a produção desses três modelos? Primeiramente, considerações ergonômicas, em uma sociedade madura, proibiriam a exigência de operadores de montagem para carregar baterias pesadas, erguê-las e anexá-las à esquerda e, então, à direita, dependendo de quais modelos viessem na linha. Uma localização uniforme para baterias, por outro lado, tornaria possível o uso de um equipamento de elevação mecânico.

Quando as baterias e os filtros de ar não estão no mesmo local, as localizações de vários outros componentes, no mesmo compartimento de motor, também serão diferentes. Para cada carro que surge na linha, os operadores teriam de ir para frente e para trás, para a esquerda e para a direita, carregando todos os tipos de coisas: peças, ferramentas, dispositivos de montagem, equipamentos para adicionar água e óleo, etc. Isso resultaria em substancial diminuição de eficácia e em erros operacionais.

As localizações de componentes não-uniformes constituem a maior causa da proliferação de peças. A Figura 4.8, por exemplo, apresenta três veículos (A, B e C), para os quais as funções e o desempenho do servofreio a vácuo e do cilindro-mestre de freio são iguais. Esses componentes conectam-se a outras peças; entretanto, e porque essas outras peças estão em localizações diferentes, os veículos exigem servofreio a vácuo e cilindros em que as orientações de tais itens, como

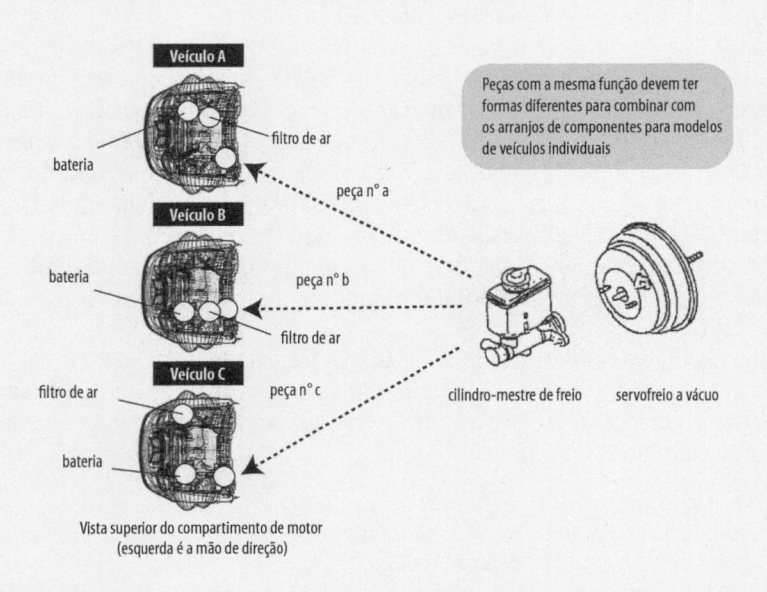

Figura 4.8 Exemplo de um arranjo inadequado de componentes.

a tubulação do freio e as mangueiras de vácuo, são diferentes. O resultado é um aumento substancial no número de peças.

O desenvolvimento é também dificultado, pois quando as localizações dos componentes variam, problemas de interferência, vibração e aquecimento precisam ser verificados e revisados para cada tipo de veículo durante o processo de desenvolvimento de produto. Atualmente, os automóveis são tão ricos em funções que componentes de compartimento de motor extremamente comprimidos mal permitem acesso. Até mesmo na era dos sistemas CAD tridimensionais, evitar a interferência entre os componentes do compartimento do motor, limitando, ao mesmo tempo, a vibração do motor e da suspensão, continua sendo a tarefa que mais tempo consome no processo de desenvolvimento de produto.

O compartimento do motor é também fonte de vibração e de calor emitida pelo motor, e a supressão disso exige considerável tecnologia própria. Se a tecnologia não pode ser compartilhada quando o arranjo de peças no compartimento do motor difere, então novas tecnologias precisam ser desenvolvidas cada vez que um modelo muda.

A padronização do arranjo dos componentes alivia fortemente os tipos de problemas mencionados acima. Isso proporciona consideráveis vantagens na diminuição dos tempos de desenvolvimento, reduzindo o número de peças e elevando a produtividade na fábrica.

Para retomar o fio da nossa história, quando observamos as localizações dos componentes no compartimento de motor Crown Majesta, do Celsior e do Aristo, encontramos filtros de ar uniformemente localizados à direita e baterias à esquerda. Nem todas as localizações são uniformes, pois há dois tipos de motores envolvidos, seis cilindros em linha e V8. Contudo, as localizações que não são uniformes são para poucos componentes, com baixo custo de ferramental, como o tanque de fluido hidráulico da direção e o tanque do radiador. A maioria dos componentes e das peças funcionais com elevados custos de ferramental estão sempre nas mesmas localizações. Uma vez que isso praticamente elimina a necessidade de modificações de projeto ou mudanças de processo, adaptar a linha de produção, como afirma Onishi, às variações nas vendas ou na produção torna-se fácil.

Em termos históricos, foi a Nissan Motor que, primeiramente, iniciou a padronização da localização dos componentes de compartimento de motor quando completou a padronização de seus carros de passeio FR (motor frontal e tração traseira), na década de 1960. Mais tarde, na era dos veículos compactos e populares FF (motor frontal e tração dianteira), a Nissan padronizou seus carros de passeio FF, separadamente, e esse arranjo permanece até hoje. Os padrões de localização de componentes para os veículos FR e FF não possuem, praticamente, nada em comum; assim, cada grupo tem seus próprios padrões.

Enquanto a Toyota estava um passo atrás da Nissan, ela padronizou as localizações dos componentes do compartimento de motor para seus veículos FR e FF, simultaneamente, a partir de 1970, tendo como resultado que, praticamente, 70% das localizações de componentes são análogas.

Isso significa que é praticamente impossível para a Nissan misturar a produção de veículos FF e FR na mesma linha de produção, e a comunização das peças de FF e FR não apresenta progresso. A Toyota, por outro lado, pode misturar veículos FF e FR em suas linhas, de acordo com a flutuação nas vendas e na produção. A comunização das peças também evoluiu.

Em "Product Development and Management of Standardization",[13] artigo de 1971, publicado no *Automotive Engineering* (vol. 25, n.9), Akira Kaibara, da Nissan Motor, afirma a importância da – e oferece métodos para a – padronização da localização de peças. Revela, ainda, o avanço de tecnologia da Nissan, naquela época. Poder-se-ia, até mesmo, dizer que, com relação à padronização de componentes do compartimento de motor, a tecnologia avançada teve efeito contrário.

A Honda, desde o início, produziu somente veículos FF e concluiu a padronização dos componentes do compartimento de motor na década de 1970. Contudo, talvez em busca de inovação tecnológica ou progresso, a Honda ocasionalmente comercializa veículos com localização de componentes que não estão de acordo com seus próprios padrões. Como legado dos dias em que era uma fabricante de motos, a Honda utilizava motores com rotação no sentido anti-horário. Nos últimos anos, entretanto, como fornece motores para a GM e utiliza motores e peças de sistemas de transmissão de outras empresas, a Honda tem, gradualmente, migrado para padrões com rotação no sentido horário geralmente aceitos. Em conjunção com essa mudança, a Honda está revisando seus padrões para localização de motor e de componentes, o que, aparentemente, deve ter exigido um enorme investimento.

Ao introduzir seus veículos FF, na década de 1970, a Mitsubishi Motors realizou experimentos de tentativa e erro, com motores instalados transversalmente, com frente para a esquerda e para a direita, e, então, padronizados, através da eliminação de todos os modelos FR, incluindo o luxuoso Debonair, em favor de veículos FF.

A Mazda não realizou a padronização da localização dos componentes do compartimento de motor, que estão configurados diferentemente, até mesmo para modelos similares como o Demio, a Família e o Capella.

A Toyota tem padronizado, incansavelmente, as configurações de peças para assoalhos, cabine e compartimentos de porta-malas. Como vimos, no caso do compartimento de motor, a padronização dessas ou de outras unidades fez mais do que apenas aumentar a flexibilidade, em resposta a flutuações na produção. Ofereceu, também, muitas outras vantagens, em áreas como eficiência de desenvolvimento (incluindo projeto, prototipagem e experimentação), produtividade em processos de fabricação, qualidade de produto e proliferação de peças.

A Toyota também padronizou a fabricação de unidades e de peças.

Na Nissan Motor, por exemplo, até mesmo para motores de mesmo tipo, as localizações de instalação para alternadores, compressores de ar-condicionado, bombas de direção hidráulica e bombas de água e outras peças auxiliares diferem, se os motores são instalados em um veículo FR ou FF. Na Toyota, isso não existe. Até mesmo quando o tipo de motor é o mesmo, a Nissan muda a localização dos acessórios deste, variando conforme a sua instalação, em um veículo de tração de duas rodas ou quatro rodas. Na Toyota, eles são todos iguais.

Na verdade, em termos de função, espaço, tamanho e custos variáveis, os padrões separados da Nissan são mais vantajosos do que ter um simples conjunto de padrões, que cubra todos os carros.

A Toyota, ao contrário, segue a curva Maxcy-Silberston, exibida na Figura 2.3 (p. 105). A ideia é buscar o efeito de produção em massa, com a aplicação de padrões uniformes, e não otimizar padrões para modelos individuais, até o nível entre 200 mil e 300 mil unidades, de um dado modelo em cada ano. A Toyota é fiel a isso, de maneira incansável.

Resultados substanciais podem ser obtidos quando esse mesmo princípio de padronização de estruturas é aplicado em um contexto de engenharia de valor, ou seja, de técnicas para redução de custos e aumento de valor, através de EV. Isso, em função de que a construção padronizada, automaticamente, amplia os efeitos da EV. Por outro lado, a eficácia é notavelmente pobre, quando as estruturas são otimizadas isoladamente, e a EV é aplicada somente em casos individuais.

As normas da Toyota prescrevem que as mesmas sequências de montagem e os mesmos equipamentos de fabricação devem ser utilizados, em todas as fábricas. Não há um método lucrativo originado em uma determinada fábrica, que não seja aplicado em outras. Isso está também baseado na premissa de que um método que funciona em uma fábrica, mas não em outra, não pode ser, verdadeiramente, a solução para um problema. Em outras empresas, cada fábrica (ou, às vezes, cada linha de produção) pode ter suas próprias sequências de montagem ou seu próprio equipamento de fabricação. Do ponto de vista de otimização local, é melhor para fábricas ou linhas individuais ter suas próprias sequências de montagem e equipamentos de fabricação, pois possuem suas próprias condições locais ou restrições ambientais. Mas o resultado é uma proliferação de entidades e de custos de gestão mais elevados. Respostas flexíveis a flutuações de produção tornam-se mais difíceis, e o conhecimento não pode ser compartilhado.

O alto grau de padronização e uniformidade em produtos e fábricas da Toyota garante flexibilidade suficiente para, como afirma Onishi, combinar linhas de produção durante períodos de contração econômica e fazê-las voltar a seu estado original no período de recuperação.

No mundo de produção de automóveis modernos cada vez mais polarizado, onde somente os mais fortes sobrevivem, os vencedores possuem estruturas de produto e linhas de produção que não exigem mudanças de projeto ou processo quando se deslocam de uma fábrica ou linha para outra. Ao mesmo tempo, produzem à plena capacidade, de tal forma que mudanças de planta ou linha são desnecessárias. Os perdedores, ao contrário, desejam criar e sucatear instalações e linhas de produção às pressas; consequentemente, são atormentados por estruturas e produtos rígidos que exigem meses para acomodar mudanças de projeto ou de processo. Uma total compreensão dessa disparidade merece considerável atenção.

Quando consideramos, cronologicamente, os produtos e peças da Toyota ou quando os alinhamos frente aos de outras empresas, o que surge é um método de trabalho em que criações tecnológicas superiores se espalham, rapidamente, por toda a empresa, a outras famílias de veículos, em forma de estruturas-padrão. É possível encantar-se com a abrangência dessa propagação lateral.[14]

Respondendo a uma questão sobre propagação lateral, um executivo de uma divisão de engenharia afirmou que é "apenas uma parte da cultura da empresa". Ele refutou a ideia de que qualquer entidade organizacional especializada, dentro da Toyota, assume a frente dessa propagação lateral. Apesar de estar certo em afirmar isso, "a cultura da empresa" não é uma resposta muito específica. Fica-se com a impressão de que a pergunta foi respondida dessa forma apenas porque ele fora pressionado a explicar as coisas que faz diariamente, sem pensar sobre elas.

Podemos dizer que a razão para esse aspecto da cultura da Toyota deriva de certas normas de padronização inexoráveis para a estrutura de produto e peças:

- Tecnologias superiores que as pessoas desenvolvem são, obrigatoriamente, registradas ou em forma de novas estruturas-padrão ou como modificações de estruturas-padrão existentes.
- Ao projetar um novo modelo de veículo, a pessoa encarregada do projeto é obrigada a consultar as estruturas-padrão.
- É recomendado que modelos individuais sejam simplificados (subtraídos) de estruturas-padrão.
- Quando a base de uma estrutura-padrão não pode ser adotada, é obrigatório ou corrigir a causa de sua inadequação ou preparar uma nova estrutura-padrão e registrá-la novamente.
- Gerentes de departamentos de projeto são obrigados a administrar e gerir de acordo com as normas acima.

Qualquer coisa fora disso falhará ao atingir o nível de cultura.

Critérios de projeto

Os critérios de projeto referem-se a documentos que contêm critérios para avaliação de procedimentos de projeto e de resultados de projeto. Uma tabela listando somente critérios para julgar resultados de projeto é uma lista de verificação de engenharia ou de verificação de revisão de projeto.

Em um artigo intitulado "Another Look at Toyotas's Integrated Product Development" (*Harvard Business Review*, vol. 76, n. 4, jul.-aug., 1998; p. 36-49), Durward K. Sobek II *et al.* descrevem a quintessência dos critérios dos projeto da Toyota:

> *A Toyota, entretanto, ainda mantém volumosos livros de listas de verificação de engenharia para orientar trabalhos de projeto. Essas listas de verificação agem como primeiro corte, ao projetar produtos para fabricação que utilizam peças comuns em plataformas. As listas de verificação de engenharia contêm informações detalhadas referentes a qualquer aspecto, incluindo funcionalidade, produtividade, normas governamentais e confiabilidade.*
>
> *Os engenheiros utilizam as listas de verificação para orientar o projeto durante o processo de desenvolvimento. As listas de verificação são particularmente importantes para revisões intensivas de projeto a que todos os programas de veículos são submetidos. O que evita que essas reuniões extremamente longas se tornem caóticas é que todos os engenheiros possuem uma lista de todos os itens que precisam verificar, a partir de suas perspectivas. Se o projeto está conforme com a lista de verificação, é muito provável que a peça alcance um certo nível de funcionalidade, produtividade, qualidade e confiabilidade. Se não, discrepâncias entre as listas de verificação e o projeto tornam-se pontos fulcrais de discussão entre as divisões.*
>
> *Isso posto, padrões de projeto acrescentam previsibilidade, através de subsistemas de veículo e entre engenheiros de projeto de produto e engenheiros de produção.*
>
> *As listas de verificação de engenharia também facilitam o aprendizado organizacional, através das gerações de veículos. A Toyota treina seus engenheiros não somente para registrarem histórias de produtos, mas também para se abstraírem da experiência, a fim de atualizar capacidades existentes. Quando um engenheiro aprende algo novo, o conhecimento pode ser incorporado em uma lista de verificação e, então, aplicado na empresa a todo veículo subsequente. Essas lições permanecem na empresa, não na cabeça de uma pessoa. Se um engenheiro deixa a empresa, o conhecimento por ele obtido é capturado em listas de verificação e mantido com a empresa.*
>
> *Exatamente como a padronização é a chave para a melhoria contínua no chão de fábrica, os padrões são a base para a melhoria contínua em projetos de engenharia.*
>
> *Os padrões são revisados a cada dois meses (ao contrário de serem utilizados apenas uma vez ou deixados de lado por anos). Eles nunca se tornam obsoletos. As mudanças frequentes nas listas de verificação também oferecem aos engenheiros oportunidades contínuas para desenvolver e aperfeiçoar suas habilidades. Em outras palavras, eles criam a base de conhecimento da Toyota.*
>
> *Muitas práticas atuais da Toyota – tais como ênfase em comunicação escrita, padrões de projeto e chefe de engenharia – parecem ter sido prática-padrão nos Estados*

Unidos, na década de 1950 e anteriormente. Mas, nas décadas de 1960 e 1970, uma vez que os fabricantes de carros norte-americanos negligenciaram seus processos de desenvolvimento, sistemas que foram uma vez sólidos e inovadores deram espaço à burocracia, ao descrédito interno e a outras perturbações que levaram as empresas próximo "ao topo da chaminé". Como reação, essas empresas parecem ter se voltado para o outro extremo do espectro. Os resultados, em curto prazo, foram encorajadores, mas as deficiências de comitê podem aparecer logo. Algumas empresas já estão descobrindo-as.

Esse artigo oferece uma excelente descrição de onde e como os critérios de projeto são utilizados na Toyota. A última frase refere-se à burocracia e ao sistema de comitê que estudamos no Capítulo 1. Os produtores de carros norte-americanos, incomodados pela disfunção da burocracia, caíram em uma versão extrema da estrutura de "chaminé" e, então, reagiram, voltando-se muito em direção ao sistema de comitê centrado em projeto. No final, acabaram por enfraquecer as vantagens de uma burocracia, ou seja, a documentação e a padronização. A Toyota tem mantido certo equilíbrio entre a burocracia e o sistema de comitê, e administra para obter o melhor de cada um deles.

Formulário de requisitos estruturais de engenharia de produção

Uma característica distintiva de seu projeto de produto é que a Toyota é excepcional em construir novos produtos, a partir de material existente. O formulário de requisitos estruturais de engenharia de produção é um padrão frequente utilizado para atingir isso. Esse padrão resume as principais características da construção de um produto a serem seguidas durante o estágio de projeto de produto, do ponto de vista das dificuldades da engenharia de produção e da compatibilidade de equipamentos.

Com suas próprias informações já incorporadas ao padrão, o departamento de projeto o tem aproveitar para aumentar, largamente, a produtividade da Toyota e para aproveitar equipamentos existentes. De maneira clara, o Sistema Toyota de Produção não é o único fator responsável pela produção enxuta da Toyota.

Yoshio Komagine, da engenharia de produção, comenta a respeito dos dias de CQT da Toyota, na década de 1960:

Estou absolutamente convencido de que todo o trabalho que fizemos, preparando-nos para o Prêmio Deming, teve grande contribuição para a preparação da produção que fazemos para o processamento da carroceria, atualmente...Um exemplo disso é o feedback para o projeto, durante os estágios de desenho. Fizemos um modelo-mestre que melhorou a confiabilidade da qualidade do produto. Também, quanto mais analisamos os dados, mais fomos capazes de aprender a respeito de como a qualidade dos planos determina a qualidade, a quantidade, os custos e os prazos totais. (Toyota: A History of the First Forty Years. 1978)

O *feedback* para o projeto, durante o estágio de desenho, e o modelo-mestre que Komagini menciona podem ser vistos como os precursores do formulário de requisitos estruturais de engenharia de produção. Esse conceito de obter conhecimento a partir de processos *downstream* e inseri-los no departamento de projeto é uma das pré-condições para o alcance de produção enxuta da Toyota. A maioria das empresas deixa esse estágio de lado e, consequentemente, fracassa em adotar o Sistema Toyota de Produção.

O sistema da Toyota de utilização de formulários de requisitos estruturais de engenharia de produção, em um dado momento, espalhou-se para outras empresas automobilísticas e outros fabricantes. Suspeita-se que isso foi uma das razões que fizeram com que os fabricantes de carros e as indústrias manufatureiras japonesas superassem a competição internacional, entre as décadas de 1970 e 1980.

Diversificação de produto e redução de peças

Número de modelos de veículos e tipos de motores

A Figura 4.9 mostra o número de modelos de veículos de passeio e de caminhonetes e os tipos de motores para os principais fabricantes japoneses de automóveis, no início da década de 1990.

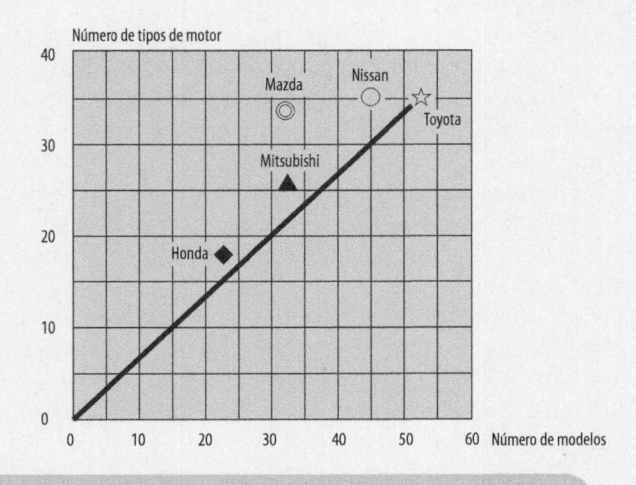

Número de tipos de veículos: (n° de carros de passeio e caminhonetes) nomes x métodos de tração
Número de tipos de motor: formatos de motor x arranjo de válvulas x cilindradas

Figura 4.9 Números de modelos de veículos e tipos de motores (início da década de 1990).

Suponhamos que o número da Toyota seja o ótimo. Seria ideal, então, dispor o coeficiente de veículos vendidos de cada empresa, comparado ao da Toyota, em uma linha reta, ligando o número da Toyota à origem. Contudo, devemos, na verdade, considerar o fato de que quanto mais baixo for o posicionamento do fabricante, mais modelos deve haver.

A Nissan, com 45 modelos, possuía seis a menos que a Toyota, na época, mas tinha 35 tipos de motores, o mesmo que a Toyota. Além disso, como já vimos, para cada tipo de motor, a Nissan mudou a localização dos equipamentos auxiliares, levando em consideração se o motor destinava-se a um veículo FF, FR, tração em duas rodas ou tração em quatro rodas. Assim, o verdadeiro número de motores era ainda mais alto. Uma vez que o volume de vendas da Nissan era de aproximadamente a metade da Toyota, fica claro que a Nissan estava muito além do padrão ideal.

A Mazda possuía 32 modelos de veículos – 19 a menos que a Toyota –, mas 34 tipos de motores, aproximadamente o mesmo número que a Nissan e a Toyota, e muito acima da linha ideal. Além disso, esse número incluía motores rotativos, que quase não compartilham peças comuns com motores a gasolina ou diesel. Assim, é justo afirmar que o número de tipos de motores era, na verdade, maior. Tendo em vista que vendeu quase um quinto do que a Toyota, a Mazda possuía diversos modelos e tipos de motores, muito além da capacidade da empresa.

Apesar de a Mitsubishi estar situada próxima à linha ideal, o fato de que seu volume de vendas era um quinto do da Toyota significa que ela, também, possuía muitos modelos de carros e muitos tipos de motores.

A Honda também está próxima da linha ideal. Também tinha um volume de vendas de um quinto do total da Toyota, mas quando se considera que os fabricantes de mais baixo posicionamento são obrigados a avançar um pouco, podemos dizer que o número de modelos e de tipos de motores produzidos pela Honda era mais ou menos o que deveria ser.

Podemos observar, nesses dados, uma das razões por que algumas empresas cresceram, na década de 1990, e outras desapareceram. Desde tempos imemoráveis, o princípio tem sido de que a estratégia adequada para pequenas e médias empresas é concentrar recursos.

Não é necessariamente verdade dizer que a Mitsubishi Motors excedeu sua capacidade em termos de número de modelos de veículos e tipos de motores. A empresa desapareceu da corrida na esteira de vários problemas, incluindo o escândalo de assédio sexual, em 1996, nos Estados Unidos, o desvio de lucros para extorsores, em 1997, e uma série de tentativas de ocultar *recalls,* em 2000.

Números de especificações de modelos

Quando houve o colapso da bolha econômica, em dezembro de 1990, a Toyota inaugurou um Comitê para otimização do número de veículos e peças, que tinha como objetivo uma redução de 20% nos tipos de veículos e de 30% na variedade de peças. A *Weekly Oriental Economist*[15] (2 de maio de 1992) explica como os objetivos foram estabelecidos:

> *A Toyota sabia que, para um dado modelo, 80% dos tipos de veículos que estavam sendo vendidos podiam satisfazer 95% da demanda. Os 20% de tipos de veículos restantes eram ineficientes, e essa é a fonte do objetivo de uma redução de 20% nos tipos de veículos. Concluiu-se que 5% da demanda iriam para outros tipos de veículos. Restringindo o número de tipos de veículos, diminuiriam as despesas com prototipagem e experimentação. Para peças, também, 70% eram responsáveis por mais de 90% dos pedidos; portanto, o objetivo para redução de peças foi estabelecido em 30%. Para 187 itens principais, a meta de redução foi estabelecida em 45%.*

A Figura 4.10 apresenta a mudança na estrutura de vendas de especificações de veículos para os carros da Toyota, de 1984 a 1990.

As "especificações de modelo", referidas nessa figura, são utilizadas para distinguir veículos individuais através de definição, entre outras coisas, de motor, carroceria, opcionais e cor.

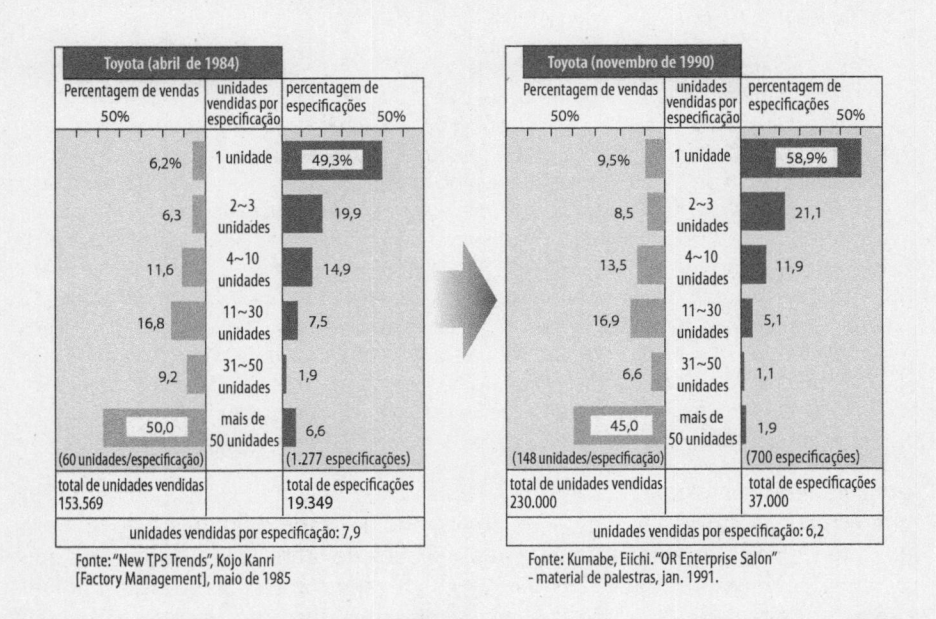

Toyota (abril de 1984)			Toyota (novembro de 1990)		
Percentagem de vendas 50%	unidades vendidas por especificação	percentagem de especificações 50%	Percentagem de vendas 50%	unidades vendidas por especificação	percentagem de especificações 50%
6,2%	1 unidade	49,3	9,5%	1 unidade	58,9%
6,3	2~3 unidades	19,9	8,5	2~3 unidades	21,1
11,6	4~10 unidades	14,9	13,5	4~10 unidades	11,9
16,8	11~30 unidades	7,5	16,9	11~30 unidades	5,1
9,2	31~50 unidades	1,9	6,6	31~50 unidades	1,1
50,0	mais de 50 unidades	6,6	45,0	mais de 50 unidades	1,9
(60 unidades/especificação) total de unidades vendidas 153.569		(1.277 especificações) total de especificações 19.349	(148 unidades/especificação) total de unidades vendidas 230.000		(700 especificações) total de especificações 37.000
unidades vendidas por especificação: 7,9			unidades vendidas por especificação: 6,2		

Fonte: "New TPS Trends", Kojo Kanri [Factory Management], maio de 1985

Fonte: Kumabe, Eiichi. "OR Enterprise Salon" - material de palestras, jan. 1991.

Figura 4.10 Desdobramento de vendas por especificações de modelos.

Em apenas seis anos e meio, entre abril de 1984 e novembro de 1990, o número total de especificações aumentou em um fator de 1,9 – de 19 mil para 37 mil. Ao mesmo tempo, o número de veículos vendidos por especificação caiu de 7,9 para 6,2. Em 1990, as especificações para as quais somente um veículo por especificação vendeu durante o mês foram responsáveis por, aproximadamente, 60% de todas as especificações e quase 10% de todos os carros vendidos. Ao mesmo tempo, os carros para os quais mais de 50 veículos por especificação venderam durante o mês caíram de 50% para 45% das vendas totais durante o período de seis anos e meio, enquanto o número de veículos por especificação aumentou de 6 para 148.

Em outras palavras, a polarização separou as especificações que atingiram os objetivos das que não atingiram. O abandono daquelas especificações que não satisfizeram os objetivos foi a base das políticas e das metas de redução dos tipos de veículos relatadas na *Weekly Oriental Economist*.

Tendo absorvido a estratégia de amplas variações de Alfred Sloan, a diversificação de produto coerente foi a política básica da Toyota, e a empresa continuou a perseguir a expansão de sua gama de tipos de veículos. Poderíamos questionar se a Toyota abandonou a estratégia de variação ampla nesse momento.

Citado em *Nikkei Mechanical*[16] (5 de abril de 1993), Akihiro Wada, diretor administrativo sênior da Toyota, encarregado dos Centros de Desenvolvimento 1-3, oferece alguns *insights* a esse respeito.

> Em 1993, fui preparado para assumir a presidência de um comitê interno a fim de reduzir o número de tipos de veículos e de tipos de componentes. O problema era que cortar o número de tipos de veículos não reduziria, significativamente, os custos. Mesmo se tivéssemos carros que vendessem à razão de duas ou quatro dezenas por mês, era como se eles não precisassem de muitas peças extras. Somente não havia muitas combinações. Podíamos eliminar aqueles carros, mas isso não melhoraria a operabilidade de modo significativo, pois cuidamos de coisas desse tipo com os nossos sistemas atuais.
>
> Não é verdade, também, afirmar que estávamos nos sufocando com mudanças de modelo que eram muito frequentes. Os custos de depreciação por veículo são mínimos para veículos que produzimos em uma determinada quantidade. Apenas porque prolongamos o ciclo de mudança de modelo não significa que os lucros subirão repentinamente. Na verdade, é mais lucrativo aparecer com ideias melhores e criar produtos bons e de baixo custo.

Um comentário suplementar na noção de Wada de operabilidade é adequado. O que Wada está afirmando é que qualquer efeito derivado da redução do número de tipos de veículos estaria limitado a operações de fábrica. Tendo em vista que sistemas computadorizados são utilizados para gerenciar combinações, a eliminação de tipos de carros que são apenas combinações diferentes de elementos não tornará as operações mais fáceis.

Wada também se refere a custos de depreciação por veículo. Com isso, quer dizer que qualquer efeito que pudesse ser esperado em decorrência do prolongamento do período de mudança de modelo seria somente em custos de depreciação por veículo, a partir de um aumento no volume de produção durante o ciclo de vida do modelo. Considerando que a Toyota atinge o ponto de saturação da curva de Maxcy-Silberston (ver Figura 2.3, p. 105), a redução dos custos de depreciação seria pouco relevante.

A maior parte do aumento do número de especificações de modelo deriva de combinações de opcionais. Existem muitos casos em que o número de componentes opcionais não aumenta. Um aumento na variedade de combinações não aumenta o número de matrizes e, nesta era em que os computadores gerenciam a variedade, o impacto no custo é insignificante.

As palavras de Wada indicam alguma discordância dentro da Toyota com relação a especificações de modelo, mas histórias posteriores deixam claro que suas ideias foram compreendidas dentro da empresa. Logo em seguida, o comitê para otimização do número de veículos e peças centralizou suas atividades somente na parte "tipo de veículo" de sua missão, e a empresa deu continuidade à sua política de produto de ampla variação.

Retomando a nossa discussão da Figura 4.10 (p. 225), a Toyota, em meros seis anos e meio, rapidamente elevou suas vendas totais de veículos em um fator de 1,5. Um aumento de 190% em especificações totais foi um fator importante para atingir esse número. Os clientes sempre buscam diversificação. Em última análise, contudo, quando satisfeitos com a diversificação, eles selecionam a especificação-padrão. É por isso que o número de veículos por especificação vendidos acima de 50 aumentou duas vezes e meia.

A Lei de Diversificação em forma de "L" (salvo se aplicada puramente a produtos de especificação única, como o modelo T da Ford, apenas preto) afirma que a diversificação sempre levará a uma estrutura de vendas em formato de "L" (ou seja, em que as especificações que vendem e aquelas que não vendem se distribuem no formato da letra "L"). Se, em 1990, a Toyota tivesse cortado as especificações abaixo do nível de um veículo por especificação, o resultado não teria sido zero. As especificações remanescentes formariam outra forma "L" e, gradualmente, as vendas teriam assumido a mesma estrutura de 1984.

Em outras palavras, se a Toyota tivesse abandonado a diversificação de produto, tanto o volume de vendas totais quanto o número de veículos por especificação vendidos acima do nível de 50 teriam despencado. Felizmente, a Toyota "não matou o touro para arrancar seus chifres".

Os produtos que derivam de diversificação não-planejada, como seguidamente visto em outros fabricantes, estão fora de questão. Até mesmo para especificações que combinam componentes opcionais, o primeiro passo em *marketing* é como Alfred Sloan afirmara: ter um conceito de diversificação a partir da perspectiva do cliente.

Comunização de peças

Como mostra a Figura 4.11, a comunização de peças pertence ao domínio da redução de peças.

A comunização de peças pode ser divida em três métodos: reaproveitamento de peças, compartilhamento de peças e substituição de peças. O reaproveitamento de peças refere-se à utilização de peças existentes em modelos novos. O compartilhamento de peças diz respeito à utilização de novos projetos de peças, através de múltiplos novos produtos. Tanto o reaproveitamento quanto o compartilhamento de peças exigem intervenção específica no estágio de projeto de novo produto. A substituição de peças é um método para reduzir o número de novas peças após terem sido criadas, tornando-as intercambiáveis e, então, eliminando algumas delas. Dentro da categoria mais ampla de redução de peças, a integração funcional refere-se à consolidação de componentes funcionais que foram divididos em múltiplas peças. A substituição funcional significa modificar a construção de componentes para reduzir os números de porcas e parafusos, através da substituição de funções de fixação.

A padronização de peças significa padronizar peças para serem utilizadas no futuro. Embora a comunização e a padronização de peças sejam, algumas vezes,

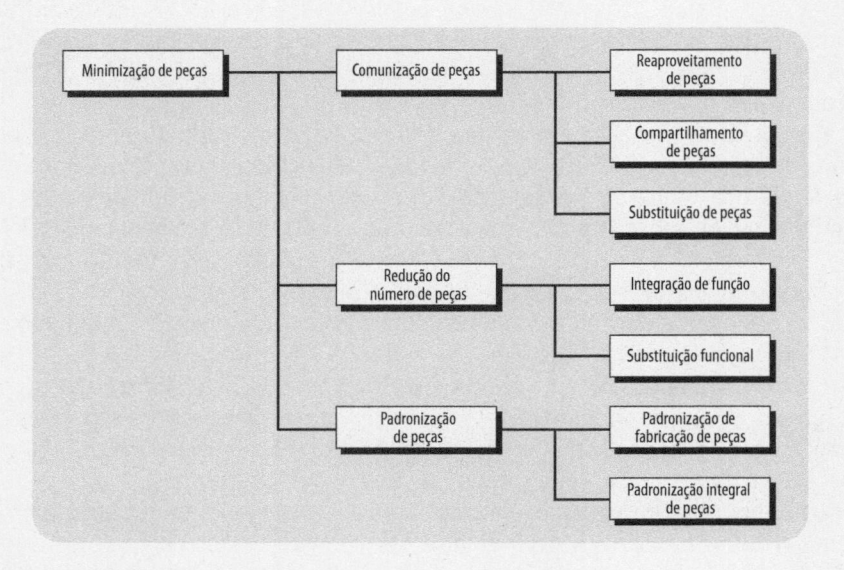

Figura 4.11 Sistema de minimização de peças.

confundidas, a comunização de peças envolve atividades que observam o reaproveitamento e o compartilhamento de peças específicas durante o desenvolvimento de produtos específicos; o conceito de padronização não faz parte desse quadro.

Em princípio, as atividades de comunização de peças, na Toyota, envolvem o sistemático reaproveitamento e compartilhamento de peças, em um estágio de desenvolvimento de novos produtos. A substituição de peças que já existem é ineficiente e rara. A padronização de peças, por outro lado, é uma rotina diária, pois a política da Toyota é a de evitar, tanto quanto possível, lidar com tais questões após a ocorrência das mesmas.

Yoshifumi Tsuji, ex-presidente da Nissan, disse certa vez: "Somos adeptos de muitas coisas quando estamos em período difíceis. Contudo, não somos, de maneira alguma, muito bons quando estamos crescendo". E acrescentou: "Na Nissan, não fazemos suficiente pesquisa preparatória antes de iniciar algo novo, de tal forma que o que é criado termina sendo como uma toalha molhada. Nosso forte é, depois, espremer a água da toalha". A descrição de Tsuji pode ser aplicada a muitas empresas.

Até mesmo na Toyota, as peças não-comunizadas tendem a crescer, mesmo quando a comunização é possível. Em tempos de emergência (como na crise do petróleo e no colapso da bolha econômica), a Toyota pode trabalhar com fornecedores em atividades de "limpeza" para comunizar (ou substituir) peças, retroativamente.

Um desses eventos de limpeza tomou a forma de atividades de comunização de peças após a primeira crise do petróleo. Sachio Fukushima, da divisão de gerenciamento de engenharia da Toyota, descreveu essas atividades em um artigo intitulado "Toyota Parts Commonization from Product Planning Stage"[17] (IE. Edição Especial de 1978). Sua narração é valiosa pela descrição implacável da força organizacional da Toyota, ao disseminar mudanças na organização uma vez que uma decisão é tomada, e do pensamento revolucionário entre os projetistas. Isso pode ser facilmente relacionado à descrição do consultor administrativo sênior da Toyota a respeito do estudo de reaproveitamento de peças da empresa, citado no início do Capítulo 2. Como observou o consultor, "havia muito para aprender a partir de sua minuciosidade".

Também foram significativas as atividades do anteriormente mencionado Comitê para Otimização de Números de Tipos de Veículos e Peças, que seguiram ao colapso da bolha econômica.

A Figura 4.12 situa os números de peças gerenciadas por vários fabricantes de automóveis e a produção automobilística japonesa total, de 1979 a 2001.

O número de peças gerenciadas é o total de peças para produtos da linha atual e de peças de reposição para a linha mais antiga. No caso de automóveis, peças para produtos anteriores podem ser usadas, no mercado, por 20 a 30 anos; assim, as peças de reposição necessitam ser gerenciadas por, no mínimo, 20 anos após um produto ter saído de linha. Em outras palavras, o número de peças gerenciadas

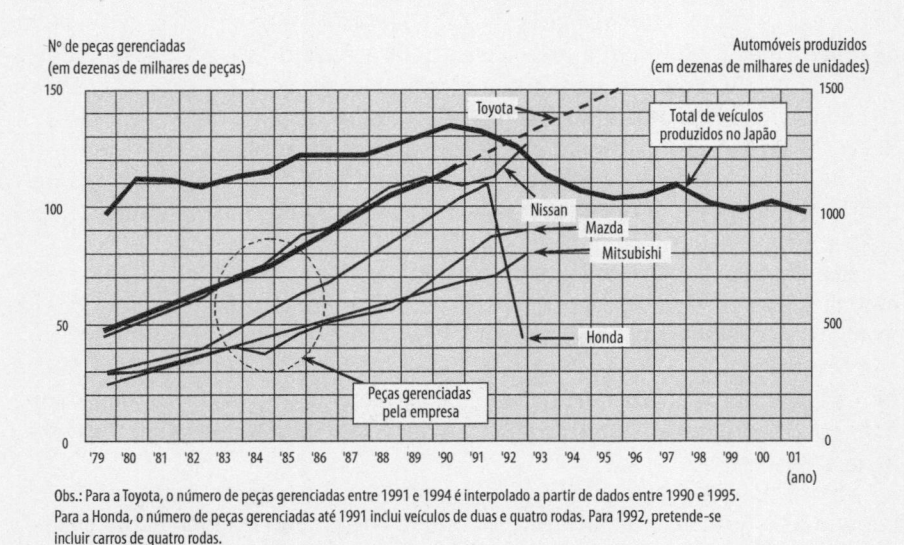

Figura 4.12 Número de peças gerenciadas por vários fabricantes e a produção automobilística japonesa total.

possui a característica de ser aumentado cada vez que um novo modelo de veículo é comercializado.

Essa característica do mercado é responsável pelo rápido aumento nas peças gerenciadas, durante a década de 1980, quando praticamente todos os fabricantes de carros estavam aumentando a produção de novos modelos e de veículos derivados. Apesar de não termos dados contínuos para a Toyota a partir de 1991 (e, para outras empresas, a partir de 1993), o artigo "Toward Maintaning the Automobile Base in the 21st Century", publicado em *Automotive Engineering*, em janeiro de 1996,[18] observa que o total de peças gerenciadas para a Toyota alcançou 1,5 milhão, em 1995, e é provável que outras empresas tenham seguido o exemplo. Ao mesmo tempo, com o colapso da bolha econômica, na década de 1990, o volume de vendas de automóveis do Japão declinou como um todo e retornou ao nível de 1979.

O número de peças gerenciadas inclui mais do que apenas estoque de peças; é, também, um índice de quantidades de moldes, matrizes e dispositivos de inspeção, ferramentas, máquinas, fundições e forjas. Tudo isso deve ser gerenciado por, no mínimo, 20 anos; logo, os custos administrativos são enormes. Em seu livro

VRP (Variety Reduction Program),[19] publicado em 1988 pela *Japan Management Association*, Toshio Suzue e Akio Takahashi, da *JMA Consulting,* afirmam que os custos de gestão de peças são responsáveis por 45% do custo total de peças, na indústria automobilística.

Simulações de gestão de peças de fácil execução levaram muitas pessoas a temer que, com essa taxa, nenhuma empresa seria capaz de permanecer no negócio, por muito tempo. Todos os fabricantes, portanto, centraram-se em números de peças gerenciadas, como um importante indicador de melhoria, e atacaram os desafios de redução de variedade de peças e de comunização de peças.

A comunização de peças tornou-se a onda no Japão, na primeira metade da década de 1990, e raramente, um dia se passava sem que esse assunto não fosse mencionado nos jornais. As empresas competiam, lançando taxas de comunização de peças cada vez que anunciavam o lançamento de um novo modelo de carro. Críticas aos projetistas também foram publicadas. O "ego do projetista", por exemplo, foi citado como a razão para o lento avanço da Nissan na comunização de peças.

No entanto, somente a mídia estava entretida com essas histórias. Todos os clientes importantes viam essas notícias com um olhar frio. Os consumidores, em geral, queriam apenas que seus carros estivessem brilhando e inteiramente novos. Definitivamente, não estavam interessados em novos modelos com peças antigas. A venda de carros permaneceu fraca, e a tendência prolongou o consumo lento, após o colapso da bolha econômica.

Nesse contexto, a Toyota foi a única fabricante de automóveis que se recusou a publicar taxas de comunização de peças, mesmo quando solicitada a fazê-lo pela mídia; e esse foi o caso, apesar de que a Toyota já há muito reaproveitava mais de 50% de suas peças antigas ("An integration-oriented system for registering and managing information on parts tables." *IE, fevereiro de 1975)*.[20] Nem a Toyota, sempre atenta ao impacto que seus comentários poderiam ter sobre os consumidores, jamais disse algo sobre alguém da empresa. Descrevemos a "abordagem psicológica" da Toyota, em nossa discussão no Capítulo 3, registrando como a empresa cultiva pessoas e, novamente, no presente capítulo, na seção sobre o sistema *shusa*. Aqui, vemos que a Toyota também prima por uma "abordagem psicológica", ao lidar com seus clientes.

Através da combinação das Figuras 4.10 (p. 225) e 4.12, observamos que o número de peças da Toyota gerenciadas por especificação de veículo (conhecido como índice de projeto modular [PM/*MD*]) caiu de 39,8 em 1986, para 31,1 em 1990. Uma queda simultânea no índice PM e um aumento em especificações de modelo de veículo substanciam a capacidade da Toyota para, como afirma Akihiro Wada, fabricar tipos de veículos por combinação:

O índice PM não é lógico, no sentido de que é um coeficiente de quantidades em dimensões diferentes. O denominador é o número de especificações de produto atual, e o numerador é o número acumulado de peças, incluindo peças antigas. Contudo é valioso, ao revelar simples tendências. Cálculos de índices PM para outras empresas geram resultados que são, muitas vezes, superiores aos da Toyota. Em outras palavras, a Toyota tem maior capacidade do que outras empresas para comunizar e gerar grandes números de especificações com poucos números de peças.

Mesmo com esse elevado grau de sucesso, o pessoal da Toyota diria que há um longo caminho a percorrer, e a comunicação permanece como uma questão importante. Até hoje, um dos vice-presidentes executivos da empresa está liderando o esforço para promover a comunização.

A Figura 4.12 (p. 230) mostra que o número de peças gerenciadas em todas as empresas, em 2001, é quase quatro vezes o que era em 1979. O número de veículos produzidos, nesse meio tempo, permanece similar ao que era em 1979. Esse é um elemento que torna o gerenciamento difícil para empresas automobilísticas que não modificaram a forma como conduzem seus negócios. Mesmo as empresas automobilísticas que, atualmente, estão indo bem não podem descansar, pois o espectro do número de peças gerenciadas se oculta nas sombras. A limitação do número de peças permanece como a principal preocupação do século XXI. No final da seção deste capítulo, mostraremos os passos que a Toyota está adotando para manter baixo o número de peças gerenciadas.

Redução do número de peças

Os métodos de redução do número de peças incluem a integração funcional (unindo componentes funcionais que foram separados) e a substituição funcional (ou mudança da construção de componentes, a fim de reduzir os números de parafusos e porcas e outras peças constituintes).

Em termos de manufatura e serviço, a integração funcional divide-se em várias categorias, tais como painéis de carroceria, coletores de admissão e de escape. Para cada uma delas, a questão é consolidar as peças não funcionais. Deve-se observar que a consolidação de componentes funcionais, como aparelhos de fita-cassete, pertence a gêneros diferentes, cujo propósito não é reduzir peças, mas criar produtos multifuncionais.

A integração funcional para reduzir o número de peças envolve melhorias de equipamentos de produção, que tornam possível estampar painéis de carroceria integrados (ver seção sobre Tecnologia de Produção, adiante) e mudar de linhas de entrada segmentadas para unidades de peças plásticas únicas moldadas.

A substituição funcional para reduzir o número de peças inclui a redução do número de elementos de fixação como porcas, parafusos, arruelas, etc. A redução de peças abrange mais do que meramente cortar os números e os tipos de peças. Acarreta muitas outras vantagens, como o aumento da resistência e da força das peças, tornando-as mais leves e silenciosas, incrementando a facilidade de montagem.

A Toyota realiza um trabalho notável de redução do número de suas peças. Grandes esforços de redução de peças têm como alvo todos os componentes de produto, até mesmo peças geralmente ignoradas, localizadas no interior do motor. A Toyota adota uma sistemática flexível, em que canos de descarga para manufatura são integrados e canos de descarga para serviço são segmentados para facilidade de manuseio. O número total de peças a serem gerenciadas pode aumentar, mas existem poucas peças para serem vistas na linha de produção. Além disso, a força especial da Toyota na *yokoten* (propagação lateral) apresenta-se em plena atividade; assim, uma estrutura que é aprovada para um modelo será utilizada em todos os modelos, em poucos anos.

Padronização de peças

Em função de ter sido a padronização de estruturas de produto e de componentes discutida em seções anteriores deste capítulo, não há necessidade de incluir detalhes da construção de peças padronizadas, dentro do contexto mais amplo da padronização de peças.

A padronização total de peças refere-se à padronização da totalidade de componentes e concentra-se em parafusos, porcas e elementos de peças similares. Na Toyota, todos os elementos são padronizados e registrados, e nenhum novo projeto pode ser feito para novas peças similares sem a permissão do gerente de Controle de Projeto. Esse sistema funciona, pois o departamento de Controle de Projeto possui autoridade para determinar os números de peças.

Gestão de projeto

Gestão do cronograma de desenvolvimento

O cronograma-padrão para o desenvolvimento de um novo produto é estabelecido por normas de pesquisa de projeto estipuladas nas Normas Formais para o Desenvolvimento de Novos Produtos. As normas de pesquisa de projeto foram formuladas pelo Departamento de Administração Técnica, em 1974, originalmente, como simples orientações. Cronogramas-padrão foram determinados, de acordo com o escopo do desenvolvimento envolvido (p.ex., desenvolvimento de novos produtos, mudanças de modelo, pequenas mudanças ou mudanças ínfimas). Um cronograma-padrão foi impresso na metade superior de um documento, em forma de calendário, e cronogramas detalhados para projetos individuais foram descritos, à mão, na parte inferior.

Mais tarde, em 1984, uma versão revisada e mais detalhada das normas de pesquisa de projeto foi adotada. O Cronograma de Desenvolvimento Padrão da

Toyota, do início da década de 1990, tomou a forma apresentada na Figura 4.5 (p. 208). Cronogramas-padrão individuais detalhados foram acrescentados, na forma de quadros departamentais individuais IPO, apresentados na Figura 1.4 (p. 63). Isso possibilitou o fluxo de entrada e saída de muitas informações, sem contradições entre os departamentos, durante o estágio de desenvolvimento. Ademais, exatamente como o *kanban* no chão de fábrica, isso foi um sistema "puxado", em que cada processo obteria informações a partir de processos anteriores, em tempos adequados. Por meio da aplicação de pressão psicológica sobre os processos anteriores, esse árduo sistema constitui um mecanismo que estimula o planejamento de produto, projeto e outros processos *upstream* a aderirem ao conjunto de cronogramas pelo padrão. Atrasos nos cronogramas de desenvolvimento seriam, provavelmente, rotineiros em um sistema "empurrado", em que processos *upstream* forçam o fluxo de informação *downstream*.

Os tempos de desenvolvimento tornaram-se, agora, tão curtos que os padrões da Figura 4.5 já estão defasados. Contudo, podemos resumir que a Toyota continua a criar e aplicar esse tipo de padrão, mesmo em uma era de prazos curtos.

Existem padrões diferentes para planejamento de longo prazo para motores. A Toyota integra necessidades de projeto, necessidades de *layout* e planejamento de motores completos para criar planos de longo prazo de motores. No momento em que o conceito de *shusa* é apresentado (menos de 36 meses), um novo motor somente pode ser adotado para o novo produto se a Unidade de Planejamento de Engenharia de Produção consentir.

O benefício de padrões desse tipo é que eles aumentam o nível de gestão. Os gestores nem sempre sabem que informações são necessárias – e quando são necessárias – para eles mesmos e para outras organizações. Esses padrões oferecem aos gestores uma visão panorâmica das necessidades de informações e podem ser utilizados como listas de verificação e pontos de partida para melhorar o negócio. Possibilitam aos gestores gerenciar, de fato. E, no futuro, permitirão a informatização da gestão de cronogramas de informações de desenvolvimento – algo que já devia ter sido feito na Toyota.

O processo de desenvolvimento descrito na Figura 4.5 foi, mais ou menos, o mesmo utilizado em todas as empresas automobilísticas japonesas, na época. O que havia de diferente era que esse processo poderia estar padronizado ou não. A utilidade de padronizar o processo de desenvolvimento vai além da eliminação de esforços extras exigidos para pensar a respeito de cronogramas de desenvolvimento para cada novo produto. Em função de o processo não mudar, mesmo quando o produto muda, a aplicação do conhecimento que surge de experiências semelhantes promove um efeito de aprendizagem. Ao mesmo tempo, o acúmulo de conhecimentos similares dá origem a novas ideias, que possibilitam a melhoria do desempenho de qualidade e de custo e a redução dos tempos de desenvolvimento.

Algumas pessoas acreditam que ter padrões não infuencia em nada. No final, mesmo as empresas sem padrões estabelecerão processos de desenvolvimento de novos produtos, fazendo uso de modelos prévios ou de outros modelos. No entanto, essa visão surge de uma falha em compreender a diferença entre padronização e reaproveitamento. Uma vez estabelecida a padronização, os padrões – mesmo que possam ser usados em revisões menores – oferecem pontos centrais que não oscilam. Tornam possíveis experiências similares e facilitam o conhecimento. Como o reaproveitamento não possui esse ponto central sólido de padrões, então é impossível dizer onde se está ao longo do tempo. Experiências similares não podem ser acumuladas, e o conhecimento não pode ser obtido. Essa diferença manifesta-se, no longo prazo, em significativas disparidades nas capacidades organizacionais.

Gestão dos recursos de desenvolvimento

O Departamento de Desenvolvimento de Produto da Toyota emprega, aproximadamente, 12 mil pessoas, com outras 3 mil provenientes de empresas externas. O Departamento de Planejamento de Produto é uma função de vendas que lida com *marketing* e não está incluído nesses números.

Na década de 1980, havia um sistema para estimar custos de trabalho de acordo com a escala de projetos de desenvolvimento, e essa estimativa geralmente alcançava resultados concretos. Ao mesmo tempo, o número de veículos-protótipo era estabelecido de acordo com os padrões: testes eram dados, e não existiam ajustes para recursos de desenvolvimento ou prazos de desenvolvimento. Contudo, atualmente, experimentos com reduções drásticas em tempos de desenvolvimento têm tornado sem sentido as estimativas de recursos de desenvolvimento e os padrões (fixos) para números de veículos-protótipo. Essas práticas têm sido abandonadas em favor de *hoshin kanri* (métodos de gestão por diretrizes).

No gestão por diretrizes, o objetivo da redução de tempo é estabelecido para o desenvolvimento de cada novo produto; os desenvolvedores unem suas capacidades mentais para elaborar planos e políticas para atingi-lo e recursos de desenvolvimento são determinados para tais necessidades, como mão de obra e número de veículos-protótipo. De acordo com a Norma de Clark-Fujimoto (Takahiro Fujimoto e Kim Clark, 1993. *Product Development Capability*),[21] que sustenta que recursos de desenvolvimento são proporcionais ao tempo de desenvolvimento, essa abordagem geralmente produz uma baixa estimativa para os recursos necessários. Recursos de desenvolvimento excessivos (tais como mão de obra e veículos-protótipo) aparecem no caminho e precisam ser eliminados.

Se a pressão para encurtar os períodos de desenvolvimento diminuir algum dia, a Toyota, provavelmente, ressuscitará seu sistema de estimativa de trabalho e de recursos.

Gestão de informações de produto e de informações técnicas

Em seu livro *The Evolution of a Production System*,[22] Takahiro Fujimoto afirma que o desenvolvimento de produto competitivo e os sistemas de planejamento de produção, em indústrias manufatureiras, devem ser superiores aos de outras empresas em, no mínimo, dois aspectos:

1. Na criação de conceitos de produtos, transformando-os em projetos de produtos.
2. Na concretização de projetos de produtos em produtos.

Discutimos o primeiro ponto na seção sobre Planejamento de Produto Individual. O segundo – uma área de importância fundamental para a competitividade de uma empresa – será trabalhado a seguir.

Concretizar projetos de produtos em produtos significa realizar atividades de produção para transcrever informações de projeto de produto de maneira precisa, eficaz e rápida em matérias-primas; as informações são, assim, corporificadas em produtos físicos. Fujimoto afirma que o importante aqui é a precisão e a eficácia do processo e da comunicação de informações de projeto de produto.

As informações de projeto de produto abrangem, entre outras coisas, desenhos, quadros de peças, comunicações de mudança de projeto, instruções de fabricação, orientações de adequações, orientações para localizações de defeitos e relatórios para autoridades governamentais. Desenhos, como utilizado aqui, abrangem planos de produtos de *design* específico, desenhos de revisão de projeto, desenhos de protótipos, desenhos de fabricação para produção em escala, desenhos fornecidos e desenhos aprovados, etc. Um produto não se materializará se até mesmo uma dessas muitas formas de informação de projeto estiver faltando. Imprecisão em alguma dessas informações requer retrabalho manual ou operações suplementares e aumenta demais a necessidade de recursos de desenvolvimento e de tempo de desenvolvimento. Possuir um sistema preciso e eficaz estabelecido é o ingrediente essencial para se tornar um fabricante fortemente competitivo.

Trabalhar nessa área é um negócio complicado. Em função de estar centrado, principalmente, em torno de manutenção, é, em geral, um trabalho que ninguém quer realizar, e as empresas são relutantes em usar seu melhor pessoal para fazê-lo. Esse fato, sozinho, cria o potencial para que tal trabalho se torne um "gargalo" oculto com relação a esforços para diminuir tempos de desenvolvimento e outras reformas.

A Toyota, nos últimos tempos, não divulgou muitas informações sobre esse assunto, mas o leitor é estimulado a consultar um artigo mais antigo, publicado pela empresa, no periódico *IE*, na edição de fevereiro e março de 1975: "An Integration-oriented System for Registering and Managing Information on Parts Tables".[23] O artigo explica o sistema de gestão do quadro de peças da Toyota e apresenta muitas sugestões úteis. Oferece, ainda, uma ideia sobre o alto nível de competência das pessoas que gerenciam os quadros de peças da Toyota.

A gestão de informações técnicas refere-se à gestão de informações de produto de outras empresas, normas legais, patentes, exigências de engenharia de produção, padrões técnicos, padrões de projeto, relatórios técnicos, informações sobre custos de desenvolvimento e qualidade, exemplos de projetos-modelo, exemplos de problemas de projeto (ou seja, registros de falhas) e dados de *benchmarking*. Envolve, em resumo, um sistema de gestão de conhecimento para projeto. Na Toyota, protocolos de gestão para cada tipo de informação listada acima são formalizados. Contudo, em função de serem gerenciados separadamente, eles são um sistema de gestão unidimensional que não revela inter-relacionamentos, e isso tem sido uma questão de preocupação. O conceito de GIP/*PDM,* descrito na Figura 3.14 (p. 191), surgiu em 1996, mas o sistema real parece ainda não ter se materializado.

De particular importância na esfera do conhecimento técnico é o "papel branco" de desenvolvimento que é compilado após o fim do desenvolvimento e o início da produção em massa. Na Toyota, a Unidade de Planejamento de Produto (talvez hoje Departamento de Planejamento do Centro de Desenvolvimento) cria um papel branco de desenvolvimento, no prazo de um mês do início da produção em massa. O papel branco resume desvios de objetivos, explicita declarações de responsabilidade, custo, peso, horas-indivíduo, despesas, etc. As descobertas são, então, submetidas à alta administração e a outras partes interessadas. Isso desencadeia a transformação do conhecimento implícito em conhecimento explícito (p.ex., padrões técnicos), transmite tecnologia e está ligado a análises do sistema de desenvolvimento de produto. As indústrias manufatureiras geralmente possuem programas de desenvolvimento de novos produtos que esbarram uns nos outros, e projetos sem desenvolvimento de papel branco não são incomuns. Uma vez que esse estado de coisas persiste, o conhecimento e a sabedoria necessários para avançar e reformar a tecnologia e o desenvolvimento não surgem, não importando com que frequência o processo de desenvolvimento se repita. Toda empresa que deseja avançar precisa avaliar e implementar esse tipo de sistemática de "papel branco".

O sistema de análise crítica de projeto

O significado de análise crítica de projeto

O desenvolvimento de produto é um processo que exige troca contínua de informações para descobrir pontos de acordo entre as demandas de processos *upstream* (anteriores), cujo papel é estabelecer e modificar produtos, a fim de criar clientes, e processos *downstream* (posteriores), projetados para manter o *status quo*, a fim de restringir investimento. Quanto mais frequentes forem as trocas de informações entre processos *upstream* e *downstream,* mais provável será que uma empresa alcance pontos mais favoráveis de acordo, ou seja, bons projetos.

Se as informações fluem de processos *upstream,* elas não se ajustam a demandas ou condições de processos *downstream*; reações (em geral, inconsistentes) surgirão de processos *downstream*. Além disso, reações a processos *downstream*, normalmente, contêm contradições. Uma vez que somente processos *upstream* podem coordenar as reações de processos *downstream*, eles têm a tarefa complexa e difícil de coordenar essas reações, ao mesmo tempo em que devem ficar atentos a conflitos que surgem em processos *downstream*. Especialmente exigente é o trabalho de projeto envolvido com o processo de converter informações de especificações em informações físicas. Colocado de forma simples, se informações imprecisas (desenhos) forem enviadas *downstream*, as peças não poderão ser fabricadas imediatamente. Então, não há meio termo no trabalho de processos *upstream*, e seu funcionamento é muito rigoroso.

No negócio automobilístico, são necessários de cinco a dez anos de experiência com trabalho de desenvolvimento para que um novo funcionário se torne um desenvolvedor completo. Mesmo nesse ponto, há um limite para o conhecimento que qualquer indivíduo humano pode acumular, e o número de mudanças de projeto que se estabelecem, durante o estágio de desenvolvimento de produto de um único modelo de carro, é da ordem de 10 mil. Esse é o contexto em que a Toyota introduziu e implantou o formulário de requisitos estruturais de engenharia de produção (ver seção sobre Padrões Técnicos). Através da utilização desse formulário, os processos posteriores podem, sistematicamente, determinar as condições e fornecê-las a processos anteriores. Esse método provou ser altamente eficaz.

Programas de confiabilidade ou de análise crítica de projeto (ACP), desenvolvidos pela U.S. National Aeronautics e pela *S*pace Administration, no decorrer do planejamento de missões espaciais, na década de 1960, são outros métodos que a Toyota introduziu e desenvolveu com o propósito de mobilizar o conhecimento através da empresa e, particularmente, a partir de processos *downstream*.

A análise crítica de projeto é um sistema em que processos *downstream* (e, algumas vezes, processos anteriores em departamentos de planejamento de produto) analisam resultados, a partir de impressos de planejamento e outras informações de processos, desenhos e protótipos de processos *upstream*. Análises críticas de projetos são práticas comuns nas indústrias espacial e aeronáutica, em que é difícil utilizar a fabricação de protótipos e experimentos para verificação repetida.

Os sistemas de análise crítica projeto começaram, recentemente, a receber séria atenção em indústrias, em geral, como mecanismos para evitar o avanço para estágios subsequentes, até que critérios para incorporar qualidade estabelecida para cada estágio de desenvolvimento tenham sido esclarecidos. Um exemplo típico de um sistema de análises críticas de projeto é o sistema *quality check gate* que o diretor de operações da Mitsubishi Motors, Rolf Eckrodt, introduziu da DaimlerChrysler, em 2001, para dar suporte ao plano de recuperação corporativo. O advento das análises críticas de projeto marca um importante acontecimento para o desenvolvimento de produtos, a ponto de mesmo as Normas de Qualidade Internacional ISO 9001, que a princípio evitavam jargões técnicos, abrirem uma exceção para o termo "análise crítica de projeto" e especificarem seu uso.

Análises críticas de projeto na Toyota

Em 1988, Katsuyoshi Yamada, ex-chefe do Departamento de Promoção de *CQT* da Toyota, fez um discurso intitulado "Análise Crítica de Projeto para Automóveis", em um seminário sobre métodos de confiabilidade, patrocinado pela Union of Japanese Scientists and Engineers. Em seu discurso, Yamada descreveu as técnicas de Análise Crítica de Projeto (ACP) na Toyota. Traçou o histórico da análise crítica de projeto, do interesse da Toyota em ACP e explicou como a empresa havia cultivado e estabelecido essa metodologia como eficaz.

A Figura 3.5 (p. 147) (O Sistema de Garantia de Qualidade) apresenta o posicionamento e o tempo de implementação de análises críticas de projeto da Toyota. Abaixo, resumiremos a narrativa de Yamada sobre as análises críticas de projeto, suplementadas com informações afins.

Havia duas razões subjacentes para a implementação de ACP, na Toyota:
- [1] o início de exportações para os Estados Unidos (1957) e [2] uma resposta a controles de emissões (1970). Especialmente, no caso dos controles de emissões, a empresa possuía poucas pessoas com experiência e precisava passar essa experiência para modelos mais novos. Julgou-se que a realização de análises críticas de projeto seria a forma mais eficaz para fazer isso. As análises críticas de projeto iniciaram, de fato, em meados da década de 1970.

Havia quatro razões subjacentes para perseguir a implementação de ACP:
- Enquanto os custos de trabalho para testes, em estágio de desenvolvimento, estavam se elevando, a fim de responder a demandas detalhadas e de nível mais alto de mercado, a empresa tinha um grande desejo de completar o desenvolvimento de produto em um curto período de tempo.
- A organização estava crescendo com o aumento de pessoal e rejuvenescendo.
- A escala de produção em massa levaria a enormes perdas se os produtos falhassem.

- A consolidação do sistema de informações significava que vastas quantias de informações estavam disponíveis, dentro e fora da empresa, mas a informação correta não estava chegando às pessoas certas, no tempo certo.
- O sistema de análise crítica de projeto da Nasa uniu contratantes e contratadas e, então, não poderia ser utilizado como um modelo para a Toyota. A empresa teve de desenvolver, ela mesma, uma metodologia para a análise crítica de projeto.
- O termo "análise crítica de projeto" era um problema em si. Traduzido para o japonês como *sekkei shinsa* (julgamento de projeto), foi mal concebido como um sistema para encontrar defeitos em projetos. O conceito, então, atraiu opiniões negativas (em alguns casos, completa rejeição), antes que pudesse ser explicado.
- Encontrando várias experiências amargas ao longo de seu caminho, a ACP, finalmente, fixou-se e foi implementada, passo a passo, através de estágios incrementais de entendimento (estudo, esclarecimento, experimentação, reconhecimento, promoção organizacional, estabelecimento). O estágio de reconhecimento foi alcançado entre 1986 e 1987, quando o Comitê de Confiabilidade aprovou as Orientações de Implementação de ACP, a fim de assegurar a aplicação da análise crítica de projeto em toda a empresa. O comitê ofereceu, ainda, como apêndice, um manual suplementar de padrões.
- As análises críticas de projeto foram aplicadas em entidades intermediárias de uma escala adequada, usualmente designadas como unidades, conjuntos, sistemas e componentes. Os produtos e as peças sujeitos às análises críticas de projetos foram selecionados pelos seguintes critérios:
  1. Mecanismos inteiramente novos.
  2. Materiais para os quais não existem experiência de uso, ou introduzidos recentemente.
  3. Peças projetadas recentemente, suscetíveis à influência de proximidade de acessórios veiculares ou de condições de uso ou ambientais (onde é provável que problemas tenham ocorrido no passado).
  4. Peças às quais a gestão de planejamento de processo ou de processos de fabricação precisa assegurar funções importantes (ou seja, itens relacionados à segurança).
- Uma vez que produtos ou peças sujeitos a análises críticas de projeto foram selecionados, o formulário de planejamento de análise crítica de projeto é preenchido e, então, utilizado pela Unidade de Análise Crítica de Projeto para gerenciar o progresso de ACP.
- A Figura 4.13 apresenta um resumo de procedimentos de implementação de análise crítica de projeto.
- As análises críticas de projeto são um tipo de *gate management*. O processo pára quando deixa uma zona especificada permissível. Contudo, o desenvolvimento não estagna, pois, na prática, quase todos os itens ficam dentro da área permissível.
- Diferentes pessoas são responsáveis por análises críticas de projeto, para cada estágio diferente de desenvolvimento. Na ACP1, no estágio de planejamento de produto

O Sistema Toyota das Funções de Produção

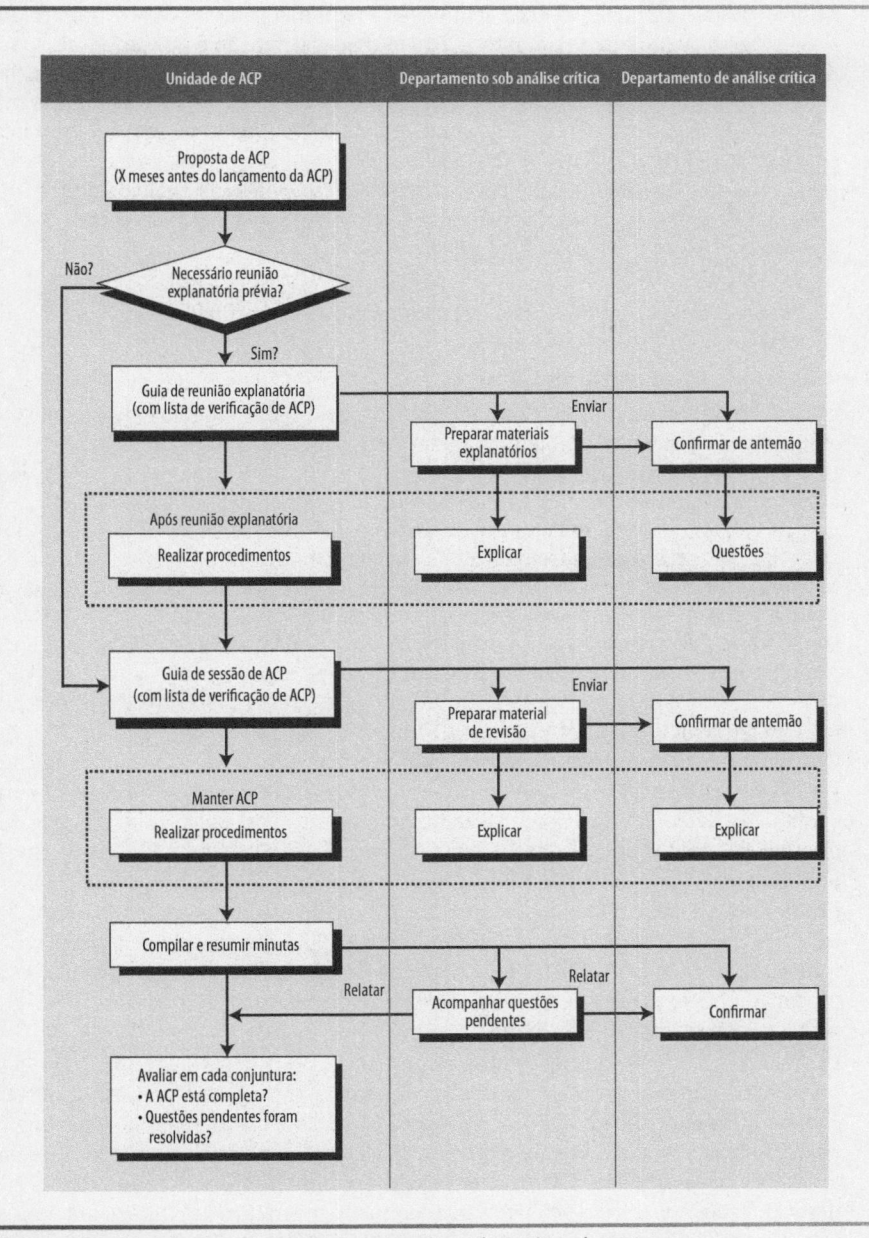

Unidade de ACP	Departamento sob análise crítica	Departamento de análise crítica
Proposta de ACP (X meses antes do lançamento da ACP)		
Necessário reunião explanatória prévia? — Não? / Sim?		
Guia de reunião explanatória (com lista de verificação de ACP) → Enviar →	Preparar materiais explanatórios →	Confirmar de antemão
Após reunião explanatória: Realizar procedimentos	Explicar	Questões
Guia de sessão de ACP (com lista de verificação de ACP) → Enviar →	Preparar material de revisão →	Confirmar de antemão
Manter ACP: Realizar procedimentos	Explicar	Explicar
Compilar e resumir minutas		
← Relatar	Acompanhar questões pendentes	Relatar → Confirmar
Avaliar em cada conjuntura: • A ACP está completa? • Questões pendentes foram resolvidas?		

Figura 4.13 Procedimento de implementação de análise crítica de projeto.

básico, o chefe de planejamento está encarregado das análises críticas de projeto. Nos estágios de projeto de produto ACP1 e ACP3, essa função é de responsabilidade do encarregado do projeto. Para as ACPs 4, 5 e 6, quando o projeto está em produção, o encarregado do Departamento de Engenharia de Produção é responsável pelas análises críticas. Para os projetistas, as análises críticas de projeto podem ser irritantes: os efeitos da ACP em avaliações são significativos.

- Dados em excesso, em uma análise crítica de projeto, sobrecarregam os projetistas; assim, as orientações, a seguir, são estabelecidas para evitar a sobrecarga de informações:

  1. Desenhos.
  2. Formulários de especificações (ou simples explicações escritas).
  3. Folhas de análise crítica de projeto.
  4. Produto ou peça real (onde viável).

  Itens adicionais são apresentados quando necessário, incluindo tabelas de qualidade, resultados de cálculos de projeto, gráficos FMEA/FTA e resultados de testes.

- Uma folha de análise crítica de projeto (item 3, acima), tradicionalmente preparada como uma conexão de padronização de projeto, é uma lista de itens para cada peça que são absolutamente indispensáveis para seguir com o projeto. A folha de análise crítica coloca, em um mesmo local, itens como cronogramas de desenvolvimento, funções requeridas, características de produto, indicações de impressão, legislação pertinente, normas, padrões e problemas antigos. Ostensivamente, deve ser utilizada com padrões de projeto (padrões que registram critérios de passar/falhar para procedimentos e resultados de projeto). Levar folhas de análise crítica para o processo de análise crítica de projeto é também útil, uma vez que a ação corretiva é indicada quando um projeto é deficiente.

- Quando os analistas recebem dados de análise crítica de projeto, eles, primeiramente, verificam-nos, de acordo com a lista de verificação de análise crítica de projeto, apresentada na Figura 4.14, e então realizam a análise crítica no mesmo dia. Observe que existem 200 pontos detalhados para analisar.

- Como vemos a partir dessa lista de verificação de ACP, a avaliação em uma análise crítica de projeto não está limitada à qualidade e à confiabilidade, mas cobre todos os aspectos do desenvolvimento, incluindo o custo. O Conselho de Função executivo (ver Figura 3.2, p. 132) realiza avaliações independentes de qualidade, custo, engenharia de produção e outras, mas é dentro do curso prático de uma análise crítica de projeto que uma avaliação completa é realizada.

- Existem dois tipos de análises críticas de projetos: uma realizada pela Toyota, na própria empresa, e a outra utilizada por fornecedores (ver Figura 4.5, p. 208). Mesmo para análises críticas de projeto internas, os fornecedores participam, seja através de auxílio à pessoa responsável pelo projeto, seja através da apresentação de materiais de ACP por eles mesmos. Há um forte desejo, em tudo isso, de ter fornecedores que participem do processo de análise crítica de projeto tão frequentemente quanto possível. A Kyohokai, uma associação de fornecedores da Toyota, criou e opera um sistema

O Sistema Toyota das Funções de Produção

Versão geral

1. Plano básico	Cronogramas, plano de peso, desempenho e qualidade, CKD (*completely knocked down*) internacional, produção doméstica, planejamento de produção, planejamento de custo, originalidade, região-alvo, plano de *layout* básico, comunização, padronização
2. Confiabilidade	Peças-componentes, *foolproofing*, tolerâncias, força, funções, mecanismos, condições de teste, dispositivos de segurança, projeto especial, facilidade de montagem, condições e frequência de uso, taxa de defeito, vida útil
3. Segurança	Mecanismos de segurança, testes, resistência a colisões, avisos, visibilidade, *foolproofing*, conformidade legal, falhas secundárias, segurança
4. Direitos de propriedade industrial	Segurança de direitos de propriedade industrial, conflitos de direitos de propriedade industrial
5. Manuseabilidade	*Layout*, dirigibilidade, sentimento, técnica de direção, postura e movimentos
6. Capacidade de serviço	Verificações, manutenção, reparos, ajustes e trocas, resistência a danificações
7. Economia	EV, redução de peso, economias de recurso, padronização, adaptabilidade, custos de fabricação
8. Produtividade	Processabilidade, facilidade de inspeção, capacidade de equipamentos, facilidade de montagem, padronização
9. Transporte e armazenamento	Condições de transporte e armazenagem, eficácia de transporte
10. Adequação mercadológica	Conformidade legal, impacto ambiental (poluição), ambiente de mercado, manutenção

Fonte: Seki, Toshir *et al*. 1980. *Basic Automotive Planning and Design in Library of Automotive Engineering*, v.2. Sankaid, p. 8.

Versão detalhada

Itens de revisão

1. Plano básico

1	1. Cronogramas (desenvolvimento de cronograma principal, cronograma de desenhos, cronograma de produção de testes) (1) Existem problemas com o cronograma de desenhos? (2) Foram feitas considerações a desenhos ou testes que serão gargalos para a conclusão de componentes?
2	2. Plano de peso (1) A configuração de peso-alvo pode ser atingida? (2) Existem problemas de cálculo de peso? (3) Foram feitas considerações suficientes à redução de peso?
3	3. Desempenho e qualidade (1) A qualidade-alvo pode ser atingida? (2) Existem problemas de previsão de qualidade? (3) Foram feitas considerações suficientes à melhoria de qualidade?
..	....
6	Planejamento de custo (1) A configuração de custo-alvo foi atingida? (2) Existem problemas de cálculo de custo? (3) Foram feitas considerações suficientes à redução de custo?
.	
10	Comunização e padronização (1) A comunização e a padronização foram maximizadas? (2) ...
..	....

2. Confiabilidade

1	Peças de componentes (1) O número de peças foi mantido em seu mínimo? (2) As peças testadas foram utilizadas adequadamente? (3) Os componentes estruturais testados estão sendo utilizados otimamente?
2	*Foolproofing* (1) Foram feitas considerações suficientes aos mecanismos de segurança? (2) Foram feitas considerações suficientes aos mecanismos de *foolproofing*? (3) Os projetos são redundantes?

Figura 4.14 Lista de verificação de análise crítica de projeto.

de análises críticas de projeto de fornecedor ligado ao tempo de análises críticas de projetos da Toyota, apresentado na Figura 3.5. (p. 147)
- Os efeitos das análises críticas de projeto são muito difíceis de avaliar, mas o número de mudanças de projeto, no início da produção, caiu substancialmente.
- Passaram-se mais de dez anos, desde a introdução das análises críticas de projeto, para a Toyota confirmar sua eficácia e atingir o ponto em que elas passaram a ser parte do trabalho diário do departamento de projeto.

Esse resumo das análises críticas de projetos da Toyota está baseado no trabalho de Katsuyoshi Yamada e em outras informações. O sistema de análise crítica de projeto da Toyota torna-se mais claro, ainda, quando as informações apresentadas aqui forem lidas em conjunto com o artigo da *Harvard Business Review*, "Another Look at how Toyota Integrates Product Development", visto anteriormente em nossa discussão sobre critérios de projetos.

No início da década de 1980, a notícia de que a Toyota estava investindo em análises críticas de projeto se espalhou, e a ACP virou moda. Muitas empresas implementaram a ACP, para abandoná-la logo após um ano, aproximadamente. Como observou Yamada, as análises críticas de projeto ou tornaram-se fóruns para culpar os projetistas, ou não duraram muito, em função de os departamentos de projeto resistirem a eles, reclamando que as análises críticas de projeto eram uma duplicação inútil das discussões que os projetistas tinham com os departamentos interessados, diariamente. Tais problemas poderiam ter sido evitados se a implementação das ACPs tivesse sido regulada por diretrizes. Essas orientações poderiam ter lidado, eficazmente, com questões relacionadas ao trabalho duplo, ou poderiam ter evitado críticas excessivas aos projetistas, por meio da promoção da críticas construtivas. Conforme observado acima, até mesmo a Toyota teve dificuldades ao introduzir as análises críticas de projeto, pois era incapaz de assegurar o entendimento dos projetistas e dos analistas. Contudo, a Toyota teve o apoio de seu Comitê de Confiabilidade e, em dez anos, foi capaz de introduzir as análises críticas de projeto. A força da Toyota reside no desejo de investir dez anos no aperfeiçoamento de algo percebido como valor.

TECNOLOGIAS DE PRODUÇÃO

Em função de conter a palavra "produção", o termo tecnologia de produção é, em geral, tratado como um elemento do Sistema Toyota de Produção. Derivado do taylorismo, o Sistema Toyota de Produção envolve melhorias de operações de manufatura, na esfera da engenharia industrial. A tecnologia de produção, por outro lado, é o campo da engenharia que existe, independentemente, entre o desenvolvimento e a fabricação de produto.

O lugar da tecnologia de produção dentro da Toyota

A tecnologia de produção [ou seja, a engenharia de produção] surgiu para ocupar um lugar vital na Toyota, em seu papel de dar forma material à qualidade, à aparência, à confiabilidade e ao custo dos produtos da Toyota. O sistema de desenvolvimento de tecnologia de produção, apresentado na Figura 4.4 (p. 204), demonstra, por exemplo, que a tecnologia de produção está no mesmo nível do sistema de gestão de pesquisa de produto (Figura 4.3, p. 203). Mesmo quanto ao estabelecimento de especificações de produtos, a Unidade de Engenharia de Produção desempenha um importante papel:

1. Uma vez completadas as experimentações de produção em massa, a tecnologia de produção avalia e realiza verificações para assegurar que as condições de novos materiais e novos métodos não causarão problemas à linha.
2. Isso se aplica a tudo, seja a motores, *airbags* ou peças plásticas.
3. Uma vez que as experimentações de produção consomem custos de pesquisa, itens aprovados precisam ser "vendidos" para o *shusa* (engenheiro-chefe). Isso significa que, quando chegam novos produtos, o Departamento de Engenharia de Produção tem autoridade de aceitar ou rejeitar peças produzidas com a utilização de novos materiais ou novos métodos.

Tecnologia de produção na Toyota

A tecnologia de produção e sua posição

A tecnologia de produção pode ser dividida em dois tipos: tecnologias para *layout* de plantas e projetos de processo (fazer as coisas fluírem) e tecnologias para montagem e processamento (fazer coisas). Como existe um grande número de estudos e relatórios que se dedicaram a *layouts* de fábricas e projetos de processos na Toyota, não nos ocuparemos com esses tópicos aqui. Iremos nos concentrar, ao contrário, nas tecnologias para montagem e processamento (doravante referidas como tecnologias de produção).

O nascimento de novas tecnologias de produção, muito frequentemente, torna possível o nascimento de novos produtos. Na maioria das empresas, nem novas tecnologias de produção, nem novos produtos passam a existir, pois a engenharia de produção é tratada como uma forma desvalorizada de engenharia de produto.

A engenharia de produto determina as funções e as estruturas de produtos, enquanto a engenharia de produção determina a mão de obra de produtos, incluindo sua qualidade, aparência, confiabilidade e custo. Buscar a verdade por trás da reputação da Toyota, de produtos de alta qualidade, exige pesquisa na área de tecnologia de produção.

Tecnologia de produção e qualidade

O LS430 e o RX300 (vendidos no Japão como Celsior e Harrier, respectivamente) são modelos que a Toyota comercializa, nos Estados Unidos, sob a marca Lexus. Para compreender por que o Lexus ficou em primeiro lugar na classificação de carros de luxo, na pesquisa de AQI/*IQS (Initial Quality Study)* do instituto J. D. Power, em 2000 (ver Capítulo 5), a *Business Week* entrevistou Kousuke Shiramizu, vice-presidente executivo da Toyota, responsável pela produção.

> **Pergunta:** *Como a Toyota trabalhou para estabelecer um* benchmark *global em qualidade com a sua linha Lexus?*
>
> *Na fabricação do Lexus, nosso princípio de operação foi cortar a margem de erro pela metade. Tudo constituiu um jogo ajustado, como a redução de um pequeno espaço entre os painéis da carroceria. Isso ajudou a reduzir o ruído do vento quando o carro está correndo. Também fomos a extremos para repensar a maneira como fazemos carros – desde a fundição das matrizes de estamparia para formar as peças de metal até o acabamento exterior. Antes, nossos principais carros possuíam vãos [entre as portas da frente e as traseiras] de quase 7 mm. Nossa meta para o LS400 era cortar essa média pela metade.*
>
> **Pergunta:** *Como você assegura que a qualidade permanecerá durante todo o processo de montagem?*
>
> *Quando começamos, foi difícil sistematizar a forma pela qual montaríamos as peças. Mas desenvolvemos processos para tudo, até mesmo para a forma como o couro dos assentos é cortado. Agora, graças aos avanços em tecnologia de produção durante a década passada, está tudo sistematizado para possibilitar a produção em massa. Todo aquele conhecimento resulta em melhores matrizes de estamparia, que, então, facilitam produzir em escalas maiores.*
>
> **Pergunta:** *Por que as matrizes de estamparia ou moldes são tão importantes na adequação do desempenho dos componentes?*
>
> *Tome os dois painéis exteriores de um carro. Cada uma dessas partes é, basicamente, feita de quatro componentes principais. Quando colocadas juntas para formar um painel, há uma série de espaços para pequenas anomalias, tais como fissuras e pregas. Então, desenvolvemos um molde que imprime as quatro partes como um único componente. Isso torna muito mais fácil produzi-las em massa, com menores problemas de qualidade. Adotamos essas sistemáticas na produção de todos os modelos da Toyota. Então, isso foi um claro benefício derivado do desenvolvimento da linha Lexus.*

("From the Nexus of Lexus". Business Week, n.3747, p. 28)

A carroceria de um automóvel é um recinto feito de finas folhas de metal soldadas ou aparafusadas juntas. Distorções no processo de soldagem ou no peso de uma peça podem deformar uma seção em mais ou menos 5 mm. Também existem dezenas de outras fontes de distorção, incluindo fatores sutis como diferenças em lotes de folhas de metal ou em períodos de estocagem. Controlar as causas de distorções em carrocerias de carros é algo extremamente difícil. Dada essa situação, os fabricantes estabeleceram espaços fixos para evitar que portas e painéis causem interferências uns aos outros, mesmo que ocorra a distorção. Também alterara, de redondos para alongados, os furos dos parafusos, para tornar possível a montagem e o ajuste, mesmo com a presença de distorções.

A descrição não menciona isto, mas os furos dos parafusos, nos veículos da Toyota, são redondos. O sucesso no controle de dezenas de sutis fatores de distorções possibilita à Toyota estreitar o espaço entre as portas frontais e as traseiras, de 7 mm para 4 mm. Não é a tecnologia comum que possibilita esse nível de redução de espaço.

É fácil, para Shiramizu, falar sobre a criação de uma prensa que poderia estampar quatro partes como um único componente, mas, na verdade, não há nada fácil com relação a isso. Uma carroceria funciona como uma unidade única e, por direito, deveria ser feita como uma peça única, mas, para facilitar a produção, é partida em várias dezenas de peças sem funções individuais independentes. Painéis laterais deveriam realmente ser fabricados como unidades únicas, mas considerações a respeito de capacidade de prensagem, espaço, dificuldade de transporte e outras questões, sempre indicaram que os fabricantes de automóveis tinham de dividi-las em quatro peças separadas. Ser capaz de fabricar painéis de quatro partes como peças únicas irá "interessar" qualquer pessoa que conhece o chão de fábrica como sendo uma façanha espantosa, pois isso significa que todos os obstáculos foram resolvidos.

Shiramizu também afirma que a Toyota sistematizou procedimentos para todos os processos, "até mesmo para métodos de cortar o couro dos assentos". Usualmente, os bancos de couro são cortados com fornecedores de primeiro ou segundo nível. Portanto, os procedimentos sistematizados abrangem não somente as linhas de montagem e as fábricas internas, mas, também, a padronização e a sistematização de procedimentos nos nos fornecedores de peças. Mesmo a Toyota deve ter passado por essa dificuldade. A declaração de Shiramizu de que a conclusão da sistematização de todos os processos tornou possível a produção em larga escala e de que o conhecimento que acumularam ao longo do caminho ajuda a desenvolver melhores matrizes merece atenção. Essas são palavras importantes.

É natural que dimuir ou mesmo eliminar o espaço entre as peças, transformando-as em uma peça única, deveria contribuir para a redução radical de ruído de vento e a eliminação de deformações ou arranhões durante a montagem e o transporte das peças.

O instituto J.D. Power começou a realização de avaliações de AQI/*QS* em 1986. A competição implacável para melhorar tal desempenho reduziu problemas importantes, tanto que esses índices são, agora, determinados por fatores como ruído de vento em altas velocidades (quando os espaços entre as peças são reduzidos ou quando a integração elimina-os completamente, o ruído de vento, automaticamente, é reduzido, e o dano às peças, na montagem e no transporte, naturalmente, diminui) e arranhões leves. É fácil verificar por que o Lexus, quando avaliado por critérios de AQI, é classificado como número um.

Se compararmos carros com espaços de painel menores – ou sem espaço algum – e carros com espaços maiores, os carros do segundo grupo serão, obviamente, percebidos sob uma luz menos favorável. Diferenças como essas se refletem em outro índice de qualidade do instituto J.D. Power: o APELO/APEAL (ver Capítulo 5). Tecnologia de produção eficiente é o que conta para o fato de que a Toyota, nos últimos anos, tenha recebido uma classificação alta, nos Estados Unidos, para o índice APELO.

A Toyota fabrica o Celsior e o Harrier em sua fábrica de Tahara. Quando teve início a produção do Celsior, no final da década de 1980, um engenheiro de produção da fábrica de Tahara fez as seguintes observações:

Estamos seguros de que possuímos a melhor qualidade de acabamento de todos os automóveis no mundo. Não existe, em lugar algum, nenhum carro que pode ser comparado a um Toyota.

A qualidade do acabamento é, fundamentalmente, uma consequência da forma como fabricamos carrocerias de veículos, de quanto podemos melhorar a precisão da carroceria.

Todas as "coberturas" em um carro, incluindo portas, capôs, tampas de porta-malas e tampões, etc., necessitam fechar corretamente, na primeira vez, sem ajustes de montagem. Isso tem sido regra há dez anos (desde o final da década de 1970). É um produto do surgimento da engenharia de produção e da tecnologia de construção de carrocerias.

De muitas formas, somos a número um no mundo em tecnologia de estamparia.

Os problemas de outros carros revelam os níveis de qualidade e as capacidades técnicas do fabricante. A afirmação de que "ainda não há carro, em lugar algum, que possa ser comparado a um Toyota" origina-se dos problemas dos carros de outras empresas. A referência a fechar "corretamente, na primeira vez, sem ajustes de montagem" pode ser relacionada aos furos de parafusos redondos da Toyota. A partir dessa afirmação, aprendemos, ainda, que "isso tem sido regra há dez anos" (desde o final da década de 1970). É exatamente esse tipo de acúmulo de longo prazo de tecnologia de produção que possibilitou, à Toyota, alcançar sua sensacional redução de espaços em carrocerias, de 7 mm para 4 mm.

A reputação da Toyota com relação a um ajuste de alta qualidade no acabamento interno e externo também foi estabelecida. As peças são fabricadas de modo que a qualidade de encaixe seja reproduzida, não importando quem as monte ou remonte. E isso não foi alcançado acrescentando peças extras. Ao contrário, surgiu da engenhosidade, que trabalha em direção à redução do número de peças e à diminuição de custos.

Uma visita à fábrica de Tahara não revela inspeções especiais em andamento para elevar o índice AQI do Celsior. Pode-se sentir, ao contrário, que o princípio de "construir qualidade no processo" é uma prática diária. A integração total entre mão de obra e máquinas está em operação no acabamento de veículos que competem, como o Celsior, por elevadas classificações AQI. Outras empresas, por exemplo, executarão testes de rolamento de chassis em alta velocidade, de até 160-240 km/h, enquanto o teste para o Celsior, usualmente, permanece abaixo da faixa de 120 km/h.

Capacidade de processo

O engenheiro de produção da fábrica de Tahara comentou, ainda, a respeito da capacidade de processo da Toyota:

> *A fábrica de Takaoka possui os melhores números para defeitos, em 0,5 por veículo, incluindo carcaça, pintura, montagem e componentes. O número para montagem, sozinho, é de 0,08 por veículo, o que corresponde a dois operadores de retrabalho por turno.*
>
> *Possuímos 55 pessoas em equipes* kaizen *(melhoria) para as três linhas de Takaoka. A empresa, como um todo, cobrou para reduzir trabalho indireto, mas foi-nos dito, ao mesmo tempo, para expandir nossas equipes* kaizen.

As pessoas, na indústria, apreciarão, imediatamente, a qualidade extraordinária desses números, com relação a defeitos por veículo, problemas de montagem e operadores de retrabalho. Observe, ainda, que a ideia de expandir as equipes kaizen surge em um contexto de decréscimo de números como um todo.

Muitas empresas que ainda estão tentando aumentar o número de funcionários de produção (linha), em detrimento de pessoal administrativo, se beneficiariam do estudo da experiência da Toyota.

Quando comparados a números de outras empresas, os baixos números da Toyota, com relação a defeitos por veículo e operadores de retrabalho, mostram que as tolerâncias de projeto (erros de produção permissíveis) para os produtos da Toyota são amplas o suficiente para acomodar variabilidade de produção – ou, em vez disso, que a variabilidade de produção é pequena o suficiente com respeito a tolerâncias de projeto.

Falando de maneira geral, adequar a variabilidade, em processos de produção, a tolerâncias de projeto exige 100% de inspeções ou valores de índice de CP (capacidades de processo) de 1,33 ou mais, conforme apresentado na Figura 4.15.

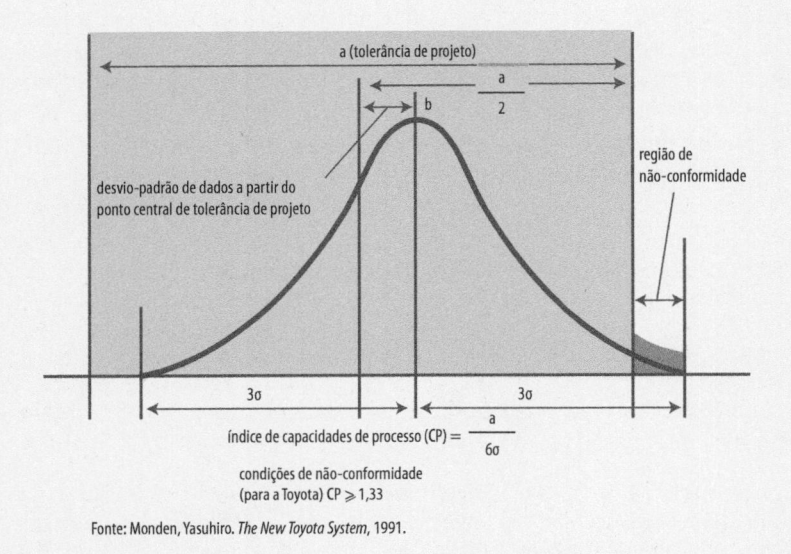

Figura 4.15 Assegurar a capacidade do processo.

[Figura: curva de distribuição normal com a (tolerância de projeto), b, a/2, desvio-padrão de dados a partir do ponto central de tolerância de projeto, região de não-conformidade, 3σ, 3σ, índice de capacidades de processo (CP) = a/6σ, condições de não-conformidade (para a Toyota) CP ⩾ 1,33. Fonte: Monden, Yasuhiro. *The New Toyota System*, 1991.]

Um valor de CP de 1,33 ou mais significa uma taxa de 3,4 defeitos por milhão (efetivamente zero), o que torna possível conviver com a realização de inspeção por amostragem ou com outros métodos simples de inspeção. Obter sucesso na fabricação de peças que "montam corretamente, na primeira vez" é o mesmo que alcançar valores de CP ≥1,33. As capacidades de engenharia, nesse nível, apoiam a afirmação de que a Toyota é líder mundial em todos os aspectos de tecnologia de produção.

Um valor de CP menor que 1,00 exige 100% de inspeções. Em nossa discussão anterior, sobre montagem de carrocerias, a justificativa para o uso de furos de parafusos alongados e o ajuste de cada peça é de que a Cp é inferior a 1,00. Pode-se imaginar que a taxa de defeitos vá para zero, quando 100% das peças estiverem ajustadas, mas, na verdade, o erro humano é considerado no ajuste, e a taxa de defeito aumentará, inevitavelmente, acima do nível de 3,4 por milhão atingido quando a CP ≤ 1,33.

É por isso que a Toyota trabalha para obter uma CP igual ou abaixo de 1,33 para todos os processos, seja pela ampliação da precisão dos equipamentos de produção, seja pelo aumento das tolerâncias de projeto. Aumentar a precisão dos equipamentos de produção às cegas aumentaria os custos de capital; então, aumentar as tolerâncias de projeto é desejável, sempre que possível. Esse é um incentivo para o uso do Método Taguchi (para ampliação de tolerâncias de projeto), que foi discutido no Capítulo 3, na seção sobre métodos estatísticos.

A Toyota estabeleceu alcançar uma CP ≥1,33 para todos os processos, em meio a suas contínuas atividades de melhoria de qualidade, após receber o Prêmio Deming, em 1965. Por isso, o número atingido e relatado pela Toyota de CP ≥ 1,33, em carrocerias de carros, no final da década de 1970, é razoável, e podemos assumir que a empresa, hoje, possui até mesmo tecnologias de produção ainda mais formidáveis.

Em seu livro *The Toyota Method*[24] (1998), Osamu Katayama publica uma entrevista com Kazuo Okamoto, diretor da Toyota Motor, encarregado do desenvolvimento do Celsior.

> *Primeiro, reunimos o pessoal de engenharia de produção na fábrica e formamos um comitê de qualidade "líder", para efetuar melhorias drásticas na precisão de fabricação. Então, reunimos um sistema de apoio de projeto e de experimentação.*
>
> *Por exemplo, precisávamos de um dispositivo para o balanceamento em movimento do eixo da hélice, que fosse capaz de mensurações mais precisas que os outros balanceadores utilizados em Toyotas mais antigos. Comumente, poderíamos dizer que "você não pode medir isso com tanta precisão", o que poderia ser o fim de tudo. Contudo, quando Ichiro Suzuki (engenheiro chefe do Celsior) relatou o problema no Comitê de QF, trouxe consigo alguns engenheiros de produção e fez com que andassem em um veículo com índices mais altos e admitissem a diferença. Os engenheiros de produção não tiveram escolha, senão desenvolver um mecanismo de inspeção de precisão mais alto do que aquele que havia sido usado no passado.*
>
> *O mesmo tipo de pensamento aconteceu com relação a todas as peças.*

Aqui, observamos um departamento de engenharia de produção reconhecendo seu papel de guardião e realizando uma revolução de atitude, a fim de iniciar uma nova era.

Compras

Crescimento mútuo

A maneira como a Toyota vê seus fornecedores de peças não mudou, fundamentalmente, desde o tempo de Kiichiro. O lema é "crescer junto". A visão de Kiichiro sobre fornecedores é, basicamente, a mesma que apresentamos na Figura 1.1 (p. 34), com a fotografia de um estranho barril. A noção de crescer junto surgiu da ideia de que o desempenho de um fornecedor mais fraco determina o desempenho de todo o grupo de empresas.

As Normas de Compras da Toyota, formuladas em 1939, contêm a seguinte declaração:

> *Consideramos fábricas subcontratadas como sendo nossas filiais e, a princípio, não mudamos para outras subcontratadas por razões frívolas. Até o limite possível, vamos nos esforçar para melhorar o desempenho dessas fábricas.*

Takahiro Fujimoto cita um exemplo típico de "crescer junto", em seu livro *The Evolution of a Production System*[25] (1997):

> *A Empresa B., quando foi fundada, na década de 1960, fabricava, testava e, então, produzia peças de acordo com desenhos completos de fabricação fornecidos pela Toyota. Ela também recebeu tarefas formalizadas, como a compilação de quadros de peças e o controle de desenhos. Durante esse período, a empresa manteve o envio de "engenheiros convidados" para a Toyota e melhorou sua percentagem de aprovação de desenhos, uma vez que, finalmente, chegou ao ponto em que poderia se encarregar de projetos até o nível de veículo, ou seja, desde os desenhos aprovados (desenhos detalhados, com base na especificação de peças da Toyota) até os desenhos de montagem para os desenhos de projeto estrutural. Com a chegada da década de 1980, a Empresa B. acrescentou, a suas capacidades, o planejamento de marketing e cresceu para se estabelecer como um fornecedor de peças independente, confiável, com um completo sistema de projeto de desenhos aprovados.*

Assim, ao longo de uma parceria de 30 anos com a Toyota, a Empresa B. expandiu-se e cresceu até o ponto de poder participar com outros grupos de fabricantes (*keiretsu*). Resultados desse tipo não foram alcançados só porque a Toyota cresceu, mas, ao contrário, porque ambas as empresas prosperaram, através da filosofia da Toyota de crescer junto.

Como ocorreu no ano anterior, a Toyota apareceu no topo de uma lista, classificada por lucro, de 2 mil empresas. Uniu-se a fornecedores, com sucesso, para reduzir os custos de fabricação e informou um percentual de 40,6 de crescimento de lucros. E, para que ninguém pense que a Toyota estivesse maltratando os fornecedores, considere-se isto: dos 30 mais bem-classificados fabricantes de peças automotivas da lista, 12 eram do grupo Toyota.

Keiretsu

No relato sobre os 30 anos da empresa (1967), encontramos uma observação interessante sobre *keiretsu*:

> *A ideia de "crescer junto" está no centro do pensamento da Toyota, com relação a fornecedores, desde a época de Kiichiro, mas as melhorias organizacionais concretas tiveram de esperar até o final da II Guerra Mundial. Em setembro de 1952, a Toyota candidatou-se ao Diagnosis Guidelines for Machinery and Equipment Enterprise*

> *Groups* (keiretsu), *que havia sido formulado pela Agência de Pequenas e Médias Empresas do governo japonês, em julho do mesmo ano. Durante o decorrer de 11 longos meses, diagnósticos foram realizados na Toyota, como empresa-mãe, junto com, aproximadamente, 40 fábricas fornecedoras. Os resultados foram editados em forma de relatórios de diagnósticos e esses, então, tornaram-se a base para recomendações de melhorias.*
>
> *Em parte como uma verificação desse processo, a Toyota realizou uma segunda rodada de diagnósticos, em abril de 1954. A partir dos resultados dessa segunda rodada, ficou claro que melhorias consideráveis haviam sido feitas aos sistemas de gestão de empresas em que avaliações haviam sido realizadas somente dois anos antes. Coeficientes de vendas-lucros, coeficientes de ativos fixos em relação ao patrimônio líquido e produção, todos subiram uma vez e meia, enquanto os índices de defeito caíram pela metade.*

A formação de um grupo de empresas da Toyota, ou *keiretsu*, com base na filosofia de crescer junto, provou ser extraordinariamente produtiva. O *keiretsu* sobreviveu e fortaleceu-se na década de 1980, até que, no início dos anos 1990, a Toyota adotou a ideia de uma "política de portas abertas", em resposta à crítica norte-americana ao *keiretsu*. O *keiretsu* não foi abandonado, mas a associação a ele foi aberta.

Atualmente, a palavra *keiretsu* é tabu na Toyota; ela foi substituída pelo termo "grupo". *Keiretsu* implica sistema, uma conotação muito mais forte, e a conclusão a ser tirada daqui é que o tabu foi adotado, a fim de evitar atritos. Na verdade, a questão do *keiretsu* não foi unicamente de interesse da Toyota. O texto que segue apareceu na edição de 20 de agosto de 2001 do *Nikkei Sangyo Shimbun*:

> Koichiro Toda, presidente da Unisia JECS, deixa seus verdadeiros sentimentos escaparem quando afirma: "Nunca nos demos conta do sério desastre que seria o desaparecimento do keiretsu". À medida que a Nissan Motor começou a desmontar seu sistema keiretsu, *eles ficaram ansiosos para arrumar outros fornecedores de fora da Nissan.* "Mas você não pode simplesmente ir a um cliente e começar a negociar. Leva tempo para chegar nesse ponto", explicou ele, asperamente. "Nosso cliente sempre havia sido a Nissan, então, basicamente, não temos o know-how *de vendas de que precisamos".* Toda afirma que precisa de engenheiros que possam projetar e desenvolver para outros fabricantes de carros. "Poderemos estar contratando pessoas por um longo período de tempo, embora não tenhamos as vendas."

A eliminação do *keiretsu* coloca a Unisia JECS em um novo ambiente, e pode-se esperar que sua estrutura de custos aumente no futuro. Mas, mesmo se fosse para obter sucesso no alcance de uma estrutura de custos que, como o grupo Toyota, podia "tirar água de uma toalha seca", não é provável que isso prevaleça sobre as demais empresas do grupo Toyota. Continuará havendo o problema de custos de vendas extras e a necessidade de engenheiros para múltiplos fabricantes de veículos.

Em julho de 2000, a Toyota lançou a CCC21 (*Construction of Cost Competitiveness*), uma campanha projetada para gerar reduções de custos sem precedentes. O *Nikkei Sangyo Shimbun* escreveu a respeito desse desenvolvimento, em 8 de março de 2001:

> A CCC21 não é simplesmente uma campanha para baixar os preços de compra de peças. Ela envolve o trabalho com fornecedores para baixar custos de produção. Em 1º de janeiro de 2001, a fim de buscar reduções significativas de materiais e de outros custos, a Toyota uniu os Departamentos de Compras 1 e 2, que lidavam com peças e materiais, respectivamente, em um único sistema integrado. Essa foi uma importante mudança, transformando o pessoal de compras, de especialistas em peças individuais para generalistas que supervisionam todo o fluxo, desde materiais até os processos de produção. O objetivo é reduzir os custos de todos os itens, não através do exame de qualidade e custo, isoladamente, mas pela investigação de seu mútuo relacionamento com métodos e equipamentos.

A colaboração de fornecedores responsáveis por 90% do número de peças e 70% dos custos de peças é indispensável para realizar a promessa de estratégias como a CCC21. E os fornecedores conduzem parte dessa estratégia de maneira rigorosa, em função de seu contínuo relacionamento com a Toyota. Dissolver o *keiretsu* significa lidar com os fornecedores somente na base de preço. Observamos o que está acontecendo com os fabricantes de carros, que arruínam os fornecedores, levando-os ao ponto em que os preços de compra não podem mais ser reduzidos ou estão engajados em uma sistemática de compra de "terra arrasada", andando sem rumo, em busca de fornecedores com excesso de capacidade.

Faces de um pai rigoroso e de uma mãe complacente

A Toyota mantém-se apegada, teimosamente, ao *keiretsu*.

> Um executivo do Departamento de Compras da Toyota observa que "a cultura corporativa da Toyota de cuidar de fornecedores de peças é importante, mas você não pode ser eficaz, na competição mundial, sem, também, adotar a cultura ocidental de selecionar fornecedores". Assim foi o começo de uma peregrinação a Paris de fornecedores afiliados de peças da TMC. A razão foi que a Toyota, em uma joint-venture para a produção de veículos compactos com a PSA Peugeot Citroën Group, adotara uma política de confiar a compra de peças à PSA. A Toyota está, até mesmo, abandonando fornecedores de peças de seu próprio keiretsu, afirmando que "os apresentará à PSA, mas não garantirá contratos". (13 de dezembro de 2001. Nikkei Sangyo Shimbun)

Quando esse executivo da Toyota faz referência a adotar a cultura ocidental de selecionar fornecedores, não está falando em mudar para uma cultura de seleção de fornecedores. Ao contrário, está se referindo à criação de um novo caminho da Toyota, que incorpore a abordagem europeia. O artigo utiliza a palavra "abandonar", mas isso não deve ser interpretado como destruir o *keiretsu*. Ao contrário, significa estimular os fornecedores *keiretsu* a crescerem mais fortes, fazendo com que fiquem mais engajados em outro tipo de concorrência; em grande parte, como age uma leoa, que fortalece seus filhotes empurrando-os colina abaixo.

Diz-se que a Toyota possui duas faces: a de um pai rigoroso e a de uma mãe complacente. Exemplos típicos dessa natureza dupla podem ser vistos no sistema de sugestão de AV/EV e no sistema de compensação de reclamações para defeitos de mercado.

O sistema de sugestão de AV/EV, criado com a introdução do CQT, na década de 1960, é um sistema para obter fabricantes de peças, a fim de gerar sugestões de redução de custo eficazes. A Toyota já gastou quatro anos fazendo tabelas de custos e outras preparações, com o intuito de estimular sugestões produtivas. Além disso, a empresa decidiu aumentar a motivação dos fornecedores de peças, devolvendo-lhes a metade de todas as reduções de custos realizadas. O acordo deu aos fabricantes de peças elevadas metas de redução de custos e uma forma de prosperar, se esses objetivos fossem alcançados. Até mesmo os esforços de redução de custos mais intensos da Toyota não empobreceriam seus fornecedores de peças. Alguns fabricantes de carros ainda trabalham com o sistema de sugestão AV/EV, a fim de arrebatar os lucros para si mesmos, mas, com a expectativa de o volume total de vendas de veículos não aumentar no futuro, tal prática ameaça arruinar o grupo como um todo.

Aqui observamos como o sistema de reclamações para defeitos de mercado funciona. Comumente, quando um projeto é terceirizado, a empresa terceirizadora fixa especificações, e o fornecedor projeta, fabrica e entrega peças que devem estar conformes com tais especificações. Se as peças causam algum problema no mercado, então a responsabilidade pela compensação é designada para onde o problema ocorreu. Se o problema se situa, claramente, em projeto, fabricação ou entrega de fornecedor, então, a empresa terceirizadora busca compensação com o fornecedor para qualquer dano causado pelo problema. Todo o resto supõe-se ser um problema com especificações, e a responsabilidade cai sobre a empresa terceirizadora. Essa forma de pensar significa que, a menos que as especificações escritas da empresa terceirizadora contenham uma exigência não razoável de que "não existem problemas no mercado", a maioria dos problemas de mercado torna-se problemas de especificações, e a empresa terceirizadora não pode buscar compensação no fornecedor.

Contudo, ao invés de adotar essa abordagem "lógica", a Toyota possui uma política "unilateral" de que as reclamações de mercado com relação a componentes são, basicamente, de responsabilidade do fornecedor. Não aderir a isso, como afirma a Toyota, seria "rude para com o fornecedor" ou negaria a este a "chance de crescer". O real propósito por trás dessa política é criar um sistema de análise de problemas de mercado para os fornecedores e promover melhorias de qualidade de mercado por meio de fornecedores. A filosofia da Toyota, em outras palavras, é de que não há como um fabricante de automóveis, sozinho, garantir a qualidade de todos os 20 mil a 30 mil componentes de um veículo. A qualidade do automóvel, como um todo, não pode ser garantida, a menos que cada fabricante de componente veja a si mesmo como um fabricante independente e coloque em cena todas as mensurações necessárias para assegurar a qualidade de seus próprios componentes.

Na base desse pensamento, a Toyota uniu um "sistema de recuperação de fornecedor" (descrito abaixo), em que as reclamações cobrem custos de componentes defeituosos + custos de componentes relacionados + custos de mão de obra para reparos.

1. A Toyota estabelece um coeficiente inicial para compartilhar custos de uma reclamação (p.ex., x por cento para folha de especificação da Toyota, e y por cento para formulários de pedido de aprovação do fornecedor).
2. Quando ocorre uma reclamação, a Toyota busca compensação no fornecedor, de acordo com o coeficiente de compartilhamento de custos inicial.
3. O fornecedor investiga a reclamação e, caso concorde com a avaliação da Toyota, paga de acordo com o coeficiente de compartilhamento de custos inicial. Se o fornecedor não concordar, ele mesmo anexa a seus dados de investigação peças recuperadas do problema e solicita à Toyota uma alteração no coeficiente de compartilhamento de custos.
4. O fornecedor e a Toyota fazem um ajuste e determinam uma nova razão de compartilhamento de custos.

A etapa 3 é particularmente importante. O fornecedor precisa ter capacidade de pesquisa de mercado e de análise adequadas, a fim de conseguir realizar o terceiro passo.

Quando grandes somas são envolvidas, isso começa a se tornar uma questão de gestão; uma avaliação é realizada com a área de compras no centro, e, algumas vezes, a Toyota assume parte do ônus. Aqui observamos o lado de "mãe complacente" da empresa.

Dado que seu coeficiente de custos com reclamações relacionadas a vendas é somente metade do de outras empresas, é irônico que a Toyota obrigue os fabricantes de componentes a suportar quase todo o ônus de custos de reclamações de mercado, quando, para muitas empresas, a maioria desses custos é suportada pelo fabricante de produtos acabados. No entanto, os custos de reclamações da Toyota são baixos, exatamente porque ela possui uma ideologia clara de fortalecer os fornecedores, "empurrando-os colina abaixo" – uma filosofia que está diretamente conectada à redução da carga de custos de reclamações sobre os fornecedores.

Métodos de terceirização de projeto

Historicamente, o enorme número de peças-componentes em um automóvel obrigou os fabricantes de carros japoneses de baixo capital a adotar métodos de terceirização de projetos, a fim de contar com empresas externas para projetar e fabricar componentes. A terceirização de projetos ocorre de acordo com o seguinte procedimento específico, conhecido como "método de desenho aprovado" (*shoninzu hoshiki*).

1. O fabricante de carro seleciona os desenhos de especificação de peças que documentam as características exigidas, tais como tamanho, formato básico, *design* e desempenho e critérios de confiabilidade, e solicita aos fabricantes de peças (em geral, muitos) para se encarregarem do projeto, da prototipagem e dos testes.
2. Com base nos desenhos de especificações de peças, os fabricantes de peças projetam as especificações das peças, incluindo formato, componentes, construção interna e vários outros elementos; verificam esses itens através de prototipagem e testes; e submetem os desenhos para aprovação e os resultados escritos dos testes ao fabricante do carro.
3. O fabricante do carro verifica esses resultados e, se não forem encontrados problemas, transforma-os em desenhos aprovados, através do carimbo "aprovado".[26] Contrata, então, um ou mais fabricantes de peças para produzir peças para produção em massa.
5. Os fabricantes de peças produzem as peças em volume, com base nos desenhos aprovados.

O livro de Takahiro Fujimoto, *The Evolution of a Production System* (1997), detalha o desenvolvimento histórico do método de desenho aprovado e as diferenças entre as práticas da Toyota e as de outras empresas, especificamente, o sistema de desenho aprovado da Nissan Motor. Entre outras coisas, Fujimoto enfatiza que o sistema de desenho aprovado tem sido uma prática comum em empresas automobilísticas e que a Toyota pegou o método, elevou-o a um "sistema", através de documentação, e refinou-o, transformando-o em um método que beneficia ambos, fabricantes e fornecedores automotivos. Esclarece, ainda, que a documentação sobre a prática da Nissan Motor estava atrás da Toyota em cerca de dez anos e que os desenhos aprovados da Nissan procuravam envolver múltiplas tarefas sobrepostas entre a Nissan e seus fornecedores, com o resultado de que a Nissan nunca foi capaz de extrair tanto benefício do sistema quanto a Toyota.

O trabalho de projeto envolve, gradativamente, desde as imagens e as ideias "pouco definidas" de projetistas até as operações cada vez mais concretas e criativas. Eliminar parte dessa evolução e realizá-la fora da empresa, inevitavelmente, cria a necessidade de uma comunicação mais próxima. Como resultado, a prática estabeleceu-se a partir da necessidade de ter engenheiros de fornecedores de peças estabelecidos em fabricantes de automóveis.

As condições sob as quais engenheiros de fornecedores de peças permanecem na Toyota variam, dependendo da peça em questão, mas, em geral, entre cinco e oito gerentes de projeto assistentes ficam como residentes estabelecidos, durante um período de um a dois anos, sendo que "experimentalistas" são solicitados a passar períodos mais curtos, quando necessário. Os custos (salários) desses residentes são divididos, sendo a parte da Toyota paga em uma única vez.

Outras empresas também utilizam esse sistema de fornecedores de peças residentes. Mas, nelas, os fornecedores residentes trabalham com engenheiros de fabricantes de carros e são, geralmente, tratados como funcionários em designações temporárias. Contudo, em muitos casos, a residência de engenheiros de fornecedores de peças é considerada como um tipo de "treinamento" pela empresa de carros. Algumas vezes, também, o fabricante de carro não paga as despesas dos engenheiros residentes, sob o pretexto de que os custos do fornecedor estão incluídos no preço de compra das peças, durante a produção em massa.

Sobre isso, a visão da Toyota pode ser assim expressada:

Quaisquer disputas ou desavença entre os fornecedores de peças e os fabricantes de carros repercutirão e ocultarão os detalhes de problemas. Isso privará a empresa de oportunidades de melhoria, então, valores para trabalho executado são pagos estritamente por razões comprovadas e de uma só vez. O papel do fabricante de carro é o desenvolvimento, e o papel do fornecedor de peças é o projeto de peças. Quando os funcionários do fornecedor são tratados de maneira similar aos funcionários da Toyota, surge um tipo de "cumplicidade", que reduz o desempenho da engenharia. E é por isso que uma linha clara é traçada entre os dois.

Política de terceirização de peças

Shoichiro Toyoda afirmou: "Se não fabricamos uma peça, perdemos o entendimento de seu custo, a menos que tenhamos, no mínimo, a compreensão das tecnologias envolvidas. Devemos terceirizar depois de termos certeza de que podemos fazer a peça nós mesmos, a qualquer momento".

Diz-se que a Toyota estabeleceu seus critérios para a mudança de um sistema de desenho aprovado em termos de seus critérios para terceirização de projetos. Isso pode ser expresso, conforme segue: assegurar que a terceirização de projeto de peças não sugue as forças técnicas da Toyota ou leve embora o seu *know-how* básico. Consequentemente, o trabalho de projeto não deve ser terceirizado de maneira frívola, apenas com o propósito de economizar recursos de desenvolvimento internos.

Logo, na Toyota, a decisão de terceirizar trabalhos de projeto é tomada após avaliações prévias e confirmações, a fim de garantir que isso não diminuirá as forças técnicas da empresa. A política de terceirização fundamental da Toyota, em outras palavras, pode ser expressa como "criar tecnologias, internamente, e produzir peças, externamente".

Ao final da década de 1980, a Toyota respondeu à oferta da Nippon Denso quanto a se encarregar de sistemas eletrônicos, afirmando que a tecnologia de peças era uma coisa, mas que a Toyota cuidaria de sistemas. E, apesar de a Nippon Denso ser uma forte aliada da Toyota, esta deu andamento à criação de uma fábrica de semicondutores, em Hirose, para fabricar componentes tão sofisticados quanto painéis de circuitos de microcomputadores. Esse exemplo mostra o profundo comprometimento da Toyota com o princípio de "criar tecnologias, internamente, e produzir peças, externamente".

Portanto, a Toyota terceiriza quase todas as peças, uma vez que é capaz de projetar e produzi-las de acordo com a sua vontade. E, através da supervisão subsequente e do apoio de seus fabricantes de peças, organiza-se para evitar que suas capacidades de tecnologia de projeto de peças se deteriorem.

A Toyota lançou uma revolução na produção, em um grau surpreendente. Pela primeira vez na história da fabricação de carros no mundo, ela produz pneus dentro da planta automotiva e os fornece diretamente para a linha de montagem... Acima de tudo, o sistema que a Toyota utiliza, agora, torna possível reduzir custos, substancialmente. Estima-se que a Toyota é capaz de manter o custo de fornecimento de pneus a menos de 50% do que outros fabricantes automobilísticos pagam. Isso está levando a um realinhamento desesperado na indústria de pneus e existe uma significativa possibilidade de que desencadeie um corte drástico no preço de pneus. E pode ocasionar uma importante reestruturação na indústria de pneus, em todo o mundo. (8 de maio de 2000. Nikkei Business)

Outra característica marcante do relacionamento entre a Toyota e os fabricantes de peças é que, a princípio, a Toyota emite pedidos para múltiplas empresas. Os pedidos para uma única peça ou peças similares são sempre enviados para dois ou mais fornecedores (incluindo os fabricantes internos da Toyota). Juntamente com a minimização dos riscos e a proteção contra problemas imprevistos ou defeitos, existe a intenção de elevar as competências técnicas dos fornecedores de peças, levando-os a competir entre si. Essa prática resulta em preços de compra mais baixos, mas esse não é o único objetivo. Muitas empresas irão forçar preços mais baixos, mas relaxarão tão logo os obtenham. Quando os preços caem para as peças da Toyota, a empresa se esforça para descobrir a razão. Isso ocorre porque é mais valioso entender por que os preços caem do que o contrário.

Os "relacionamentos contínuos" referidos nas Normas de Compra de 1939, da Toyota, aplicam-se, atualmente, para regular mudanças e mudanças menores. Para modelos novos, os pedidos são considerados sob uma base competitiva. Contudo, assim mesmo, tal competição não oferece peso indevido ao preço. Como ilustrado no Guia do Fornecedor (descrito mais tarde), as concorrências para escolher fornecedores avaliam a "força administrativa global, incluindo as atitudes do presidente da empresa".

Fora da Toyota, existem muitas empresas que adotaram políticas de fornecimento de múltiplos fornecedores, com base no modelo da Toyota. Contudo, em função de considerarem, demasiadamente, o custo competitivo e a expansão de relacionamentos de negócios, elas, em geral, terceirizam itens em três ou quatro fornecedores, mesmo para modelos de produção de baixo volume. Isso deveria levar a custos mais elevados, mas, na verdade, os negócios são realizados com custos baixos. Em outras palavras, alguma coisa está errada, em algum lugar, e a prática invariavelmente leva a problemas financeiros. A Toyota estabelece padrões de demanda, de maneira extraordinária, para seus fornecedores, mas deseja, ainda, que seus fornecedores lucrem.

Como explicamos em detalhes, a Toyota move-se rumo a um ganho de maior volume, através de sua campanha CCC21. Em conexão com isso, a Toyota está revisando sua política de pedidos a múltiplos fornecedores e mudando para um sistema de terceirização de fornecedor único.

Atividades da Associação de Fornecedores da Toyota

Qualquer discussão a respeito da gestão de compras da Toyota não pode deixar de mencionar as atividades de Kyohokai e Hoeikai, associações formadas por fornecedores da Toyota. O livro de 1988, de Yoshinobu Sato, *The Toyota Group: An Analysis of Strategy and Substantiation*,[28] fornece detalhes sobre esse assunto, mas apenas um exemplo será citado aqui.

As associações de fornecedores da Toyota reúnem gráficos sobre a organização de gestão de fabricantes de peças, que estão conectados a um quadro de estrutura de gestão da Toyota, e que tornaram propriedade comum do grupo. Por volta de 1985, criaram um Quadro do Sistema de Desenvolvimento de Projeto para fornecedores de peças que corresponde às Orientações de Garantia de Qualidade da Toyota e aos Guias de Utilização de Análise Crítica de Projeto.

Em 1988, compilaram e implementaram um Manual de Atividades de Planejamento de Custos para fornecedores de peças, que corresponde às Normas de Controle de Custos da Toyota.

Tais atividades desenvolveram sistemas para fábricas parceiras que se conectam ao sistema da Toyota, com o resultado de que todo o grupo Toyota possui um sistema único para garantia de qualidade e gestão de custos. O fato de que a Toyota tenha criado essa situação significa que a gestão da cadeia de suprimentos (GCS/SCM) foi implementada há tempos na empresa. Outros grupos de empresas não podem realizar uma gestão de cadeia de suprimentos eficaz, por não possuírem, antes de tudo, quadros de sistemas de controle de qualidade ou quadros de sistemas de gestão de custos.

POLÍTICAS DE COMPRAS

As novas políticas de compra da Toyota estão resumidas de maneira sistemática no *Guia do Fornecedor (para relacionar-se com a Toyota)*, um pequeno livro bilíngue (japonês-inglês), de 60 páginas, mais apêndices, distribuído aos fornecedores de peças que buscam fazer negócio com a Toyota. Esse livreto, é claro, é atualizado anualmente, com a edição mais recente resumida no *website* da Toyota. Tendo em vista que esse guia oferece um excelente entendimento sobre o sistema e a filosofia de compras da Toyota, um esboço de seu conteúdo é apresentado a seguir.

A. Introdução: a Toyota sempre teve como princípio fundamental desenvolver atividades de compras abertas, justas e equitativas para contribuir com a sociedade e com a economia (ênfase adicionada).
B. O Sistema e a Filosofia de Compras da Toyota.
   1. Três Princípios Básicos de Compras.
      a. Competição justa baseada em uma política de portas abertas.
      b. Benefícios mútuos baseados na confiança recíproca.
      c. Contribuição a economias locais, baseada em uma boa cidadania corporativa.
   2. Três Pilares para um Ótimo Sistema de Compras Global.
      a. Sistema de banco de dados de comparação de custos internacionais – para ajudar a prover fornecedores com objetivos de melhoria.
      b. Programas de desenvolvimento de novos fornecedores/novas tecnologias – para engajar novos fornecedores e descobrir novas tecnologias.
      c. Programa de apoio de melhoria para fornecedores atuais – a Toyota auxilia as atividades de aperfeiçoamento de fornecedores.
C. Atividades de Compras da Toyota.
   1. Expansão global de atividades de produção da Toyota.
   2. Organização de compras e sistemas cooperativos.
   3. Lista de itens de compras.
   4. Características de produtos procurados pela Toyota.
   5. Atividades de descoberta ativas da Toyota (programas de desenvolvimento de novos fornecedores/novas tecnologias).
   6. Perfil de fornecedores buscados pela Toyota (tecnologia, entrega, produção, qualidade, custo); o que a Toyota deseja de fornecedores (filosofia básica).
D. Método de Promoção de Vendas.
   1. Endereço de contato, que a Toyota deseja saber quando faz contato – resumo de produtos prometidos e detalhes da empresa.
   2. Resumo do contato inicial.
   3. Resumo da apresentação.

E. Características de Desenvolvimento e Produção da Toyota (sistemática).
F. Processo de compras (peças originais, materiais) – sistema de atividades de fornecedores ligado a processo de desenvolvimento da Toyota.
   1. Passos de planejamento.
   2. Passos de fabricação de protótipo.
   3. Passos de produção em massa/preparação de produção em massa.

(Ref.: Critérios de seleção de fornecedor da Toyota. Além das capacidades gerais de implementação em áreas de qualidade, custo e entrega, as atitudes de gestão são incluídas nos critérios de seleção).

A. Processo de Compra (peças de manutenção e acessórios)
B. Processo de Compra (equipamentos, maquinaria, equipamentos de escritório)

Os passos e os procedimentos para possíveis novos fornecedores são explicados, sistematicamente, nesse pequeno livro. Uma vez que se tenha esclarecido o que as empresas precisam fazer, a fim de negociar com a Toyota, críticas a respeito de um sistema *keiretsu* fechado não são mais aplicáveis.

Além disso, o livreto e o formulário de contato anexo, que estabelece os itens que precisam ser preenchidos para contatar a Toyota (o formulário também está disponível no *website* da empresa), permitem a possíveis fornecedores olhar para si mesmos e verificar se possuem as capacidades necessárias para realizar negócios com a Toyota. Isso, efetivamente, elimina a perda de tempo para ambos os lados.

De qualquer maneira, como declara a Toyota no início desse livro para contato, o conteúdo da informação mudou muito pouco com o passar dos anos. Os fabricantes de peças sempre estiveram livres para expor seus produtos à Toyota, e as empresas hábeis têm sido capazes de se unir ao grupo de fornecedores da Toyota. As empresas que sugeriram estabelecer preços de seu próprio jeito, no sistema de fornecedores, foram avisadas para não sobretaxarem a si mesmas e não foram autorizadas a entrar.

FABRICAÇÃO (O SISTEMA TOYOTA DE PRODUÇÃO)

O sistema de fabricação da Toyota refere-se ao Sistema Toyota de Produção, criado por Taiichi Ohno. Como existem muitos estudos e livros explanatórios sobre o Sistema Toyota de Produção, o presente trabalho abordará apenas os pontos importantes relativos à introdução do sistema na empresa.

O excerto a seguir resume os fatores-chave do sucesso do Sistema Toyota de Produção (STP).

1. O sistema reduz custos de maneira ampla, pela implacável eliminação de desperdício. A filosofia fundamental do sistema é questionar como a eficácia global pode ser aumentada, ao invés de buscar eficácias parciais.

2. Os dois pilares do sistema chamam-se *just-in-time* (no tempo certo) e *jidoka* (automação).
3. O STP é um sistema de produção que trabalha para: (1) criar somente o que é necessário, quando necessário e na quantidade necessária; (2) ter cada processo *downstream* puxando o que necessita de cada processo *upstream*; e (3) ter o mínimo de pessoas.
4. **Produção nivelada:** as quantidades e as variedades de produção por hora são balanceadas para todos os processos.
   Sincronização: todo o processo está munido de um sistema para não permitir que o mesmo produza muito rápido.
   Automação: as linhas são programadas para parar sempre que situações anormais ocorram.
   Gerenciamento visual: tudo está organizado para que possa ser compreendido imediatamente (p.ex., utilizar *kanban* e *andon*).
5. (A) Os tempos de troca de início (*setup*) são estabelecidos tão reduzidos quanto possível, a fim de minimizar o tamanho dos lotes. (B) Matrizes e ferramentas são sempre simples e de baixo custo.

Apesar da fama do Sistema Toyota de Produção e da abundância de literatura a respeito dele, muito poucas empresas o adotaram em sua totalidade.

Robert Eaton, ex-presidente e diretor-executivo da Chrysler, que já foi um dos três maiores fabricantes de carros dos Estados Unidos, declarou, em uma entrevista, no início de 1994: "Atingimos uma eficácia de produção igual à dos fabricantes japoneses. Não temos nada mais a aprender com a Toyota". O comentário de Eaton foi inspirado por mudanças na Chrysler, que ocorreram quando ele contratou consultores para introduzir o Sistema Toyota de Produção em sua empresa. A Chrysler, subsequentemente, obteve sucesso no amplo alcance de aumentos de produtividade.

Entretanto, alguns meses mais tarde, um executivo da Chrysler visitou a fábrica da Toyota, em Kentucky, afirmando que desejava "verificar se a Chrysler havia aprendido tudo que podia com o Sistema de Toyota Produção". Desde as primeiras horas da manhã, ficou andando pela fábrica toda e, assim que foi embora, fez a seguinte avaliação: "Este foi, verdadeiramente, um dia exaustivo. Confirmei que, de fato, a Chrysler não aprendeu nada com a Toyota" (*Nikkei Business,* 10 de abril de 2000).

Michikazu Tanaka, ex-diretor administrativo sênior da Daihatsu Kogyo, que foi treinado pessoalmente por Taiichi Ohno, descreve as principais características do Sistema Toyota de Produção da seguinte maneira: "Em termos de resultados, envolve a redução de materiais em processo, o aumento de produtividade e a redução de custos. Mas o real objetivo é trazer à luz as capacidades de cada indivíduo. O objetivo maior é estimular a motivação das pessoas" (Shimokawa, Koichi e Takahiro Fujimoto, 2001. *The Starting Point of the Toyota System*).[29]

Yoshiro Wakamatsu e Tetsuo Kondo, em *Building People and Products the Toyota Way* (2001), e Masaharu Shibata e Hideharu Kaneda, em *Toyota Shiki Saikyo no Keiei* (2001), apresentam os mesmos argumentos.

Embora semelhantes, não parecem ser suficientes para tornar possível a adoção do Sistema Toyota de Produção. Por exemplo, a noção de que manter estoque é ruim ou a ideia de possuir cordões de parada, para deter a linha de produção quando um problema ocorre, deve-se mais à maneira de ver as coisas – a um ponto de vista ou perspectiva – do que à "formação das pessoas".

O pensamento convencional nos levaria a concluir que estoque é necessário para dar fluidez à produção ou que a eficácia total é maior quando corrigimos todos os problemas que ocorrem na linha, imediatamente após acontecerem.

Então, afinal, qual é a "visão" fundamental do Sistema Toyota de Produção?

A pergunta pede uma explicação convincente e compreensível. Sem um entendimento básico desse ponto, até podemos adotar o Sistema Toyota de Produção, mas não seremos capazes de aplicá-lo e, portanto, seremos incapazes de criar uma versão dele que supere outras empresas. Se não podemos aplicá-lo, então nada funcionará.

Taiichi Ohno oferece parte da resposta: "Há um segredo para a tecnologia de chão de fábrica, exatamente como há um segredo para um malabarismo ou para um truque de mágica. E eu lhe contarei o segredo. Para fugir do desperdício, treine seus olhos para encontrá-lo e, então, pense em como se livrar dele. Faça isso várias e várias vezes, sempre, em todo lugar, implacável e incessantemente".

Todavia, Ohno não explica o que quer dizer com "olhos que podem descobrir o desperdício"; logo, não revela o segredo. O Sistema Toyota de Produção permanece como sempre, de difícil compreensão.

Um livro que vai ao âmago do problema é *Toyota's Profit System – a Thorough Study of Just-in-Time* (1993),[30] escrito por Noboru Ayuse, ex-funcionário da Toyota. A perspectiva de Ayuse sobre o STP pode ser resumida conforme segue:

- Existem duas fontes de lucro na produção. Uma é a geração de valor excedente, e a outra é o giro do capital.
- O que o Sistema Toyota de Produção faz, essencialmente, é aumentar a taxa de giro de capital (ou seja, recursos investidos *versus* vendas). É uma questão de quantas vezes você passa pelo ciclo de venda ou de aumento de taxa de utilização de capital. Ser flexível, responder rapidamente a circunstâncias de mudança e reduzir estoques são meios de atingir isso.
- O taylorismo e o sistema Ford buscam aumentar a eficiência. A eficiência é o coeficiente de recursos investidos por volume de produção, ou "produtividade". Não há enfoque sobre o que gerou vendas ou não, somente em quanto está sendo produzido. A Ford poderia produzir, eficientemente, de maneira uniforme, os modelos pretos T, mas a redução dos custos de fabricação seria insignificante, a menos que os carros fossem vendidos.

- O Sistema Toyota de Produção, então, é um sistema que se concentra em fabricação rápida de produtos que vendem. Essa perspectiva básica é o que resultou em ideias como nivelamento, SMED, fluxo de peça única, cordões de parada, taxa de disponibilidade (não taxa de operação, mas a disponibilidade de operar em qualquer hora). É por isso que o Sistema Toyota de Produção surge após o taylorismo, e o Sistema Ford foi considerado revolucionário.

Mesmo quando estava na Toyota, Ayuse via a empresa a partir de uma perspectiva objetiva de um indivíduo externo. Começou escrevendo a obra precursora do livro, publicada internamente, *The Toyota System – A Toyota-style Production System for the Purpose of Cost Reduction*,[31] pois suspeitava, vagamente, de que algo estava errado. É difícil para alguém da Toyota explicar os fatos, de tal forma que indivíduos externos à empresa possam compreendê-los, mas o livro de Ayuse faz isso em função da postura objetiva do autor.

VENDAS

Shotaro Kamiya é o grande responsável pelo estabelecimento do sistema de vendas da Toyota. Em 1935, quando foi reconhecido por Kiichiro Toyoda e saiu da GM do Japão para a Toyota, Kamiya convenceu os distribuidores Buicke, da Chevrolet do Japão, um a um, a mudar para o grupo Toyota. Além disso, quando a Japan Automobile Supply Company (JASC) foi dissolvida, após a Segunda Guerra Mundial, ele conseguiu que líderes do antigo grupo Nissan, em todo o Japão, se transferissem, um após o outro, para o grupo de distribuidores da Toyota. Antes e após a guerra, a lacuna entre as capacidades de vendas da Toyota e as da Nissan era inconfundível. Mais tarde, quando a Toyota Sales se separou da Toyota Motor, Kamiya tornou-se presidente da Toyota Motor Sales e, proclamando sua famosa filosofia de vendas "usuários primeiro, depois distribuidores, depois o fabricante", veio a ser conhecido como o "deus das vendas".

Em seu livro *Toyota Management Rules*,[32] Yoshimasa Kunisaki, de maneira concisa, faz um resumo das normas de vendas que Kamiya formulou:

Norma de venda nº 1: venda é diferente de vender produtos. Venda é criar condições que facilitam o vender.

Norma de venda nº 2: você não produz coisas e então as vende. Você produz coisas para pessoas que as compram.

Norma de venda nº 3: a confiança em um produto surge da confiança nas vendas.

Norma de venda nº 4: o relacionamento entre fabricantes e distribuidores é de coexistência e prosperidade mútua.

Norma de venda nº 5: as vendas não devem restringir investimentos.

Norma de venda nº 6: "esforço excessivo" é, algumas vezes, exigido para aproveitar o tempo exato para o negócio.

Norma de venda nº 7: sempre questione o que você deveria estar fazendo para vencer a competição por vendas.

Norma de venda nº 8: nem mesmo os pedidos de países pequenos devem ser menosprezados.

Norma de venda nº 9: esteja certo de que você pode sempre cobrir sua linha principal de trabalho quando buscar outros negócios.

Essas normas foram compiladas durante uma era de *marketing* voltado para produção, em que os fabricantes podiam vender qualquer coisa que fossem capazes de produzir. Entretanto, o pensamento de Kamiya vai além do *marketing* voltado para vendas, volta-se para o conceito de *marketing* voltado para o cliente. Foi uma ideia extraordinariamente progressista.

Apoiada por essa poderosa rede de vendas, a Toyota acumulou uma participação de 43,3% do mercado doméstico, em 2000. Porém, essa rede de vendas aparentemente sólida origina uma percepção de crise na Toyota, uma situação observada pelos editores do *Weekly Diamond*,[33] conforme se vê em *Toyota Management: The Law of Winner Takes All* (2001):[34]

> Um executivo de nível médio, do departamento de vendas, afirma: "Ver os distribuidores como distribuidores os coloca na categoria mais baixa de todas". Não estão sendo tomadas providências suficientes, diz ele, para responder a mudanças estruturais entre os consumidores ou para fortalecer a cadeia de valor (ou seja, para agregar valor e acumular lucro depois que novos carros são vendidos). Tais mudanças estruturais, inevitavelmente, tornam-se cargas pesadas ao grande número de vendedores e postos de venda que apoiam a competitividade. Como confessa o presidente de um distribuidor da Região de Kanto: "Estou preocupado, pois, dentro de cinco anos, a Honda e outras empresas, que possuem um número menor de distribuidores e pessoas, podem inverter a situação para o lado delas, ultrapassando a Toyota".

Dizem que o sistema japonês de vender carros certamente está muito atrás de seu similar dos Estados Unidos. É por isso que a racionalização do estilo Toyota foi aplicada ao sistema de vendas do estilo Kamiya, quando a Toyota Motor e a Toyota Motor Sales se fundiram, em 1982.

Shoichiro Toyoda explicou isso no 67º Simpósio de Gestão da Qualidade, patrocinado pelo Sindicato de Cientistas e Engenheiros Japoneses, em 1998:

> Deixem-me dar um exemplo de um distribuidor específico. Quando estamos falando de vendas, a ênfase é sempre na participação de mercado e no número de veículos vendidos, então há uma tendência em gastar dinheiro, a fim de se diferenciar. Mas isso, necessariamente, não contribui para uma organização mais saudável, no longo prazo. Esse distribuidor específico não obteve muito sucesso em suas tentativas constantes de melhorar o processo entre vender um carro e recuperar o pagamento e de reduzir custos e retornar lucros aos clientes, em uma oferta para melhorar, literalmente, a SC (satisfação do cliente).

> *Nesse momento, ele reúne uma equipe, incluindo especialistas em kaizen de fabricação, para melhorar o fluxo de materiais para novos veículos e serviços. Essa equipe obteve sucesso no alcance de resultados, que até então pareciam impossíveis: diminuíram o tempo entre o recebimento do pedido e a entrega do veículo, mantiveram 100% das entregas a clientes no prazo e recuperaram, aproximadamente, 100% dos pagamentos. Uma cultura de melhoria contínua arraigou-se nesse distribuidor e está começando a penetrar em toda a organização. Estamos começando a ver muitos distribuidores como esse.*

A equipe, incluindo os especialistas em fabricação, que fez melhorias nas operações do distribuidor foi a Unidade de Apoio a Melhorias de Negócio, orientada pelo filho mais velho de Shoichiro Toyoda, Akio Toyoda.

A Unidade de Apoio a Melhorias de Negócio foi criada dentro da divisão de vendas, em janeiro de 1996. Seu propósito era introduzir o Sistema Toyota de Produção na divisão de vendas, a fim de aumentar a eficácia da distribuição e das vendas e diminuir prazos. A distribuição de carros usados passou a ser o primeiro foco da Unidade de Apoio a Melhorias de Negócio. Na época, levava quá 40 dias para transformar um carro usado em dinheiro, quando esse era recebido na troca. Para acelerar essa conversão, um sistema foi estabelecido para distribuidores de carros em outros distribuidores, através de terminais de rede de informações. À medida que esse sistema se desenvolveu, foi conectado ao *website* Gazoo, que oferece informações sobre carros novos e usados na Internet.

O Gazoo é um sistema de informações cujo propósito é eliminar o máximo possível de desperdício em distribuição e venda e aumentar a eficácia do negócio. Seu objetivo maior é conectar, diretamente, o sistema de informações do departamento de produção para atingir a total fabricação sob pedido. Dessa forma, o Sistema Toyota de Produção está a um passo de uma importante revolução em distribuição e vendas.

Notas

1. O Capítulo 3 (Automobile Planning Methods), do primeiro volume do Handbook of Automotive Engineering (Jidosha kogaku benran), publicado pela Japan Society of Automotive Engineers, em 1984, descreve, sistematicamente, processos de planejamento, projeto, desenvolvimento e preparação para produção de um automóvel e apresenta uma breve discussão de estratégias de marketing. O presidente do comitê editorial do capítulo e todos seus oito autores são funcionários da Toyota, então, é justo supor que o capítulo descreve métodos de trabalho da Toyota. No tratamento parcial um tanto incoerente da estratégia de marketing, podemos observar a influência da Toyota Motor Sales. Embora os detalhes técnicos sejam um pouco obsoletos, o capítulo oferece um bom entendimento sobre os métodos de trabalho da Toyota. O Handbook of Automotive Engineering é recomendado como leitura complementar para quem estiver interessado em mais detalhes.
2. *Kyosoryoku no honshitsu.*

3. A edição japonesa do livro de Sloan, *My Years with GM* (Diamond, 1967), está esgotada, mas uma versão resumida foi publicada, em partes, na *Diamond Harvard Business Review (Daiyamondo Habado Bijinesu Rebyu)*, em séries que iniciaram em janeiro de 2002.
4. *Shinsei Toyota—hito to senryaku.*
5. *Seihin Kaihatsuryoku.*
6. *Seisan Shisutemu no Shinkaron.*
7. *Toyota Seisan Hoshiki.*
8. *Maruchipurojecuto Senryaku.*
9. *Toyota Hoshiki ni miru Shisutemu Saikochiku.*
10. *Toyota Jidosha Shusa Seido.*
11. *Toyota o Shiru to iu Koto.*
12. Para detalhes a respeito de cada uma das ferramentas utilizadas no processo de desdobramento de qualidade descrito, por favor, recorra a documentos de qualidade especializados.
13. *Seihin kaihatsu to hyojunka kanri (in Jidosha Gijutsu).*
14. *yoko tenkai.*
15. *Shukan Toyo Keizai.*
16. *Nikkei Mekanikaru.*
17. *Seihin kikaku dankai kara susumeru Toyota no buhin kyotsuka.*
18. *Satoshi Kuroiwa. Nijuisseiki ni muketa Jidosha Kiban no Seibi ni Mukete (Jidosha Gijutsu).*
19. *Giho ni yoru—Seihin Kosuto Daun Manyuaru* [Manual of Cost Reduction using VRP Techniques].
20. *Tôtaruka o siko suru buhinhyo joho no toroku—kanri shisutemu.*
21. *Seihin Kaihatsuryoku.*
22. *Seisan Shisutemu no Shinkaron.*
23. *Totaruka o siko suru buhinhyojoho no toroku—kanri shisutemu.*
24. *Toyota no hoshiki.*
25. *Seisan Shisutemu no Shinkaron.*
26. Observação do autor: O termo "desenho aprovado" (*shoninzu*) não está, atualmente, em uso, e muitas empresas utilizam equivalentes como "desenho recebido" *(juryozu)*. Neste livro, referimo-nos a esses termos, de maneira coletiva, por meio da antiga denominação de "desenho aprovado".
27. Um fornecedor de eletrônicos.
28. *Toyota Gurupu no Senryaku to Jissho Bunseki.*
29. *Toyota Shisutemu no Genten.*
30. *Toyota no shueki shisutemu—jasuto-in-taimU no tettei kenkyu.*
31. *Gen/ca Teigen no Carne no Toyota-shiki Seisan Shisuternu shisuternu.*
32. *Toyota no keiei hosoku.*
33. *Shukan Daiyarnondo.*
34. *Toyota Keiei Hitorigachi Hosoku.*

PODER DO PRODUTO E PODER DA MARCA 5

Nos capítulos anteriores, adotamos um olhar sistemático, de baixo para cima, sobre a infraestrutura do Sistema de Gestão da Toyota. A adequação da infraestrutura de uma empresa pode ser considerada de duas maneiras: pelo poder de seus produtos (isto é, se os produtos e serviços produzidos pelas atividades corporativas interessam ou não ao cliente) e pelo poder de sua marca (se a empresa é ou não atraente aos consumidores). Neste capítulo, examinaremos o poder dos produtos e da marca da Toyota, a fim de julgar a adequação de sua infraestrutura.

PODER DO PRODUTO

Índices para a avaliação do poder dos produtos

Citar avaliações feitas por organizações terceirizadas é um meio apropriado de fazer julgamentos objetivos. Da década de 1970 à de 1980, o grupo norte-americano de consumidores Consumer Union e o instituto de pesquisa de mercado J.D. Power and Associates desenvolveu índices independentes de produtos, publicando os resultados em suas revistas e na Internet.

Desde 1986, o instituto J.D. Power conduz pesquisas independentes sobre automóveis, enviando questionários para os consumidores norte-americanos em geral e publicando os resultados de suas avaliações por tipo de utilização de veículo e por categoria de modelo. Através de uma ampla investigação de dados sobre a "satisfação do consumidor", classifica não só a qualidade do produto mas também as atitudes dos vendedores e dos serviços pós-vendas. Com relação à qualidade, as avaliações do J.D. Power são mais técnicas – também reúnem dados periféricos necessários à resolução de problemas. Isso ajuda a explicar por que, em anos recentes, as companhias automobilísticas prestam crescente atenção às informações do instituto J.D. Power e por que a mídia tem se interessado pelas avaliações da empresa.

Neste capítulo, nós nos deteremos nos cinco índices incluídos nas análises do instituto J.D. Power e em relatórios publicados para automóveis.[1]

Análise da Qualidade Inicial (AQI) – (IQS/Initial Quality Study)

Medido após 90 dias de propriedade do veículo, esse índice considera defeitos, funções mal executadas e outros itens de qualidade testados pelos consumidores e classifica-os em termos de problemas a cada 100 veículos.

Índice de Dependência de Veículo (IDV) – (*VDI/Vehicle Dependability Index*)

Esse índice investiga o número de defeitos, funções mal executadas e outros itens de qualidade que o consumidor experimenta após quatro ou cinco anos de propriedade do veículo e classifica problemas para cada 100 veículos.

APELO (Desempenho, Execução e Visual do Automóvel) – *APEAL (Automotive Performance, Execution and Layout)*

Medido após 90 dias de propriedade do veículo, esse índice investiga o grau de satisfação do consumidor em relação às particularidades de design e estilo, manejo e condução, desempenho de motor e de transmissão, conforto e conveniência do veículo. Os resultados são publicados enquanto escores para cada 100 veículos.

Índice de Satisfação de Vendas (ISV) – *SSI (Sales Satisfaction Index)*

Após a aquisição do veículo, os consumidores respondem a pesquisas sobre itens como processo de compra, atitude do vendedor, acompanhamento na entrega do veículo, avaliação de preço e financiamento e processos de seguros. As respostas são estatisticamente processadas, a fim de produzir um índice de satisfação do cliente com vendas.

Índice de Satisfação do Cliente (ISC) – *CSI (Customer Satisfaction Index)*

Medido após três anos de propriedade do veículo, o ISC calcula o grau de satisfação com o serviço de venda através do processamento estatístico de avaliações de desempenho do departamento de vendas em relação aos clientes e experiências com reparos e garantias. Esse índice centra-se em itens de conveniência, como dias e horas necessários ao desempenho do serviço, área de trabalho e facilidade para marcar reuniões.

O impacto das avaliações terceirizadas

Em 1976, Paul Bender publicou resultados de pesquisa extremamente influentes que mostravam uma proporção de um para seis entre o custo de atendimento a clientes existentes e o custo de aquisição de novos clientes. O custo de tornar um cliente normal em um cliente habitual (*repeater*), em outras palavras, é de apenas um sexto do custo de aquisição de um novo cliente.

Em uma pesquisa conduzida de 1975 a 1980, o Escritório de Assuntos do Consumidor do Departamento de Comércio norte-americano registrou, pela primeira vez, a existência qualitativa de um efeito "boca-a-boca" através do qual clientes habituais apresentavam produtos, marcas e vendedores a outros consumidores.

Em 1986, o Programa de Pesquisa de Assistência Técnica (*ATARP/Technical Assistance Research Program*) conduziu um estudo sobre o comportamento de clientes, nos Estados Unidos, que se mostravam insatisfeitos com defeitos, funções mal executadas e outros problemas básicos de qualidade funcional.

Os resultados da pesquisa mostraram que 90% dos clientes iam embora sem dizer nada e não retornavam. Além disso, 85% dessas pessoas falavam de sua insatisfação para, ao menos, nove outras pessoas, e 15% expressavam sua insatisfação para outras 20 pessoas.

Essa série de teorias e dados é corroborada na indústria automobilística pela pesquisa realizada pelo instituto J.D. Power sobre a relação entre os escores ISC/CSI e as intenções dos clientes quanto a repetir uma compra, bem como sobre a relação entre os escores ISC e o efeito boca-a-boca. Isso é mostrado nas Figuras 5.1 e 5.2, respectivamente, e cada uma delas apresenta uma correlação positiva.

A consciência da empresa quanto ao serviço prestado aos clientes aumentou com a publicação de vários resultados de investigação científica sobre o assunto.

A publicação de dados sobre índices de produtos pela revista *Consumer Reports* (publicada pela Consumers Union) e pelo instituto J.D. Power aumentaram o interesse nessa área. Novos clientes não são atraídos pelos carros comercializados por empresas com índices abaixo da média e os clientes existentes desaparecem. Novos clientes são naturalmente atraídos pelos carros de empresas no topo das vendagens, e esses carros são os desejados pelos clientes existentes.

Devido ao impacto provocado pela publicação dos dados da *Consumer Reports* e do instituto J.D. Power, tanto no índice de compra de novos clientes quanto no

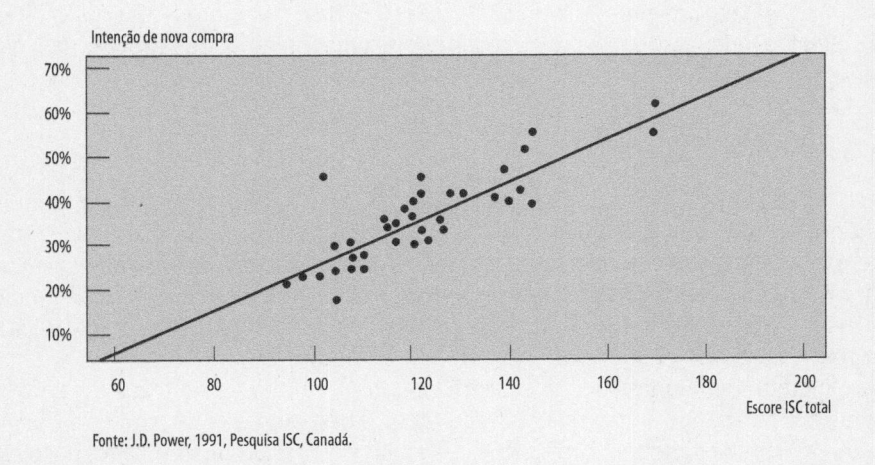

Fonte: J.D. Power, 1991, Pesquisa ISC, Canadá.

Figura 5.1 Escore ISC e intenção de nova compra.

Fonte: J.D. Power, 1991, Pesquisa ISC, Canadá.

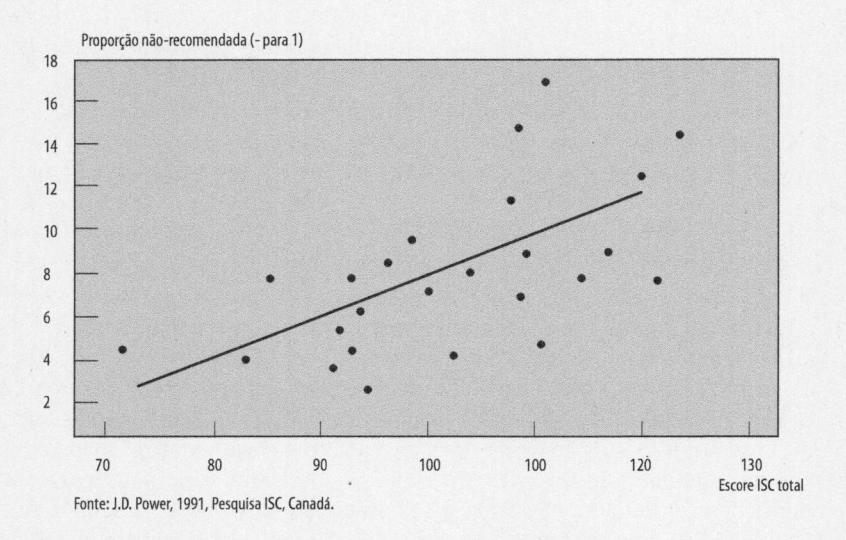

Figura 5.2 Escore ISC e o efeito boca-a-boca.

índice de retenção de clientes habituais, as empresas de carros japonesas, no final da década de 1980, começaram a centrar esforços visando ao aumento de seus índices ali constantes. As companhias demonstraram particular energia no aperfeiçoamento dos índices analisados pelo instituto J.D. Power, uma vez que esses dados se baseavam em avaliações técnicas. O esforço para aumentar os escores divulgados pelo instituto também resultou em uma melhoria dos escores da *Consumer Reports*.

A iniciativa da Toyota

Dos cinco critérios de avaliação desenvolvidos pelo instituto J.D. Power, o mais antigo, iniciado em 1986, é a AQI/IQS. Uma vez que esse é o mais fundamental item de avaliação de funções iniciais mal executadas, todas as companhias de automóveis começaram a melhorar seus escores AIQ. Esse enfoque é o método mais ortodoxo para a resolução de problemas assinalados pela AIQ. No entanto, não trouxe resultados satisfatórios.

Hoje em dia, a qualidade dos carros melhorou tanto que os registros da AQI mostram pequenos e quase imperceptíveis problemas que os clientes dizem ocorrer "ocasionalmente". É da natureza humana tentar produzir uma resposta e, quando se indaga às pessoas se há problemas, elas terminam lembrando mesmo as mínimas ocorrências do passado. Quando há muitos problemas pequenos, itens que surgem "ocasionalmente" nas respostas passam a ser repetitivos. Tão logo você resolve um problema, os consumidores apontarão outros, de diferentes categorias. No final, haverá pouco aproveitamento geral. A fim de melhorar os índices AQI, uma ampla série de itens deve ser voluntariamente levantada, incluindo problemas não detectados pelas pesquisas sobre AQI.

A Toyota não desenvolve quaisquer atividades especiais cujo foco se limite ao índice AQI, que tem sido silenciosamente incorporado em atividades sistemáticas para desenvolver qualidade com base em dados variados, mesmo antes do início das pesquisas do instituto J.D. Power sobre a matéria. A Toyota sempre apareceu no topo dos índices AIQ, porque os dados desse índice estão entre os que já utilizava em relação à qualidade de mercado.

O tópico sobre critérios relacionados à qualidade de mercado é discutido em *Toyota—A History of the First Fifty Years*[2] (1987):

> *No outono de 1978, uma série de demandas relacionada com qualidade surgiu em decorrência das visitas habituais que os executivos da Toyota Motor faziam a seus revendedores. O índice de qualidade havia sido implantado em todas as etapas do processo nas fábricas, mas a ênfase havia sido, inevitavelmente, dada à qualidade funcional. Como resultado, a situação mostrava que os toques de acabamento dos produtos dependiam de novas inspeções dos veículos e do trabalho a ser refeito pelo Setor de Vendas da Toyota ou pelos revendedores.*
>
> *Os responsáveis pelas vendas adotaram, imediatamente, a estratégia de a companhia assegurar a qualidade desde o embarque das encomendas. O que se encontrou, então, foram veículos com o interior sujo, excesso de adesivos no corpo dos mesmos, modelagem imperfeita, e porcas e parafusos inexplicavelmente omitidos. A empresa reviu seus processos de checagem de processos intermediários e tomou medidas para eliminar esse tipo de erro por negligência, introduzindo equipamentos e ferramentas, assegurando mão de obra para verificação da qualidade e organizando um sistema de inspeção.*
>
> *Os resultados desse aperfeiçoamento, entretanto, ainda foram insatisfatórios e, em 1980, os itens críticos foram divididos em categorias, com algumas dessas designadas para melhorias que incluíam, principalmente, ajustes em portas, fiação, partes que estavam erradas ou faltavam e trabalho de pintura. Esses se tornaram itens centrais a serem acompanhados.*

Essas atividades tiveram um impacto enorme sobre as melhorias em AQI. Assim, a Toyota subiu para o topo das avaliações em AQI, porque, ao contrário dos índices do instituto J.D. Power, engajou-se em atividades de aperfeiçoamento que incluíam todos os "itens de qualidade requisitados pelo cliente".

A Toyota também atinge notas altas para IDV/*VDI*. Tanto a AQI quanto o IDV lidam com a "qualidade obrigatória", em outras palavras, eliminando defeitos e problemas que não deveriam constar. Desde os dias de Kiichiro Toyoda, a maioria dos esforços de qualidade se tornou um item obrigatório.

Atualmente, a Toyota se dedica bastante à categoria APELO (qualidade estética), que tem sido investigada pelo instituto J.D. Power desde 1995.

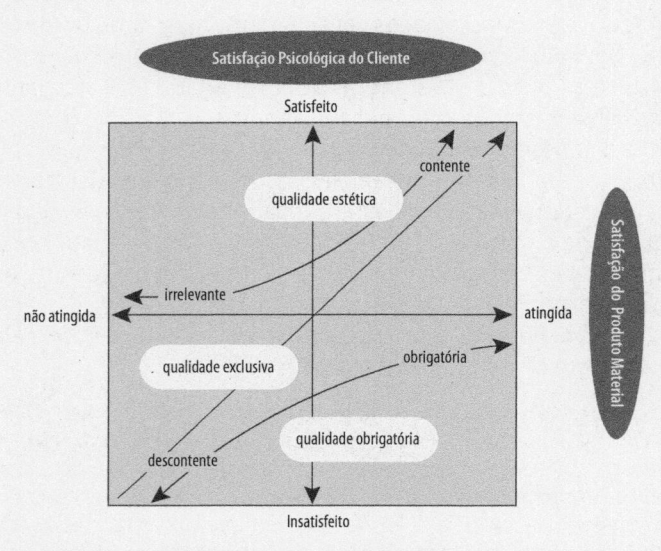

Fonte: Kano, Souriaki et al, 1984. "Attractive Quality and Must Have Quality", Hinshitsu (Quality), v. 14 (2).

Figura 5.3 Qualidade obrigatória e qualidade estética.

"Qualidade obrigatória" e "qualidade estética", apresentadas na Figura 5.3, são conceitos definidos, em 1984, pelo Professor Noriki Kano, da *Universidade de Ciências de Tóquio.*

Qualidade obrigatória é aquela que o cliente espera como natural mesmo quando o produto é mais perfeito, do ponto de vista material, e tem menos problemas do que costumava apresentar. O cliente se mostrará insatisfeito se o produto é defeituoso, e problemas ocorrem. Qualidade estética é aquela cuja ausência os clientes perdoam. Quando a qualidade estética é desenvolvida, por outro lado, os clientes se mostram surpreendidos, impressionados e satisfeitos. Também há outros tipos de qualidade, incluindo a "qualidade de único elemento/qualidade exclusiva", que é flutuante, e a "qualidade indiferente", que o cliente pode aceitar ou não.

A qualidade obrigatória tem uma conotação negativa, pois implica colapsos ou disfunções, enquanto a qualidade estética é positiva e exemplifica o trabalho e a criação humanos. A palavra japonesa para qualidade (*hinshitsu*) denota, principalmente, um aspecto negativo, enquanto, no inglês, ela tem, igualmente, conotações positivas e negativas.

A Toyota dedicou muita energia para acelerar o índice de satisfação do cliente durante o período da bolha econômica, e o mercado desaprovou os modelos Corona e Corolla, "ricos e gordos", que foram desenvolvidos. Por volta de 1993, depois do colapso da bolha, o pêndulo voltou-se, decisivamente, para a direção oposta. A Toyota introduziu seus modelos Tercels, Camrys e Vistas, excessivamente frugais, todos eles criticados pelo mercado. Depois dessa experiência, as pesquisas envolvendo APELO, iniciadas pelo instituto J.D. Power em 1995, tornaram-se perfeitas para a Toyota porque ofereciam um índice objetivo de atratividade de produto.

Com base em um modelo Kano com o índice AQI/*IQS* no eixo horizontal e o índice APELO no vertical, a Toyota anunciou que, dali em diante, enfatizaria essa última área. Em 1996, constituiu um Comitê APELO de Aperfeiçoamento e tentou elevar o nível de conscientização, através de sessões de estudo, discursos presidenciais e encontros informativos para empresas afiliadas. Iniciando em 1997, a companhia expandiu essas iniciativas, ao estabelecer um Comitê de Aperfeiçoamento da Qualidade para o Cliente (*Customer Delight Quality Improvement Committee*), a fim de avaliar modelos representativos em base de testes e, em 1998, estendeu isso a mudanças em modelos para todos os tipos de veículos. O resultado dessas atividades foi uma série de carros da Toyota que obtiveram altos índices na classificação APELO.

A estreita relação da Toyota com o instituto J.D. Power and Associates pode ser traçada desde 1968, ano em que o instituto foi fundado. Desde então, a Toyota quase sempre se manteve um ou dois passos atrás das outras companhias em termos de coleta de dados de avaliação de mercado. Não é preciso dizer que manter a liderança na coleta de informações implica manter a liderança na qualidade dos produtos.

Nos índices do instituto J.D. Power avaliados na primavera de 2001, a GM anunciou, enfaticamente, que havia melhorado seu escore em 11%, se comparado com o ano anterior, e superado a Ford e a Chrysler. Mas os índices da GM a colocaram em quarto lugar, atrás da Toyota, da Honda e da Nissan. Guy Briggs, que dirigiu a Divisão Norte-Americana de Fabricação da GM, afirmou que a GM estava enfrentando a lacuna de qualidade "como se fosse uma doença mortal" (*Nikkei Business*, 3 set. 2001).

Em uma época em que qualquer um pode acessar os índices do instituto J.D. Power na Internet, o comentário de Briggs não é nada surpreendente.

Mas já observamos que a qualidade não é algo que possa ser aperfeiçoado através de contramedidas individuais. Tudo que se refere à qualidade pode ser aperfeiçoado. E, para atingir a qualidade total, o aperfeiçoamento exige melhorias em toda a infraestrutura, como é descrito nos Capítulos 1 a 4. É por isso que a qualidade é chamada de "índice de gestão abrangente". A condição que uma empresa estabelece em qualidade determina a qualidade de gestão da empresa, bem como a qualidade de seus produtos e serviços. Também determina o tempo de vida de sua gestão.

Qualidade Inicial/QI *(Initial Quality/QS)*

A QI/*IQS* envolve questões relacionadas com nove categorias. Também investiga as condições sob as quais os problemas ocorrem (o que, para os fabricantes de carros, são indícios da origem dos problemas), e essas elevam o número de itens analisados para mais de 300.

Os 135 itens básicos examinados incluem questões como: "O volante de direção desliza?"; "O motor perde força?". Indagações sobre as causas de problemas poderiam também incluir itens como: "O volante de direção desliza para a esquerda ou para a direita?"; "O motor perde força quando está quente? Ou quando está frio? Se isso ocorre nas ruas das cidades, é quando se acelera o carro depois de uma parada?".

Resultados de QI em 2005

O Quadro 5.1 apresenta os resultados de QI do instituto J.D. Power (por modelo *top* de cada categoria) para o ano de 2005.

Os produtos da Toyota, incluindo o Lexus, o modelo de luxo da empresa, comercializado no Japão sob os nomes de Celsior e Harrier, entre outros, surge com destaque no topo dos índices de QI, assumindo a primeira posição em 10 segmentos, mais da metade de um total de 18.

Vindo após na classificação dos melhores, está o grupo GM, com quatro segmentos, e a Ford, com dois, envolvendo-se numa boa disputa.

Vale a pena destacar que a Hyundai e a Kia, empresas coreanas, estão em segundo e terceiro lugares na classificação de segmentos. Isso demonstra a melhora

Quadro 5.1 QI em 2005 (melhor modelo por segmento)

Segmento de Carro	Segmento de Utilitário
Carro compacto	Picape de porte médio
Toyota Prius	Ford Explorer Sport Trac
Carro básico de tamanho médio	Picape de grande porte e serviço leve
Chevrolet Malibu	Ford F-150 LD
Carro especial de porte médio	Picape de grande porte e serviço pesado
Buick Century	GM Sierra HD
Carro grande	Veículo utilitário esportivo (SUV) básico
Buick LeSabre	Toyota RAV4
Carro básico de luxo	Veículo utilitário esportivo (SUV) de porte médio
Lexus IS 300/IS 300 Sport Cross	Toyota 4Runner
Carro de porte médio de luxo	Veículo utilitário esportivo (SUV) de grande porte
Lexus GS 300/GS 430	Chevrolet Suburban
Carro especial de luxo	Veículo utilitário esportivo (SUV) básico de luxo
Lexus SC 430	Lexus RX 300
Carro esporte	Veículo utilitário esportivo (SUV) especial de luxo
Scion tC	Lexus GX 470
Carro esporte especial	Van de médio porte
Nissan 350Z	Toyota Sienna

O sombreado indica segmento.
Fonte: J.D. Power, QI, 2005.

de qualidade dos fabricantes de carros coreanos, cujos nomes começaram a despontar entre os três primeiros lugares em 2002. Desde a década de 1980 até o início dos anos 1990, as vendas de carros de fabricantes coreanos estagnaram enquanto suas posições em baixa quanto à classificação de qualidade lhes imputavam a reputação de produto barato e ordinário. O Presidente da Hyundai, Dongjin Kim, manifestou sua confiança nos índices recentes de qualidade, na Conferência Automotiva Internacional de Tóquio, em outubro de 2001, patrocinada pela Nikkei BP. De fato, as vendas de carros coreanos para o mercado norte-americano têm aumentado fortemente desde 2001.

Tendências anteriores do índice AIQ

A Tabela 5.1 apresenta a evolução de várias marcas superiormente colocadas, de 1996 a 2005. Uma revisão desses 10 anos mostra que a Toyota continua a dominar com consistentes índices nas primeiras colocações.

Em princípio, o tamanho de cada amostragem do índice AQI para cada carro é estabelecido para 200 veículos ou mais, o que dá uma margem estatística de erro de mais ou menos 15%. O fato de essa margem se traduzir em, aproximadamente, três classificações do índice AQI daria uma indicação de como o desempenho da Toyota tem se mantido extraordinariamente estável.

Vemos um sólido progresso em matéria por qualidade por parte dos fabricantes de carros norte-americanos. Enquanto a Honda e a Nissan costumavam ocupar o segundo e terceiro lugares na classificação, nos últimos cinco anos, essas posi-

Tabela 5.1 Evolução anterior do índice QI (número de segmentos em que o fabricante obtém classificação superior)

		1996	1997	1998	1999	2000	2001	2002	2003	2004	2005
número de segmentos em que o fabricante obtém classificação superior	1º lugar	Toyota (6)	Toyota (3)	Toyota (3)	Toyota (6)	Toyota (9)	Toyota (7)	Toyota (9)	Toyota (6)	Toyota (7)	Toyota (10)
	2º lugar	GM (2)	Nissan (3)	Honda (3)	Honda (2)	Honda (3)	Honda (2)	GM (4)	GM (4)	GM (3)	GM (4)
	3º lugar	Subaru (1) Nissan (1) Ford (1)	Ford (3)	Ford (3)	Nissan (2)	4 outras empresas (1)	GM (2) Nissan (2)	Ford (2)	Ford (2) Mazda (2)	Honda (3)	Ford (2)
Nº de segmentos		11	10	13	15	14	16	16	16	18	18

Entre parênteses estão os números de segmentos em que os fabricantes atingiram classificação superior.
Os resultados por marca são dados sob o nome do fabricante.

Fonte: J.D. Power, IQS 1996-2005.

ções têm sido substituídas, agora, pela GM e pela Ford. No decurso dos últimos 10 anos, outros fabricantes de carros japoneses e norte-americanos não ocuparam, de forma continuada, os primeiros lugares da maioria das classificações de segmentos.

Premiações para linhas de montagem

A cada ano, o instituto J.D. Power distribui premiações para instalações de linhas de montagem (Assembly Plant Awards) que desenvolvem o mercado norte-americano de carros com índices AIQ elevados. A Tabela 5.2 mostra os premiados em 2005.

A Premiação Platina é dada à melhor fábrica do mundo. As linhas de montagem de altos índices regionais recebem a premiação Ouro, e os estabelecimentos de segundo e terceiro lugares recebem as Premiações Prata e Bronze, respectivamente.

No passado, as fábricas norte-americanas da Toyota, da Honda e de outros fabricantes japoneses dominavam nessas premiações, mas, de 2002 a 2005, as empresas norte-americanas arrebataram essas categorias.

Embora isso possa ser considerado um resultado do aperfeiçoamento dos níveis de qualidade nas fábricas norte-americanas, a Toyota, ainda assim, levou a Premiação Platina por uma diferença de mais de 20 pontos.

Tabela 5.2 Vencedores do prêmio Assembly Plant de 2005

	Premiação	Fabricante	Local, País	Escore
Premiação Platina	Platina	Toyota	Tahara, Japão	59
Sudeste Asiático	Ouro	-	-	-
	Prata	Toyota	Higashi-Fuji, Japão	67
	Bronze	Nissan	Tochigi, Japão	79
Europa	Ouro	Ford	Halewood, Reino Unido	70
	Prata	BMW	Regensburg, Alemanha	79
	Bronze	BMW	Munique, Alemanha	85
	Bronze	Porsche	Stuttgart, Alemanha	85
América do Norte e América do Sul	Ouro	GM	Oshawa #2, Ontário, Canadá	85
	Prata	GM	Oshawa #1, Ontário, Canadá	89
	Bronze	Ford	Hamfrack, MI	90

O escore indica o número de defeitos a cada 100 veículos. O nome do vencedor da premiação Ouro para o Sudeste Asiático está omitido, porque é o mesmo do vencedor da premiação Platina (a fábrica da Toyota, em Tahara).

Fonte: J.D. Power, IQS, 2005.

Índice de Dependência do Veículo/ IDV *(Vehicle Dependability Index/VDI)*

Com base no estudo de nove categorias e de 135 áreas de problemas do índice AQI, pontos IDV derivam-se de questões sobre reparos ou acréscimos em partes críticas que se originam de características afetadas pelo tempo, como deterioração, corrosão, ferrugem, exaustão, perda de elasticidade, ruídos e descoloração.

O IDV é um índice que representa o valor residual de carros usados, isto é, seu preço na troca. Os consumidores têm dado crescente atenção ao índice IDV em anos recentes, porque determina o valor real de um carro novo, ao subtrair-se o preço de troca do preço do carro novo.

Resultados do índice IDV em 2005

As classificações IDV do instituto J.D. Power, em 2005, são as seguintes (com os escores entre parênteses):

Primeiro lugar: Lexus (139)
Segundo lugar: Porsche (149)
Terceiro lugar: Lincoln (141)
Quarto lugar: Buick (163)
Quinto lugar: Cadillac (175)
Sexto lugar: Infiniti (178)
Sétimo lugar: Toyota (194)
Oitavo lugar: Mercury (195)
Nono lugar: Honda (201)
Décimo lugar: Acura (203)

A Hyundai, que obteve recentemente melhorias consideráveis em AQI, classificou-se em vigésimo primeiro lugar em ISC, e a Kia alcançou a última posição, trigésimo oitavo lugar, inferior à média da indústria (décima quinta posição). As perguntas em pesquisas sobre os índices AQI e IDV são essencialmente as mesmas, e os dois escores, em geral, correlacionam-se diretamente um com o outro. Como as melhorias no índice AQI, para a Hyundai e a Kia, ocorreram entre os últimos dois e três anos, seus efeitos podem não ter ainda aparecido quanto ao índice IDV (qualidade em durabilidade), que valora os carros três anos após a compra.

Tendências anteriores do índice IDV

A Tabela 5.3 apresenta a evolução dos índices IDV entre 1997 e 2005. Embora essa tabela não mostre, a marca Lexus demonstra um nível de durabilidade extraordinariamente superior, situando-se, continuadamente, na primeira posição nos 11 anos que se seguiram ao início das classificações IDV pelo instituto J. D. Power, em 1995.

O índice IDV indica o sólido aperfeiçoamento em qualidade por parte dos fabricantes de carros norte-americanos após 2003, com os veículos da GM e da Ford aparecendo em classificações que variavam do segundo ao quinto lugar.

Tabela 5.3 Evolução Anterior do Índice IDV (classificações IDV)

		1997	1998	1999	2000	2001	2002	2003	2004	2005
Classificação	10	Lexus (217)	Lexus (167)	Lexus (208)	Lexus (216)	Lexus (173)	Lexus (159)	Lexus (163)	Lexus (162)	Lexus (139)
	20	Cadillac (240)	Cadillac (234)	Cadillac (241)	Porsche (220)	Infiniti (219)	Infiniti (194)	Infiniti (174)	Buick (187)	Porsche (149)
	30	Audi (242)	Infiniti (273)	Benz (254)	Infiniti (245)	Jaguar (250)	Acura (228)	Buick (179)	Infiniti (189)	Lincoln (151)
	40	Infiniti (261)	Benz (278)	Infiniti (269)	Toyota (299)	Lincoln (253)	Honda (251)	Porsche (193)	Lincoln (194)	Buick (163)
	50	Lincoln (2690)	Acura (281)	Buick (288)	Acura (304)	Acura (255)	Toyota (276)	Acura (196)	Cadillac (196)	Cadillac (175)

O escore está entre parênteses.

Fonte: J.D. Power, Pesquisa IDV, 1997 – 2005.

APELO/*APEAL* (Qualidade Estética)

Os estudos sobre o índice APELO envolvem 114 itens em oito categorias.

Tais itens incluem questões como desempenho de ultrapassagem em rodovias de alta velocidade, desempenho de frenagem, a adequação de porta-copos para uma variedade de copos e aparência e estilo do veículo visto de lado. Os usuários valoram cada item em uma escala de 10 pontos, variando do mais elevado (10 pontos) ao mais baixo (1 ponto).

Resultados do índice APELO em 2005

O Quadro 5.2 apresenta as classificações do instituto J.D. Power para o índice Apelo, em 2005.

De um total de 18 segmentos, a GM ficou na primeira posição em uma série de segmentos (cinco) em que se classificou. A Toyota e a BMW empataram em segundo lugar, e a Chrysler e a Nissan ficaram em terceiro lugar.

Tendências anteriores do índice APELO

A Tabela 5.4 apresenta a evolução de várias marcas que alcançaram o topo da classificação entre 1996 e 2004.

Essa tabela torna evidente que a qualidade estética é uma categoria em que os carros europeus e norte-americanos são relativamente fortes. Como vimos, a Toyota testou atividades para melhorar o índice APELO em 1997 e, em 1998, estendeu-as a todos os modelos. Como podemos constatar na Tabela 5.4, isso resultou em aperfeiçoamentos incrementados desde 1998 e que atingiram o ápice em 2001, mas que ainda não eram estáveis para uma classificação em primeira posição. Aqui encon-

Quadro 5.2 Resultados do índice APELO (modelo *top*-de-linha por segmento)

Segmentos de Carros Passeio	Segmentos de Caminhonetes/Picapes
Carro compacto [1]	Picape Compacta
MINI Cooper	Subaru Baja
Carro Básico de Porte Médio	Picape de Grande Porte de Serviço Leve
Chevrolet Malibu	Cadillac Escalada EXT
Carro de Porte Médio Especial	Picape de Grande Porte de Serviço Pesado
Volvo S40	Dodge Ram Pickup HD
Carro de Grande Porte	Veículo Utilitário Esportivo (SUV) Básico
Mercury Marauder	Chevrolet Equinox
Carro de Luxo Básico	Veículo Utilitário Esportivo (SUV) de Médio Porte
Chrysler 300 Series	Nissan Murano
Carro de Luxo de Médio Porte	Veículo Utilitário Esportivo (SUV) de Grande Porte
BMW 5 Series Sedan	Nissan Armada
Carro de Luxo Especial [2]	Veículo Utilitário Esportivo (SUV) Básico de Luxo
BMW 7 Series	Lexus RX 300
Carro Esportivo	Veículo Utilitário Esportivo (SUV) Básico Especial
Pontiac GTO	Lexus LX 470
Carro Esporte Especial	Van Compacta
Porsche Boxster	Toyota Sienna

1. Inclui os segmentos de Carro Compacto Básico e Carro Compacto Especial.
2. Inclui os segmentos de Carro de Luxo Especial e Carro Esporte de Luxo.
Sombreamento indica segmento.
Fonte: J.D. Power, Pesquisa APELO, 2005.

Tabela 5.4 Evolução anterior do índice APELO
(Número de segmentos em que o fabricante obteve classificação *top*-de-linha)

		1996	1997	1998	1999	2000	2001	2002	2003	2004
número de segmentos em que o fabricante obteve classificação top-de-linha	1º lugar	GM (4)	GM (6)	Toyota (4)	VW (4)	VW (3) Toyota (3)	Toyota (7)	Ford (5)	Toyota (4)	GM (5)
	2º lugar	Chrysler (3)	Chrysler (3)	GM (3)	Toyota (3)		GM (2)	Toyota (3) GM (3) Honda (3)	BMW (2) Nissan (2)	Toyota (3) BMW (3)
	3º lugar	Toyota (2)	Toyota (2)	VW (2) BMW (2) Chrysler (2)	GM (3)		VW (3)		GM (2) Honda (2)	Chrysler (2) Nissan (2)
Nº de segmentos		11	10	13	15	14	16	17	17	18

Obs.: Entre parênteses estão os números de segmentos em que o fabricante obteve classificação *top*-de-linha. Os resultados por nome de marca são dados sob o nome do fabricante.

Fonte: J.D. Power, Pesquisa APELO, 1996-2004.

tramos evidências para o argumento de que, não obstante a elevada qualidade dos carros japoneses, esses ainda são sobrepujados, quanto à força total do produto, pelos carros europeus e norte-americanos, com sua larga tradição.

Índice de Satisfação de Vendas/ISV *(SSI/Sales Satisfaction Index)*

A qualidade do produto exerce quase nenhuma influência sobre o índice ISV, que mostra, principalmente, a qualidade do tratamento que os clientes recebem quando adquirem um carro.

Resultados do índice ISV em 2004

Nas classificações do instituto J.D. Power, quanto ao índice ISV, em 2004, o Jaguar e o Lexus empataram em primeiro lugar; o Cadillac obteve a segunda posição, o Mercury a quarta e o Mercedes a quinta, seguido por Lincoln, Buick e Hummer. Com a classificação média do fabricante na vigésima segunda posição, os únicos demais fabricantes de carros japoneses que ficaram acima da média foram o Infiniti, em décimo nono lugar, e o Acura, em vigésimo primeiro. Todos os fabricantes de carros norte-americanos são fortes nessa categoria.

Tendências anteriores do índice ISV

A Tabela 5.5 mostra as tendências de classificação do índice ISV de 1998 a 2004.

A partir dessa tabela, vemos que carros norte-americanos como o Saturn, o Cadillac e o Lincoln ocupam a primeira posição, de modo geral, e que o Lexus oscila entre a segunda e a quarta posição.

O índice ISV mede a satisfação do cliente com a atitude do vendedor sem considerar a qualidade do produto. As empresas norte-americanas são fortes nesse quesito porque podem oferecer serviços abrangentes, relacionados com treinamento, acompanhamento e bônus de incentivos ao pessoal de vendas da base local.

Índice de Satisfação do Cliente/IS *(CSI/Customer Satisfaction Index)*

Resultados do Índice ISC em 2004

As classificações do instituto J.D. Power, em 2004, foram as seguintes:

1° lugar: Lincoln
2° lugar: Cadillac
3° lugar: Saturn
4° lugar: Lexus
5° lugar: Infiniti

Tabela 5.5 Evolução anterior do índice ISV (classificações)

Classificação		1998	1999	2000	2001	2002	2003	2004
	10	Saturn (144)	Cadillac (142)	Saturn (143)	Saturn (887)	Saturn (886)	Cadillac (889)	Jaguar (898)
	20	Cadillac (143)	Jaguar (142)	Cadillac (141)	Cadillac (885)	Cadillac (881)	Porsche (888)	Lexus (898)
	30	Lexus (142)	Volvo (142)	Lexus (141)	Lexus (884)	Lincoln (880)	Lincoln (885)	Cadillac (896)
	40	Land Rover (140)	Land Rover (140)	Infiniti (139)	Infiniti (883)	Lexus (878)	Mercury (885)	Mercury (892)
	50	Volvo (139)	Mercedes Benz (139)	Buick e outros (138)	Jaguar (882)	Jaguar (877)	Saturn (885)	Mercedes Benz (888)

Os escores ISV estão entre parênteses. O método de atribuição de escores mudou em 2001.

Fonte: J.D. Power, Pesquisa SSI, 1998-2004.

Outras marcas japonesas que se classificaram acima da média de vigésimo lugar da companhia foram o Acura, em oitavo, e a Honda, em décimo terceiro. Nas classificações do índice ISC, os fabricantes de carros norte-americanos também são fortes.

Tendências anteriores do índice ISC

A Tabela 5.6 mostra as tendências do índice ISC desde 1999 até 2005.

Esse índice envolve a qualidade do serviço para panes e outros problemas, logo é influenciado pela qualidade do produto bem como pelas atitudes do pes-

Tabela 5.6 Evolução anterior do índice ISC (classificações)

Classificação		1999	2000	2001	2002	2003	2004	2005
	10	Lexus (815)	Lexus (811)	Lexus (903)	Saturn (900)	Infiniti (900)	Lincoln (512)	Lincoln (515)
	20	Cadillac (778)	Saturn (807)	Saturn (901)	Infiniti (897)	Saturn (896)	Buick (509)	Cadillac (511)
	30	BMW (775)	BMW (783)	Cadillac (893)	Lexus (894)	Acura (895)	Infiniti (508)	Saturn (505)
	40	Daewoo (774)	Volvo (778)	Infiniti (882)	Cadillac (890)	Lexus (895)	Cadillac (504)	Lexus (504)
	50	Infiniti (771)	Volvo (769)	Acura (881)	Volvo (883)	Lincoln (895)	Lexus (502)	Infiniti (501)

Os escores ISC estão entre parênteses.

Fonte: D.J. Power, Pesquisa CSI, 1998-2005.

soal de atendimento. O modelo Lexus, que se classificou bem nos índices ISC e VDS, foi o primeiro classificado até 2001. A evolução subsequente de empresas norte-americanas em direção às primeiras posições deve-se, provavelmente, à melhoria da qualidade dos carros norte-americanos a partir de 2002.

O índice ISC é uma medida válida para avaliar a qualidade total dos serviços e da qualidade, e suas classificações são, geralmente, mais consideradas do que as do índice ISV.

Classificações da *Consumer Reports*

A Tabela 5.7 apresenta "Os Dez Melhores Carros" escolhidos pela *Consumer Reports*, com base em critérios de desempenho e confiabilidade.

Essas classificações podem ser comparadas às avaliações do instituto J.D. Power quanto ao índice AQI.

Quatro modelos da Toyota foram escolhidos pela *Consumer Reports* para constar entre "Os Dez Melhores Carros", uma prova a mais do compromisso da Toyota com a alta qualidade. A *Consumer Reports* também publicou classificações de qualidade de veículos que foram utilizados entre um e três anos e entre quatro e oito anos. Essas classificações são similares às do instituto J.D. Power quanto ao IDV. Os carros japoneses atingiram quase todas as classificações mais elevadas, com a Toyota na liderança, seguida pelos produtos da Honda, Nissan, Subaru, Mazda, Isuzu, Mitsubishi e Suzuki.

Tabela 5.7 Exemplos de melhores carros da edição 2001 da revista *Consumer Reports*

Sedãs de Luxo
BMW330i
Toyota Lexus ES300
Lexus IS300
Saab 9-52.3t
Veículos Utilitários Esportivos (SUV) Pequenos
Toyota RAV4
Subaru Forester-S
Ford Escape XLT
Minivans
Honda Odissey EX
Toyota Sienna LE
Chrysler Town e Country LX

Obs.: Classificação geral em resultados de testes.

Fonte: "Consumer Reports April 2001", *Nikkei Business*, 2 abr. 2001.

Como as diferentes companhias reagiram

O instituto J.D. Power avalia vários dados provenientes do Reino Unido, Japão, China, Tailândia, Índia, Indonésia, Filipinas e outros países, assim como dados dos Estados Unidos. Os índices de pesquisa ISC e ISV e outros têm sido investigados a cada ano, no Japão, desde 1993, mas não são divulgados. Análises desses índices também são feitas em relação a carros usados, e resultados parciais têm sido liberados ao público.

Os cinco principais fabricantes de automóveis do Japão contrataram os serviços do instituto J.D. Power para realizar pesquisas quanto a IQS, nos mercados europeus e japoneses, financiando-o para isso. Se as classificações do instituto J.D. Power quanto aos índices de qualidade e satisfação dos clientes são ou não publicadas, todas as empresas as reconhecem como um fator preponderante de influência sobre as vendas recorrentes. Com os dados que recebem, as companhias analisam as áreas problemáticas, examinam casos e tomam medidas para fazer as melhorias. Quando os problemas e as causas se tornam difíceis de entender, pagam taxas adicionais ao instituto J.D. Power para mais estudos ou pesquisas de acompanhamento ao consumidor por telefone.

Todas as informações, sejam do Japão, dos Estados Unidos ou da Europa (obtidas com elevado custo), apresentam grandes desafios. O trabalho de análise dos dados, a elaboração de respostas e a implementação das mesmas são extremamente árduos, sobretudo para os departamentos de *design* que apresentam contrapropostas. Todas as companhias têm múltiplos modelos no Japão, nos Estados Unidos e na Europa, e é um enorme desafio acompanhar problemas com modelos existentes enquanto projetos de desenvolvimento de novos modelos são desenvolvidos. Os dados pesquisados pelo instituto J.D. Power, com certeza, não trazem todas as informações necessárias e vários outros meios devem ser empregados para reunir informações relacionadas ou obter novos dados. Enquanto isso, há que se lidar com novas pressões e preocupações imediatas. Portanto, mesmo se os executivos derem instruções para se tomarem medidas rápidas e abrangentes quanto a itens relacionados com os índices IDV, AQI e APELO, para modelos do momento no Japão, nos Estados Unidos e na Europa, os departamentos de projetos não terão tempo nem mão de obra para lidar com "informações históricas insignificantes" para as quais (ao contrário das informações do instituto J.D. Power) não existe demanda direta. Assim, informações coletadas diligentemente e com alto custo, muitas vezes, acabam apenas acumulando poeira.

A Toyota, aparentemente, limita suas atividades de aperfeiçoamento à análise de dados sobre os carros norte-americanos. Informações de outras regiões somente são utilizadas para a avaliação de resultados. A razão disso é que, para a Toyota, os resultados das medidas corretivas e de aperfeiçoamento, aplicadas a seus carros nos Estados Unidos, espalham-se, automaticamente, para outras áreas através de propagação colateral.[3] (Recordem a utilidade da "propagação colateral" vista em capítulos anteriores.) Além disso, é uma estratégia fundamental da Toyota evitar ineficientes e posteriores alterações de *design*, na ausência de problemas maiores, e deixar problemas remanescentes para o próximo modelo. Como resultado, a Toyota é capaz de obter um máximo efeito à custa de um mínimo esforço, mesmo ao lidar com quesitos de qualidade obrigatória e qualidade estética. Os dados de classificação por qualidade do instituto J.D. Power, provenientes do Reino Unido, da China, da Tailândia e de outros países, mostram que a Toyota possui um sólido e abrangente controle de qualidade, em todo o mundo. Quando a qualidade é sofrível, os administradores não podem, simplesmente, retroceder e dar novas instruções para que as coisas fiquem perfeitas. Eles precisam fornecer instruções depois de delinearem cenários reais em que possam realizar melhorias regulares de qualidade com recursos limitados.

O PODER DA MARCA TOYOTA

A "propensão para vender" pode ser definida como Poder do Produto X Poder da Marca. Em uma época em que a ênfase recai sobre o caráter social da empresa, o peso das marcas está crescendo. Não importa o poder de um produto — se sua marca é fraca, ele não vende.

Como vimos na Figura 2.1 (p. 78), na segunda metade da década de 1980, a Toyota foi uma empresa com a qual se podia aprender, mas não era uma "boa" empresa. Em outras palavras, seus produtos tinham força mas sua marca não era poderosa. Shoichiro Toyoda viu nisso um sinal de crise e, do final dos anos 1980, ao início da década de 1990, assumiu firmemente o leme da "embarcação" Toyota, em um esforço para impulsioná-la para uma direção melhor. (Ver a seção sobre previsão, no Capítulo 2.)

Vários índices de como essa mudança de gestão da Toyota se manifestou sobre o poder da marca, ao final do século XX, são abaixo apresentados.

Poder da marca nos Estados Unidos

O instituto norte-americano de opinião pública Harris Interactive compilou, em 2000, uma classificação de companhias — Marcas Populares/*Popular Brands* — que colocou a Sony em primeiro lugar pelo segundo ano consecutivo. A Ford ficou em segundo lugar (estava em quarto no ano anterior), a GE em terceiro (o mesmo lugar do ano anterior), a Toyota em quarto (estava em sétimo) e a GM em quinto (tendo estado em segundo em 1999). A pesquisa ouviu 2.461 norte-americanos adultos a respeito dos nomes de marcas de três de seus produtos ou serviços favoritos. A boa classificação da Sony era esperada, mas a Toyota se posicionou à frente da GM, ainda assim em um indesculpável quarto lugar. Os problemas da Ford com os pneus da Firestone levaram a especulações sobre qual seria a posição da empresa, após 2001, e a Honda não se colocou entre as dez marcas mais apreciadas (*Sankei Shimbum*, 5 de maio de 2001).

Poder da marca no Japão

Classificação de Escores de Marcas Corporativas

Resultados da 4ª Classificação de Escores de Marcas Corporativas (2000), conduzida por Nihon Keizai Sangyo Shimbunsha, colocaram a Sony em primeiro lugar, a Toyota em segundo e a Honda em terceiro (*Nikkei Sangyo Shimbun*, 14 de fevereiro de 2001).

Brand Japan 2001

Na pesquisa Brand Japan 2001, desenvolvida pela Nikkei Business Publications, a Toyota esteve em primeiro lugar, a NTT DoCoMo em segundo e a Sony em terceiro. Nenhuma outra companhia automobilística figurou entre as primeiras 30 empresas. Esses resultados surgiram de questionários dirigidos a cerca de 3 mil usuários comerciais e técnicos da Internet; portanto, podem ser considerados como típicos de "trabalhadores do conhecimento" razoavelmente inteligentes. Com oito empresas eletrônicas ou de TI colocadas entre as dez mais, essa pesquisa favoreceu as companhias relacionadas a TI; o fato de a Toyota se situar na primeira posição mostrou que a empresa era amplamente aceita pelo público-alvo da pesquisa (Nikkei Business, 21 de maio de 2001).

Pesquisa sobre Marcas Mais Lembradas/*Brand Recall*

Em uma pesquisa sobre Marcas Mais Lembradas/Brand Recall, conduzida pela Nikkei Business Publications, em setembro de 2001, a Sony ficou em primeiro lugar, a Toyota em segundo e a Honda em terceiro, seguidas por Uniqlo, Louis Vuitton e Matsushita Electric. Novamente, a Toyota se classificou muito bem.

Parece razoável dizer que esses resultados demonstram que a Toyota já se livrou dos resquícios de sua imagem inicial e evoluiu de "uma companhia com a qual se aprende" para "uma boa companhia".

Notas

1. Os dados de classificação do instituto J.D. Power que aparecem neste capítulo foram atualizados desde a publicação original do livro em japonês, in 2002. Esta edição incorpora os dados mais atuais disponíveis.
2. Toyota Jidosha Gojunen-shi.
3. yokoten.

6 A GESTÃO DA TOYOTA NO SÉCULO XXI

O propósito deste livro é analisar informações pouco conhecidas sobre a Toyota e, a partir delas, extrapolar os princípios de crescimento duradouro da companhia. Nos capítulos anteriores, focalizamos o passado da empresa e acreditamos ter alcançado o nosso objetivo.

Neste capítulo, utilizaremos dados recentes da Toyota para verificar que tipo de estratégia ela está seguindo ao se iniciar a tarefa de gestão no século XXI. Uma vez que mantemos a convicção de que a Toyota continuará a crescer ao longo deste século, subsidiaremos os princípios de crescimento corporativo duradouro.

O SISTEMA OKUDA/CHO

Em maio de 1999, Hiroshi Okuda, então presidente da Toyota, foi nomeado presidente da Federação de Associações de Empregadores do Japão. Em junho do mesmo ano, Okuda se aposentou como presidente da Toyota e assumiu a presidência da Toyota Motor Corporation. Shoichiro Toyoda, o descendente direto da família Toyoda, deixou seu cargo para se tornar o presidente honorário e Fujio Cho foi escolhido como o novo presidente da empresa.

À época, Okuda declarou: "Deixei o trabalho diário da presidência da Toyota Motor Corporation. Continuarei a tecer considerações e a refinar estratégias necessárias, a partir de uma perspectiva ampla, de modo que o Grupo Toyota, como um todo, se fortaleça e assuma seu lugar entre as principais companhias do mundo".

A respeito de sua indicação à presidência da Toyota Motor Corporation, Fujio Cho deixou claro que faria a sua parte para manter o sistema de Okuda, declarando: "A empresa atravessa um bom momento graças ao ritmo decisivo com que o Sr. Okuda estabeleu o rumo claro da gestão. Manterei firmemente a mesma orientação". Com isso, os dois homens assumiram o controle de gestão da Toyota para o século XXI.

As ambições de Okuda

Em 10 de agosto de 1995, Tatsuro Toyoda, presidente da Toyota, sucumbiu à doença, e Hiroshi Okuda foi, repentinamente, nomeado seu sucessor. Ele se declarou "verdadeiramente abalado", acrescentando: "Teria ficado feliz em assumir o cargo se fosse dez anos mais jovem".

Essa franqueza é típica de Okuda. Quando indagado pela imprensa sobre suas aspirações como presidente da companhia, respondeu de pronto: "Irei mexer em três grandes itens de gestão da Toyota. O primeiro é nosso descompasso no planejamento de produtos. O segundo é nossa participação cada vez menor no mercado japonês. E o terceiro é o fato de estarmos atrás no mercado de expansão internacional".

A partir desse ponto, a Toyota se movimentou com crescente rapidez no contexto de uma indústria automobilística atormentada por reviravoltas. Prosseguiu nessa ofensiva com uma série de medidas de gestão, incluindo a consolidação posterior da gestão do grupo, ao transformar a Daihatsu Motor Company em uma subsidiária e adquirir o controle acionário da Hino Motors Ltd. Sob a direção de Okuda, a Toyota também acelerou suas operações no exterior, na América do Norte, na China e na Europa, desencadeando uma massiva campanha de vendas e recuperando uma parcela de 40% do mercado, ao mesmo tempo em que implementava medidas que visavam a reformas internas e projetos novos.

Em 9 de setembro de 1996, um ano após ter sido nomeado presidente, Hiroshi Okuda foi entrevistado pelo *Nikkan Kogyo Shimbun*. Na entrevista, Okuda falou candidamente sobre o que havia sido atingido e sobre sua visão de futuro da companhia:

Fizemos muita coisa, mas eu me sentiria constrangido se assumisse o crédito pessoal de tudo. Apenas concretizei alguns projetos que já haviam sido elaborados. Esta empresa está sempre aperfeiçoando o que herda, logo, mesmo que se fale de um "regime Okuda", absolutamente isso não é o que está acontecendo.

Eu gostaria de poder expandir muito mais a empresa. Mas não pode ser do tipo tomar tudo e nada oferecer. Quero que sejamos uma empresa "ética", cujo crescimento traga satisfação por ter contribuído.

Um outro ideal que tenho é de não querer que nossa gestão gaste todo o seu tempo tampando os furos do dique. Quero que construamos um ou dois novos diques.

Okuda dizia, em outras palavras, que o seu festejado ritmo de gestão se equivalia a fechar rombos em diques, mas não desejava ser avaliado por esse trabalho. Ele queria ser lembrado como o construtor de novas represas.

Uma resposta à sucessão hereditária

Algumas vezes, Okuda se dirigiu com rudeza a membros da família Toyoda e, por isso, houve rumores sobre o relacionamento precário entre os descendentes de Sakichi Toyoda e o presidente. Um exemplo típico de discórdia entre Okuda e a família Toyoda dizia respeito à participação da Toyota em corridas de Fórmula 1 e à compra da Fuji Speedway. As decisões que envolviam a Toyota nesses empreendimentos eram de responsabilidade de Okuda.

Shoichiro Toyoda, o presidente honorário da Toyota Motor, tinha outras opiniões: "Sou contra a participação na Fórmula 1. Assim como Eiji (Eiji Toyoda, conselheiro maior), digo que não deveríamos fazê-lo... Nunca disse a ninguém que comprasse a Fuji Speedway. Ao contrário, fui eu quem impediu o contrato. ... Sempre disse que queria utilizar carros como meio de contribuir com a sociedade. Estamos tentando ser uma companhia industrial".

Shoichiro foi além ao declarar: "Você não aumenta os ganhos de uma empresa automobilística ganhando a Fórmula 1 " (mai. 18, 2001. Yomiuri Shimbun Chubu).

Eiji e Shoichiro Toyoda haviam expandido a Toyota ao mesmo tempo em que economizavam até o último lápis, borracha e folha de papel. Que reagissem de modo negativo à Fórmula 1, como um único evento em que bilhões de ienes poderiam ser gastos, era algo perfeitamente natural.

Ao final, entretanto, Okuda anunciou a participação da Toyota na Fórmula 1, em janeiro de 1999; em novembro de 2000, ele comprou a Fuji Speedway. Fujio Cho, ao se referir à Fórmula 1, disse que "os esportes motorizados fazem parte da cultura e os técnicos jovens têm grandes aspirações com isso. Essa é uma iniciativa para capturar os corações desses jovens".

Devido ao fato de Okuda ter implementado seus planos, apesar da oposição de figuras de liderança da família Toyoda, como Eiji e Shoichiro Toyoda, pode haver alguma verdade nos boatos de uma relação estremecida.

Okuda tenta minimizá-los quando afirma: "É lastimável que as pessoas pensem que estamos estremecidos, ou algo parecido. Tenho ótimas relações com a família Toyoda".

É mais que provável que Okuda acreditasse que houvesse persuadido Eiji e Shoichiro Toyoda a aceitarem, amigavelmente, suas decisões sobre a Fórmula 1 e a Fuji Speedway.

Quando Okuda promoveu Akio Toyoda, o filho mais velho de Shoichiro Toyoda, ao cargo de diretor, declarou: "Estou lhe dando essa oportunidade, porque ele pertence à família Toyoda. Eu o farei diretor, mas depois disso, ele estará por conta própria". Em outra ocasião, afirmou: "Não deveríamos depender da família Toyoda para sempre. Os vínculos de sangue afinam com o tempo".

Aqui podemos constatar, claramente, o abandono, por parte de Okuda, da ideia de que a Toyota pertence à família Toyoda. Para funcionários e executivos de uma nova era em que as palavras de ação são independência e autoconfiança, a gestão centrípeta e o sistema hereditário centrados na família Toyoda são algo, simplesmente, inapropriado. A ideia em si já causa estranheza à maioria das pessoas e pode ser considerada como o último obstáculo para que a Toyota se torne mais "aberta".

É possível que, no futuro, Akio ou Shuhei Toyoda (o terceiro filho de Eiji Toyoda) possam aceitar a presidência da companhia. Mas isso não será devido ao retorno à lei imperial. Será óbvio para todos que o presidente deverá ser o homem certo para o cargo. Em 1967, editoriais da mídia sugeriram que Eiji Toyoda havia sido nomeado presidente "porque era um Toyoda". A refutação dessa ideia é de que "todos concordam, hoje, que, à época, Eiji era o homem certo para a função".

A segunda fundação

Okuda observou:

Consideramos a estratégia de controle de cada época como sendo a derradeira, mas o contexto muda, os pensamentos são revistos e uma nova estratégia triunfa. Então o contexto começa, novamente, a mudar. Temos de encontrar novos modos de crescer e prosperar no século XXI... Com as preocupações em torno de mudanças ecológicas em alta, somos chamados a construir um novo paradigma para novas reformas e produtos... Podemos decolar de um início espetacular do século XXI, se agirmos com a mesma audácia dos fundadores da Toyota. (Reingold, Edwin. 1999. Toyota: People, Ideas, and the Challenge of the New. London: Penguin Books.)

Em anos recentes, Okuda tem se referido, reiteradamente, a "uma segunda fundação" da Toyota. O seu desenvolvimento de uma ou duas novas barreiras leva, diretamente, a essa "segunda fundação" e afasta-se do foco centrípeta assentado sobre a família dos fundadores originais. É chegado o tempo para "a mesma audácia" praticada pelos fundadores da Toyota.

A TRANSFORMAÇÃO EM UMA COMPANHIA LÍDER DO SÉCULO XXI

O Relatório Anual de 2001, da Toyota, dirigido a investidores, marcou uma ruptura extraordinária com o passado. Os relatórios anuais anteriores se concentraram em destacar os resultados de negócios. No Relatório de 2001, entretanto, o presidente da Toyota, Hiroshi Okuda, e o presidente honorário, Fujio Cho, descrevem suas políticas de gestão e as estratégias para o século XXI. Em seu prefácio para o Relatório Anual, Hiroshi Okuda afirma: "A Toyota leva em conta toda e qualquer oportunidade para desenvolver iniciativas agressivas com o fim de esclarecer e buscar a compreensão do que consideramos valioso, do que fazemos para alcançá-lo, do que estamos prestes a realizar e das condições atuais de gestão".

Cho se vale das políticas de gestão básica a que Okuda se refere e discute uma estratégia concreta, visando à reforma da Toyota. O Relatório Anual de 2001 é o primeiro passo em direção à "abertura agressiva" preconizada por Okuda.

Em uma série de fóruns, Okuda e Cho têm se mostrado, recentemente, ativos quanto à divulgação de informações voltadas para as políticas e estratégias da Toyota. Na Conferência Automotiva Internacional de Tóquio, patrocinada pela Nikkei BP e realizada de 22 a 23 de outubro de 2001, Fujio Cho deu uma palestra intitulada "O Modo de Ser da Toyota no Século XXI: Coisas para Mudar e Coisas para Manter" ("The Toyota Way in the Twenty-first Century: Things to Change and Things to Keep"). Na Mesa-Redonda Automotiva Internacional, patrocinada pelo instituto J.D. Power Asia Pacific e realizada em 25 de outubro de 2001, Hiroshi Okuda apresentou uma comunicação intitulada "A Estratégia de Gestão da Toyota Motor – Uma Empresa Líder para o Século XXI" ("Toyota Motor's Management Strategy – A Leading Company for the 21st Century").

A estratégia de gestão da Toyota para se tornar uma empresa líder no século XXI estrutura-se conforme o que é mostrado na Figura 6.1, resumindo as declarações de Okuda e de Cho apresentadas no Relatório Anual de 2001, na Conferência Automotiva Internacional patrocinada pela Nikkei BP e na Mesa-Redonda patrocinada pelo instituto J.D. Power.

A Perspectiva da Toyota para 2005

A Perspectiva da Toyota para 2005, apresentada na Figura 6.1, foi publicada em janeiro de 1996 e baseia-se nos Princípios Básicos da companhia estabelecidos em 1992 (ver Quadro 2.2, p. 81). Em 1995, quando Okuda foi vice-presidente executivo, ele dirigiu o Departamento de Planejamento de Gestão a fim de conceber essa visão e dar uma forma concreta ao que a Toyota seria em dez anos. Por trás dessa visão, estavam objetivos ambiciosos para itens como consolidação de crescimento de vendas, lucros de operação e números de vendas de veículos a serem atingidos até 2005, objetivos que levavam em conta o que acontecia com a GM e com a Ford. Okuda declarou, então: "Algumas pessoas chamam o fato de se tornar o número um no mundo de 'hegemonia', mas o presidente honorário (à época, Shoichiro Toyoda) e eu compartilhamos o mesmo compromisso com esse objetivo".

A Toyota já havia se tornado uma grande corporação, com uma influência considerável sobre a sociedade. Uma política de maior expansão precisava estar em harmonia com a sociedade. Com base nisso, Okuda previa: "A partir dos séculos XX e XXI, os novos ventos das questões ambientais, da globalização e da revolução da TI afetarão a indústria automobilística. Dentro de cinco ou dez anos, haverá uma mudança maior de paradigma que redefinirá os rumos da indústria de carros e até mesmo os carros".

Uma das questões levantadas por esse tipo de previsão ou premonição é a obtenção de "harmonia com a sociedade", mostrada na Figura 6.1.

Ao mesmo tempo, alcançar essa harmonia exige competência administrativa e isso aponta para o segundo pilar da Figura 6.1: "assegurar uma base de gestão".

A combinação desses dois fundamentos produz o "crescimento harmônico/ integrado".

Na Mesa-Redonda patrocinada pelo instituto J.D. Power Asia Pacific, em 25 de outubro de 2001, Hiroshi Okuda referiu-se aos dez anos que se seguiram ao estabelecimento da Perspectiva para 2005, desde 1996, como o momento da "segunda fundação" da Toyota e explicou como as reformas seriam conduzidas através das capacidades integradoras do Grupo Toyota. Os detalhes foram, essencialmente, os mesmos das "quatro estratégias para uma mudança radical" que Fujio Cho descrevera no Relatório Anual.

Quatro estratégias para uma mudança radical na Toyota

Investimentos prioritários em desenvolvimento de tecnologia

Sobre esse tópico, Cho observou:

Não há dúvidas de que o século XXI também será uma era de desenvolvimento tecnológico para a indústria automotiva. O que diferirá do século XX será a crescente impor-

NA INDÚSTRIA AUTOMOTIVA

- Questões Ambientais Globais
- Globalização
- Revolução TI

Para os próximos 5-10 anos, esperamos uma grande mudança de paradigma na indústria automotiva

A visão da Toyota em 2005
Uma Visão de Crescimento Harmônico para o Século XXI

Atingir harmonia com a sociedade:
- Harmonia com o meio ambiente global
- Harmonia com as economias e indústrias globais
- Harmonia com a sociedade local
- Harmonia com as partes interessadas

→ **CRESCIMENTO HARMÔNICO** ←

Estabelecer as bases do negócio:
- Assegurar vendas de volume estável
- Utilizar recursos com eficiência
- Assegurar lucros apropriados

"Partes interessadas" são aquelas envolvidas direta ou indiretamente com as atividades da companhia

SEGUNDA FUNDAÇÃO

QUATRO ESTRATÉGIAS PARA A TRANSFORMAÇÃO DA TOYOTA
1 - Fazer investimentos-chave em desenvolvimento de tecnologia (tecnologias relacionadas com meio ambiente, segurança, informação e comunicação).
2 - Promover maior globalização.
3 - Desenvolver competitividade de custos a fim de oferecer produtos de maior qualidade a preços mais baixos.
4 - Expandir a cadeia de valor através do aumento de negócios de crédito.

ALCANCE O MODO DE SER DA TOYOTA (Concentre o saber e o entusiasmo de todos os empregados nessa transformação.)

CONDUZA SEUS SONHOS (Assim como nossos antepassados, tenha sonhos audaciosos e faça força para que eles se tornem realidade.)

Fonte: Baseado em Toyota Motor. An Outline of Toyota 2001.

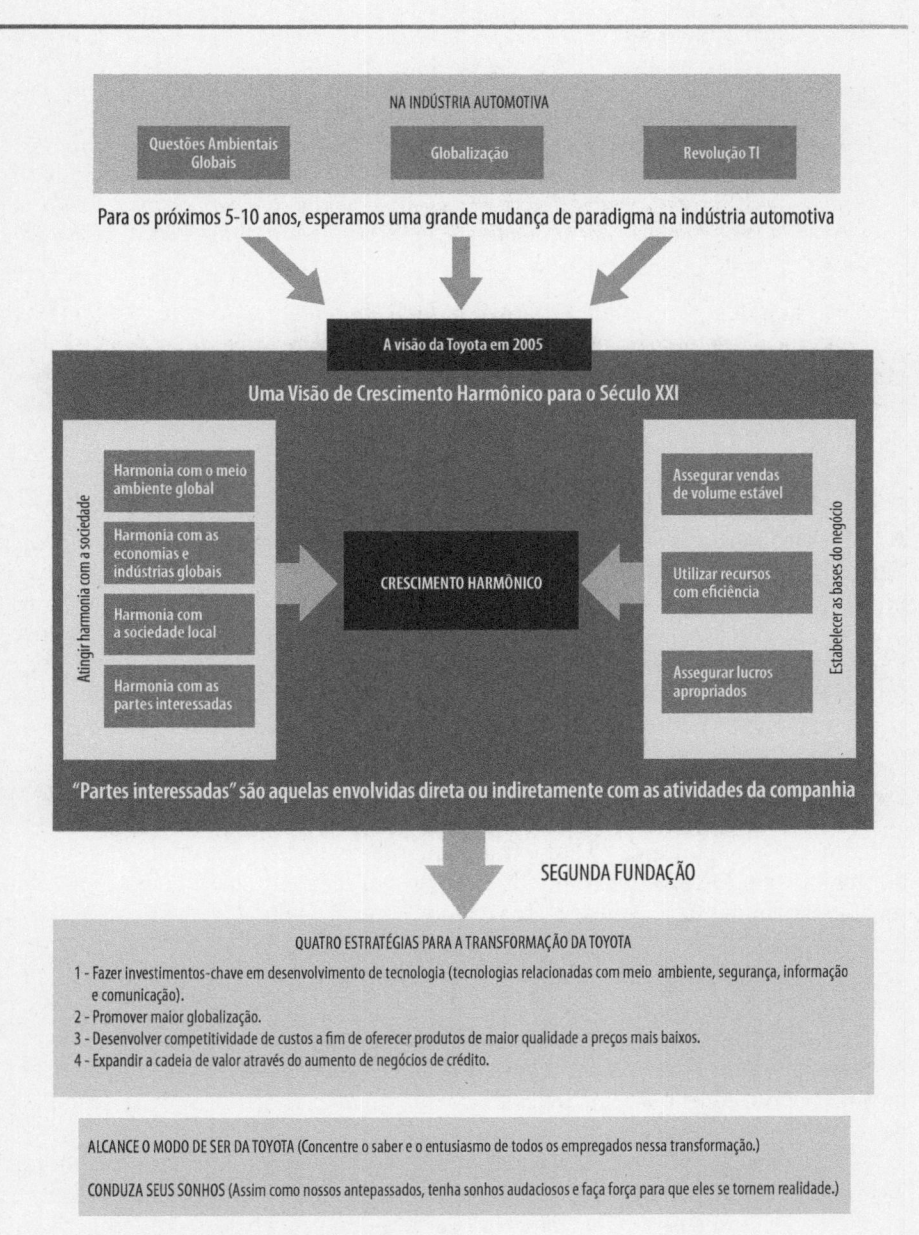

Figura 6.1 A estratégia de negócio da Toyota para se tornar uma empresa líder no século XXI.

tância não das tecnologias dos carros em si, mas das tecnologias nas interfaces entre as sociedades e os indivíduos. Entretanto, como podemos ver no caso das células energéticas e dos Sistemas Inteligentes de Transporte (SIT), o desenvolvimento de tais tecnologias exige, atualmente, enormes investimentos de capital e de tempo, bem como talento excepcional. É vital que continuemos a eliminar cada vez mais o desperdício e aumentemos a eficiência e a produtividade, de modo que possamos investir os lucros resultantes na proteção do ambiente global, contribuindo com a economia e a história e vivendo em harmonia com as comunidades locais. Temos de acelerar esse ciclo de desenvolvimento.

Os planos de desenvolvimento da Toyota relativos a meio ambiente, tecnologias de segurança e tecnologias de informação estão descritos em detalhe na página eletrônica da empresa. Não repetiremos as informações que ali podem ser encontradas, mas é importante observar que o entusiasmo da Toyota sobre essas matérias é bastante evidente.

Condução da globalização para adiante

A cooperação internacional em relação às tecnologias ambientais é a prioridade básica no trato com a globalização do futuro. Elas exigem pesquisa maciça e capital de desenvolvimento. Ao mesmo tempo, não são um item de competição de produto; são tecnologias essenciais com as quais os carros devem ser equipados. Para a indústria como um todo, não é bom para as companhias realizar investimentos individuais em tecnologias básicas. É preferível que cada empresa desenvolva relacionamentos cooperativos que sustentem o ônus recíproco do desenvolvimento, utilizando as tecnologias em que sejam individualmente fortes.

A Toyota construiu relacionamentos cooperativos com companhias automotivas em todo o mundo e está em pleno processo de oferecer sua tecnologia híbrida pioneira para a GM, a Ford e outras empresas de alcance mundial. Mesmo ao permanecer fortemente competitiva como fabricante de carros, no campo da tecnologia ambiental, a Toyota busca cooperar para assegurar a sobrevivência de toda a indústria.

A segunda iniciativa de globalização da Toyota envolve uma produção globalizada. "As vendas mundiais da Toyota estão, aproximadamente, divididas em três partes – Japão, América do Norte e Europa e demais regiões", explica Cho. "Porém, para nos tornarmos uma empresa verdadeiramente global, queremos crescer e, ao mesmo tempo, contribuir para o desenvolvimento dessas áreas, através de fontes de produção as mais competitivas e adequadas."

A globalização da produção visa à produção de veículos em todo o mundo, alcançando os seguintes objetivos: redução do custo de exportação de veículos acabados (em torno de 150 mil ienes por veículo), prevenção de atritos comerciais e contribuição a economias locais.

Quando Okuda exerceu a presidência, direcionou medidas fortes contra o avanço descompassado da Toyota no exterior, um item que havia proposto quando assumira o cargo. Em agosto de 1977, ele anunciou uma parceria de produção com a Índia. Divulgou a construção de uma segunda fábrica na França, em dezembro do mesmo ano, e planejou a expansão de fábricas de motor, no Reino Unido e nos Estados Unidos, para janeiro de 1998. Em abril desse mesmo ano, anunciou que a Toyota aumentaria a produção de veículos de passeio nos Estados Unidos. Ao todo, anunciou quase 3 bilhões de ienes em investimentos no exterior, em um período que mal alcançava um ano. Em julho de 2000, uma ambição que Hiroshi Okuda tinha desde que se tornara presidente foi realizada, quando a Tianjin Toyota Motor Company, Ltd. se estabeleceu, iniciando suas operações em uma parceria com o Grupo Automotivo Tianjin, da China. A Tianjin Toyota Motor Company, Ltd. passou a existir logo depois do início da produção conjunta de carros de passageiros, em 1988. Na ocasião, Okuda disse: "Foi como se estivéssemos correndo, desesperadamente, para pegar o último ônibus".

Para equilibrar produção e vendas, a Toyota começou introduzindo equipamentos de produção de padrão mundial, a fim de permitir ajustes de produção flexíveis em escala global. A companhia anunciou que, em 2002, finalizaria a conversão de todo o volume mundial de suas linhas de produção para "linhas globais", ou linhas flexíveis de soldagem de carroceria em que uma única fixação pode acomodar oito diferentes modelos de carros (1 nov. 2001. *Nikkei Sangyo Shimbun*).

A terceira iniciativa de globalização da Toyota é oferecer a seus gerentes e empregados um sentimento de abertura para o mundo. Em 1996, a empresa constituiu um Comitê de Aconselhamento Internacional para ouvir sugestões relacionadas com a gestão de parte de especialistas estrangeiros. Formado por dez especialistas da indústria e do governo da Ásia, da Europa e dos Estados Unidos – incluindo, por exemplo, o antigo presidente do Federal Reserve Board, Paul Volker –, o comitê mantém duas reuniões anuais e troca ideias com a administração da Toyota sobre matérias globais e locais.

"Estamos confiantes", disse Takashi Hata, gerente-geral da Divisão de Recursos Humanos Globais da Toyota, "de que podemos treinar o melhor time doméstico de gerentes operacionais do mundo. Mas formar gerentes de nível superior é algo difícil de se fazer somente no interior da empresa." Por isso, a Toyota começou a combinar o seu *know-how* com o conhecimento acadêmico, o que resultou em um novo sistema educacional, introduzido em 1999, para candidatos a equipes de pessoal executivo. Estagiários selecionados de todas as partes do mundo se isolaram na Wharton School, da Universidade da Pensilvânia, para duas semanas de discussões em grupo, diariamente.

Desenvolvimento de competitividade de custos

Desenvolver competitividade de custos é essencial para se triunfar no contexto da "megacompetitividade" global. A eliminação de perdas é uma espécie de especialidade da casa, na Toyota, mas diminuir custos, no futuro, exigirá novas perspectivas. Discutiremos o fortalecimento das medidas de competitividade de custos através de mudanças radicais em desenvolvimento de produto em uma seção posterior deste capítulo; agora, vamos nos deter no desenvolvimento de unidades de grupo, uma das forças da competitividade de custos da Toyota.

"Para continuar sendo um vencedor entre alianças globais poderosas e mutáveis", Cho explica, "vamos fortalecer nossa capacidade de concentração de conhecimento e de recursos do Grupo [Toyota]."

De fato, desde o início da gestão Okuda, a Toyota trabalha para desenvolver a capacidade do grupo quanto à concentração de recursos. Adquiriu a Daihatsu Motor. Aumentou sua participação na Hino Motors, transformando-a em uma subsidiária da Toyota. E encaminhou empregados de nível administrativo para empresas afiliadas, como a Denso, a Toyoda Automatic Loom e a Aishin Seiki. A Toyota despertou a atenção do público, em abril de 2001, quando escolheu Tadaki Jagawa, o poderoso vice-presidente executivo e provável herdeiro da presidência da companhia, para ser o presidente da Hino Motors.

Promover a habilidade do grupo em concentrar forças não desemboca em questões relacionadas a capital ou pessoas, entretanto. A Toyota analisou estruturas de custos, no Japão, através da concorrência de custos com a Volkswagen, com a qual mantinha uma parceria, concluindo que, enquanto os custos com operários de fábrica são baixos no Japão, o país apresenta, de modo geral, uma estrutura de custos elevada. A causa disso seria a redundância de trabalho, decorrente de relacionamentos horizontais e verticais, de níveis múltiplos, entre fabricantes de carros e fornecedores de peças. Isso levou a Toyota a assumir o desafio de realizar ajustes mútuos e promover a consolidação de produtos, peças e tecnologias dentro do grupo, tudo com o propósito de buscar a comunicação de componentes e reduzir o nível de sobreposição em atividades de pesquisa, desenvolvimento e *design*.

Em 1990, houve a consolidação de funções de desenvolvimento de sete fabricantes de carrocerias de carro, com as funções de três companhias do leste (Kanto Auto Works, Hino Auto Body e Central Motor Company) indo para a Kanto Auto Works; e as funções de quatro companhias do oeste (Toyota Auto Body Company, Daihatsu Auto Body, Toyoda Automatic Loom e Araco) concentraram-se na Toyota Auto Body.

Para seus fornecedores de peças, a Toyota decidiu revisar a política de "múltiplas empresas para um só componente", que havia sido a causa de diferentes tipos de componentes se originarem de mesmos desenhos/esboços de especificação de peças. Isso terminou com a existência de peças repetidas entre fornecedores, em itens como acabamento de interiores, freios ABS, volantes e *air bags*, e fortaleceu atitudes voltadas para a concentração de cada categoria de itens em um fornecedor. "Vamos assumir um novo e corajoso olhar de negócios", anunciou Takashi Matsuura, presidente da Toyota Gosei, uma companhia que compartilhava a produção de borracha umidificada e de *air bags* com a Toyo Rubber. "Se não fizermos isso", acrescentou, "não conseguiremos jamais acompanhar as atividades de melhoria de custos do CCC21 da Toyota (ver detalhes na seção sobre a reforma de desenvolvimento de produto)" (26 out. 2001. *Nikkan Kogyo Shimbun*).

Em seu livro *The Evolution of a Production System*,[1] publicado em 1997, Takahiro Fujimoto apresenta as percentagens de peças de automóveis negociadas que são itens de mercado, peças com desenhos aprovados e peças com desenhos emprestados, bem como uma comparação internacional da percentagem de peças comuns.

Peças com desenho aprovado são peças cujas especificações são voltadas para o fornecedor de peças local (ou seja, ocorre terceirização de *design* e fabricação). Peças com desenho emprestado são aquelas em que o fabricante produz desenhos de peças detalhados, e somente a manufatura fica com o fornecedor (isto é, o *design* é próprio e a fabricação é terceirizada). A terceirização implica, em geral, que os fornecedores sejam livres para projetar peças, de modo que a percentagem de peças com desenhos aprovados e a percentagem de peças comuns são inversamente proporcionais, enquanto peças de desenho emprestado e peças comuns são diretamente proporcionais. Itens de mercado são artigos-padrão, de modo que a percentagem desses e a percentagem de peças comuns são proporcionais. Essas relações são apresentadas na Tabela 6.1.

No Japão, a tendência é mudar de um modelo dependente de fornecedor, em que o *design* é terceirizado, para um modelo centrado no fabricante de carro, em que os projetos são próprios e a manufatura é terceirizada. Acompanhando essa

Tabela 6.1 Comparação internacional de desempenho de desenvolvimento de produto e capacidade organizacional (1980 *versus* 1990)

	Década	Japão	Estados Unidos	Europa	Média
Percentagem dos custos com peças compradas por bens de mercado	1980	8	3	6	6
	1990	6	12	12	10
Percentagem dos custos com peças compradas por peças com desenhos aprovados	1980	62	16	29	40
	1990	55	30	24	35
Percentagem dos custos com peças compradas por peças com desenhos emprestados	1980	30	81	65	54
	1990	39	58	64	55
Percentagem de peças comuns	1980	19	38	30	27
	1990	28	25	32	29

Fonte: Fujimoto, Takahiro. 1997. The Evolution of a Production System. Extraído da Tabela 6.3.

mudança, há um aumento na percentagem de peças comuns. Provavelmente, é adequado se pensar que a tendência japonesa seja influenciada pelas iniciativas de seu maior fabricante de carros, a Toyota.

O desenvolvimento da consolidação de capacidades e da reorganização de responsabilidades dos fornecedores acima discutido promove o projeto próprio e a fabricação terceirizada para o Grupo Toyota, enquanto unidade, e busca fortalecer a competitividade nos custos através do aumento da proporção de peças comuns.

No Japão da década de 1980, a proporção de peças com desenhos aprovados – por exemplo, a proporção da terceirização de projetos – era elevada. A terceirização de projetos significava que o trabalho de pesquisa de peças e produtos, de desenvolvimento e de projeto se sobrepunha, parcialmente, entre os fabricantes de carros e seus fornecedores de peças. No caso dos esboços, propiciou o surgimento de três tipos de desenhos administrados pelos fabricantes – os desenhos de especificações dos fabricantes de carros, os desenhos de pedidos de aprovação dos fornecedores e os desenhos finais aprovados dos fabricantes. Entre si, havia uma sobreposição de cerca de 50%, em termos de conteúdo informativo. Mesmo que os desenhos de especificações fossem os mesmos, o projeto detalhado seria diverso, dependendo do fornecedor a que se dirigia. Peças diferentes resultantes do arranjo eram inevitáveis. Projetos próprios e fabricação terceirizada acarretam um ônus maior para o fabricante, mas eliminam a redundância no trabalho de pesquisa, desenvolvimento e projeto, como um todo. O desenho se torna apenas uma espécie de impresso para a fabricação (desenho emprestado), e os custos de gestão caem em dois terços. Mesmo quando a empresa de terceirização realiza mudanças, não há aumento nos tipos de peças.

A estratégia japonesa (Toyota), na década de 1990, de promover a competitividade de custos pode ser vista como uma estratégia total de grupo voltada para o desenvolvimento de projetos próprios e para a terceirização da fabricação.

A Tabela 6.1 mostra que as tendências, nos Estados Unidos, eram diametralmente opostas àquelas do Japão. De fato, em 1995, a GM desarticulou suas divisões internas de peças para compor uma empresa separada, a Delphi Automotive Systems. Em seguida, veio a Ford, criando a Visteon, em 1997, a partir de suas divisões internas de peças. Ambas as novas companhias realizavam a maior parte de suas transações com as respectivas empresas-mãe (em 2001, o número para a Delphi foi de 68%, e para a Visteon, de 84%). Quando uma divisão de peças que possui fortes capacidades de projeto e faz parte de um desenvolvimento automobilístico se torna uma empresa separada, a proporção de itens de mercado e de peças com desenhos aprovados, naturalmente, aumenta, e a proporção de desenhos emprestados decresce. Como resultado, a proporção de peças comuns decai. No passado, era amplo consenso que a baixa proporção de peças comuns, para os fabricantes japoneses, se devia a processos de produção "enxutos" e a processos de projeto "encorpados". Hoje, os processos de projeto dos fabricantes japoneses estão ficando cada vez mais "enxutos".

Torna-se interessante especular se as companhias norte-americanas separaram suas divisões de peças, porque atribuíram os custos de competitividade japoneses a fornecedores de peças tecnicamente capazes que participavam ativamente do desenvolvimento e, em uma alta proporção, de desenhos de peças aprovados.

Do final da década de 1980 ao início da de 1990, as companhias de carro europeias e norte-americanas foram enormemente influenciadas por estudos comparativos entre as indústrias automobilísticas do Japão e dos Estados Unidos, publicados em numerosos artigos e livros, incluindo-se, entre eles, por exemplo, *Product Development Performance*, por Kim Clark e Takahiro Fujimoto (1991). Utilizando os dados de 1980 apresentados na Tabela 6.1 (p. 297), os dois autores relataram que os fornecedores de peças japoneses tecnicamente habilitados estavam bastante envolvidos com o desenvolvimento e que a proporção de desenhos aprovados era alta, uma correlação que podia explicar por que o custo de competitividade japonês era tão forte.

Em contraste, a GM e a Ford permaneceram com poucos dados relacionados a peças, informação e conhecimento. Comenta-se que os empregados da GM e da Ford não são mais capazes de visitar as agora independentes fábricas Delphi e Visteon, nem podem mais ler os materiais que ali se encontram.

Isso levanta uma questão adicional bem interessante. Em contraste com a Toyota, que tem consolidado e reorganizado todo o Grupo Toyota com uma visão última de eliminar funções redundantes, simplificar estruturas hierárquicas e promover o desenvolvimento de peças comuns, a GM e a Ford seguiram em frente com a terceirização e a fragmentação organizacional. Será muito interessante constatar qual é a melhor abordagem.

O crescimento da cadeia de valor

Como é mostrado na Figura 6.2, um elemento da estratégia de negócio da Toyota com base em TI é a gestão vertical da cadeia de suprimento (GCS), que se estende desde os fornecedores de peças até os revendedores. A GCS promete ser amplamente eficaz quando a TI se entrelaça com o robusto sistema de produção pontual (*just-in-time*) da Toyota.

Ao se interseccionar com a GCS vertical, a "cadeia de valor" expande o negócio, ao longo do eixo horizontal. Essa é uma estratégia que segue uma economia de escopo, tanto pela busca de economias de escala do fabricante de carros quanto pela expansão da cadeia de valor para novos domínios relacionados com a indústria automobilística. Isso deve fortalecer a posição da Toyota, enquanto uma "companhia de mobilidade" abrangente, e que trabalha para colocar em amplo uso tecnologias de informação.

A ação constituída de cinco partes é apresentada a seguir:

- Gazoo.com, um sítio de comércio eletrônico que trata com carros.
- Um STI que visa à construção de negócios voltados a sistemas de tráfego de próxima geração.

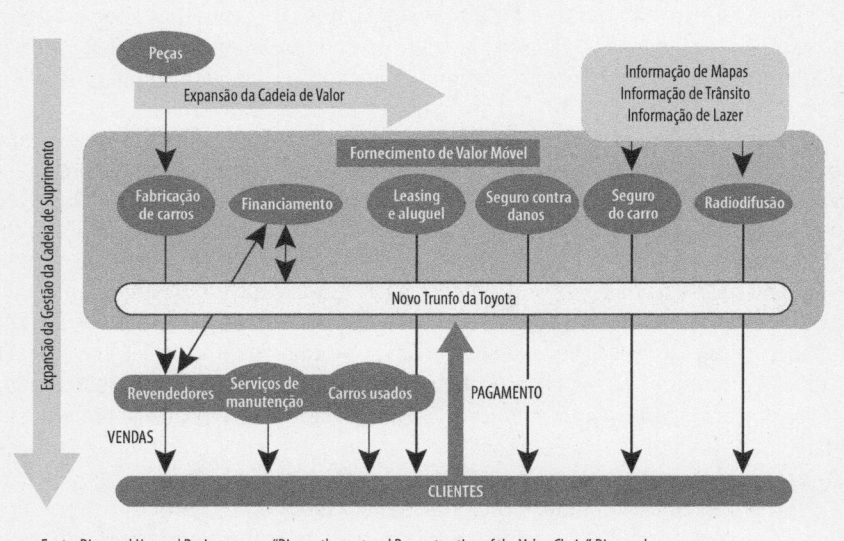

Fonte: Diamond Harvard Business, org. "Dismantlement and Reconstruction of the Value Chain". Diamond.

Figura 6.2 Modelo da cadeia de valor da Toyota.

- Um negócio terminal de informação que visa ao refinamento de sistemas de navegação de carros e ao aumento de componentes de carros com valor agregado.
- Um negócio de pagamento eletrônico que utiliza o cartão TS3 (TS Cubic).
- E, finalmente, um negócio de rede que conecta as quatro partes acima listadas.

A Toyota está concentrando suas energias em negócios de informação e comunicação, de um lado, e em negócios de crédito, de outro. A gestão da Toyota acredita que criar sinergias entre esses negócios será cada vez mais importante no futuro. Maiores detalhes podem ser encontrados em *2001 Annual Report* e em *2001 Outline*, da Toyota.

Novos rumos no desenvolvimento de pessoas

A crise da Toyota

Na declaração de Ano Novo, proferida no início de 2001, ao romper do século XXI, Hiroshi Okuda disse para os executivos da Toyota: "Quero que vocês façam uma revolução a partir da ideia de que irão derrubar a antiga Toyota. As fragilidades da Toyota se tornarão evidentes para vocês quando olharem para a empresa, não apenas a partir de sua própria perspectiva, mas a partir da visão de outras companhias. Com a deposição da velha Toyota, vocês serão capazes de chegar ao âmago das coisas".

Na Mesa-Redonda patrocinada pelo instituto J.D. Power Asia-Pacific, em 25 de novembro de 2001, Okuda reiterou essa ideia: "Uma nova Toyota não será construída a não ser que derrubemos a velha Toyota. Os resultados que atingimos hoje não vêm da gestão. Acredito que se originam do trabalho árduo dos empregados, e porque as outras empresas não estão se saindo tão bem. Precisamos romper com os paradigmas da velha Toyota e construir a nova cultura corporativa da Toyota".

Okuda raramente pesava suas palavras, mas, mesmo assim, essas foram extraordinárias. Deixaram transparecer sua forte conscientização do sentido de crise e direcionaram nossa atenção para o trabalho desenvolvido pelo chão de fábrica da Toyota.

Já há bastante tempo, os dirigentes da Toyota afirmam, repetidamente, que "desenvolver produtos significa desenvolver pessoas". A teoria é, sobretudo, racional: uma vez que são as pessoas que constroem os produtos, há que se desenvolver boas pessoas se quisermos desenvolver bons produtos. A maneira de se "construir" boas pessoas, de acordo com a filosofia da Toyota, é "trabalhar os seus espíritos". Os executivos e os administradores da Toyota trabalham com os empregados da empresa, conforme preceitos de uma teoria de motivação que indaga como fazer para que as pessoas queiram fazer coisas.

À época de Taiichi Ohno, o método para motivar as pessoas era fazer com que se sentissem desconfortáveis. Essa técnica baseava-se na premissa de que novas ideias surgiriam quando as pessoas sentissem que teriam de fazer algo para acabar com seu mal-estar. Era o método mais eficiente para uma época em que a maioria das pessoas sofria com a fome. O fato de que a administração da Toyota continua a dirigir seus negócios com um sentido de crise deriva desses vestígios subjacentes, relacionados com um sentido de fome.

Entretanto, hoje o mundo é bem mais próspero; pode-se viver sem labutar o tempo todo. Também vivemos em uma era global, e valores diversos permeiam a sociedade. Como Okuda observou, "os japoneses estão perdendo seu instinto de luta". Na Toyota, onde, por muito tempo, se considerou existir uma filosofia preponderante de vencedores, a moral começa a se flexibilizar, em resposta a vozes que vêm tanto de dentro quanto de fora da empresa.

Esse fenômeno cria uma situação crucial para a companhia, que se desenvolveu de um modo relacionado com certa obsessão coletiva de tornar o trabalho mais racional. É porque Okuda percebe essa crise que faz uso de uma linguagem radical para fustigar sua própria empresa. "Estamos colocando nossa marca em um elefante branco", diz ele. "Nós estamos na Baia de Mikawa, sentados num quarto de convidados confortável com uma sacada de frente para a baia." "Precisamos dar um basta à velha Toyota."*

Desde o começo da década de 1990, há um zum-zum de que a questão fundamental, para a Toyota, no século XXI, seria manter sua obsessão coletiva, junto

---

* N. de R. T.: Aqui é feita uma referência metafórica ao comodismo que estava instalando-se na Toyota. Faz pouco sentido em português, mas a Baia de Mikawa é conhecida no Japão pelos turistas, que gostam de apreciar sua paisagem calmamente.

com a transformação do trabalho em algo mais racional. E, de fato, as coisas, na empresa, estão alcançando um ponto crítico. A crise atual da Toyota é de que seus empregados, como grupo, estão perdendo seu instinto de luta e sua criatividade. Não importa o notável talento das camadas mais elevadas da gestão, é o chão de fábrica, são os empregados que sustentam o negócio. A implementação da visão de 2005 exige que muitas pessoas possam levar adiante a ideia de uma segunda fundação. Uma nova teoria se faz necessária para desencadear a motivação nas pessoas, que não esteja baseada na energia centrípeta da família Toyoda, que não se baseie no sentido de fome, e que seja compatível com um mundo globalizado.

O Estilo Toyota 2001

Em abril de 2001, a Toyota compilou um folheto que continha as suas chamadas e frases mais importantes e que, a partir da cultura da empresa, frente à nova Toyota, não poderiam mudar. Essas frases são apresentadas na Figura 6.3: O Estilo Toyota 2001.

O Estilo Toyota 2001 mostra que tipo de valores as pessoas que trabalham na empresa compartilham, e como elas devem proceder, a partir do ponto de vista de como os Princípios Básicos da Toyota se manifestam em suas atividades. A inferência é de que a Toyota deve ser atuante para mudar tudo.

No âmago do Estilo Toyota, estão o contínuo aperfeiçoamento e o respeito pelas pessoas. Respeito pelas pessoas significa que cada trabalhador possa demonstrar completamente suas habilidades e receba avaliações e recompensas adequadas. Significa, de outro modo, não lhes oferecer trabalho que seja desperdiçado e que não agregue valor. O restante da Figura 6.3 não necessita de explicações. É um sistema claro e extremamente lógico.

Conduza seus próprios sonhos

A Figura 6.3 é totalmente teórica, contudo não é suficientemente poderosa para motivar as pessoas de modo direto e estimular o seu desejo para que as coisas sejam feitas. Com isso em mente, a Toyota, em 2001, publicou um novo mote corporativo para a arrancada do novo século: "Conduza seus Próprios Sonhos". Essa expressão reúne a noção de todos os novos profissionais de criação de valores que, de seus próprios lugares e a partir de suas próprias perspectivas, nutrem sonhos que não desmereçam seus antecessores e estimulam a realização dos mesmos.

Na Conferência Automotiva Internacional de Tóquio, patrocinada pela Nikkei Business Publications e realizada em 22 e 23 de outubro de 2001, Takeo Fukui, diretor-administrativo sênior da Honda, proferiu uma palestra intitulada "A Identidade da Marca Honda" (Honda Brand Identity) e apresentou o novo mote global da marca Honda, selecionado em janeiro de 2001: "O Poder dos Sonhos". Para todos os efeitos, a Honda surgiu com esse título depois de analisar a singular natureza da companhia, desde a sua fundação.

Melhoria Contínua

- **Desafio**
  - Criar valor agregado em torno da construção de coisas
  - Optar pelo longo prazo
  - Ser deliberado e decidido
- **Kaizen**
  - Construir sistemas enxutos
  - Buscar incessantemente a aprendizagem organizacional
- **Foco na realidade**
  - Dar primazia à prática; visar ao saber, etc.

Respeito pelas Pessoas

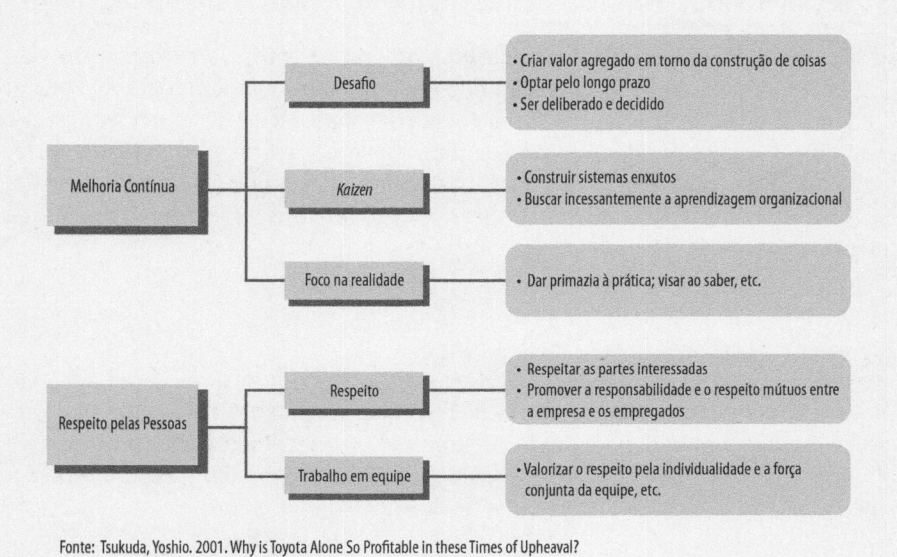

- **Respeito**
  - Respeitar as partes interessadas
  - Promover a responsabilidade e o respeito mútuos entre a empresa e os empregados
- **Trabalho em equipe**
  - Valorizar o respeito pela individualidade e a força conjunta da equipe, etc.

Fonte: Tsukuda, Yoshio. 2001. Why is Toyota Alone So Profitable in these Times of Upheaval?

Figura 6.3 O modo de ser da Toyota – 2001.

Nessa mesma Conferência, Hiroyuki Yoshino, presidente da Honda, fez um discurso intitulado "O DNA da Honda", em que afirmava que o DNA da Honda consistia na realização de seus sonhos. Os novos empregados eram encorajados a desenvolver seus próprios sonhos – não importando o tempo que isso pudesse levar – e usar a empresa para que eles se convertessem em realidade.

Tomado de empréstimo da expressão "O Sonho (Norte-) Americano" (The American Dream), o mote da Honda foi utilizado durante muitos anos. O público, em geral, via a expressão como sendo característica da Honda. Dentro da empresa, também, se você considera o que constitui essa especificidade, termina aceitando a ideia de "sonho". Essa é a força centrípeta da Honda, e a origem de seu crescimento, que, em menos de um século, surgiu de princípios de economias de escala e de escopo.

O mote "Conduza seus Sonhos", da Toyota, apareceu como se tivesse, inadvertidamente, se apropriado do filão da Honda. A frase, no entanto, pretendia acabar com a imagem longamente difundida através do tradicional e urgente "espírito de crise" da empresa, algo incapaz de estimular as pessoas prósperas do nosso tempo. É com a visão brilhante de sonhos futuros que o pessoal da Toyota quer trabalhar e demonstrar capacidades que ultrapassam expectativas. "Tornar os sonhos realidade" é uma frase-chave para o desenvolvimento das pessoas, no século XXI.

INOVAÇÃO NO DESENVOLVIMENTO DE PRODUTO

Desde o final do século XX e início do XXI, os novos ventos da globalização, das questões ambientais e da revolução da TI vêm varrendo a indústria automotiva. Como mostra a Figura 6.1 (p. 293), a Toyota sentiu o efeito desses novos ares e vislumbrou uma profunda mudança de paradigma nos carros e na indústria automobilística, ao longo dos próximos cinco a dez anos. Em resposta a esse desafio, a Toyota está tentando se antecipar no tempo, ao provocar uma alteração drástica quanto ao modo de desenvolvimento de seus produtos.

A estratégia da Toyota para a reforma do desenvolvimento de produto no século XXI

Os primeiros tremores de uma revolução em desenvolvimento, na Toyota, surgiram com a mudança para o sistema de Centro de Desenvolvimento, em setembro de 1992. É razoável que se pense que os objetivos da Toyota, com essa alteração, envolvem o novo conceito de sistema de desenvolvimento apresentado na Figura 2.2 (p. 101).

Em 1994, quando Fujio Cho era presidente da TMM (*Toyota Motor Manufacturing*), a fábrica da Toyota Motor nos Estados Unidos, ele visitou as dependências da Ford em Atlanta – considerada a fábrica mais produtiva dos Estados Unidos – e ficou altamente impressionado. A Toyota tinha uma maior densidade de operações individuais e utilizava melhor o seu pessoal, mas a Ford possuía menos peças e menos operações, com o resultado geral de que utilizava menos pessoas do que a Toyota. Até aquela época, o Sistema Toyota de Produção se concentrava no operariado (chão de fábrica) e trabalhava pesadamente para remover o desperdício de processos dos empregados. Cho estava convencido de que o caminho para o futuro seria o que integrasse produção e projetos. Ele estava otimista, porque a Toyota já seguia nessa direção (por exemplo, tornava o trabalho de projeto enxuto).

Akihiro Wada, em 1994, era o diretor administrativo sênior da Toyota Motor que reunia os Centros de Desenvolvimento 1 a 3 e declarava ser "a revisão séria e necessária em estágios avançados" um fator de diminuição de tempos adequados de desenvolvimento:

> Podemos enxugar o tempo de produção se componentes, suspensão, carroceria e estrutura são finalizados antes de se completar o projeto externo. Não podemos encurtar o tempo, entretanto, caso vários problemas que não tenham surgido em estágios avançados apareçam antes de chegar em veículos protótipos inteiramente propulsionados. Temos de ser capazes de realizar revisões mais conscienciosas, em estágios mais iniciais. Isso também significa que não devemos enviar veículos para testes em grande escala se não forem antes revisados.

Por volta de 1995, a Toyota começou a criar uma estratégia básica para uma reforma séria quanto ao processo de desenvolvimento, visando ao século XXI. A Figura 6.4 oferece uma visão abrangente da revolução de desenvolvimento de produto tal como está hoje.

A C21 é uma estratégia para expandir modelos derivados de veículos através da consolidação de plataformas; a AD21 é uma estratégia para diminuir prazos adequados de desenvolvimento; e a CCC21 envolve atividades de redução de custo por componentes. Enquanto a C21, a AD21 e a estratégia Eco Technology, bem como as atividades estratégicas de Qualidade de CD, ocorrem com relação a modelos individuais, a estratégia CCC21, da Toyota, concebida para revolucionar o desenvolvimento de produto no século XXI, atravessa todos os modelos. Cada uma dessas estratégias é examinada a seguir.

Consolidação e expansão de plataforma de modelos derivados

De 1993 a 1995, a Toyota desenvolveu atividades centradas em custos, a fim de reordenar sua competitividade internacional, após o término da bolha econômica. Em 1996 e 1997, ela direcionou suas energias para atividades de EV (Engenharia do Valor) de desenvolvimento de poder do produto, com o objetivo de se tornar a fabricante número um do mundo. A partir de 1998, decidiu desencadear atividades de C21 com esse mesmo propósito.

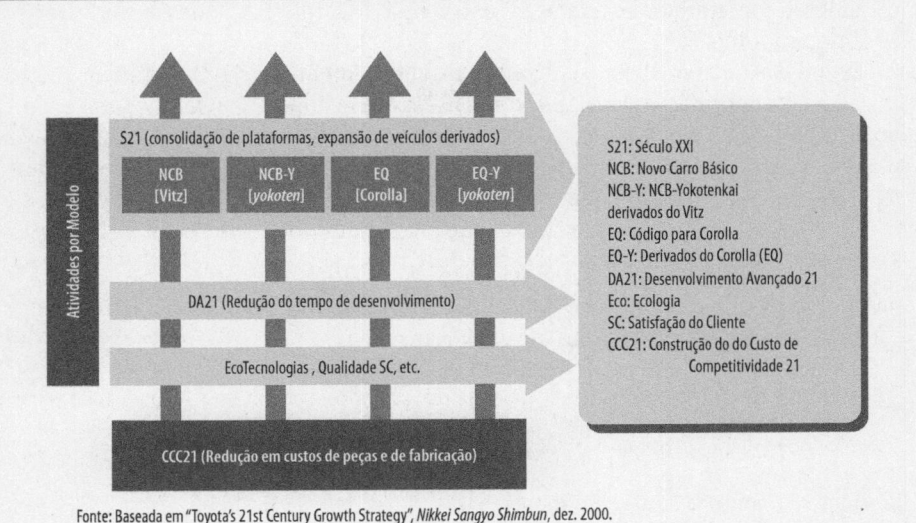

Fonte: Baseada em "Toyota's 21st Century Growth Strategy", *Nikkei Sangyo Shimbun*, dez. 2000.

Figura 6.4 A nova estratégia da Toyota para a reforma de desenvolvimento no século XXI.

A C21 envolve dois tipos de atividades: (1) consolidação de plataformas e chassis e expansão de variações de produtos, e (2) reduções de custos de plataformas e unidades.

Uma plataforma é um chassi sobre o qual se montam certas unidades e componentes funcionais. Essa seção do veículo é referida como uma base comum, ou plataforma, porque pode ser desenvolvida através de gerações de modelos e ser comumente utilizada sob diferentes nomes de modelos. A palavra japonesa para isso é *shadai*, literalmente, "base de veículo". O conceito de plataforma não é restrito a automóveis, podendo ser aplicado a qualquer produto.

Como uma plataforma não é, visualmente, evidente para o consumidor, espalhou-se a ideia de que, desde que haja suficiente poder de produto, ela pode ser utilizada ao longo de múltiplas gerações – sem modificações, ao aumentar ou diminuir, adequadamente, o comprimento ou a largura do chassi ou ao substituir unidades ou componentes funcionais no chassi. De forma alternada, uma única plataforma pode ser usada para múltiplos modelos de veículos desde que se possa manter o poder de produto. Tudo isso tem o efeito de possibilitar que um chassi, ou seus componentes funcionais, possa ser usado e compartilhado entre modelos específicos, por um período de tempo específico.

Esse conceito foi utilizado por muito tempo, tanto no Japão quanto nos Estados Unidos, porém, como fora implantado através de uma base individualizada, existem muitos casos em que falhou quando acabava gerando modelos parecidos. O que distingue iniciativas recentes é que, ao implementar a ideia de modo planejado, por toda a empresa, e ao oferecer diferenciação entre produtos, a Toyota consolidou plataformas e manteve a estratégia de Alfred Sloan de expandir variações de produtos.

Tendo cortado em 30% os custos de desenvolvimento com o Vitz, a Toyota usou a mesma plataforma do New Basic Car (NBC) para expandir-se (via *yokoten*) em direção a modelos derivados, tais como o Funcargo. Então, desenvolveu o Corolla da mesma forma, indo à frente com a técnica de, sucessivamente, consolidar plataformas, ao mesmo tempo em que aumentava o número de modelos derivados.

Os planos da Toyota para a consolidação de plataformas de veículos de passageiros (exceto os seus modelos RV) são descritos a seguir:

Veículos FF [Motor na frente, tração dianteira]
1. NBC: Vitz, Funcargo, Platz, bB, Will Vi, Yaris (Europa).
2. Corolla Class: Prius, New Corolla, Corolla Fielder.
3. Veículos de classe média com inclinação de 4 cilindros, motor de 2 litros e suspensão dianteira similar: Vista, Corona, Carina, Ipsum.
4. Série FF 3: Camry, Windom, Avalon (todos fabricados nos Estados Unidos).

Veículos FR [Motor na frente, tração traseira]
5. Veículos com 6 cilindros alinhados e suspensão dianteira similar Progrès, Altezza.
6. FR Classe média alta Monocoque: Aristo, Crown, Mark II, Chaser, Cresta.
7. Classe alta: Celsior.

A Toyota criou um Comitê de Plataforma para promover a consolidação de plataformas. Contando com engenheiros-chefes[2] e departamentos de projeto engenharia de produção e *marketing*, o comitê organizou uma Mesa de Estudos para a Unificação de Plataformas, para cada sistema de componentes de plataformas. Para cada plataforma de base de veículo, componentes comuns e em desenvolvimento são analisados e submetidos ao Comitê, que então delibera sobre sua adequação.

Devido a preocupações remanescentes a respeito do desenvolvimento e compartilhamento integral de componentes pela plataforma, pode ser que esse sistema seja revisado, com o enfoque de "projeto modular" descrito a seguir.

Diminuição do ciclo de desenvolvimento

Atividades que visam à diminuição de tempos ideais começaram a ser seriamente desenvolvidas na Toyota, por volta de 1995. A Toyota deu o nome de AD21 a essas atividades e começou a padronizá-las em 1998. O objetivo do que é usualmente referido como a diminuição de ciclo de desenvolvimento é minimizar a defasagem do planejamento de produto através da compressão do período entre o planejamento e o lançamento no mercado. Seu maior efeito é a Regra de Clark-Fujimoto, descrita no Capítulo 4: "Recursos de desenvolvimento são proporcionais ao tempo de desenvolvimento" (por exemplo, a diminuição do tempo de produção diminuirá os recursos de desenvolvimento). A Toyota tenta realizar uma grande diminuição do tempo de desenvolvimento, com o propósito de reduzir, drasticamente, os recursos de desenvolvimento.

Diminuição do tempo de desenvolvimento por meio da consolidação de plataformas

Para o Ipsum e o Spacio, que foram à venda em 1995 e utilizaram a plataforma Corolla, e para o novo modelo RV Harrier, que utilizou a plataforma Celsior, o período entre a aprovação do projeto externo e o volume de produção foi encurpara 15 - 18 meses, dois terços do tempo anterior.

Os carros Ipsum, Spacio e Harrier não foram, simplesmente, "acrescidos" às plataformas do Corolla e do Celsior. Elas haviam sido desenvolvidas para acomodar as variações subsequentes daqueles modelos.

Com esses precedentes bem-sucedidos, a Toyota lançou as atividades AD21, a fim de diminuir os tempos de produção em uma base regular.

Um novo processo-padrão para o período entre a aprovação do projeto externo e o volume de produção exigiu (1) 18 meses para uma plataforma recém-estabelecida ou ajustada, com um teste avançado e um teste formal; (2) 15 meses para o desenvolvimento de uma plataforma básica, com apenas um teste formal; e (3) 12 meses para um desenvolvimento de plataforma de 100%, sem teste. Isso foi estabelecido como o modelo de desenvolvimento-padrão.

A Toyota implementou, sucessivamente, a AD21 para todos os projetos, a partir do início de 1999. O primeiro veículo em que isso foi aplicado foi o Vitz, posto à venda em 1999. Uma vez que o Vitz envolvia uma plataforma recém-estabelecida ou aperfeiçoada, a produção começou 18 meses após a aprovação do projeto externo. Como demonstra a Figura 4.5 (p. 208), o tempo-padrão, no passado, era de 26 meses, significando que a AD21 eliminara 8 meses (ou um terço do tempo total), de uma só vez. Para o bB, com plataforma do modelo Vitz, que saiu à venda em fevereiro de 2000, o padrão de desenvolvimento foi de 15 meses, com um teste, porque envolvia o desenvolvimento de uma plataforma básica. No entanto, mesmo o teste formal foi omitido nesse caso, e o bB foi finalizado para produção em 13 meses.

Diminuição do tempo de desenvolvimento pelo método Fujimoto

Em seu artigo "Organizational Problem-solving in Support of Product Development",[3] publicado no fascículo de janeiro de 1998 do *Diamond Harvard Business*, Takahiro Fujimoto introduziu um modelo de diminuição de tempos de desenvolvimento, alterando para a frente a curva de tomada de decisão, juntamente com estratégias de redução do tempo de produção e exemplos de várias empresas. Na segunda metade do artigo, Fujimoto refere-se à "capacidade para emergência e desenvolvimento de sistemas presente na Toyota", referência que sugere que muitas de suas ideias se originaram da própria Toyota. Na verdade, todo o artigo pode ser visto como resultado de uma análise sobre políticas e atividades da Toyota. Com base no modelo de Fujimoto (e levando em consideração informações adicionais adquiridas por seu autor), podemos representar a estrutura de atividades de redução de tempos de produção da Toyota tal como nos monsta a Figura 6.5.

Diminuição do tempo de desenvolvimento por meio de V-comm

A carta-trunfo das ferramentas de redução de tempos de desenvolvimento é um sistema virtual baseado em TI, uma tecnologia estratégica de utilização de computadores para lidar com qualquer item de desenvolvimento (por exemplo, projetos topográficos; projetos de desempenho; prototipagem; montagem; experimentação; projetos de moldes, matrizes, reguladores e ferramentas; projetos de equipamentos; projetos de plantas e processos). Embora vários sistemas, tais como CAD/ CAM (*Computer Aided Design/Computer Aided Manufacturing*), CAE (*Computer Aided Engineering*), CAT (*Computer Aided Testing*) e CAPP (*Computer Aided Process Planning*), tenham sido usados nessa área, no passado, um sistema virtual de desenvolvimento sintetiza e os aplica, todos eles, enquanto dados tridimensionais.

No fascículo de 10 de setembro de 2001 da *Nikkei Business*, Kousuke Shiramizu, vice-presidente executivo da Toyota responsável pela tecnologia de produção, explicou como a Toyota se beneficia com a mesma:

A Gestão da Toyota no Século XXI   309

Fonte: Baseada em Fujimoto, Takahiro. "Organizational Problem-Solving Capabilities in Support of Product Development", Diamond Harvard Business, jan. 1998.

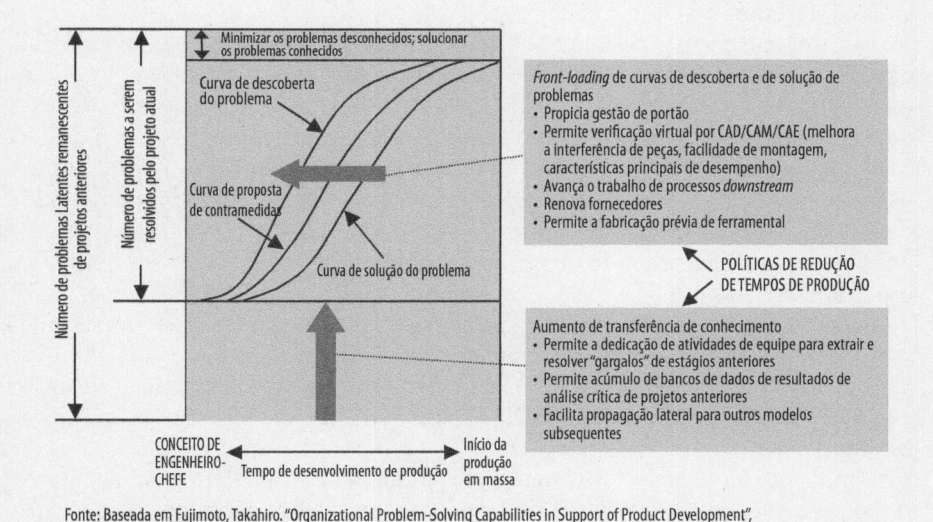

Figura 6.5 Atividades de redução de desenvolvimento de tempos de produção pelo modelo Fujimoto.

[Após a aprovação do projeto *externo*], podemos ir da fase de projeto para a de montagem em 12 meses, para um novo veículo de modelo da classe do Corolla. Nenhuma companhia da Europa ou dos Estados Unidos pode igualar isso. Para essas, o objetivo é fazer o serviço em menos de 30 meses. Estamos trabalhando para diminuir o prazo para 10 meses. Em termos estratégicos, isso constitui uma enorme diferença.

Mas 10 meses é ainda muito tempo. Queremos diminuir o tempo de desenvolvimento de modo a surpreender a todos. Por exemplo, desenvolver matrizes para o novo Lexus costumava levar sete meses e agora podemos fazê-las em dois meses. Nosso objetivo atual é fazer isso no espaço de um mês.

Cerca de 80% [dos processos em que desenvolvíamos os modelos atuais] foram transferidos para telas de computadores. Apenas técnicos altamente especializados costumavam poder verificar lugares em que mãos ou ferramentas não conseguiam alcançar, mas, agora, podemos usar computadores.

[Computadores] são um grande auxílio [para cortar gastos]. São, praticamente, os responsáveis por não precisarmos mais fabricar veículos experimentais. Em apenas 10 anos, o número de modelos Toyota cresceu em cerca de 50%... onde antes havia 40, agora existem uns 60. E, basicamente, fizemos tudo isso sem aumentar nosso pessoal em departamentos de pesquisa e desenvolvimento.

Para todos os demais fabricantes de carros, as revelações de Shiramizu podem ser mais ameaçadoras do que miraculosas.

O sistema de computadores que a Toyota utiliza para reduzir os tempos de desenvolvimento é conhecido como V-comm (*Visual and Virtual Communications*) e é, basicamente, o mesmo que o MDI da Mazda (Mazda Digital Innovation), descrito em detalhes no livro de Osamu Imada, *Technology, Management, and Labor in Modern Automobile Companies*.[4] Esses sistemas desenvolvem projeto, prototipagem, experimentação, produção de teste, tudo por computador, reduzindo o número de testes avançados e formais e atingindo aperfeiçoamentos simultâneos em desenvolvimento de tempo de produção e de custos e em qualidade de produto.

No Manufacturing IT Forum 2001, patrocinado pela Nihon Keizai Shimbunsha e realizado em 19 de novembro de 2001, Akiyoshi Watanabe, diretor-administrativo da Toyota, introduziu o sistema V-comm em uma comunicação intitulada "Using IT and Revolutionizing Development and Production Engineering Processes: Future Developments".

Watanabe afirmou ser o V-comm particularmente eficiente, ao lidar com itens como problemas de interferência de componentes em lugares como o espaço do motor (em que as peças são densamente compactadas); problemas de operacionalidade em montagem; e problemas de aparência (como lacunas em painéis externos de carroceria) e distorções. Ele demonstrou testes de produção, utilizando um computador para desenvolver informações tridimensionais em produtos, equipamentos de produção e operadores e fez simulações onde o produto pudesse fluir suavemente, onde pudesse haver qualquer interferência com equipamentos e onde cargas excessivas fossem colocadas sobre operadores. Foi como visualizar o futuro. O desenvolvimento do V-comm iniciou em 1996; desde então, diz-se que o sistema diminuiu, drasticamente, o número de mudanças de projeto no estágio de desenvolvimento por modelo, de 10 mil para o nível atual de 400 a 500 (cerca de um vigésimo do era antes). A Mazda desenvolvera o conceito de seu MDI antes de a Toyota criar o V-comm, mas há evidências que sugerem que o conceito da Toyota foi além.

Diminuição dos custos de peças e de fabricação com projetos modulares

Como a CCC21 foi lançada

Em julho de 2000, a Toyota iniciou suas atividades de redução de custos, que chamou de CCC21 (Construção de Competitividade de Custos 21/ *Construction of Cost Competitiveness 21*), cujo objetivo era reduzir custos em uma média de 30%, no período de três anos, ou em um total de 1 trilhão de ienes.

As atividades da CCC21 buscavam, de forma agressiva, a redução de custos em nível mais fundamental, desde o desenvolvimento do conceito com fornecedores até a implementação de atividades integradas inseridas no conceito.

No decorrer das discussões sobre a parceria de aquisição de peças que a Toyota mantinha com a Volkswagen, desde o final da década de 1990, as duas companhias decidiram comparar os custos de suas respectivas compras. O Departamento de Compras da Toyota estava repleto de autoconfiança quando assumiu o desafio, mas foi surpreendido pelos resultados. Parecia que muitas peças da VW eram menos caras do que as da Toyota. Uma investigação completa da estrutura de preços elevados do Japão revelou que quase todas as peças custavam mais no país, uma percepção que levou à concepção da CCC21.

Abaixo estão alguns trechos de um relatório do *Nikkei Sangyo Shimbun* (27 dez. 2000) sobre a CCC21:

> Estamos como o sapo do provérbio, no fundo de um poço. É bastante assustador o fato de que não tenhamos ciência da verdadeira situação." Então Katsuaki Watanabe, diretor-administrativo sênior, ficou responsável pelas aquisições da Toyota Motor e engoliu em seco quando viu os relatórios que seus subordinados lhe traziam. Hiroshi Okuda, presidente do Conselho, fez soar o alarme. "A Toyota sempre foi considerada uma empresa com forte custo de competitividade. Porém, fizeram-nos acreditar que éramos os melhores do mundo. Agora o rei está nu. Não posso deixar de me sentir desconfortável, ao pensar que a Toyota realmente faz as coisas melhor que as demais empresas.
>
> "A concorrência da Toyota no corte de custos externos retornou como se fosse um bumerangue", disse o diretor-administrativo sênior Ryuji Araki. Quando a Toyota soube que os concorrentes locais e estrangeiros estavam reduzindo seus custos em um ritmo inesperadamente rápido, começou a preparar seu contra-ataque. No centro desse, estava a CCC21 (Construção de Custo de Competitividade), um programa de redução de custos com o objetivo de cortar custos de fabricação de peças em 30 %, no prazo de três anos. A Toyota estabeleceu 173 itens de "custo absoluto", cujos custos deveriam ser reduzidos a fim de derrubar a concorrência internacional. Além disso, utilizava, tanto quanto possível, peças comuns em seus veículos e modelos, mudando para uma filosofia de "compatibilidade de componentes" a fim de maximizar o efeito da produção em massa. "Em vez de fabricar peças para se ajustarem ao carro", declarou um executivo da Toyota ," fabricaremos carros que se ajustem às peças." Foi feita uma matriz de compatibilidade de modelos sobre o eixo vertical e de compatibilidade de componentes sobre o eixo horizontal, iniciando um sistema para a busca de efeitos sinergéticos de redução de custos (ver Figura 6.4, p. 305).
>
> Cada equipe agia para obter um olhar radicalmente novo sobre os itens pelos quais era responsável, a começar pelo estágio de projeto. Relacionaram simplificações de projeto, com redução no número de peças e em outros tipos de linhas de produção e, finalmente, até mesmo com a consolidação de funções de produção e de outros tipos de cortes para custos fixos. De cima para baixo, utilizaram-se de engenharia simultânea (ES) para expandir atividades de redução de custos, em sincronia e em paralelo uma com a outra. A estratégia de Watanabe era a seguinte: "Não estamos apenas diminuin-

do os preços de compra de peças. Estamos trabalhando com fornecedores para reduzir o custo corrente de fabricação dessas peças".

O objetivo de redução de custos, para todos esses 173 itens, chegou a um total de 1 trilhão de ienes. Se a CCC21 permanecesse em uso, a manufatura da Toyota, mais uma vez, alcançaria a meta do conselheiro Okuda de ocupar uma posição em que ultrapassasse outras empresas.

"Projeto modular", a meta da CCC21

O artigo do *Nikkei Sangyo Shimbun* antes citado sugere que a filosofia básica da CCC21 é, provavelmente, a de "projeto modular", uma frase que a Toyota não utiliza abertamente em público. Como a Figura 6.6 indica, o projeto modular é uma técnica para projetar uma variedade de novos produtos, ao combinar um número restrito de tipos de componentes.

O Lego é um exemplo típico de "projeto/projeto modular". Através da combinação de um número limitado de tipos de blocos, pode-se criar uma variedade de produtos, como carros, aviões ou edifícios. Essa analogia pode parecer tola, mas, como ilustra a Figura 6.7, a Scania, fabricante sueca de ônibus e caminhões, utiliza um projeto modular de tipo Lego há mais de 50 anos. Devido ao recente interesse industrial sobre o conceito, a Scania conduz, agora, em parceria com a Lego holandesa, uma campanha mundial para divulgar o projeto modular.

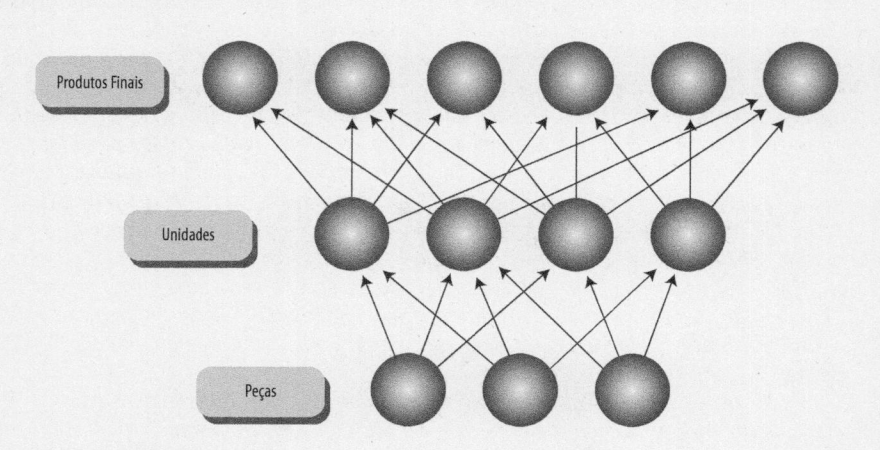

Fonte: Kodate, Akira e Toshio Suzue. 1983. Um plano de PRV que corta pela metade o número de componentes.
Obs.: PRV = Programa de Redução de Variedade

Figura 6.6 O conceito de projeto modular.

EXTERIORES DIFERENTES PORÉM FEITOS COM QUASE TODOS OS MESMOS COMPONENTES

Fonte: "Profit Follows Principle – 50 Years of Modular Design Philosophy", *Nikkei Business*, 5 jan. 1998.

Figura 6.7 O Projeto modular da Scania.

Na seção que lida com a diversificação de produtos e a minimização de componentes, no Capítulo 4, observamos que o número de peças por veículo, na Toyota (o índice de projeto modular, [PM/MD]) é uma fração do que é para outros fabricantes. Mesmo assim, a Toyota, ainda está tentando diminuir seu índice PM.

No número de janeiro de 1998 da *Diamond Harvard Business*, Kim Clark e Carliss Baldwin publicaram um artigo, intitulado "Modularidade de Produto para Inovações de Próxima Geração/*Product Modularity for Next-generation Innovation*",[5] em que explicam a história e a filosofia da modularização e alguns de seus usos. Definem a modularização como "a oferta de modularidade de projeto com a utilização de subsistemas de pequena escala, cada um dos quais pode ser projetado independentemente de produtos ou outros componentes, funcionando de modo unificado". No sentido de que estimulam eficiência e inovação, argumentam que "a modularização (ou projeto modular) é particularmente eficiente em indústrias como a automotiva e a financeira".

Em um diálogo com o economista Masahiko Aoki, publicado no *Nikkei Sangyo Shimbun* (31 de julho de 2001) com o título "Modularity behind Growth Spurs Leading-Edge Industrial Competition",[6] Carliss Baldwin afirmou o seguinte:

> *O conceito de modularidade está obtendo muita atenção entre os economistas. Algumas pessoas dizem mesmo que isso é um fator da lacuna de crescimento econômico entre o Japão e os Estados Unidos. Uma vez que se estabeleçam as regras de conexão entre um módulo e outro, os módulos individuais podem trabalhar juntos, de forma independente.*

Aplicado a bens de produção como computadores e ferramentas de máquinas, o projeto modular provocou grande desenvolvimento e crescimento industrial e econômico no século XX. No século XXI, está se propagando no mundo como um conceito de vanguarda a ser implementado para bens de consumo, tais como carros de passeio, em que a ênfase está no projeto e no estilo.

Produção modular e projeto modular

A modularização, como constuma ser discutida na imprensa, não é a mesma coisa que projeto modular; de fato, é algo que pode ser mais adequadamente chamado de "produção modular", o que pode ser explicado como "entrega em lotes/*bundled delivery*". A fim de minimizar o número de processos de montagem realizados junto ao fabricante de bens finalizados, o fornecedor "agrupa" fisicamente peças próximas para entrega, sem levar em conta suas funções ou características. Por exemplo, condensadores de sistemas de ar-condicionado e radiadores de sistemas de refrigeração de motor (ou sistemas de portas de folhas de metal e componentes funcionais e frisos plásticos de portas) são "agrupados" e entregues como conjuntos.

A produção modular assume o trabalho que fabricantes de veículos finalizados costumavam desempenhar e delega sua gestão a fornecedores de peças. Como era esperado, isso diminui os custos de mão de obra (devido à diferença salarial existente entre os fabricantes de carros e os fornecedores), reduz o tempo de montagem total e facilita as inspeções entre os processos.

No entanto, devido ao fato de que o conceito de engenharia de produção aqui compreende a reunião de diferentes peças funcionais, uma preocupação é a de que essa prática diminui as capacidades de engenharia de produtos que demandam pensamento funcional.

O Instituto de Pesquisa de Economia, Comércio e Indústria (Research Institute of Economy, Trade and Industry/RIETI) era uma agência administrativa independente e precursora do Instituto de Pesquisa de Comércio e Indústria Internacionais (Research Institute of International Trade and Industry), dentro do Ministério de Comércio e Indústria Internacionais (Ministry of International Trade and Industry/MITI), hoje Ministério de Economia, Comércio e Indústria (Ministry of Economy, Trade, and Industry/METI). Em uma conferência patrocinada pelo RIETI sobre "Modularização – Um Choque na Indústria Japonesa" (*Modularization – A Shock to Japanese Industry*), em 13 de julho de 2001, Nobuo Okubo, vice-presidente executivo da Nissan Motor – que promovia a produção modular –, afirmou que a empresa previa que a produção modular reduziria custos em 5% e cortaria falhas entre processos em um quinto de seu patamar anterior. Ao mesmo tempo, disse que havia certo temor de que a tecnologia pudesse se tornar uma caixa-preta e que influências sobre o desempenho dos veículos fizessem com que decisões dolorosas sobre a extensão da produção modular fossem um item de preocupação.

Na Conferência Automotiva Internacional de Tóquio, patrocinada pela Nikkei Business Publications e realizada em 22 de outubro de 2001, Majdi Abulaban, da Delphi Automotive Systems, enfatizou que, a fim de descobrir outras vantagens da produção modular, além da redução da mão de obra, os fabricantes de carro deviam confiar nos fabricantes de peças e lhes dar autoridade e responsabilidades no desenvolvimento. Os comentários de Abulaban refletiam a frustração de um fornecedor de peças que desejava expandir oportunidades de negócio e tentava explicar as vantagens da produção modular ao fabricante de carros finalizados.

Já que a produção modular, frequentemente, envolve um megafornecedor de unidades de entrega agrupadas, alguns analistas da indústria sugerem que as vantagens de custo surgem na produção modular alinhadas com o desenvolvimento de peças em comum e de produção em massa. Todavia, isso conduz a um efeito do tipo "colocar um teto sobre o teto" (*putting a roof on a roof*), em que fornecedores primários se tornam fornecedores secundários e esses, fornecedores terciários. Com uma estrutura hierárquica de múltiplas etapas se tornando um dos fatores que contribuem para os altos custos no Japão, esse arranjo resulta em uma estrutura de custo elevado total. Além disso, como diz Okubo, existe uma ideia de que a produção modular pode levar a caixas-pretas tecnológicas. Suas vantagens totais ainda devem ser provadas.

O projeto modular, uma técnica para projetar vários novos produtos ao combinar um número limitado de tipos de componentes difere fundamentalmente da produção modular (*bundled delivery*). Para começar, a palavra "módulo" passa a ideia de combinação, de compatibilidade e de uso comum. "Entrega agrupada" (*bundled delivery*) pode passar a ideia de montagem, mas não sugere combinação, compatibilidade ou uso comum. Logo, referir-se à entrega agrupada como "produção modular" é inadequado. A Ford e o Grupo Mazda ainda utilizam a expressão "atendimento completo pelo fornecedor" (*full service supplier*), em termos bem mais apropriados. Não obstante, uma vez que a tendência de usar "entrega agrupada" (*bundled delivery*) como "produção modular" é prevalente na atualidade, a discussão abaixo segue de acordo.

A perspectiva da Toyota sobre a produção modular é de que seja parcialmente eficaz e, em alguns casos, sem desvantagens, de forma que não rejeita totalmente o conceito. A Toyota, entretanto, rejeita a ideia de sua utilização generalizada, porque diminui as capacidades de desenvolvimento técnico dos fabricantes de carros, em geral. Em vez de construir componentes sem considerar suas funções, a Toyota está mais voltada para a "sistematização", ou seja, o agrupamento de componentes a partir de uma mesma família funcional. Ao fazer isso, a empresa está aplicando princípios de projeto modular. O pensamento da Toyota é de que, por exemplo, um sistema de refrigeração é um sistema de componentes que pertencem à mesma família funcional. Logo, mesmo que componentes como a unidade de ar-condicionado, o condensador, o compressor e o evaporador não estejam fisicamente próximos, deveriam ser agrupados conjuntamente, e os fornecedores e as organizações de peças envolvidos com a produção e montagem desses componentes deveriam se reorganizar de forma pertinente. Os componentes, muitas vezes, são entregues separadamente, como costumava ser.

A produção modular enfatiza a produção, enquanto a sistematização enfatiza o projeto. A orientação da Toyota é enfatizar o projeto. Essa é uma escolha razoável, uma vez que estamos mudando de uma era em que a produção agregava valor para outra em que o projeto agrega valor.

Além disso, o Grupo Toyota afirmou que, no século XXI, crescerá enquanto sistema integrador que reorganiza o trabalho, parcialmente, através de unidades, mas, de modo integral, como sistemas de unidades, tornando-se capacitado tanto em produção modular quanto em sistematização (projetos modulares). Em vez de ser "tragada" pela onda da produção modular, a Toyota pensou com autonomia e concebeu seu enfoque único e inovador.

Exemplos anteriores de projetos modulares na Toyota

Exemplos anteriores de projeto modular na Toyota (ou, mais apropriadamente, no Grupo Toyota), tiveram início no final da década de 1970, no aliado da Toyota Motor, a Nippon Denso (hoje Denso).

Em 1981, a Nippon Denso provocou um choque em fornecedores de componentes de radiadores do mundo inteiro, quando desenvolveu e comercializou um novo e revolucionário tipo de radiador – o SR. Um artigo que detalhava o histórico da nova invenção apareceu na publicação da Japan Society of Mechanical Engineers (JSME), em janeiro de 1985, e nesse mesmo ano, o radiador obteve a premiação Technology Award, da JSME. Um trabalho sobre o novo radiador foi, subsequentemente, apresentado em 1986, no 29th National Meeting on Standardization, e, mais tarde, publicado no semanário da JSME (abril de 1988).

Esses trabalhos constituem referências valiosas para indústrias manufatureiras e são recomendados para leitura. O sumário a seguir (Figura 6.8) provém especialmente do artigo de Kazuhiro Ohta e Mineo Hanai, e foi publicado no número de abril de 1988 do periódico da JSME, sob o título "Automação e *Design* Flexíveis – Um Exemplo de Radiadores de Automóveis/Flexible Automation and Design – *An Example of Automobile Radiators*".[7]

O radiador SR da Nippon Denso foi, primeiramente, submetido a uma análise de EV (Engenharia do Valor) que resultou em diversificação de produto, bem como em minimização de componentes, por exemplo, um desempenho de produto menor, mais leve e superior, com menos componentes. Essas características aparentemente conflitantes foram alcançadas através das combinações de diversificação nucleares apresentadas na Figura 6.8.

A Nippon Denso não tinha nenhum termo especial para o método, mas ele era projeto modular. Para o núcleo na Figura 6.8, por exemplo, apenas 28 tipos de tubos de barbatanas tornaram possível a construção de 7 x 11 x 4 (ou 308) variedades nucleares. A padronização dos núcleos também minimizou os tipos de

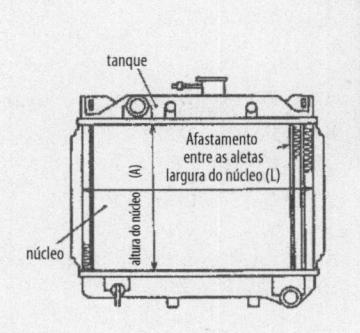

Diversidade de Núcleo		
Altura	280 ˜ 425	7 tipos
Largura	328 ˜ 668	11 tipos
Afastamento entre as aletas (*fin pitch*)	2.3 ˜ 3.5	4 tipos

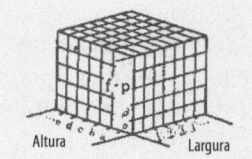

Fonte: Ohta, Kazuhiro et al. "Flexible Automation and Design – The Example of Automobile Radiators".
Journal of the Japan Society of Mechanical Engineers (JSME), abr. 1988.

Figura 6.8   Uma resposta à diversificação.

componentes que cercavam a parte central, incluindo tanques superiores, tanques inferiores e travessões laterais. Os projetistas, então, fizeram novos projetos em resposta à demanda dos fabricantes de carros. Isso significava que os componentes variavam infinitamente, e os custos de investimento e manutenção para peças, equipamentos e tintas eram enormes.

O projeto modular é um bom conceito, mas seu enfoque é de difícil adoção se nenhuma consideração for dada ao fabricante que monta as peças. A maioria deles envia ordens aos fornecedores depois que o projeto do veículo, como um todo, estiver pronto; logo, algumas vezes, porções externas do radiador SR da Nippon Denso assumiam suas formas características a fim de se conformarem à estrutura do veículo. As estruturas externas dos radiadores montados nos veículos da Toyota, entretanto, eram todas uniformes, um reflexo da tendência da empresa de construir o carro em torno de seus componentes.

Os requisitos básicos do projeto modular demandam a utilização de espaçamento de incremento fixo (ou números de módulos) e produtos e dimensões de componentes regulares. Na Figura 6.8, os números de módulos são como seguem: $(425 - 280) \div 7 = 20$ mm de espaçamento para a altura, $(668 - 328) \div 11 = 30$ mm de espaçamento para a largura e $(3,5 - 2,3) \div 4 = 0,3$ mm de espaçamento para as aletas (a. a., ou afastamento entre aletas).

A partir da perspectiva de números – módulos, podemos vislumbrar momentos em que a própria Toyota Motor, ocasionalmente, se debruçava diante do projeto modular. Percebemos que cuidados foram tomados para variar as bases de rodas com incrementos de 80 mm, por exemplo, e que números modulares se aplicaram às coordenadas líderes de combinações de circuitos, em uma tentativa de padronização dos agentes. Uma vez que é difícil aplicar um projeto modular aleatoriamente, a Toyota preferiu não se aventurar no campo do projeto modular além desse nível.

Abordagens ao projeto modular

No século XX, o projeto modular progrediu em relação a bens de produção aos quais pouca ênfase é dada à aparência e ao estilo do produto (máquinas industriais e computadores, por exemplo). No século XXI, a Toyota está revendo o conceito de projeto modular, aplicando-o à totalidade do projeto de produto, de componentes e de equipamentos afins. Através da subsequente diversificação de produtos, minimização de componentes e concentração de funções de produção, a Toyota está diminuindo o próprio custo de fabricação.

O vice-presidente executivo da Toyota, Katsuaki Watanabe, diz o seguinte a respeito da modularização de componentes: "Quando se trata do item de modularização de componentes, a Toyota centra-se em como alterar projetos. Estamos indo além com a modularização e a sistematização, com uma abordagem que questiona o que é um bom projeto, um bom desempenho, uma boa qualidade e um modo adequado de fazer as coisas".

Evidentemente, quando Watanabe fala em "modularização de componentes" não está se referindo à produção modular, mas a projetos modulares radicados na sistematização.

Em resposta às mudanças previsíveis no futuro, Hiroshi Okuda citou o "sistema cassete" (simplificação da construção de estruturas) como um tópico que merece estudos (Weekly Diamond, org. Toyota Management and the Law of the Last Man Standing).[8] Isso também pode ser considerado uma referência para projetos modulares.

Tadaaki Jagawa, que deixou uma vice-presidência executiva da Toyota para se tornar o presidente da Hino Motors, em abril de 2001, afirma: "A Kyohokai, grupo fornecedor da Toyota, é o foco quanto a projetos modulares para caminhões".[8] Em termos reais, isso significa que, quando compra peças de fornecedores da Kyohokai, a Toyota também abrange custos de desenvolvimento e certos tipos de novos investimentos necessários para conduzir projetos modulares.

Em março de 2002, a Hino Motors anunciou uma parceria comercial com a Scania, a fabricante sueca de caminhões e ônibus que vem utilizando projetos modulares há mais de 50 anos (ver Figura 6.7, p. 313). O anúncio oficial citava a "complementaridade global" como o propósito da parceria, mas, considerando o desempenho lento da Hino, o objetivo de Jagawa era, provavelmente, o de uma tentativa (através do projeto modular) de revigorar o comércio de ônibus e caminhões cujas vendas mostravam poucas possibilidades de recuperação.

As palavras e as ações de homens como Watanabe, Okuda e Jagawa mostram que a Toyota do século XXI está se reinventando, ao repensar, seriamente, a ideia de projetar automóveis como o Legos.

No número de janeiro de 2002 da *Diamond Harvard Business*, Lee Fleming *et al.* publicaram o artigo "Pitfalls of Faith in Modularization",[9] em que advertiam sobre o uso excessivo da modularização (projetos modulares). Os autores declaravam: "Muitas empresas parecem estar utilizando mal a tecnologia, destruindo oportunidades para avanços e esvaziando o processo de inovação". Podemos imaginar a que país se referem. Nos Estados Unidos, como vemos, o projeto modular avançou até o ponto em que diversos articulistas se manifestam, publicamente, contra as suas desvantagens.

O projeto modular tem tudo a ver com qualidade e custo baixo, mas, também, carrega em si o risco de que os produtos pareçam desgastados ou simples demais. Na condução de projetos modulares, é crucial, segundo apontam Fleming *et al.*, "uma vez que a modularização avançou até um ponto determinado, que os responsáveis pela pesquisa deixem os desenvolvedores 'jogar' com tecnologias altamente interdependentes a fim de maximizar a possibilidade de avanços". O Japão, como um todo, ainda não atingiu esse nível.

No século XX, o projeto modular se desenvolveu em torno de bens de produção para o quais o aspecto exterior não era particularmente importante. A razão por que não se estendeu para carros e outros bens de consumo em que a aparência exterior é importante é que não há procedimentos universais, no mercado, para desenvolver projetos modulares. O que se precisa, agora, é de uma teoria geral para a aplicação de projetos modulares e que essa teoria se espalhe.

A reforma da gestão de informação de produto

Um item relevante na revolução do projeto é a construção de um sistema básico para a gestão de conhecimento, por toda a empresa – especialmente, de conhecimento de departamentos de projeto. O desenvolvimento de produtos é uma função que demanda a mobilização total do conhecimento da empresa para aumentar o valor agregado da informação do produto enquanto ocorre o esclarecimento acerca de restrições internas. Duas coisas são necessárias para o desempenho eficaz desse trabalho:

1. Análises "se/então" mais rápidas (p. ex., indagar sobre quais mudanças causam o que mudar), pelo aumento da frequência por tempo de unidade da troca de informação entre departamentos.
2. A obtenção de conhecimento novo, a partir desse processo, e o crescimento do número de simulações em busca de objetivos (p. ex., indagar sobre qual é o percurso mais curto para atingir esses objetivos).

Como vimos no Capítulo 3, na seção sobre gestão de sistemas computacionais, tal viabilização requer o estabelecimento de uma estrutura ampla de função de produto na empresa para servir como meio básico, com vistas à gestão unificada de projeto de informação e de conhecimento. Isso implica a criação do sistema GIP

(Gestão de Informação de Produto/Product Data Management), apresentado na Figura 3.14 (p. 191).

A Toyota, muito provavelmente, já começou a solucionar essas questões.

Se a Toyota começar a diminuir o tempo de produção em dez meses, algo sem precedentes até agora, e a implementar projetos modulares como derradeira forma de desenvolvimento de produto, então terá de estabelecer o sistema GIP e promover a condução de análises se/então e de simulações por objetivos.

Em março de 2002, a Toyota anunciou que estava substituindo o Caelum, um sistema CAD doméstico que já havia disponibilizado no mercado, e que iria utilizar o CATIA (fabricado pela Dassault, na França) para componentes de contorno interiores e exteriores e o Pro/Engineer (fabricado pela Parametric Technology, nos Estados Unidos) para componentes mecânicos. Tanto o CATIA quanto o Pro/Engineer são sistemas CAD com funções simultâneas de engenharia, bem consolidados em seus respectivos campos. Acima de tudo, cada um é capaz de realizar a gestão integrada de informações do sistema GIP, a partir de CAD, CAE, tabelas de componentes e informação de engenharia. A integração de sistemas descrita por Susumu Miyoshi, vice-presidente executivo da Toyota e principal responsável pela informação (ver Capítulo 3, "Um Sistema Amplo de Informações da Empresa"), finalmente iniciou em seu nível mais elementar.

PADRÕES DE GESTÃO DA TOYOTA

Hiroshi Okuda disse: "Uma tarefa importante para o administrador é que chegue à gestão com uma imagem própria de que tipo de Japão deseja desenvolver e que tipo de companhia deseja construir".

Quando foi indicado ao Conselho da Federação Japonesa de Associações de Empregadores/Japan Federation of Employers' Associations (Nikkeiren), em maio de 1999, Okuda anunciou que, durante sua atuação (de dois períodos e quatro anos), desejava reduzir a taxa de desemprego nacional para 3%, ou para próximo do pleno emprego. O objetivo de Okuda sugere um padrão de gestão a ser visado pelas indústrias japonesas. A Toyota, sob a influência de Okuda, começou a despontar como uma "boa companhia", pronta para dar uma mão na recuperação econômica do Japão, como um todo.

Uma mudança concreta surge com iniciativas externas positivas levadas a cabo pelos administradores da Toyota. Outra é a padronização do sistema de gestão da Toyota e sua ativa transmissão para fora da empresa.

Atividades externas da gestão Toyota

O ano 2000 pode ser considerado o marco da inauguração das atividades extracorporativas da Toyota. Como inúmeras companhias japonesas adotavam o sistema ocidental de diretores externos, muitas empresas convidaram pessoas importantes da Toyota para compor seus quadros diretivos. Em resposta a essas solicitações, vários dirigentes da Toyota começaram a colaborar com outras empresas:

- Maio de 2000. Sakura Bank. Shoichiro Toyoda e outros tornam-se diretores externos.
- Setembro de 2000. Consolidação do Sanwa Bank e de dois outros bancos.
- O conselheiro da Toyota Okuda agrega-se como diretor externo.
- Novembro de 2000. Aioi Insurance Company. O presidente da Toyota Cho agrega-se como diretor externo.
- Novembro de 2000. Nomura inicia um órgão de consultoria administrativa.
- O conselheiro da Toyota Okuda e quatro outros membros se tornam consultores externos.
- Janeiro de 2001. NEC Management Advisory Committee. O presidente da Toyota Cho e outros participam como membros externos do comitê.

Ao final de julho de 2001, quando o NEC anunciou um plano de gestão para ampla reestruturação, Cho, então no Comitê de Consultoria de Gestão/Management Advisory Committee, solicitou uma investigação completa sobre as razões da demora pela decisão. "Por que temos de reestruturar tantos equipamentos de produção e tantas pessoas agora?", quis saber. "A administração precisa reanalisar a situação." O presidente do NEC, Nishigaki, enfatizou a utilidade do Comitê de Consultoria de Gestão, ao afirmar: "Ficamos sabendo da revolução de produção ocorrida na Toyota Motor e obtivemos muitas sugestões valiosas". A partir desse único cenário, temos uma ideia do entusiasmo demonstrado pelos administradores da Toyota com vistas à expansão de seu estilo de gestão para além dos limites da empresa.

Padronização e transmissão do sistema Toyota de gestão

Padronização de índices para avaliação de gestão

Em setembro de 2001, uma corporação de serviço público denominada Associação de Indústrias do Japão Central/Central Japan Industries Association (CJIA, Chubu Sangyo Renmei) finalizou seu sistema de Padrões Japoneses de Gestão (PJG)/Japan Management Standards (JMS), com a cooperação da Toyota Motor e de outras companhias representando o Japão Central. Além da Toyota, outras 15 companhias, incluindo Sony EMCS, Minokamo TEC e Seiko Epson criaram padrões de um novo sistema de avaliação de gestão que podia ser aplicado a empresas fabricantes, em uma variedade de indústrias.

O PJG divide a gestão de uma empresa manufatureira em duas rubricas: funções (funções de gestão) e processos (processos de produção). A rubrica funcional divide-se em sete áreas: gestão, recursos humanos, garantia de qualidade, custo, meio ambiente, segurança e retorno financeiro. Existem sete áreas também quanto a processos: desenvolvimento, tecnologia de produção, gestão de obtenção e aquisição, gestão de operariado e *kaizen*, manutenção de equipamento, qualidade de fabricação e capacidade de vendas. Cada uma dessas 14 áreas é submetida a uma detalhada avaliação de métodos gerenciais e sistemas organizacionais, alguns com cerca de 395 categorias de diagnósticos ao todo. Cada categoria é pontuada de acordo com uma escala de quatro pontos, de 0, 2, 4 ou 5. Pontuações intermediárias foram eliminadas, com o fim de se evitarem diagnósticos vagos. A Figura 6.9 mostra uma parte de uma folha de verificação do PJG.

A Associação de Indústrias do Japão Central explica o PJG como segue:

O PJG possibilita tomar conta das atividades de gestão de uma empresa manufatureira, em termos da intersecção entre sete áreas funcionais e sete áreas de processos. Combinado com uma pontuação de 0, 2, 4 ou 5 pontos, mostra o caminho necessário para aperfeiçoar o desempenho da companhia como uma matriz tridimensional.

O PJG envolveu constante coleta de campo de práticas gerenciais implementadas de fato em 15 companhias de nível superior que demonstraram desenvolvimento e crescimento contínuos. Essas foram exaustivamente estudadas durante o curso de dois anos, a fim de identificar as categorias mais importantes, comuns a empresas manufaturei-

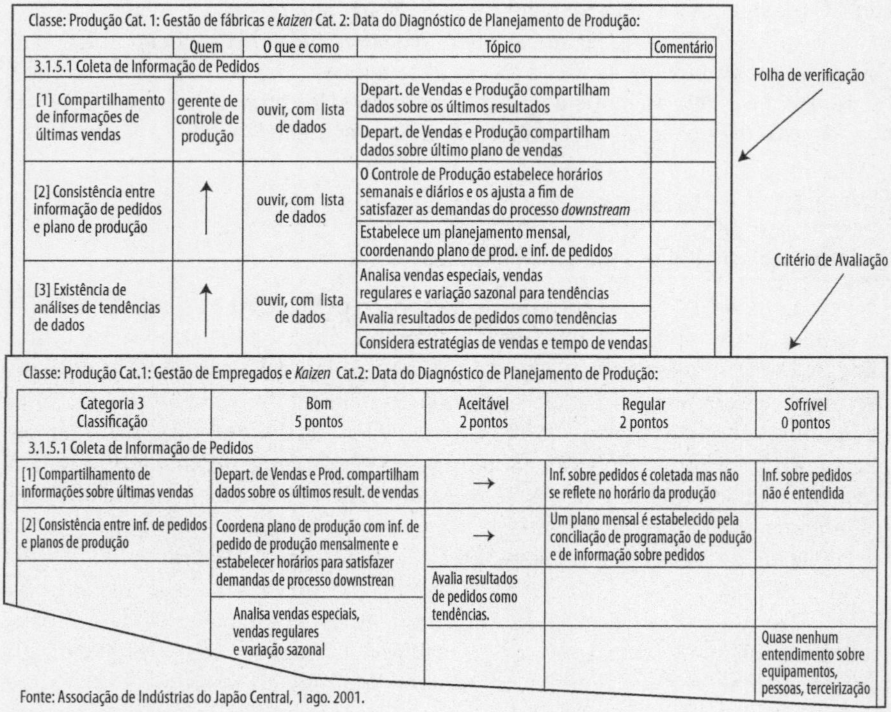

Fonte: Associação de Indústrias do Japão Central, 1 ago. 2001.

Figura 6.9 Critérios de avaliação e folha de verificação de PJG, versão 1.0.

ras. No tocante a companhias manufatureiras, logo, podem ser chamadas de "genes de crescimento e DNA de evolução gerenciais". As folhas de verificação do PJG são consistentemente utilizadas em cada fase, desde o diagnóstico de situação de momento até o aperfeiçoamento (kaizen) baseado em resultados daquele diagnóstico para avaliação posterior. Finalmente, a Associação de Indústrias do Japão Central fornece reconhecimento para companhias que atingiram um certo nível." (Extraído da página eletrônica da Associação de Indústrias do Japão Central/Central Japan Industries Association.)

De modo bastante coincidente, a forma do PJG se assemelha, enquanto intersecção de sete áreas de funções de gestão com sete áreas de processos de produção, à estrutura do Sistema de Gestão da Toyota, mostrada na Figura 3.1 (p. 122).

O presidente da Hino Motors, Tadaaki Jagawa, foi quem iniciou a formação de PJG, durante sua gestão como vice-presidente executivo da Toyota. Em 14 de setembro de 2001, Jagawa falou das origens e da história do PJG em uma recepção na qual a finalização do sistema na Associação de Indústrias do Japão Central foi anunciada:

> *A década de 1990 nos trouxe muita frustração. Quando pensávamos em reviver a indústria manufatureira japonesa, argumentávamos que queríamos redescobrir as fontes da gestão japonesa. Com a economia global despontando em nosso campo de visão, três temas emergiram enquanto considerávamos como avançar. O primeiro era tornar nossa compreensão de conhecimento tácito explícita. A seguir, isso não implicava transmissão qualitativa de conhecimento. Precisávamos de uma rolagem quantitativa. Terceiro, era preciso agir abertamente.*
>
> *Quanto ao PJG, os gerentes seniores, os gerentes de nível médio e a gerência de empregados, todos necessitam ter coisas em comum. Ou, antes, as coisas se movimentam no ato. Penso no PJG como um meio de fazer isso. Quando você diagnostica e analisa sua própria empresa e possui algo a que, costumamos, chamar de marca, então precisa obter planos de gestão e chegar ao verdadeiro estado da administração para penetrar cada canto da empresa.*
>
> *Penso que será um endosso verdadeiramente encorajador se o PJG for utilizado por companhias que têm em comum o fato de fabricarem coisas.*
>
> *O PJG da AIJC considera o conhecimento gerencial de 15 companhias fortes que representam a região central – na verdade, também há outros aspectos, mas, colocando de forma clara, creio que são cerca de 70 a 80% empresas similares. Se tivesse condições, gostaria de levar isso logo para o Sudeste asiático e para qualquer outro lugar do exterior, de modo que pudesse ser utilizado pela administração de todo o mundo. E gostaria de agir, rapidamente, para sistematizá-lo, ao incluir o pensamento de vários acadêmicos e não apenas de líderes empresariais. Gostaria que a manufatura estivesse na berlinda, novamente, como um novo e desenvolvido modo de gestão japonesa, para subir, orgulhosamente, ao palco mundial, mais uma vez.*

A Toyota obtivera o que poderia ser chamado de uma versão própria do PJG, cerca de dois anos atrás. Quando Tadaaki Jagawa sugeriu a criação de um PJG da AIJC, com base na versão Toyota, algumas pessoas, na empresa, se opuseram à sugestão em nível de implementação, argumentando que esse conhecimento era propriedade da Toyota. O ponto de vista de Jagawa era de que todas as companhias têm um conhecimento único, e a relevância dessa iniciativa consistia em reunir o conhecimento da Toyota com o de outras empresas. Junto com a obtenção da permissão do então presidente Okuda, Jagawa assegurou a participação de muitas pessoas de dentro e de fora da Toyota e fez tudo que podia para garantir o sucesso do PJG da AIJC. Jagawa, que deixou sua posição de vice-presidente executivo para exercer a presidência da Hino Motors, em 13 de abril de 2001, foi, em um certo momento, um forte candidato à presidência da Toyota. Ele surgira das trincheiras da engenharia de produção através do planejamento de gestão, de compras e de pessoal, seguindo uma admirável trajetória profissional de criação de bons administradores. Quando Fujio Cho escolheu Jagawa para ser o presidente da Hino Motors Co., falou que dissera a Hino que estava lhes enviando um ás. Jagawa é, de fato, um administrador de primeira classe, dotado de visão ampla, e, sob sua direção, convém observar as futuras tendências da Hino Motors Co.

A Organização do Japão para Inovação em Manufatura, Desenvolvimento Humano e Qualidade

A data de 23 de maio de 2001 marcou o lançamento da Organização do Japão para Inovação em Manufatura, Desenvolvimento Humano e Qualidade (Japan Organization for Innovation in Manufacturing, Human Development, and Quality) Nihon Monozukuri Hitozukuri Shitsu Kakushin Kiko, normalmente denominada Nihon Monozukuri Kiko, uma organização de pesquisa de gestão que buscava o modelo de gestão do tipo nipônico para "a criação de serviços e produtos com alto valor agregado". Desde que o emérito conselheiro Shoichiro Toyoda foi designado conselheiro honorário do quadro da Nihon Monozukuri Kiko e o antigo vice-presidente executivo da Toyota e atual conselheiro da Denso Akira Takahashi se tornou o diretor administrativo, correram anedotas sobre o fato de a organização estar prestes a padronizar a gestão da Toyota ou de, simplesmente, confiar na Toyota para recuperar sua qualidade. Takahashi não nega tais comentários.

> *Seremos bem-sucedidos se pudermos ser um elemento catalisador para o Japão, buscando criar um grande modelo de negócios que traga de volta sua competitividade internacional.*
>
> *O Japão tem a ISO 9000 e uma variedade de outros selos de qualidade empresarial, mas, do ponto de vista de um administrador, esses são, simplesmente, fragmentários e, como se deve esperar de esquemas feitos sobretudo por especialistas acadêmicos, possuem aspectos de difícil compreensão. Mesmo a ISO 9000 nada mais é do que uma espécie de passaporte para a qualificação de negócios. E, quando se fala de qualidade de administração, dificilmente se pode dizer que isso é, de fato, relevante.*

O que se exige, hoje, de empresas é a construção de novos empreendimentos e o aperfeiçoamento da eficiência de anteriores, em outras palavras, que sua gestão seja perspicaz e ágil na mudança. Os gestores, provavelmente, acharão as coisas mais fáceis de entender se mostrarmos que estamos seguindo a orientação geral de construir um modelo de negócio, em parceria com grupos existentes de padrões de qualidade e com a indústria, o governo, a universidade e outras organizações de pesquisa.

As atividades da Nihon Monozukuri Kiko baseiam-se em três estratégias:

1. Inserção de empregados e gestores em um sentimento no qual seja relevante a ideia de que a gestão favorece a confiança, a alegria e a vitalidade.
2. Reconstrução e divulgação de um modelo nipônico de gestão que seja de fácil compreensão para os administradores e centrado em autoavaliação e *kaizen*.
3. Colaboração com organizações existentes, a fim de desenvolver o modelo nipônico de gestão.

Com base nessas políticas, a organização deveria propor à indústria uma amostra do novo modelo de gestão, em um prazo de três anos.

(O texto acima referido é um excerto de "Japan Organization for Innovation in Manufacturing, Human Development, and Quality Launched". 19 jun. 2001. Nikkei Sangyo Shimbun.)[10]

O Nihon Monozukuri Kiko reuniu um amplo espectro de pessoas do ramo de negócios e de acadêmicos que desejavam reabilitar a manufatura japonesa e se constituíram em oito grupos de trabalho. Três anos depois, em abril de 2004, cada um deles divulgou seus resultados ao público:

Grupo de Trabalho 1: Desenvolvimento de Novo Produto.
1. Relatório de Atividades.
2. Narrativa de Desenvolvimento de Novo Produto.

Grupo de Trabalho 2: Inovação do Processo de Negócio.
1. As Linhas de Frente da Inovação do Processo de Negócio.
2. As Linhas de Frente da Inovação do Processo de Negócio, Edição Resumida.

Grupo de Trabalho 3: Criação de Valor de Cliente.
1. Um Sistema de Criação de Valor de Cliente para a Mudança no Japão, da Manufatura para Serviços e Agricultura.

Grupo de Trabalho 4: Desenvolvimento de Métodos de Autodiagnóstico para Sistemas de Gestão.
1. Métodos de Autodiagnóstico para Sistemas de Gestão.
2. Anexo a Métodos de Autodiagnóstico para Sistemas de Gestão.

Grupo de Trabalho 5: Desenvolvimento de Executivos.
1. Proposta para um Programa de Desenvolvimento para Executivos da Área Técnica.

Grupo de Trabalho 6: Desenvolvimento de Especialistas de Qualidade.
1. Uma Proposta a Respeito do Desenvolvimento de Especialistas de Qualidade para a Reconstrução da Manufatura.
2. Proposta: Um Curso de Desenvolvimento de Especialistas de Qualidade para a Reconstrução da Manufatura.

Grupo de Trabalho 7: Desenvolvimento de Pessoal em Nível de Operariado.
1. Notas Práticas sobre o Desenvolvimento de Pessoal em Nível de Operariado (Chão de Fábrica).
2. Sonhos em Nível de Operariado – Promoção de Crescimento Individual.

Grupo de Trabalho 8: Aperfeiçoamento da Qualidade de Cuidado com a Saúde.
1. Desenvolvimento de um Modelo de Gestão de Cuidados com a Saúde, com base na ISO 9000.

Mesmo sem adentrar em detalhes dos resultados supracitados, podemos, com certeza, constatar que essa foi uma tentativa histórica de consolidar o conhecimento sobre a manufatura japonesa. Podemos esperar um ressurgimento da prosperidade industrial, à medida que esse conhecimento se expandir e for aplicado em toda a indústria japonesa.

É uma coisa boa que pessoas experientes e atarefadas como Shoichiro Toyoda e Akira Takahashi assumam, frequentemente, atividades desse tipo, que são excepcionais para o trabalho voluntário. Provavelmente, eles podem fazer isso porque estão convictos de que o Sistema Toyota de Produção deve contribuir para o desenvolvimento da sociedade e porque têm um senso de missão e desejam colaborar. O que costumava ser citado, jocosamente, como a autoritária "Doutrina Monroe de Mikawa" já é coisa do passado.

Utilização de recursos humanos na Toyota

A economia japonesa ainda se desenvolvia vagarosamente quando Okuda foi nomeado presidente da Federação Japonesa de Associações de Empregadores/Japan Federation of Employers' Associations (Nikkeiren), em 10 de maio de 1999. Como já foi observado, ele anunciou que desejava reduzir a taxa de desemprego do Japão para 3%. Em julho de 2001, a taxa de desemprego alcançava 5%.

"Sabemos o que temos de fazer", disse Okuda quando foi escolhido para ser membro-representante do setor privado no Conselho de Política Econômica e Fiscal do Primeiro-Ministro. "Só falta a implementação." Na primeira reunião do Conselho, em 6 de janeiro de 2001, Okuda declarou: "É vital que este conselho considere medidas para retificar a elevada estrutura de custos de nosso país". Sempre que alguém olha para a economia japonesa, depara-se com numerosos empregos, sistemas e organizações que não geram qualquer valor agregado. Isso redunda em um consumo perdulário de energia nacional.

A taxa de desemprego começou a cair, à medida que a economia japonesa mostrava sinais de recuperação, em 2003. Na opinião de especialistas e analistas econômicos, entretanto, isso não era o resultado de força, mas antes de efeitos "incipientes" do fechamento de fábricas e de redução de pessoal. Isso não fecharia a lacuna nem tornaria o Japão internacionalmente competitivo, ao lado das renascidas nações da Europa e da América do Norte e das crescentes economias da região do Leste asiático. Tampouco faria com que se confiasse em políticas nacionalistas de contenção de reformas econômicas.

A Companhia do Aeroporto Internacional do Japão Central/Central Japan International Airport Company, Ltd. foi fundada em maio de 1998, tendo como presidente Yukihisa Hirano, antigo executivo da Toyota. Ele aplicou uma gestão rigorosa, no estilo Toyota, ao projeto, economizando 60 bilhões de ienes, por exemplo, ao utilizar o sistema de licitação para os fornecedores de aterro, durante a construção do aeroporto. A economia total na construção do aeroporto chegou a 124,9 bilhões de ienes. Como resultado, quando iniciou suas operações, em fevereiro de 2005, as taxas de 655,700 ienes para a descida de aviões tipo jumbo eram bem mais inferiores do que as similares nos aeroportos de Narita (948,000 ienes) e Kansai (825,600 ienes), ambos enfrentando déficit. O uso de um terminal em forma de T para diminuir os fluxos e reduzir os tempos de conexões é outro exemplo das prolíficas atividades *kaizen* ao estilo Toyota, no aeroporto. A Toyota começava a aparecer e a ensinar através do exemplo.

Iniciando por volta de 2007, a primeira geração pós-*baby boom* que se seguiu à Segunda Guerra Mundial está atingindo a idade de aposentadoria, no Japão, e sai das empresas em grande número. Já constatamos os inícios desse chamado Problema de 2007, envolvendo a perda de valiosos recursos humanos que desenvolveram e sustentaram a manufatura japonesa do pós-guerra. Ao declarar que deseja ter "os empregados seniores da produção manufatureira de volta ao circuito", Takahiro Fujimoto, da Universidade de Tóquio, criou um curso, na instituição, para treinar "instrutores seniores em manufatura", com o propósito de utilizar esses recursos para elevar o padrão da tecnologia japonesa.

A Toyota não será uma exceção na perda de empregados da geração *baby boom*. A fim de continuar utilizando esses recursos valiosos dentro da companhia, a Toyota está tomando a liderança, no setor industrial, de aplicar a todos os empregados um sistema de recontratação, favorecendo os que atingem a idade de aposentadoria aos 65 anos. Não satisfeita em confiar nas reformas econômicas nacionais, a Toyota também começou a ensinar a reforma ao estilo Toyota, ao oferecer à sociedade, em geral, o retorno de "funcionários seniores da empresa", como Hirano, que foi treinado dentro do sistema Toyota.

O "enxugamento" da indústria em escala global

O planeta Terra está em uma fase ruim. Existe uma possibilidade de que possa se tornar inabitável, no final do século XXI. Os principais culpados são os materiais que sobrecarregam o meio ambiente, emitidos por indústrias de manufaturas secundárias e por produtos fossilizados de combustíveis, como os automóveis, produzidos por essas indústrias. Pelo ritmo em que estamos avançando, o usufruto de nossas conveniências vai destituir nossos netos do direito de existir. Infelizmente, as pessoas têm dificuldades de abandonar qualquer conveniência que alguma vez experimentaram.

A solução para esse problema reside na diminuição da sobrecarga do planeta enquanto mantemos as conveniências que desfrutamos no momento; em outras palavras, na possibilidade de ficarmos "mais enxutos".

Ficar "mais enxuto" significa reduzir o desperdício do uso de energia e aumentar as suas eficiências. Quando se investe em energia para se obter determinado objetivo, essa pode ser dividida em energia efetivamente utilizada e energia desperdiçada. A eficiência energética é a proporção de energia efetivamente utilizada. Reduzir a energia utilizada com desperdício aumenta a eficiência energética. Isso é o que significa "ficar enxuto".

Apenas 20% da energia (energia de fósseis) inserida em um automóvel é usada, efetivamente. Oitenta por cento dela é liberada na atmosfera como dióxido de carbono e calor. Carros híbridos aumentam a eficiência energética em 30% e diminuem, proporcionalmente, a liberação de gás carbônico e calor no ar.

Isso representa o "enxugamento" de um dispositivo de força e um mecanismo através do qual a sobrecarga sobre o planeta Terra pode ser reduzida.

O Sistema Toyota de Produção é chamado de "sistema de produção enxuto" e a condição da mão de obra de produção é tal que a energia de produção e as operações de equipamentos de produção são minimizadas com respeito a produtos de produção. O fato de a Toyota continuar na liderança da indústria japonesa quanto à gestão ambiental não se desvincula da existência do sistema enxuto de produção da empresa. É necessário que ocorra um "enxugamento" da indústria, ao estilo mesmo da Toyota, em escala global. E logo.

Na Conferência Automotiva Internacional de Tóquio, patrocinada pela Nikkei BP, em outubro de 2001, Okuda fez um discurso de dez minutos fora da agenda programada. Nele, disse que a indústria automobilística enfrenta três desafios diante de seu futuro:

1. Superação de problemas de emissões de exaustão e de produtos de lixo e realização de avanços técnicos para o desenvolvimento sustentável.
2. Estabelecimento de um sistema internacional de regras de concorrência.
3. Fusão de pessoas e de veículos através da tecnologia da informação.

Um olhar cuidadoso sobre esses três itens revela que cada um deles se conecta com a redução do ônus ambiental do planeta:

1. Em 1997, a Toyota lançou as vendas do Prius, o primeiro veículo híbrido de produção em massa do mundo. Em 2003, houve uma mudança completa do modelo, com um maior

aperfeiçoamento no consumo de combustível, seguido de melhorias significativas em desempenho contínuo. Desenvolvimentos técnicos constantes estão ocorrendo.

Em reconhecimento pelo lançamento do Prius, bem como por sua construção de sistemas de gestão ambiental (incluindo respostas à ISO 14001) e sua intensa abertura quanto à informação ambiental, a Toyota recebeu a premiação "Global 500", do Programa United Nations Environmental (UNEP), em 1999. Esse prêmio é concedido a indivíduos e organizações por suas realizações em proteção ambiental e melhorias para o desenvolvimento sustentável. Em cooperação com a Toyota Foundation, cujo propósito é o de subsidiar a pesquisa e a ação cidadã, a Toyota comemorou o recebimento desse prêmio, em 2000, ao iniciar um programa de assistência com vistas ao cumprimento dos ideais da premiação.

2. Sobre esse ponto, Okuda disse que precisamos "de consolidação técnica e internacional e de padronização de funções automobilísticas". Por "funções automobilísticas", ele entende os "componentes de produtos funcionais" a que nos referimos na seção de gestão de sistemas computacionais, do Capítulo 3, e na seção sobre a revolução na gestão da informação de produto, no presente capítulo. Propôs que os componentes de produtos funcionais sejam consolidados e padronizados sob uma base internacional.

As funções básicas dos carros absolutamente não mudaram, em mais de 100 anos, desde que o automóvel surgiu. Mesmo que métodos e desempenho tenham sido aperfeiçoados, as funções de motores, trens de direção, volantes, freios e suspensões são as mesmas dos automóveis de 100 anos atrás, e a consolidação e a padronização através de empresas e países se torna bastante possível. Atualmente, cada fabricante de carros cria e gerencia seus próprios componentes de produtos funcionais; portanto, o desperdício é considerável.

A consolidação e a padronização de componentes funcionais de automóveis levaria a um aperfeiçoamento substancial no fluxo de informação sobre produtos e peças para toda a indústria automobilística, incluindo os fornecedores de componentes. Isso ocorre porque componentes de produtos funcionais fornecem sistemas básicos de codificação para a gestão da informação de produtos e peças. Ter um padrão para componentes de produtos funcionais em toda a indústria automobilística e conectar tudo com TI tornaria o fluxo de informação sobre produtos e peças muito mais adequado entre fabricantes de carros e fornecedores de componentes, possibilitando que se expanda de uma forma "enxuta" por todo o globo.

No momento, presenciamos o avanço de padrões CVL/CALS (comércio à velocidade da luz/*commerce at light speed*) para a gestão comum e digital de produtos por todos os seus ciclos de vida completos. Se os componentes de produtos funcionais forem padronizados, haverá, então, uma nova e revolucionária Era da Informação e os efeitos econômicos serão incalculáveis.

Essa ideia não se limita, obviamente, à indústria automotiva. As funções básicas da maioria dos produtos do mundo não mudaram desde que eles apareceram. Portanto, o conceito pode se aplicar a quase todos os produtos.

3. O automóvel é um espaço de vida secundário, um espaço em que vários tipos de informação para a vida devem ser tão acessíveis quanto o são no espaço primário. Ao propiciar um ambiente, no interior de um veículo, em que se tenha acesso à informação

de itens, tais como congestionamentos de trânsito, produtos necessários e negócios, o uso perdulário de automóveis pode ser grandemente reduzido, diminuindo o ônus sobre o meio ambiente do planeta.

A Toyota está começando a lidar, de modo bastante sério, com a questão de proteção ao meio ambiente. A fim de justificar seus próprios motivos de existir, as indústrias de todo o mundo, no século XXI, deveriam estudar a noção de gestão enxuta da Toyota – isto é, o Sistema Toyota de Gestão – enquanto fundamento de suas forças respectivas.

Notas

1. Seisan Shisutemu no Shinkaron.
2. Shusa.
3. Seihin Kaihatsu o Sasaeru Soshiki no Mondai-kaiketsuryoku.
4. Gendai Jidosha Kigyo no Gijutsu, Kanri, Rodo.
5. Jisedai no Inobeshon o umu Seihin no Mojuruka.
6. Seicho no Kage ni Mojuruka Ari, Sentan Sangyo de Kyoso Unagasu.
7. Furekushiburu Otomeshon to Sekkei–Jidoshayo Rajieta o Rei ni Shite.
8. Shukan Daiyamondo, ed. Toyota Keiei Hitorigachi no Hosoku.
9. "Mojuruka" Shinko no Otoshiana.
10. Nihon Monozukuri Kiko Hossoku.

ÍNDICE

"A Doença das Grandes Companhias", 49–50, 64–65, 87–88
"A Doutrina Monroe de Mikawa", 326–327
Abulaban, Majdi, 314–315
Acompanhamento, 112–115
"Agrupamento", 49–51, 87–88
AIJC (Associação de Indústrias do Japão Central), 321–324
Aikawa, Yoshisuke, 51–52
Aishin Seiki, 296–297
American Automotive Hall of Fame, 152–153
Análise de Qualidade Inicial (AQI), 245–246, 269–278
Análise de Valor (AV), 156–167
Análise EV, 316–317
Análise multivariada, 152–154
Aoki, Masahiko, 313–314
Aoki, Shigeru, 137–141
APELO/APEAL. Ver Desempenho, Execução e Layout Automotivos
Aperfeiçoamento. Ver Kaizen
Aperfeiçoamento de qualidade, 31–33, 151–152
Aperfeiçoamento/Melhoria constante. Ver Kaizen
Aprendizagem de burocracia, 64–66
AQI. Ver Análise de Qualidade Inicial
Aquisição
    associação de fornecedores da Toyota, 260–261
    crescimento mútuo, 251–253
    duas faces da Toyota, 254–257
    keiretsu, 252–255
    métodos de terceirização de projetos, 256–259
    novas políticas, 260–263
    política de terceirização de peças, 258–260
Aquisição de" terra arrasada", 253–254
Arranjo de componentes inadequado, 215–216
Asahi Shimbun, 171–172
Asaka, Professor Emérito Tetsuichi, 129–130
"Assegure Qualidade em Toda a Toyota," 127–130
Associação de Indústrias do Japão Central (AIJC), 321–324
Associações de Federações de Empregadores do Japão (Nikkeiren), 288, 320–321, 326–327
"Atendimento completo pelo fornecedor", 315–316
Atitude, índole. Ver Liderança
Atitude de" primazia da Toyota", 77–78

Atividades autônomas, 175–177
Atividades de AD21, 305–308
Atividades de estratégias de qualidade de DC, 305
Atividades de racionalização, 167–168, 183, 185
Atividades do Comitê sobre Colaboração Social, 80–81
Atividades Six Sigma, 89–90
Auditoria, 122–123, 127–128, 138–140, 146, 148, 156–158
Auditoria por toda a companhia. Ver Auditoria
Automação, 46–47
Autonomia de ação (jidoka), 262–263
Ayuse, Noboru, 264–265

Baldwin, Carliss, 313–314
Base em veículos. Ver Consolidação de plataforma
Benchmarking, 93–94
Bender, Paul, 269–270
BMW, 279–280
"Boa companhia," 77–78, 286–287, 320–321
Bolha econômica, 105–106, 170–172, 200–201, 214–215, 228–231
Briggs, Guy, 274–275

Cadeia de valor, 191–192, 299–301
Campanha, 99, 181, 183
Campanha de três selos, 87–88
Campanha do C50, 180–181, 183
Campanha Sanzuki, 87–88, 99
Capacidade de processo (CP), 248–251
Capital interno, 168–169
Carro de passageiros híbrido, 79–80, 98, 328–329
Cartão TS3 (TS Cubic), 299–300
CATIA, 319–320
CCC21, 260–261, 296–297, 305
    lançamento, 253–254, 310–312
    objetivo do projeto/projeto modular, 310–314
    produção modular, 313–316
Centros administrativos, 153–154
Certificação ISO 14000, 79–80
Cho, Fujio, 288–292, 295–296, 304, 324–325
Chrysler, 263–264, 274–275, 279–280
Chuo University, 60–61, 148–149
Churchill, Winston, 96
Círculo de CQ, 130–131, 137–139, 175–177

Citações
  Cho, Fujio, 288, 295–296
  Eaton, Robert, 263–264
  Ishida, Taizo, 39–42, 169–172
  Isomura, Iwao, 49–50, 115–116
  Kamiya, Shotaro, 37–39
  Matsuura, Takashi, 296–297
  Miyake, Shigemitu, 43
  Ohno, Taiichi, 45–47, 97
  Okuda, Hiroshi, 91–92, 178–180, 200–201, 288, 300–302, 320–321
  Toyoda, Eiji, 43–44, 91–92, 97, 108–109, 115–117, 129–130, 133–134, 155–156, 170–174
  Toyoda, Kiichiro, 31–32, 42–43, 70–71
  Toyoda, Sakichi, 28–32, 39–40, 116–117
  Toyoda, Shoichiro, 60–61, 258–259
  Tsuji, Yoshifumi, 228–229
  Wada, Akihiro, 108–109
  Watanabe, Katsuaki, 317–318
Clark, Kim, 103–104, 234–235, 299–300, 313–314
Collins, Jim, 67–72
Combustível de fósseis, 327–329
Comércio à Velocidade da Luz (CVL)/Commerce at Light Speed (CALS), 190–191, 329
Comitê de Aconselhamento Internacional (International Advisory Board), 295–296
Comitê de Comunização de Peças, 110–112
Comitê de Confiabilidade, 243–244
Comitê de Controle de Qualidade, 122–123
Comitê de Plataformas, 306–307
Comitê para Otimização de Número de Tipos de Veículos, 226–229
Comitês de Aconselhamento Gerencial, 320–322
"Companhia de mobilidade", 299–300
Companhia Limitada do Aeroporto Internacional do Japão Central, 327–328
Competitividade de custo, 295–300
Comportamento gerencial da Lei de Gresham, 87–88
Composição de trabalho, 184–185
Comunicação Visual e Virtual (V-comm), 308–311
Comunização, 110–112, 227–232
Comunização de peças, 227–232
  proporções, 229–231
  três métodos, 227–229
"Conduza seus Sonhos", 302–303
Conferência Automotiva Internacional de Tóquio, 275–277, 291–292, 314–315, 328–329
Conferência de Qualidade de Toda a Toyota, 127–128
Conglomerado/Agrupamento organizacional. Ver Agrupamento
Conhecimento tácito, 52–55, 98, 118–119, 183, 185. Ver também DNA

Conselho de Novo Produto, 131–132, 201–202
Conselho de Planejamento, 138–140
Conselho de Políticas Econômicas e Fiscais, 326–327
Conselhos, 131–134, 136–137
Conselhos de funções, 140–141
Considerações ergonômicas, 215–216
Consolidação de plataforma, 305–308
Construção de Competitividade de Custo (CCC) 21. Ver CCC21
Consumer Reports, 154–155, 271–272, 283–285
Controle de custo, 190–191
Controle de Qualidade Total (CQT)
  cooperação interdepartamental, 44
  efeitos de introdução, 124–127
  em toda a empresa, 75–77
  Escritório/Unidade de Promoção, 153–154
  essência de, 119–120
  estabilização de, 123–125
  introdução, 64–65, 82–83, 113–114, 118–123
  prêmio, 112–113
  promoção de, 120–123
  três estágios, 121–125
Cooperação interdepartamental, 43–44
"Cordão de interrupção", 46–47, 263–264
CQT. Ver Controle de Qualidade Total
Creatividade, Desafio e Coragem, 49–50
"Crescimento harmônico", 292–294
"Crescimento mútuo", 250–253
Criatividade, 50–51, 301–302
Crise de trabalho, 40–41
Crises. Ver" Sentido de crise"
Crises de petróleo, 74–77, 106–107, 167–168, 228–229
Cronograma/Horário de desenvolvimento, 232–235
Cronograma/Horário de Desenvolvimento-Padrão da Toyota, 233–234
Cultura
  "alcance", 103–104
  de disciplina, 70–71
  empresa Toyota, 302–303
  ìsalaryman, î 90–92
  ocidental, 254–255
  Sistema de Produção da Toyota, 89–90
  yokoten, 113–114, 219–220
Cultura de" assalariado", 90–92
Cultura de documentação. Ver DNA
Cultura japonesa, 56, 58–59
Cultura ocidental, 254–255
Cultura organizacional. Ver Cultura
Curva de Maxcy-Silberston, 106–109, 159, 162, 218–219, 226–227
CVL/Comércio à Velocidade da Luz (CALS/Commerce at Light Speed), 190–191, 329

Índice 333

Dados de CAD/CAE, 188-189, 191-192
Daihatsu Motor Company, 113-114, 263-264, 288-289, 296-297
DaimlerChrysler, 238-239
Dassault, 319-320
"Década perdida", 50-51
Defeitos de mercado, 255-257
Dell Computer, 191-192
Delphi Automotive Systems, 298-300, 314-315
Deming, W. Edwards, 149-150
Denso, 28-29, 152-153, 296-297, 315-316, 324-325. *Ver também* Nippon Denso
Departamento de Comércio dos EUA, 270-271
Departamento de Controle de Qualidade, 122-123
Departamento de Desenvolvimento Último, 87-88
Departamento de Engenharia, 156-158. *Ver também* Sistema de Centros de Desenvolvimento
Departamento de Gestão Tecnológica, 74
Departamento de Inspeção, 152-153
Departamento de linha, 144-146
Departamento de pessoal, 144-146
Departamento de planejamento de negócio, 134, 136
"Departamento-Mãe", 176-177
Departamentos verticais, 140-141
Desempenho, Execução e *Layout* Automotivos (APELO/APEAL), 247-248, 269-270, 274-275, 279-280, 282
"Desenho aprovado", 256-258, 297-299
Desenvolvimento, 234-235
"Desenvolvimento da qualidade no processo", 122-123, 248-249
Desenvolvimento de habilidades, 172-180
"Desenvolvimento de pessoas", 91-93, 263-264, 300-303
Desenvolvimento de produto
  consolidação de plataforma, 305-308
  método Fujimoto, 307-309
  redução do ciclo de desenvolvimento, 306-311
  redução do tempo de produção, 306-311
  reforma do século 45-46, 304-305
  reforma, 304-305
  sistemas, 202, 205-214
  V-comm, 308-311
Desenvolvimento humano, 324-330. *Ver também* Pessoas
Desenvolvimento impulsionado por moinhos, 69-71
Design Management Institute, 74-75
Design/Projeto Modular (DM/PM)
  abordagens a, 317-320
  índice, 229-232, 313-314
  na Toyota, exemplos, 315-318

produção modular e, 313-316
  Ver também CCC21
Design/Projeto próprio, 298-299
Desperdício
  capacidade de ver, 43, 264-265
  de energia, 328-329
  eliminação, 109, 295-296
  trabalho destrutivo, 89-90, 302-303 *Ver também* Muda
Despersonalização, 64
"Deus das vendas", 109, 265-266
Diamond Harvard Business, 313-314
Dinamismo, 114-117
Disciplina, 70-71
Distorção, 246-248
Diversificação, 226-228, 316-317
Diversificação da Lei em Forma de L, 227-228
Divisão de Engenharia de TI, 189-190
DNA
  capacidade organizacional e, 56, 58-61
  fundadores e" revitalizadores", 59-60
  genealogia de transmissão de genes, 51-53, 55
  liderança industrial, 65-67
  princípios burocráticos, 64-66
  princípios de documentação, 55-56, 58-59
  procedimentos documentados, 51-53, 55, 60-64
Documentação
  de procedimentos, 53, 55-56, 60-64
  ênfase em comunicação escrita, 221-222
  gestão, 183, 185-187
  papel A3, 95-96
  perspectivas sobre, 94-96
  princípios, 55-56, 58-59
  Ver também DNA
Drucker, Peter, 85-86

EAC/Engenharia Assistida por Computador (CAE/*Computer Aided Engineering*), 308-309
Eaton, Robert, 263-264
Economia de bolha, 105-106, 170-172, 200-201, 214-215, 229-231
EcoTecnologia 305
Educação, 172-180
Educação de grupo, 174-176
"Efeito boca-a-boca", 270-271
Efeitos negativos da burocracia, 64-65
Eficácia energética, 328-329
Eihokai, 154-156
Empregado. *Ver* Pessoas
Emprego perene, 178-180
"Empresas com as quais alguém pode aprender", 77-78, 286-287
Encontro Nacional de Padronização/National Meeting on Standardization, 316-317

Engenharia Assistida por Computador (EAC/CAE), 308–309
"Engenharia de qualidade", 152–153
Engenharia de Valor (EV), 155–156, 158–159, 162, 218–219
Engenharia industrial (EI), 74
Engenharia simultânea (ES), 103–104, 118–119, 311–312, 319–320
Engenharia sincronizada simultânea, 103–104
Engenheiro Residente (ER), 148–149
Engenheiro-chefe, 221–222. *Ver também* Sistema Shusa
"Entrega por lotes", 313–316
Era da Motorização, 43
ES (Engenharia Simultânea), 103–104, 118–119, 311–312, 319–320
Escritório central, 144–145
Escritório de Planejamento de Tecnologia de Produção, 156–158
Escritório de planejamento geral, 134, 136
Escritório do Consumidor/Office of Consumer Affairs, 270–271
Especificações de modelos, 224–228
Esquema do Sistema de Gestão da Toyota, 62, 63
Essências, 104–105
Estilo Toyota 2001, 302–303
Estranho barril, 33–35, 251–252
Estratégia competitiva, 199–200
Estratégia de negócios com base em TI, 299–301
Estratégia do C21, 305–306
Estratégia/política de" ampla variação", 106–107
Estrutura de" chaminé", 221–222
Executivos, 107–109, 131–132, 175–176, 301–302
Experimentação, 114–116

Fábrica de Hirose, 148–149
Fábrica de Motomachi, 41–42, 98, 114–117
Fábrica de Tahara, 214–215, 247–249
Fábrica de Takaoka, 116–117, 248–249
Fabricante sueco de caminhões e ônibus. *Ver* Scania
Fabricantes de automóveis coreanos, 275–277
Fabricantes de carros norte-americanos, 277–278
Fábricas de
  Hirose, 148–149
  Motomachi, 41–42, 98, 114–117
  Tahara, 214–215, 247–249
  Takaoka, 116–117, 248–249
Falhas, 43, 46–47, 252–253, 255–257, 270–271
Federal Reserve Board, 295–296
Filosofia da raposa, 70–71
Fleishman-Hillard Japan, 112–113
Fleming, Lee, 318–319
Fluxo de caixa, 97
Fluxo de utilização de qualidade, 210–211

Foco de cliente, 37–38, 107–108. *Ver também* J.D. Power and Associates
Ford, Henry, 87–88
  protótipo, 200–201
  sistema de correias de transporte, 30–31, 106–107
  sobre precificação, 33–34
Ford Motor Company, 93–94
  atendimento completo pelo fornecedor, 315–316
  informação de função de produto, 191–192
  informação de peças, 299–300
  Modelo T, 199–200, 226–227
  relacionamento cooperativo, 294–295
  sistema de sugestões, 41–42
Formação de estratégia corporativa, 134–136
Formação de estratégias/políticas, 198–199, 299–301
Fórmula 1 (F1), 289–290
Formulário de Requisitos Estruturais de Engenharia de Produção, 221–224, 237–238
Fornecedor. *Ver* Kyohokai
Fuji Speedway, 289–290
Fujimoto, Professor Takehiro, 105–106, 116–117
  capacidade de evolução da Toyota, 52–53
  "crescimento mútuo", 251–252
  engenharia simultânea, 103–104
  força competitiva, 183, 185, 235–236
  instrutores de manufatura, 327–328
  redução de tempo de produção, 307–308
  Regra de Clark-Fujimoto, 234–235
  sistema de desenhos aprovados, 257–258, 299–300
  sistema *shusa*, 206–207
Fujisawa, Takeo, 80–82
Fukui, Takeo, 302–303
Fukushima, Sachio, 229–230
Furos de parafusos, 246–248
Furos de parafusos redondos, 246–248
"Futuro Programa para o Século 21" (FP 21), 99

Garantia de qualidade, 123–124, 150–152
Gargalo, 235–236
Gazoo, 83–84, 267, 299–300
General Electric (GE), 87–91, 93–94
General Motors (GM), 81–83, 93–94, 197–201, 294–295
  dados relacionados com peças, 299–300
  Divisão Norte-americana de Fabricação, 274–275
  motores Honda, 217–218
  sistema de Centros de Desenvolvimento e, 99
Gerenciamento, gestão, administração
  conselho, 131, 133
  descrições de trabalhos, 109–111
  desenvolvimento de habilidades, 129–130

Índice 335

filosofia, 74–77
funções, 183, 185
"gestão de equipes", 107–108
índole, atitude 66–71
padrões originários da Toyota, 320–330
por funções, 63–65, 123–124, 137–141
por objetivos, 133–134, 136
princípios do século 45–46, 78–81 *Ver também* Sistema de planejamento de negócios; Tomada de decisões; Sistema de gestão de projetos; Liderança; Gestão da Toyota; Gestão do século 45–46
princípios pós-guerra, 75–78
subsistemas de sistemas, 118–119
teoria 104–107
Gerenciamento/gestão da Toyota
atividades externas, 320–322
grupos de trabalho, 325–327
padronização e transmissão de, 321–325
Gerenciamento/Gestão do século XXI
CCC21, 310–314
desenvolvimento de pessoas, 300–303
estratégias/políticas de mudança radical, 292, 294–301
inovação em desenvolvimento de produto, 304–320
padrões de gerenciamento/gestão, 320–330
produção/projeto/*design* modular, 313–320
redução de tempo de produção, 306–311
"segunda fundação", 290–291, 293
sistema Okuda/Cho, 288–291
transformação em uma companhia/empresa-líder, 290–303
Gestão da Cadeia de Suprimento (GCS), 103–104, 191–194, 260–261, 299–301
Gestão da Toyota, 84–89, 104–105, 110–111, 114–115
Gestão de conhecimento, 94–96, 186–187. *Ver também* Informação; Conhecimento tácito
Gestão de dados, 74–75, 153–154, 187–188
"Gestão de Equipe", 107–108
Gestão de formulários, 183, 185
Gestão de Informação de Produto (GIP), 187–192, 194, 319–320
Gestão de projeto/*design*, 233–238
Gestão de Qualidade Total (GQT), 130–131
Gestão de trabalho, 326–328
    atividades autônomas, 175–177
    crise de trabalho, 40–41
    educação de grupo, 174–176
    gestão de pessoal, 176–180
    treinamento no local de trabalho, 172–175
    treinamento profissional, 170–174
Gestão livre de débitos, 168–169
Gestão por diretrizes, 44
Gestão por funções, 44

Gestão por sistemas de computação, 187–195
    gestão da cadeia de suprimentos, 191–194
    gestão de dados de produtos, 188–192
    sistema de informações por toda a companhia, 194–195
    Ver também Sistema total de rede
Gestão transfuncional, 137–139
Gestão visual, 263–264
Ghosn, Carlos, 170–172
GIP. *Ver* Gerenciamento de Informação de Produto
Globalização, 294–296
GM. *Ver* General Motors
Goldratt, Eliyahu, 191–192
GQT. (Gerenciamento/Gestão de Qualidade Total), 130–131
Gráficos de Insumo, Processo, Obtenção (IPO), 62
Grupo de Estudos de Gestão da Toyota, 84–89, 176–177, 183, 185
Grupo de Estudos sobre Sistemas de Pessoal, 87–88
Grupo de Leitura sobre Gestão na Toyota, 84–85
Grupo de Tecnologia Toyota, 84–86, 88–89, 176–177
Grupo empresarial. *Ver* Keiretsu
Grupo Toyota, 83–84, 260–261, 288, 295–296, 298–299, 315–316
Grupos de fabricantes. *Ver* Keiretsu
Guia do Fornecedor, 259–263

HACCP (Hazard Analysis Critical Control), 56, 58–59
Hanai, Masaya, 48–49, 109
Hanai, Mineo, 316–317
Hansei (reflexão), 112–113
Harvard Business Review, 71–72
Hasegawa, Tatsuo, 205–206
Hata, Takashi, 295–296
Hayami, Yasuhiro, 83–84
Hazard Analysis Critical Control (HACCP), 56, 58–59
Higashiura, Yoshihiko, 198–200
Hino Motors Ltd., 93–94, 288–289, 296–297, 318–319, 322–325
Hinshitsu (Quality), 130–131, 146, 148
Hinshitsu Kanri, 137–139
Hirano, Yukihisa, 327–328
História oficial da empresa, 95–96
Histórico da empresa, 95–96
Hoeikai, 260–261
Honda
    eficácia energética, 82–83
    legado, 51–52
    membros do quadro de educação, 170–172
    mote de marca global, 302–303
    Prêmio de Fracassos, 115–116

revendedores, 266
tipos de modelos de veículos/de motores, 223–224
veículo híbrido, 98
veículos de tração dianteira, 217–218
Honda, Shuichiro, 80–81, 171–172
Hoshin kanri, 133–139, 235–236
Hyundai, 275–279

Imada, Osamu, 309–310
Imazu, Iwao, 38–39, 92–93
Índice de Dependência de Veículo (IDV), 269–270, 278–280
Índice de operação potencial, 45–46
Índice de Satisfação de Cliente (ISC/CSI), 270–272, 280, 282–284
Índice de Satisfação de Vendas (ISV), 269–270, 280, 282–284
Índice de Satisfação do Cliente (ISC), 269–270, 280, 282–284
Indústria de pneus, 258–260
Informação
  conhecimento de departamento de projetos, 319–320
  determinação do destino da companhia, 93–94, 300–301
  orientação de gestão, 38–40, 92–94
  perspectivas sobre, 92–94
  produto, 235–237
  reunião, 150–151
  sistemas, 194–195
  técnico, 235–237
  Ver também Gestão de conhecimento
Informação de produto, 319–320
Informação de qualidade de mercado, 149–152
Init, 83–84
Inovação, 60–61, 70–71, 324–330. Ver também Desenvolvimento de produto
Instinto de luta, 301–302
Instituto de Pesquisa de Economia, Comércio e Indústria (IPECI/Research Institute of Economy, Trade, and Industry (RIETI), 314–315
Instituto de pesquisa Harris Interactive, 285–286
Integração funcional, 231–232
International Standards Organization (ISO), 148–149
Internet, 79–80, 267, 286–287, 292, 294
Invenções de teares, 28
Inventário
  ciência, 45–47
  como desperdício, 97
  maldade, 263–264
Inventor's Journal, 111–112
Investigações, pesquisas, 269–270
Investimento de capital, 156–158. Ver também Sistema de gestão de custos

Ishida, Taizo, 30–31, 66–67, 108–109
  citações, 39–42, 169–172
  como presidente, 86–87
  previsão de, 169–170
  sobre espírito rural, 41–43
  sobre independência, 39–41
  sobre melhorias em, 41–42
  sobre parcimônia, 40–41
  sobre primazia de equipamento, 40–42
  sobre regras financeiras, 169–172
  "vaidade", 76–77
Isle of Man Race, 82–83
ISO (International Standards Organization), 148–149
ISO 14001, 328–329
ISO 9000/QS 9000, 32–33, 148–150, 324–325
ISO 9001, 137–139, 148–150, 238–239
ISO 9002, 148–149
Isomura, Iwao, 49–50, 115–116
ISV. Ver Índice de Satisfação de Vendas
Itens de" custo absoluto", 311–312
Itens de mercado, 297–298

J.D. Power and Associates
  avaliações de produtos de veículos, 154–155
  avaliações de SQI, 247–248
  dados de" satisfação de cliente", 269
  índices para automóveis, 269–270
  investigações, pesquisas, 269–270
  ISC e, 270–272
  mesa-redonda, 300–302
  Prêmio Platina, 277–279
  prêmios de Fábricas de Montagem, 277–279
  Ver também índice específico
Jagawa, Tadaaki, 93–94, 296–297, 318–319, 322–325
Japan Automobile Supply Company (JASC), 265–266
Japan Quality Control Society, 130–131
Japan Society of Mechanical Engineers (JSME), 316–317
Japão Central, 321–322
JASC (Japan Automobile Supply Company), 265–266
Jidoka (autonomia), 262–263
JMS (Japan Management Standards), 321–325
JSAE. Ver Society of Automotive Engineers in Japan
JSME (Japan Society of Mechanical Engineers), 316–317

Kaizen
  atitudes visando ao trabalho, 83–85
  atividades autônomas, 175–177
  atividades no aeroporto, 327–328
  equipes, 248–249

especialistas, 266
no âmago do Estilo Toyota 2001, 302–303
organização, 92–93
pontos de partida para, 61–62
procedimentos documentados, 60–62
visão de gestão, 108–109
Kamiya, Shotaro, 66–67, 92–94
citações, 37–39
"deus das vendas", 109, 265–266
filosofia de gestão, 48–49
foco do cliente, 37–38
longo prazo, 37–39
recrutamento, 35, 37
unidade de pesquisa, 201–202
Kaneda, Hideharu, 263–264
Kano, Professor Noriaki, 273–274
Katayama, Osamu, 109–110, 176–177, 250–251
Kawahara, Akira, 197–201
Keiretsu, 103–104, 191–192, 251–255, 262–263
Kia, 275–279
Kim, Dongjin, 275–277
Kinbara, 102
Kitei (regulamentações), 37–38, 56–58
Komagine, Yoshio, 222–224
Komatsu Seisakusho Co., Ltd., 134, 136
Kondo, Tetsuo, 89–90, 263–264
Kotler, Philip, 200–201
Kume, Professor Hitoshi, 60–62, 148–150
Kunisaki, Yoshimasa, 169–172, 265–266
Kuroiwa, Satoshi, 189–192
Kusunoki, Kaneyoshi, 114–116
Kyohokai (grupo de fornecedores), 154–155, 241–242, 260–261, 318–319

Laboratórios Centrais de P&D, 130–131
Lego, 311–313, 318–319
Lei de Packard, 120–121
Liderança
  características comuns, 68–70
  na indústria, 65–67
  na Toyota, 27
  níveis hierárquicos, 67–70
  nível 30–31, 66–72
  por exemplo, 110–111, 144–145
  Ver também Gestão de tomada de decisões
Liderança de nível 30–31, 66–72
Liderança industrial, 65–67
Líderes carismáticos, 66–68
Lista de verificação de engenharia, 220–221
Localizações de componentes. Ver Padronização
"Lucros de oportunidade", 157–159

Manufatura, fabricação. Ver Sistema de Produção da Toyota
Mapa de sistemas de garantia de qualidade, 146–148

Máquinas IBM, 179–181
Maslow, Abraham, 91–92
Matsushita, Konosuke, 109–110
Matsushita Electric Industrial Company, 51–52, 109
Matsuura, Takashi, 296–297
Maxcy, G., 104–105
Mazda, 82–83, 200–201, 223–224, 309–310, 315–316
Meio ambiente. Ver Meio ambiente da Terra
Meio ambiente da Terra, 78–80, 292, 294, 327–330
Melhoria contínua. Ver Kaizen
Mês da Qualidade, sétima edição do, 127–128
Mesa de componentes do negócio, 181, 183, 185
Método do" tempo certo", 30–32, 82–83, 103–104, 155–156, 262–263, 299–300
Método Fujimoto, 307–309
Método Taguchi, 151–154, 250–251
Métodos estatísticos, 151–154
Ministério Japonês do Comércio e da Indústria Internacional (MITI), 81–82
Ministry of Economy, Trade, and Industry (METI), 314–315
Ministry of International Trade and Industry (MITI), 81–82, 314–315
Minokamo TEC, 321–322
MITI. (Ministry of International Trade and Industry), 81–82, 314–315
Mitsubishi Motors, 56, 58–59, 82–83, 217–218, 223–224, 238–239
Miyake, Shigemitu, 43
Miyoshi, Susumu, 194–195, 319–320
Modelo de carro centrado no fabricante, 297–298
Modelo de Kano, 274–275
Modelo dependente de fornecedor, 297–298
Modelos de veículos e tipos de motor, 222–224
Modelos derivados, 305–307
Monden, Yashuhiro, 167–168, 170–172
Mote, 41–42, 302–303
Mote corporativo, 41–42, 302–303
Motivação, 92–93, 170–174, 263–264, 301–303. Ver também Teorias de comportamento
Motor, 233–234, 214–217
Muda, 83–84, 96–98. Ver também Desperdício
Muse Associates, 90–91
Museu Comemorativo de Indústria e Tecnologia da Toyota, 109–110

Nader, Ralph, 154–155
Nakagawa, Fukio, 123–124
Nanzan University, 44
National Aeronautics and Space Administration (NASA), 50–51, 237–238
National Personnel Authority, 175–176
Negócio de crédito, 300–301

Nemoto, Masao, 118–119, 175–177
Nihon Keizai Sangyo Shimbunsha, 286–287
Nihon Monozukuri Kiko, 324–326
Nikkan Kogyo Shimbun, 288–289
Nikkei BP, 275–277, 291–292
Nikkei Business, 308–309
Nikkei Sangyo Shimbun, 310–314
Nippon Denso, 258–259, 315–318. *Ver também* Denso
Nippon Oil Seal, 83–84
Nishida, Kozo, 87–88
Nissan Motor
  carros FF ou FR, 218–219
  comunização de peças, 228–229
  conceito de carro nacional MITI, 81–82
  controle de qualidade na, 126–127
  educação de membros da diretoria, 170–172
  fundador, 51–52
  hansei (reflexão) e, 112–113
  informação de função de produto, 191–192
  liderança da Toyota sobre, 41–42, 82–83, 98
  padronização de locais de componentes, 216–217
  produção modular, 314–315
  sistema keiretsu, 252–253
  tipos de motores/modelos de veículos, 222–224
Noguchi, Masaaki, 109
Nonaka, Ikujiro, 186–187
Novo Conceito de Desenvolvimento de Sistema, 99–101
NTT DoCoMo, 286–287

"O Novo Jeito", 149–152
"O papel branco" do desenvolvimento, 236–237
Ohno, Taiichi
  automação com elemento humano, 46–47
  citações, 45–47, 97
  conhecimento de inventário, 45–47
  estabelecimento do SPT, 31–32, 155–156, 262–263
  gestão/gerenciamento de produção, 109
  interferências, 46–48
  pensamento não-convencional, 44–46
  Perguntar cinco vezes "por quê?", 44–46
  sobre muda (desperdício), 97, 264–265
  trabalho e movimento, 104–105
Ohta, Kazuhiro, 316–317
Okamoto, Kazuo, 250–251
Okubo, Nobuo, 314–315
Okuda, Hiroshi, 200–201, 320–321
  ambições de, 288–292, 294
  citações, 91–92, 178–180, 200–201, 288, 300–302, 320–321
  "desenvolvimento de pessoas", 91–92
  estilo de trabalho, 109–110
  ética corporativa, 86–87
  presidente da Toyota, 288
  "segunda fundação" da Toyota, 292, 294, 300–302
  "sentido de crise," 98–99
  "sistema cassete", 318–319
  sobre emprego pleno, 178–180
  sobre gestão financeira, 170–172
  sobre rede de informação, 92–93
  sobre sucessão hereditária, 289–291
Onishi, Toshimi, 214–215, 218–219
Organização matricial. *Ver* Sistema *Shusa*
Organização para Inovação em Manufatura, Desenvolvimento Humano e Qualidade do Japão, 324–330
"Organização-aprendiz", 64–67
"Os Dez Melhores Carros", 283–285
Os Três Grandes Fabricantes de Carros, 262–263

PAC/FAC Projetos Assistidos por Computador/ Fabricação Assistida por Computador (CAD/CAM *Computer Aided Design/Computer Aided Manufacturing*), 308–309, 319–320
Padrões de negócios, 185–188
Padrões de trabalho. *Ver* Documentação
Padrões Japoneses de Gestão (PJG), 321–325
Padronização, 110–111
  desenvolvimento e, 234–235
  estruturas de produtos e componentes, 214–224
  índices de avaliação de gestão, 321–325
  protocolos de negócio, 191–193
  quatro objetos, 61–62
Padronização de peças, 232–233. *Ver também* Padronização
Papel A3, 95–96
"Papel branco", 236–237
Paradigma
  conceitos, 74
  liderança pelo exemplo, 144–145
  mudança com os tempos, 74–75
  mudança, 91–92, 292, 294, 301–302
  proposição para novo, 87–88
  proteção ambiental, 79–80, 290–291
Paradigma da Toyota
  formas de comportamento, 107–117
  fundamentos, 74–75
  padrões de pensamento, 96–107
  valores, 74–96
Paradoxo de Stockdale, 69–70
Peças
  comuns, 311–312
  redundantes, 296–297
  Ver também Terceirização de" Desenho Aprovado",
Peças administradas, 229–232

Peças comuns, 297–298, 311–312
Peças de desenhos sob empréstimo, 297–298
Peças de retrabalho, 46–47
Pensamento
  convencional, 44–45
  hábitos de, 103–107
  muda perspectiva de eliminação, 96–98
  padrões de, 96–102
  perspectiva antecipatória, 96, 98–102
Pensamento de sistemas, 103–104
Período de garantia, 150–151
Perspectivas de trabalho
  atitudes para o trabalho, 83–89
  competidores e aliados, 81–84
  objetivos/sentido de negócio, 80–82
Pesquisa e Desenvolvimento (P&D), 201–204
Pessoas
  abordagens para o desenvolvimento de, 91–93
  composição de trabalho, 184–185
  construção/desenvolvimento, 91–93, 300–303
  geração *baby-boom*, 327–328
  motivação de, 92–93, 170–174, 263–264, 301–303
  perspectivas sobre, 89–92
  respeito pelas, 302–303
  Ver também Gerenciamento de trabalho
Planejamento de novo produto, 202, 205
Planejamento de Processo Assistido por Computador (CAPP), 308–309
Planejamento de produto, 207, 209–210
Plano de Ação Ambiental da Toyota, 78–79
Plano de Ação da Toyota para o Meio Ambiente Global. *Ver* Toyota Global Earth Charter
Plano de resolução de problemas, 94–96
Plataforma de Novo Carro Básico (NCB), 306
PM. *Ver* Projeto modular
Poder da marca, 269, 285–287
Poder de produto
  classificações da *Consumer Reports*, 283–285
  classificações terceirizadas, 269–272
  índices, 269–270, 275–284
  iniciativa da Toyota, 271–277
  prêmios de fábricas de montagem, 277–279
Políticas de fornecimento por vários fornecedores, 259–260
Porter, M. E., 191–192, 200–201
PPAC/Planejamento de Processo Assistido por Computador (CAPP/*Computer Aided Process Planning*), 308–309
Preceitos Toyoda, 28–29, 75–81
Prêmio" Global 500", 328–329
Prêmio de Controle de Qualidade do Japão, 128–130
Prêmio de Controle de Qualidade Total, 128–129
Prêmio de Excelência, 128–129
Prêmio de Fracassos, 115–116, 171–174

Prêmio Deming
  atividades pós-conquista, 126–131
  conquistado pela Toyota, 112–113, 118–120, 124–125, 186–187, 250–251
  efeitos da conquista, 124–127
  estágios pré-conquista, 121–125
  estímulo para receber, 47–48
  orientações, 119–120
  recipientes, 126–128, 134, 136, 148–150, 152–153
  segunda avaliação, 127–129
Prêmio Promoção de Qualidade para Revendedores da Toyota, 130–131
Prevenção de recorrência de problemas, 151–152
Prevenção de repetição, 151–152
Previsão, 96, 98–102
Primazia da qualidade, 121–122
Princípios Básicos da Toyota, 50–51, 78–79, 302–303
Princípios burocráticos, 64–66, 221–222
Princípios para Atividades de Colaboração Social, 80–81
Pro/Engineer, 319–320
Problema de 2007, 327–328
Problemas, 247–248
Processo *downstream*, 103–104, 237–238
Processo *upstream*, 103–104, 237–238
Produção de lotes pequenos, 155–156
Produção em massa, 104–105, 154–155, 236–237
Produção flexível, 295–296
Produção Goguchi (produção real), 146, 148
Produção incrementada, 263–264
Produção real, 146, 148
Produção sob medida, 267
Programa Ambiental das Nações Unidas/United Nations Environmental Program (UNEP), 328–329
"Programa de desafio", 177–178
(PPAT) Programa de Pesquisa de Assistência Técnica/TARP (*Technical Assistance Research Program*), 270–271
Programas de computador, 188–189, 194–195
Projeto Assistido por Computador/Fabricação Assistida por Computador (CAD/CAM), 308–309, 319–320
Projeto experimental, 152–154
"Projeto G", 98
Projeto G21, 111–112
Projeto/*Design*
  criação, 298–299
  tolerâncias, 248–250
Projeto/*design* robusto. *Ver* Método Taguchi
Promoção de vendas científicas, 200–201
Propagação lateral, 112–115, 219–220, 232–233, 285–286. *Ver também* Yokoten

Proteção ambiental, 78–80, 290–292, 294, 327–330
Protocolos, 61–62
Protótipo, 210, 212–214
PSA Peugeot Citroën Group, 254–255

Quadro de diretores, 131–133, 170–172
Qualidade de acabamento, 247–248
"Qualidade estética", 273–274, 280, 282, 285–286
"qualidade obrigatória", 273–275, 285–286
Questões de" qualidade requisitada ao cliente", 273–274
500 Empresas da Fortune, 67–68

Racionalização de negócios. Ver Atividades de racionalização
Radiador, 315–318
Radiador RS, 315–318
Recursos humanos. Ver Gerenciamento de trabalho
Redução de custo, 32–34, 309–312
Redução de espaço, de intervalo 246–248
Redução de tempo de produção, 304, 306–311
Redução do espaço de carroceria, 246–248
Redução organizacional, 49–50, 87–88, 99
Reengenharia, 104–105
Reflexões. Ver Hansei
Reforma corporativa, 67–70
Reforma organizacional, 48–50. Ver também Sistema Central de Desenvolvimento; Grupo de Estudo sobre Gestão da Toyota
Região de Kanto, 266
Registro de dados, 95–96
Regra de Clark-Fujimoto, 235–236, 306–307
Regras de Aquisição (1939), 259–260
Regras de controle de custos, 126
Regras de Controle de Qualidade, 123–124
Regras de Garantia de Qualidade, 126, 146, 148
Regras de Gestão de Custo, 156–158
Regras financeiras, 169–172
Regras para Desenvolvimento de Produto Novo, 232–233
Regulamentações. Ver Kitei
Regulamentações administrativas, 118–119
Regulamentações internas da Toyota, 55–58
Relacionamentos de grupo. Ver Keiretsu
Relatórios de falhas, 96, 114–115
Relatórios técnicos, 185–187
"Residente de engenharia", 47–48
Review of Automotive Engineering, 158–159
Revisão de projeto (RP)
  lista de verificação, 243–244
  na Toyota, 238–244
  RP1, 210–213
  significado de, 237–239
RP. Ver Revisão de Projeto

Sabedoria. Ver Citações
Saito, Kingo, 109–110
Saito, Shoichi, 41–42, 128–129, 178–180
Saruta, Masaki, 89–90
Satisfação do Cliente (SC), 274–275
Sato, Yoshinobu, 52–53, 260–261
SC (Satisfação de Cliente), 274–275
Scania, 311–313, 318–319
Secretariado, 144–145
"Segunda fundação" da Toyota, 290–291, 293, 300–302
Segunda Guerra Mundial, 265–266
  anos anteriores à, 37–38
  geração baby-boom 327–328
  período pós-guerra, 29–31, 55–56, 74–78, 155–156, 169–170, 180–181, 183, 185, 252–253
Seiko Epson, 321–322
Seminário de Controle de Custos, 126–127
Senge, Peter M., 111–112
"Sentido de crise", 91–92, 98–99, 265–266, 300–303
Sequências de montagem, 218–219
Setor de armazenagem de dados da Wal-Mart, 152–153
SGE e SIT, 188–189, 194–195
Shibata, Masharu, 263–264
Shimokawa, Koichi, 116–117
Shingo, Shigeo, 74
Shiramizu, Kousuke, 245–247, 308–310
Silberston, A., 104–105
Simpósio de Controle de Qualidade, 60–62, 107–108, 136–137
Simpósio de Gestão de Qualidade, 266
Sincronização, 263–264
Sindicato Japonês de Cientistas e Engenheiros, 60–62
Sistema Central de Desenvolvimento da Toyota, 50–51, 88–89, 99–102, 111–112, 176–177, 304
Sistema das funções de gestão, 118–119
Sistema das funções de produção, 118–119, 197–198
Sistema de "remessa", 44–45, 233–234
Sistema de "retorno", 44–45, 233–234
"Sistema de cassete", 318–319
Sistema de centros. Ver Sistema de centros de desenvolvimento
Sistema de comitês, 141, 143–145. Ver também Comitês específicos
Sistema de controle de qualidade
  atendimento de reclamações, 149–152
  coleta de informação, 149–152
  garantia de qualidade, 145–149
  ISO 9000/QS 9000, 148–150
  métodos estatísticos, 151–154
  respostas a questões de qualidade, 154–155

Índice 341

Sistema de desenvolvimento de engenharia de produto, 204
Sistema de desenvolvimento virtual, 308–311
Sistema de desenvolvimento virtual com base em TI, 308–311
Sistema de Gerenciamento/Gestão da Toyota, 269. *Ver também* Gerenciamento/Gestão
Sistema de gestão de custos
  AV durante período de protótipos, 163–165
  custos por função 162–163
  estabelecimento de custo de referência, 165–166
  história, 154–158
  manutenção/aperfeiçoamento de custos, 156–158
  objetivos de planejamento de custos, 162–163, 166–168
  planejamento de custos, 81–82, 156–168
  planejamento de investimento de capital, 156–158
  pós-graduação VA, 165–167
  redistribuição de custos-alvo, 163–164
  Ver também CCC21
Sistema de gestão de pesquisa de produto, 202–203
Sistema de gestão de projetos
  conhecimento do departamento de projetos/*design*, 319–320
  critérios de projeto, 220–222
  critérios técnicos, 213–220
  diversificação de produto, 222–233
  engenharia de produção de, 221–224
  formulário de requisitos estruturais, 221–224
  gestão de projeto, 232–237
  padronização/estandardização, 213–220
  redução de peças, 222–233
  sistema de revisão de projetos, 236–242, 244
Sistema de gestão de trabalho administrativo
  eficiência de trabalho administrativo, 178–183, 185
  gestão de documentos, 183, 185–187
  gestão de padrões de negócio, 186–188
Sistema de Gestão pelas Diretrizes da Toyota, 122–123
Sistema de informação de toda a companhia, 187–188, 194–195
Sistema de *marketing*
  desenvolvimento de tecnologia de produção, 201–204
  estratégias/políticas de produto, 197–201
  pesquisa de produto, 201–204
  planejamento de novo produto, 202, 205
  teoria de *marketing*, 200–202
Sistema de pessoal/administrativo, 177–180.
  Ver também Gestão de trabalho; Pessoas

Sistema de planejamento de negócio,
  departamentos verticais, 141, 143
  emprego/utilização de políticas/estratégias, 133–139
  gestão por funções, 137–141
  gestão transfuncional, 137–141
  grupos de tomada de decisões, 130–134
  linha de produção e equipe de pessoal, 144–146
  sistema de comitês, 141, 143–145
"Sistema de Produção de Ohno", 44–45
"Sistema de recuperação do fornecedor", 256–257
Sistema de Rede da Toyota (SRT), 191–193
Sistema de sugestões (*teian*), 175–177
Sistema de sugestões AV/EV, 255–256
Sistema enxuto, 328–330
"Sistema enxuto de produção", 328–329
Sistema Ford, 264–265
Sistema *Kanban*, 44–45, 74, 103–104, 233–234
Sistema Shusa, 74–75, 202, 205–207, 209, 233–234, 244–245
Sistema Toyota de Produção (STP), 82–83, 263–267
  estabelecimento de, 31–32, 44–45
  fatores-chave, 252–253
  flexibilidade, 89–90
  "modo de ver", 263–265
  na década de 1960, 105–106
  no desenvolvimento da ciência, 326–327
  remoção de movimento dos processos, 104–105
  sistema das funções de produção, 118–119
  "sistema enxuto de produção", 328–329
  vendas, 264–267
Sistemas de comunicações, 192–193, 300–301
Sistemas financeiros e contábeis, 166–172
Sistemas individuais de desenvolvimento de produto
  desenvolvimento de projeto, 207, 209–214
  fluxo de utilização de qualidade, 209–211
  inovação de protótipos, 210, 212–213
  lista de verificação de objetivos de planejamento, 209–210, 212
  planejamento individual de produto, 207, 209–214
  sistema *shusa*, 202, 205–207
Sistemas Inteligentes de Transporte (STI), 292, 294
"Sistematização", 315–316
SIT e SGE, 188–189, 194–195
Sloan, Alfred, 87–88, 106–107, 197–201, 225–228
Snow Brand Milk Products, 56, 58–59
Sociedade de Engenharia de Qualidade, 152–153
Sociedade japonesa, 80–81, 301–302

Society of Automotive Engineers in Japan, The (JSAE), 158–159, 188–189
Sokatsushitsu, 144–145
Sony, 51–52, 285–287
Sony EMCS, 321–322
Sorimachi, Takashi, 195
SPT. *Ver também* Sistema Toyota de Produção
STI (Sistemas Inteligentes de Transporte), 292, 294
Stockdale, General James, 69–70
Substituição funcional, 231–233
Sugiyama, Tadaaki, 109
Suzue, Toshio, 229–231
Suzuki, Ichiro, 250–251

TAC/Teste Assistido por Computador (CAT/*Computer Aided Testing*), 308–309
Taguchi, Dr Genichi, 152–153
Takahashi, Akio, 229–231
Takahashi, Akira, 324–327
Tanaka, Koichi, 158–167
Tanaka, Kyube, 109
Tanaka, Michikazu, 263–264
Taxa de retorno de capital, 264–265
Taxa operacional, 45–46
Taylorismo, 243–244, 264–265
Tecnologia de fabricação, 244–249
Tecnologia de imprensa, 247–248
Tecnologia de produção, 244–250
Tecnologia híbrida, 294–295
Tecnologia paramétrica, 319–320
Teoria da Criação de Conhecimento, 186–187
Teoria das Restrições, 191–192
Teorias comportamentistas, 91–92, 172–174
Terceirização, 297–298
 fabricação, 298–299
 falhas de mercado, 255–257
 fornecedor único, 259–260
 peças, 258–260
 projeto, 256–259, 298–299
Teste Assistido por Computador (CAT), 308–309
Tianjin Toyota Motor Company, Ltd., 294–296
Tipos de motores e modelos de veículos, 222–224
TLT (Treinamento no Local de Trabalho), 172–175
TMC. *Ver* Toyota Motor Company
TMM (Toyota Motor Manufacturing), 304
TMS. *Ver* Toyota Motor Sales
Toda, Koichiro, 252–254
Tokai Research and Consulting Company, 114–115
Tokuoka, Koichiro, 112–114
Tokyo Imperial University, 42–43
Tomada de decisões
 acompanhamento, 112–115
 demora em, 111–113
 iniciativa superior, 107–112
 Ver também Liderança; Gerenciamento; Yokoten

Tomada de risco, 115–117
Toyoda, Akio, 267, 289–291
Toyoda, Eiji
 campeão de" racionalização", 50–51
 carros para pessoas comuns, 81–82
 citações, 43–44, 91–92, 97, 108–109, 115–117, 129–130, 133–134, 155–156, 169–172
 CQT, 113–114, 119–121, 133–134
 departamentos de conexão, 43–44
 "desenvolvimento de pessoas", 91–92
 distinção de, 44–45
 entrevista, 116–117
 filosofia de fabricação/manufatura, 44, 108–109
 "leitura dos tempos", 44–45
 posições executivas, 88–89, 109
 "sentido de crise", 99
 sobre falhas e desperdício, 43, 97
 sobre fracassos, 96, 115–116
 sobre habilidades de gestão, 129–130
 sobre motivação, 172–174
 sobre redução de custo, 155–156
 sonho, 42–43
 sucessão hereditária, 289–290
 visita aos Estados Unidos, 41–42, 179–181
Toyoda, Kiichiro, 29–33, 39–40
 administradores/gestores inexperientes, 45–46
 carros para pessoas comuns, 81–82
 citações, 31–32, 42–43, 70–71
 coleta de informação, 150–151
 cultura de documentação, 55–56, 66–67
 descrições de empregos, 109–111
 Escritório/Unidade de Aperfeiçoamento de Auditoria, 146, 148
 feições de caráter, 67–68, 70–71
 fundador da Toyota, 149–150, 154–156
 inovações de gerenciamento/gestão, 34–35, 37
 just-in-time, 103–104
 Preceitos Toyoda, 75–76
 registro de documentação, 35–37, 61–62
 sobre tomada de riscos, 116–117
 temas profissionais proeminentes, 52–53
Toyoda, Risaburo, 75–76
Toyoda, Sakichi, 39–40
 citações, 28–32, 39–40, 116–117
 descendentes de, 289–290
 intervalo de vida, 27–28
 manifestação de" demora", 111–112
 Preceitos Toyoda, 28–29, 75–76
 sobre aperfeiçoamento/melhoria de qualidade, 31–32
 sobre tomada de riscos, 116–117
Toyoda, Shoichiro, 326–327
 citações, 60–61, 258–259
 depois do Prêmio Deming, 126–127

direção do Departamento de Inspeção, 144–145
esforço de CQT, 124–125
fusão de Toyota Motor/Toyota Motor Sales, 47–49
gerenciamento/gestão, 107–109, 129–130
marca da Toyota, 285–286
posições executivas, 129–130, 324–325
previsão, 102
sobre documentação, 60–61
sobre terceirização de peças, 258–259
sobre utilização de políticas/estratégias, 136–137
sucessão hereditária, 289–290
tesouros de família, máximas, 50–52
Toyota Motor Corporation, 48–50
transição para o século XXI, 49–52, 77–79
"Três C", 49–50
Toyoda, Shuhei, 290–291
Toyoda Automatic Loom, 28, 32–33, 39–40, 42–43, 296–297
Toyoda Boshoku, 44–45
Toyopet Maintenance Company, 37–38
Toyota Auto Body, 28–29
Toyota Global Earth Charter, 49–52, 78–79. Ver também meio ambiente do planeta Terra
Toyota Gosei, 296–297
Toyota Industries Corporation, 28–29
Toyota Motor Company (TMC), 44–45
  fundação, 34–35
  fusão, 47–49, 76–77, 86–87, 129–131
  históricos, 96
Toyota Motor Corporation
  capacidade de evolução, 52–53
  duas faces de, 254–255
  perspectiva para 2005, 291–292, 294
  recuperação rápida, 167–168
  rede de informação informal, 93–94
  reforma organizacional, 48–50
  "segunda fundação". 290–291
  "sentido de crise", 265–266, 300–303
Toyota Motor Manufacturing (TMM), 304
Toyota Motor Sales (TMS)/Vendas da Toyota Motor, 265–266
  cultura, 48–49
  fusão, 47–49, 76–77, 86–87
  história 96
Toyota Museum, 154–155
"Toyota Psicológica, " 92–93, 206–207, 229–231
Toyota Rubber, 296–297
Toyota Sales, 265–266
Toyota Technical Review, 88–89
Toyota Technology, 88–89
Transmissão de genes. Ver DNA
Trato de reivindicações, 149–152
Treinamento, 172–180

Treinamento fora do trabalho, 174–176
Treinamento no Local de Trabalho (TLT), 172–175
"Três C", 49–50
Tsuji, Yoshifumi, 228–229
Tsuru, Shogo, 83–84

Umeda, Mochio, 90–91
União de Consumidores, 154–155, 269
Unidade de Apoio a Melhorias de Negócio (Business Improvement Support Office), 267
Unidade de Gestão de Pesquisa, 179–181
Unidade de produção econômica, 104–107
Union of Japanese Scientists and Engineers (JUSE), 107–108, 119–120, 128–129, 136–139, 149–150, 238–239, 266
Unisia JECS, 252–254
Universidade da Pensilvânia, 295–296
Universidade de Ciências de Tóquio, 273–274
Universidade de Tóquio, 52–53, 60–61, 129–130, 148–149, 170–172, 327–328
Uranishi, Tokuichi, 178–180
Utilização de políticas/estratégias. Ver Hoshin kanri

Valor de CP. Ver capacidade de processso
V-comm (Visual and Virtual Communications/Comunicação Virtual e Visual), 308–311
Veículos de tração dianteira, 216–219, 306–307
Veículos de tração traseira, 216–219, 306–307
Vendas, 130–131, 224–226, 265–267, 294–295. Ver também Toyota Motor Sales (TMS)
Verificação de objetivo de planejamento, 210, 212
Vibração, 215–217
Visão ampla, 33–35
Visteon, 298–300
Volker, Paul, 295–296
Volkswagen (VW), 296–297, 310–311

Wada, Akihiro, 108–109, 205–207, 225–227, 229–232, 304
Wakamatsu, Yoshihito, 82–83, 89–90, 263–264
Wakayama, Fujio, 109
Watanabe, Akiyoshi, 309–312
Watanabe, Katsuaki, 317–319
Weber, Max, 64–65
Website, 260–262, 267
Welch, Jack, 67–68, 89–91
Wharton School, 175–176, 295–296
Work-out, 89–90

Yamada, Katsuyoshi, 146, 148, 238–244
Yamamoto, Masao, 85–86
Yamashita, Toshihiko, 109
Yokoten, 112–115, 219–220, 232–233, 306
Yoshino, Hiroyuki, 302–303